书声在兹

林彬 著

中原出版传媒集团
中原传媒股份公司
大象出版社
·郑州·

图书在版编目(CIP)数据

书馨在兹 / 林彬著.— 郑州 ：大象出版社，
2018. 11
ISBN 978-7-5347-9983-9

Ⅰ. ①书… Ⅱ. ①林… Ⅲ. ①图书—出版发行—研究
—中国 Ⅳ. ①G239. 23

中国版本图书馆 CIP 数据核字(2018)第 254118 号

书馨在兹

SHU XIN ZAI ZI

林　彬　著

出 版 人　王刘纯
责任编辑　陶　慧
责任校对　裴红燕　李婧慧　牛志远　安德华
书籍设计　王莉娟

出版发行　大象出版社(郑州市开元路 16 号　邮政编码 450044)
发行科　0371-63863551　总编室　0371-65597936
网　　址　www.daxiang.cn
印　　刷　新乡市豫北印务有限公司
经　　销　各地新华书店经销
开　　本　787mm×1092mm　1/16
印　　张　28.25
字　　数　416 千字
版　　次　2018 年 11 月第 1 版　2018 年 11 月第 1 次印刷
定　　价　98.00 元

印厂地址　新乡县翟坡镇兴宁村
邮政编码　453000　　电话　0373-5635065

目 录

第三章

书馨兹于发行

第四章

书馨兹于文体

第五章

书馨兹于书屋

第一章

书馨兹于化知

一、书馨化知为理念境界

从某种意义上说，中国传统知识分子早期的文化自信、文化自觉主要体现在其对待立世的理念与境界、方式与方法上，也因此在这一路径上显出了分野、比出了优劣、见出了成败。传统知识分子立世的理念与境界于今对现代知识分子不无借鉴与扬弃之意义。

1. 追溯传统知识分子立世的境界与作为

传统知识分子在其不同立世理念牵引下，凭借着其不同的文化自信和文化自觉，围绕入世、出世，可谓“风声雨声读书声，声声心碎；家事国事天下事，事事烦恼”。这“心碎”、这“烦恼”实际上都根源于历代不同知识分子面对立世理念、境界之不同。钱穆将“士”即传统知识分子在中国历史上的活动分为四个时期：春秋时的孔子讲学、战国时的百家争鸣，奠定了四民社会中“士”之“领导之基础”；两汉时独尊儒学，创立了“文治政府的传统”；魏晋南北朝到隋唐近700年间，“士族门第禅续不辍，而成为士的新贵族”；元明清时期“此天下士，皆由科举发迹，进而出仕，退而为师”。钱穆称：“此四期，士之本身地位及其活动内容与其对外态势各不同，而中国历史演进，亦随之而有种种之不同。”由此可看出传统知识分子在中国社会历史中的地位作用非同一般，不可小觑。

——孔子为“入世”，周游列国“游说”治国治世之理想，同时也为中国后人框定了“十有五而志于学，三十而立，四十而不惑，五十而知天命，六十而耳顺，七十而从心所欲，不逾矩”的“入世”路线。孔子所处的时代，诸侯相互僭越，社会混乱，周朝礼制已经土崩瓦解，但出生在鲁国的孔子却以复兴周朝的礼制为己任，他和弟子们一生都在为自己的社会理想奔波，期望能重新回到上古以前君臣有序、长幼有伦的年代。他身处离乱之世，满怀治世雄心，为行道救世，奔走列国，游说于公卿大夫之间，栖栖惶惶；然而孔子尽管救世心切，却政绩平平，是一个失意的政治家。但孔子的救世热情从未因政治上的不得志和同时代人的不理解而有丝毫的动摇，而是以更大的热情从事培养政治人才的教育事业。总之，孔子的人生观是积极入世的，孔子的人生实践是济世救世的，孔子的教育是经世教育，孔子的全部学说便是一种经世的学问。

——老子为“出世”，留下《道德经》。老子好远古、贵无为、主平和、尚虚静，认为“道”是万物之宗，因此我们行事必须顺应“道”。又由于“道”无形而变化无常，由世间的“自然”所牵引，所以老子一再强调“柔”和“无为”，以适应不固定的、自然而然的“道”。这两个主张也是老子的统治之径，贯穿整部《道德经》。“无为”不像儒家的“有为”那样要求人们的行为必须遵循礼法，因为老子认为所谓的“礼法”“道德”都是人规定的，不是人本身心性的自然体现，所以表现出来的“道德”都不是人的自然情感；“无为”是“不违反事物固有的发展规律、不凭主观意志为所欲为”的意思。老子的无为而治为其治国之理想境界，而要实现自然和谐的理想社会，就要崇尚节俭，爱惜民财，广积少费，有效地利用资源，并且重用贤人，实现人与人之间的和平共处。

——庄子为“游世”，“顺人而不失己”，“外化而内不化”，力图在乱世保持独立的人格，追求逍遥无恃的精神自由。虽然庄子一生淡泊名利，主张修身养性、清静无为，但在他的内心深处充满着对当时世态的悲愤与绝望。从他的哲学有着退隐、不争、率性的表象上可以看出，庄子是一个对现实世界有着强烈爱恨的人。一方面通过外在的“顺人”，行为上做出一定程度的妥协，来保证其现实意义上的“在世性”，从而避免了避世之人对其所必须承担的责任与义务的放弃；另一方面又通过内心的“不失己”，保持自我，来保证其精神意义上的“远世性”，从而避免了入世之人极有可能遭受到的精神疾患。为此，他主张精神上的逍遥自在，在形体上也试图达到一种不需要依赖外力而能成就的一种逍遥自在境界；认为“天道无为”，一切事物都在变化，“道”是“先天地生”的，从“道未始有封”，认为自然的比人为的要好，提倡无用，认为大无用就是有用；主张宇宙中的万事万物都具有平等的性质，人融入于万物之中与宇宙相终始；提倡护养生命的主宰亦即人的精神要顺从自然的法则，要安时而处顺；要求重视内在德性的修养，德性充足则生命自然流露出一种自足的精神力量。

——墨子为“举世”，主张“兼爱”“非攻”“尚贤”等。墨子要求君臣、父子、兄弟都要在平等的基础上相互友爱，“爱人若爱其身”，并认为社会上出现强执弱、富侮贫、贵傲贱的现象，是因天下人不相爱所致。墨子也看到春秋战国时期最大的弊病就是战争，从兼爱的思想中，引申出了非攻。他认为，判断事物的有与无，不能凭个人的臆想，而要以所看到的和所听到的为依据提出检验认识真伪的标准，即“上本之于古者圣王之事”“下原察百姓耳目之实”“废（发）以为刑政，观其中国家百姓人民之利”，把“事”“实”“利”综合起来，以间接经验、直接经验和社会效果为准绳，努力排除个人的主观成见；在名实关系上，他提出“非以其名也，以其取也”的命题，主张以实正名、名副其实。

——韩非为“法世”，“喜刑名法术之学”，继承并发展了法家思想，成为战国末年法家之集大成者。韩国在“战国七雄”中是最弱小的国家，韩非身为韩国公子，目睹韩国日趋衰弱，曾多次向韩王上书进谏，希望韩王励精图治、变法图强，但韩王置若罔闻，始终都未采纳。这使他非常悲愤和失望，他从“观往者得失之变”中探索变弱为强的道路，所著《韩非子》一书，全面系统地阐述了他的法治思想，抒发了忧愤孤直而不容于时的愤懑。后来此书流传到秦国，秦王嬴政读罢大加赞赏，发出“嗟乎！寡人得见此人与之游，死不恨矣”的感叹。韩非提出君主专制中央集权的理论，主张“事在四方，要在中央；圣人执要，四方来效”，国家的大权要集中在君主一人手里，君主必须有权有势才能治理天下；主张改革和实行法治，要求“废先王之教”“以法为教”；强调制定了“法”就要严格执行，任何人不能例外，做到“法不阿贵”“刑过不避大臣，赏善不遗匹夫”。

——司马迁为“叙世”，直言不讳，因李陵案下狱而受宫刑。在遭此奇耻大辱之后，司马迁仍怀着“究天人之际，通古今之变，成一家之言”的崇高志向，忍辱苟活，“网罗天下放失旧闻，略考其行事，综其终始，稽其成败兴坏之纪”，完成洋洋五十二万言、一百三十篇的鸿篇巨制，被誉为“其文直，其事核，不虚美，不隐恶，故谓之实录”，独创了中国历史著作的纪传体裁，开创了史学方法上全新的体例。司马迁以个人传、纪为形式，以社会为中心记载历史，为后人展示了一部规模宏大的社会变迁史。梁启超评价：“史界太祖，端推司马迁”，“太史公诚史界之造物主也”。他认为：《史记》之列传，借人以明史；《史记》之行文，叙一人能将其面目活现；《史记》之叙事，能剖析条理，缜密而清晰。对于《史记》，“凡属学人，必须一读”。鲁迅认为：“武帝时文人，赋莫若司马相如，文莫若司马迁。”司马迁写文章“不拘于史法，不囿于字句，发于情，肆于心而为文”，因而《史记》不失为“史家之绝唱，无韵之《离骚》”。

——屈原为“问世”，不使清白之身蒙受世俗之尘埃，“以死明志”，自投汨罗江而去。屈原自幼勤奋好学、胸怀大志，早年受楚怀王信任，任左徒、三闾大夫，常与怀王商议国事，参与法律的制定，主张章明法度、举贤任能、改革政治、联齐抗秦；同时主持外交事务，主张楚国与齐国联合，共同抗衡秦国；提倡“美政”。在屈原的努力下，楚国国力有所增强。但是，由于自身性格耿直再加上楚怀王的令尹子椒、上官大夫靳尚和郑袖等人，受了秦国使者张仪的贿赂，不但阻止怀王接受屈原的意见，并且使怀王疏远了屈原。屈原被流放后，游于江潭，行吟泽畔，颜色憔悴，形容枯槁。渔父见而问其曰：“子非三闾大夫与！何故至于斯？”屈原曰：“举世皆浊我独清，众人皆醉我独醒，是以见放。”渔父曰：“圣人不凝滞于物，而能与世推移。世人皆浊，何不淈其泥而扬其波？众人皆醉，何不餔其糟而歠其酾？何故深思高举，自令放为？”屈原曰：“吾闻之，新沐者必弹冠，新浴者必振衣；安能以身之察察，受物之汶汶者乎？宁赴湘流，葬于江鱼之腹中。安能以皓皓之白，而蒙世俗之尘埃乎！”屈原保持了知识分子“立世”的崇高气节。

——陶渊明为“隐世”，不为五斗米折腰，塑就了“桃花源”的理想境界。

陶渊明始为州祭酒，不堪吏职，少日自解归，最后任职彭泽令 80 余日，因不肯为五斗米向乡里小人折腰，毅然辞职归耕田园。后有人劝他再度出仕为刘宋王朝服务，他宁愿穷困潦倒，也不愿再涉官场。在《归园田居》《饮酒》等诗中，诗人对自己归隐后的生活作了描写：“白日掩荆扉，虚室绝尘想。时复墟曲中，披草共来往。相见无杂言，但道桑麻长。”“方宅十余亩，草屋八九间。”“暧暧远人村，依依墟里烟。狗吠深巷中，鸡鸣桑树颠。”“结庐在人境，而无车马喧。问君何能尔，心远地自偏。采菊东篱下，悠然见南山。”在这种闲适的田园生活中，诗人心情自然而宁静，达到了心灵的真正和谐，这才是真正的归隐。陶渊明的归隐不但是勘破世事、不计荣利，更重要的是他改变了自己的士人身份，由士入农，躬耕田野，以知识分子所特有的敏感来体验农民的社会生活，并且构筑了一个理想的农业社会模型——桃花源世界。

——李煜为“悦世”，“性骄侈，好声色，又喜浮图，为高谈，不恤政事”，导致亡国的命运。国亡后在“日夕只以眼泪洗面”的软禁生涯中，以一首首泣尽以血的绝唱，亡国之君成为千古词坛的“南面王”，正是“国家不幸诗家幸，赋到沧桑句便工”。李煜为南唐第三任国君，史称李后主，精书法、善绘画、通音律及诗文，尤以词的成就最高。故有人说：李煜不是个好皇帝，但是个好词人，在中国词史上占有重要的地位，被称为“千古词帝”，对后世影响甚大。他不仅继承了晚唐以来花间派词人的传统，而且通过具体可感的个性形象，反映现实生活中具有一般意义的某种意境，将词的创作向前推进了一大步，扩大了词的表现领域。

——朱熹为“晦世”，立志做圣人，一生从事理学研究，又竭力主张以理学治国，却不被当道者理解。朱熹仕途生涯多艰，做官清正有为，一生热心于教育事业，孜孜不倦地授徒讲学，无论在教育思想或教育实践上，都取得了重大的成就。他认为在超现实、超社会之上存在一种标准，它是人们一切行为的标准，即“天理”，只有格物穷理和遵循天理，才是真、善、美，而破坏这种真、善、美的是“人欲”，故提出“存天理，灭人欲”。他倡导“父子有亲、君臣有义、夫妇有别、长幼有序、朋友有信”的“五教之目”；“博学之，审问之，谨思之，明辨之，笃行之”的“为学之序”；“言忠信，行笃敬，惩忿窒欲，迁善改过”的“修身之要”；“正其谊不谋其利，明其道不计其功”的“处事之要”；“己所不欲，勿施于人，行有不得，反求诸己”的“接物之要”。他用《大学》“致知在格物”的命题，探讨认识领域中的理论问题，不遗余力地将儒学推向了顶峰。特别是他穷毕生之力所著的《四书章句集注》被后世历代官方定为科举考试的主要教材，影响更为深远。

——苏轼为“济世”，前期尚儒而后期尚道、尚佛。苏轼的文学思想强调“有为而作”，崇尚自然，摆脱束缚，“出新意于法度之中，寄妙理于豪放之外”。他认为作文应达到“如行云流水，初无定质，但常行于所当行，常止于不可不止，文理自然，姿态横生”的艺术境界。其词风可分三类：豪放风格，以充沛、激昂甚至略带悲凉的感情融入词中，写人状物以慷慨豪迈的形象和阔大雄壮的场面取胜；旷达风格，表达了诗人希望隐居、避开乱世、期待和平的愿望；婉约风格，感情纯正深婉，格调健康高远。苏轼为“唐宋八大家”之一。

——郑板桥为“辨世”，用诗画反映民间疾苦，发泄内心的积愤和苦闷，绝不趋炎附势、粉饰太平。郑板桥在潍县署中的那首画竹题诗是做官者的座右铭。诗曰：“衙斋卧听萧萧竹，疑是民间疾苦声。些小吾曹州县吏，一枝一叶总关情。”郑板桥在山东任上，一次游览莱州的去峰山，本想观赏山中郑文公碑，但因盘桓已晚，便借宿于山中一茅屋，茅屋主人是一儒雅老翁，自称“糊涂老人”。次日晨，老人请郑板桥题字。郑板桥即兴题写了“难得糊涂”四个字，后面盖上“康熙秀才、雍正举人、乾隆进士”方印。因砚台大，尚有余地，郑板桥就请老人写上一段跋语。老人提笔写道：“得美石难，得顽石尤难，由美石转入顽石更难。美于中，顽于外，藏野人之庐，不入富贵门也。”他也用一块方印，字为“院试第一、乡试第二、殿试第三”。郑板桥见之大惊，方知老人是一位隐居于此的高官。感慨于“糊涂老人”的命名，郑板桥又提笔补写道：“聪明难，糊涂难，由聪明而转入糊涂更难。放一着，退一步，当下心安，非图后来福报也。”郑板桥为官后，正是做不到糊涂圆融，常常得罪上峰，尽管他耿介地自称为“橄榄轩主人”，以放言高论、臧否人物自许，但最终就在他书写“难得糊涂”一年后去官。

——龚自珍为“后世”，认为文学必须有用。“曰圣之时，以有用为主”，

“求政事在斯，求言语在斯，求文学之美，岂不在斯”，龚自珍指出儒学、政事和诗文的共同目的就是有用。他认为诗和史的功用一样，都在对社会历史进行批评，文章、诗歌都和史有源流关系。他打破清中叶以来诗坛模山范水的沉寂局面，绝少单纯地描写自然景物，而总是着眼于现实政治、社会形势，抒发感慨，纵横议论，喊出了“我劝天公重抖擞，不拘一格降人才”，充分体现了知识分子有志于作为的社会理想。

——林则徐为“观世”，立下“经国救世”之志，“师夷长技以制夷”，成为“开眼看世界第一人”。为官期间，林则徐矢志做一个济世匡时的正直官吏，“文学而潜修”，为了通于政事，“益究心经世学，虽居清秘，于六曹事例因革，用人行政之得失，综核无遗”。他整饬吏治，严惩贪赃枉法，提出“要正人，先正己”，“身教重于言教”，严格要求自己，事事以身作则，处处为人表率，显示出“苟利国家生死以，岂因祸福避趋之”的境界。为抗击鸦片侵略，战胜敌人，他进行了大量的“师敌之长技以制敌”的军事变革实践。为了解西方的地理、历史、政治，他又组织翻译了英国人慕瑞的《世界地理大全》，编为《四洲志》，通过分析外国的政治、法律、军事、经济、文化等方面的情况，认识到只有向西方国家学习才能抵御外国的侵略，被誉为“开眼看世界第一人”。

——李叔同为“遁世”，苦心向佛、精研律学、弘扬佛法，普度众生出苦海，被佛门弟子奉为律宗第十一代世祖。李叔同在音乐、美术、诗词、篆刻、金石、书法、教育、哲学、法学等领域有创造性发展。李叔同生在乱世，历尽百劫之后，在杭州虎跑定慧寺出家，时年 39 岁，过起了孤云野鹤般的云水生涯，从“翩翩浊世佳公子”一变而为“戒律精严之头陀”。对于李叔同的出家，正如丰子恺所说：“李先生的放弃教育与艺术而修佛法，好比出于幽谷，迁于乔木，不是可惜的，正是可庆的。”李叔同就像是一丛菊、一片霞、一轮月，一月当空、千潭齐印、澄淆定荡、各应其机，他的一生就是一部哲学大书、无字之经、不刊之典。

2. 追踪传统知识分子立世的理念与方式

中国传统知识分子直接或间接，以参政或论政，以极大责任心为平民利益而奋斗，同时以极大自尊心为知识分子地位而奋斗。上下5000年，从传统知识分子以独立姿态立世以来，因其立世的理念、方式与路径的不同，分出了高低、辨出了优劣、看出了成败，这种不同大致从以下方面略见一斑。

（1）传统知识分子立世的源与起

《左传》提出了传统知识分子立世的源起，即“立德、立功、立言”，并称“此之谓不朽”。唐代学者孔颖达对这“三立”作了精辟的阐述：“立德，谓创制垂法，博施济众；立功，谓拯厄除难，功济于时；立言，谓言得其要，理足可传。”于是“三立”有了定论，在中国历史上成为知识分子立世的人生目标和理想。所谓“立德”是指追求个人在道德上的完善。古代知识分子以君子来自我要求和期望，表现为道德上的高度自觉。所谓“立功”是指建功立业，与忠君联系在一起，从范仲淹的“先天下之忧而忧，后天下之乐而乐”到顾炎武的“天下兴亡，匹夫有责”都主张把个体的立功和群体的荣辱兴衰联系在一起，具有很强的国家君主意识，只要为国为君建功立业，便实现了人格的不朽。所谓“立言”，是说“言得其要，理足可传，其身既没，其言存立于世，乃是立言也”。曹丕据此在《典论·论文》中进一步阐释：“盖文章，经国之大业，不朽之盛事。”框定了古代知识分子的责任与使命。多数知识分子在“立德”“立功”之后都走上了“立言”的道路，正如司马迁所言：“昔西伯拘羑里，演《周易》。孔子厄陈蔡，作《春秋》。屈原放逐，著《离骚》。左丘失明，厥有《国语》。孙子膑脚，而论《兵法》。不韦迁蜀，世传《吕览》。韩非囚秦，《说难》《孤愤》。《诗》三百篇，大抵圣贤发愤之所为作也。此人皆意有所郁结，不得通其道也，故述往事，思来者。”“立德、立功、立言”总体强调的是“经世致用”，在中国传统知识分子中凝聚了巨大的心理能量与内驱力，使他们无不受其熏染、鼓舞，从而在人生如梦的生命悲叹中振作起来，积极投入到现实社会生活中。

（2）传统知识分子立世的群与体

传统知识分子立世群体与个体之间纵使主张各有不同，但一贯的传统、一贯的趋势是以强大责任心、自尊心、自信心为生民、为天下尽其心力，为平民利益、为知识分子之尊严而奋斗。如春秋战国时期，诸侯兼并、百家争鸣，虽不同群体与个体主张不同，但各种思想流派都带有忧国忧民的感情倾向。《庄子》说：“今世之仁人，蒿目而忧世之患。”《易·系辞下》说：“作《易》者其有忧患乎！”《尚书·君牙》说：“心之忧危，若蹈虎尾，涉于春冰。”《诗经》中更是充满了忧危之词，《大雅》曰“人之云亡，心之忧矣”，《小雅》曰“战战兢兢，如临深渊，如履薄冰”。孔子首次指出了忧患感在人生道路上的重要性和必要性——“人无远虑，必有近忧”。孟子提出了“生于忧患”的命题。这种忧患意识鼓励传统知识分子寸阴是惜、积极进取，争取在有限的一生中功成名就。同时他们主张立世无阶级、无种族之成见，提倡博爱济重，视天下犹一人；推不忍人之心，彰上天好生之德；抗残民之独夫，求生民之同乐；认“民为邦本”，认“天下者天下人之天下”，认“四海之内皆兄弟也”；确信每一人之人格尊严，说“尧舜与人同”“我虽不识一字，亦须堂堂做人”；反对独断与迷信，相信“道并行而不相悖”，相信“孔子门前亦须讨个是非”；尊重道义，藐视强权与暴力，义之所在，生死以之。这正是中国文化之血脉与心传。

（3）传统知识分子立世的作与为

传统知识分子立世的作与为表现为“忧国”“忧民”与“忧己”。忧国，即对国家民族前途命运的忧患。《诗经》中最早描述知识分子忧国意识：“彼黍离离，彼稷之苗；行迈靡靡，中心摇摇。知我者谓我心忧，不知我者谓我何求！”这重章叠句、回环往复的咏叹，表达了古代知识分子古朴苍凉而又激越悲愤的情感，同时又唤起匡救社稷的社会责任感。汉末至魏晋南北朝时期，兵连祸接、国土分裂，曹植、王粲、阮籍、嵇康等在政治上忧心国事，既有“愿得展功勤，输力于明君”的壮志，更有“不戚年往，忧世不治”的忧患之声。唐代的杜甫、白居易忧患国事，直斥政治弊端；宋代出现了辛弃疾、陆游、张孝祥、刘克庄等“爱国词人”，他们将家国之思、救世之志融入词作，或忧山河破碎，或忧统治集团的投降误国，“感时抚事，慷慨激越，寄托遥深”。忧国必忧民。儒家历来主张“邦以民为本”，因此传统知识分子常将忧国忧民联系在一起。长达2000多年的中国封建社会，长期处于周期性动乱之中，改朝换代、战乱不已，新王朝建立，大兴土木，劳民伤财，给百姓带来痛苦，正所谓“兴，百姓苦；

亡，百姓苦”。这种社会现实引起悲天悯人的知识分子的关注，如《孟子》提出行王道、施仁政的主张，在《梁惠王上》中提出“五亩之宅，树之以桑”，“百亩之田，勿夺其时，数口之家，可以无饥”，倡导“民为贵，社稷次之，君为轻”的思想。可见，自先秦以来，“忧民”成为历代传统知识分子的一种传统意识，从屈原的“长太息以掩涕兮，哀民生之多艰”到杜甫的“穷年忧黎元，叹息肠内热”再到白居易的“惟歌生民病，愿得天子知”，都是发自肺腑的忧民之叹。在忧国忧民的理想抱负不能得以实现的时候，古代知识分子转为“忧已”之情。人生短暂、岁月无情，有志之士产生了时不我待的忧患意识。屈原在《离骚》中嗟叹：“日月忽其不淹兮，春与秋其代序。惟草木之零落兮，恐美人之迟暮。”“老冉冉其将至兮，恐修名之不立。”这种对时间忧患与生命意识的描写，是基于对人生进取的追求，既注重现世的功业，更重视身后的名声。曹操的“对酒当歌，人生几何？譬如朝露，去日苦多。慨当以慷，忧思难忘”、李白的“君不见，高堂明镜悲白发，朝如青丝暮成雪”、辛弃疾的“了却君王天下事，赢得生前身后名，可怜白发生”等，充满了对岁月流逝无可奈何的焦灼感和功名未就的忧患感。无论是“忧国”“忧民”还是“忧已”，都是传统知识分子立世的强烈社会责任感和使命感的体现。

（4）传统知识分子立世的路与径

孔子概括了传统知识分子立世的路径。他在《为政》中说：“吾十有五而志于学，三十而立，四十而不惑，五十而知天命，六十而耳顺，七十而从心所欲，不逾矩。”其中“立”有“自立”之意，“天命”代表上天的意志的意思，“耳顺”有心领神会和能听进不同意见的意蕴。孔子的表述与《礼记·曲礼》的表述有一致的部分：“人生十年曰幼，学；二十曰弱，冠；三十曰壮，有室；四十曰强，而仕；五十曰艾，服官政；六十曰耆，指使；七十曰老，而传。”孔子的“志于学”有“立志做学问”或“志向在于学习”的意思，即把学和习结合起来。“三十而立”的基础是“特立”“有立”“独立”“强立”。钱穆认为：“‘三十而立’者，孔子至于三十，乃确乎卓然有立、独立不倚、强立不反，自知其所学之有成，而不随众为俯仰。”从30岁到40岁的10年期间，孔子兼之以从前的学、立根基，能懂人情世故，且不迷惑。所谓“天命”即“人当以行道为职，此属天命。但天命人以行道，而道有不行之时，此亦是天命”。钱穆认为，孔子“五十而知天命”，非不知鲁国当时情势之不可为，而终于挺身出仕，又尽力而为，是亦由于知天命。“盖天命之在当时，有其不可为，而天命之在吾躬，则有其必当为。外之当知天命之在斯世，内之当知天命之在吾躬。”“耳顺”即能够包容和听取不同的意见，并能够辨明是非，这是一个君子所应具有的风范。孔子自从知天命起，便顺天命、畏天命，以天命行之；之后就达到耳顺的境界，则身心清扬，于是便悠然而达到自由的方向。孔子的一生是君子的一生，是智慧的一生，是心系天下上下求索而终日乾乾的一生，是行与言结合至美的一生。他概括的人生成长路线是知识分子的成长路线，学者为习，立者为行，不惑而知天命，有天命则耳顺，耳顺则心亦顺，则欲亦顺，其中的知天命乃是实现人生转折的重要里程碑，通过它使人完成与天合一的浪漫之旅。

（5）传统知识分子立世的行与立

传统知识分子立世的行与立落脚点在“立”，即自立，指做事合礼和站得住脚，所谓“礼，人之干也；无礼无以立”。“君子务本，本立而道生。孝弟也者，其为仁之本与。”“仁之本”者也正是君子之本，本立则道生，而道又是以文子为代表的人们所追求的最高目标。文子在《上义》中说：“虽有智能，必以仁义为本而后立”“仁义为准绳，中绳者谓之君子”。以仁义为本与孝悌为仁之本，就其内涵而言都是知识分子所务之本。“立”的体现是一种关于学与习之后的能力与实践，它是使“立”得以存在的功用。“夫仁者，己欲立而立人，己欲达而达人。能进取譬，可谓仁之方也已。”自己要站得住，同时也得使别人站得住；自己要通达，同时也要使别人通达。从眼前实事做起，可以说便是实现仁道的方法之意。孟子《尽心上》曰：“夭寿不贰，修身以俟之，所以立命也。”修身兼及立人同修己、安人，即知识分子要安百姓，则应“足食、足兵，民信之矣”。荀子在《劝学》中说：“君子慎其所立乎？”荀子要求传统知识分子对于立足点要十分谨慎，当一位君子既能立于修己、安人、安百姓的轨道之上，又能知礼、孝悌，且仁义有德，则其就一定有一番大作为。

（6）传统知识分子立世的出与入

“达则兼济天下，穷则独善其身”概括了传统知识分子立世出与入的关系。当其立世理想得到实现时就“兼济天下”，当抱负不得实现时就退守自身，可谓进退有道。入则为儒，出则为道，儒、道两家理论成为中国知识分子进取与退避、得意与失意的两大心理支持和文化资源。鲁迅认为“老，是尚柔的，儒者，柔也，孔也尚柔，但孔以柔进取，而老却以柔退走”。这关键，即在“知其不可而为之”的事无大小均不放松的实行者。“有为”而且是“知其不可而为之”写出一个勤勤恳恳终身不倦的志士一举使儒家改变了自己的职业和行事风格。当抱负遇到残酷的社会现实时，知识分子就退守自身，“出世”做了“隐士”。所谓“隐士”就是隐居不仕之士。其条件首先应当是“士”，即知识分子，否则就无所谓隐居；其次是不仕、不出名，终身或在乡村为农民，或遁迹江湖经商，或居于岩穴砍柴。《南史·隐逸》云：隐士“须含贞养素，文以艺业。不尔，则与夫樵者在山，何殊异也”。这就是说一般的“士”隐居也不足以称为“隐士”，须是有名的“士”即“贤者”。如《易》曰：“天地闭，贤人隐。”又曰：“遁世无闷。”又曰：“高尚其事。”应当是有才能、有学问、能做官而不去做官也不做此努力的人谓“隐士”，隐士文化是中国历史上所特有的一种文化现象。

（7）传统知识分子立世的仕与学

“仕而优则学，学而优则仕”概括了传统知识分子仕与学的关系。郑玄的《正义》作解：“古者大夫士，年七十致事，则设教于其乡，大夫为大师，士为少师，是仕而优则学也。学至大成乃仕，是学而优则仕也。”朱子《集注》曰：“优，有余力也。仕与学，理同而事异。故当其事者，必先有以尽其事，而后可及其余。然仕而学，则所以资其仕者益深；学而仕，则所以验其学者益广。”无论是从汉儒还是宋儒来看，对“优”的理解并无本质的差异，都是“有余力”，这里“学”与“仕”，用朱子的话来说是“理同而事异”，并不是手段与目的的关系。从“学而优则仕”到“学以仕”，是一个“仕宦”传统的转向，一种“士”的理想在这里悄然湮灭。前一句“仕而优则学”渐渐隐去，后一句“学而优则仕”却成为千古以来中国知识分子的文化选择。余英时在《士与中国文化》里认为："士已从固定的封建社会关系中游离出来，进入'士无定主'的状态，这时社会出现大批有学问有知识的士人，他们以'仕'为专业，然而社会上并没有固定的职位在等待他们，在这种情况下便有了'仕'的问题。""仕"的本义乃是"士"在其"位"（即士人），而恰恰只有"不在其位"，才有"仕"的问题，如"士"的理想与权力欲望的碰撞、"士"的理想与现实的对立、"仕"的社会机制与选拔机制、"仕"的道德自律与内在修养，"仕"的忧患、忠君、悲己等心路历程伴随着仕途生涯。可见，知识分子所受的"士"的教育，让他们始终怀着一种"士"的理想，他们一方面要面对理想，一方面在权力场中挣扎，在士的传统的背面，同时伴随着一个"仕"的潜流，"仕"在一定的历史阶段是那个时代知识分子实现理想的最现实的出路。

（8）传统知识分子立世的文与化

传统知识分子立世的途径是"文以教化"。古人相信教化的功能，认为教育是人消退其生物性而成为社会人的唯一途径，所谓"饱食暖衣，逸居而无教，则近于禽兽，圣人有忧之，使契为司徒，教以人伦"。教化的目的是要做人，做一个德性健全的人，做一个堂堂正正的人，古典儒学意义上的教育就是学做人。它有一个整体上的次序，先是"小学"，后是"大学"。"小学"基本上指日常礼仪，"大学"则旨在体现人类感受的一切层面的修身，两种"学"都致力于发展日益净化的自我意识。传统知识分子在修生养德的同时，还担负着教化天下众生的使命。董仲舒曰："养士之大者，莫大乎太学。太学者，贤士之所关也，教化之本原也。"《史记》曰："闻三代之道，乡里有教，夏曰校，殷曰序，周曰庠。其劝善也。显之朝廷，其惩恶也，加之刑罚。故教化之行也。"在古代，统治就意味着教化，统治得安妥与否往往归功于教育的成功与否。"统治的本质，是由一种有德者进行民众教化的观念。民众教化必须具备与之相应的文化能力与道德能力。"为此，要做人师，首先得为人师表，教化别人先要教育自己。

（9）传统知识分子立世的品与识

传统知识分子立世离不开高尚的品行与广博的学识，这就要做到"修身"。《大学》中说："自天子以至于庶人，壹是皆以修身为本。"修身即修养自身的品性。荀子认为修养自身成为君子，乃是人生的大事，指出："非顺孰修为之君子，莫之能知也。”孔子强调君子在修身过程中要坚定操守。“得见君子者，斯可矣。”“善人，吾不得而见之矣；得见有恒者，斯可矣。亡而为有，虚而为盈，约而为泰，难乎有恒矣。”同时作为知识分子要慎独，“君子慎其独也，释近斯远，塞矣”，即在独处之时仍应谨慎、行正气，荀子将知识分子的修身之品归结为“君子宽而不僈，廉而不刿，辩而不争，察而不激，寡立而不胜，坚强而不暴，柔从而不流，恭敬谨慎而容，夫是之谓至文。《诗》曰：‘温温恭人，惟德之基。’此之谓矣”。孔子不仅提倡“修己以敬”式的自修，还在此基础上“修己以安人”，进而“修己以安百姓”。“修己”是做教育自己的工作，“安人”是一个社会目标，是给人类以和平快乐。教育并不是为自己，不是为使自己成为菩萨、罗汉、神仙，“修己”是为了教育自己，为的是社会目标。孔子的教育目标不是为自私自利，不是为升官发财，而是为“安人”“安百姓”，为齐家治国平天下。正是这种不只为己而且为人的使命，让知识分子产生了一种格外的“尊严”与“责任”。所谓“事在强勉而已矣。强勉学问，则闻见博而知益明”。

（10）传统知识分子立世的意与愿

“为天地立心，为生民立命，为往圣继绝学，为万世开太平”是传统知识分子立世的最高意愿，是通过“齐家”“治国”“平天下”来实现的。修身之后乃齐家，“一家仁，一国兴仁；一家让，一国兴让”，即要求每个家庭成员都要有爱心、要以礼谦让，做到“君子贤其贤而亲其亲”，齐家者不可以有偏爱、偏见、偏向、偏心、偏意等偏颇，对于喜欢的人要知道他的缺点，对于厌恶的人要看到他的优点，才能以公正之心待人，做到“齐家以亲，且亲又以孝、慈为本，然而不可偏，不可知之不明，如此还要兼之以悌，以仁，以让，以睦，以贤，以教子为重，以端正己身，以温馨家庭，以行大孝”。齐家的更大目的是为了治国，每位齐家者把家庭、家族的事情都做好了，那正是为治国者尽了全力。“所谓治国必先齐其家者：其家不可教，而能教人者，无之。故君子不出家而成教于国。孝者，所以事君也；弟者，所以事长也；慈者，所以使众也。”即以家教而教人的治国方法。君子出仕，国君养之，孟子曰：“君子居是国也，其君用之，则安富尊荣；其子弟从之，则孝悌忠信。”只要君子出仕就会使国家平安富足且能尊贵繁荣，还可使其国民孝悌忠信。知识分子治国要有絜矩之道，要懂得国之法，并要以义为利，且以齐家为先，以无诉讼为大追求，同时治国要有理论，要慎之又慎、奖惩分明、任用好官吏，起用盛德之人，并研究统治方略、施行教育，辅佐好君王，以发挥更大的作用。可见，治国是一个巨大的系统工程，知识分子要时时以治国为己任，并以之锻炼和增强自身治事与治政之本领。“所谓平天下在其治国者：上老老，而民兴孝；上长长，而民兴弟；上恤孤，而民不倍”，“古之欲明明德于天下者，先治其国，国治而后天下平”。平天下，乃通过平的手段达到天下太平之目的，既是知识分子之崇高理想，又是其为之而奋斗终生的具有神圣意义的践履。

（11）传统知识分子立世的格与调

传统知识分子立世的格调重在“格物”，意为穷究事物的道理或纠正人的行为，语出自曾子，后引申为在循道和体道过程中把事物的底蕴思虑明白。格物首先格纯粹之物，文子在《上德》中道：“君子行道不为莫知而止，性之有也。”人们经由格物之路就会有大发现、大发明、大创造，就会有君子出。因此，对于格物不可浅尝辄止，要不断探究寻求多物之共同格求，找到物的玄机，方能使之运用于人。物于天地中，有天地然后万物生，故格物者亦当格天地。“察乎天地，且以天属者，透过阴阳之辨，则天地之道必明，天地之道明，则万物之理亦明，明而有显，必有物理出。”格物为人，格天地也为人，然而格人更重要。格人者要体道，使自身脱离物性并守常，荀子认为君子格人与格物应同为一理，都是贵在格性，要先合于道，“素隐行怪，后世有述焉；吾弗为之矣。君子遵道而行，半途而废，吾弗能已矣”，即格人者要正，万万不可以寻那隐僻之理，不可办事怪异或半途而废，才能更好地探究君子之道。《中庸》曰“君子之道费而隐”，“故君子之道暗然而日章”，即君子之道广大而精微，格人者的责任却日益光明。《吕氏春秋》中引用曾子的话说：“君子行于道路，其有父者可知也，其有师者可知也。”欲格其人就要观之行，倘其行为端正，就可视之为君子，反之便不可与之同行。为此，格物必当格其性，格物必当知其生，格物必当用于人，从而达到格物、格天地、格人的理想与境界。

（12）传统知识分子立世的智与慧

智即知识，慧即智慧，“致知”即认识明确才能达到“智慧”的境界。致知的成立要建立在格物的基础上，具有了主客观统一于形名的积蕴，是物性达到主观而成为意诚的前提，是道已入体且又被感知的精神硕果，是符合“十五而志于学”之阶段的存在轨迹，于是致知就有了由物象的朦胧到清晰的认识，再升华为智慧的内容。“积薄成厚，积卑成高，君子日汲汲以成辉……故君子慎其微”，可见，致知之路在谋、在慎于微、在积于厚，后致知分明。《中庸》曰：“君子之道淡而不厌，简而文，温而理，知远之近，知风之自，知微之显，可与入德矣。”《劝学》道：“君子知夫不全不粹之不足以为美也，故诵数以贯之，思索以通之，为其人以处之，除其害者，以持养之。”为此，致知的方法要从隐微之处着眼，用正确的方法兼之以体味、思索、探求、积累，才能使主观之“宜”与客观之“义”达成统一。荀子在《子道》中借用了孔子与弟子关于“知”与“任”的问答，把致知的精蕴推向了高潮。孔子问：“知者若何？仁者若何？”子路答：“知者使人知己，仁者使人爱己。”子贡答：“知者知人，仁者爱人。”颜渊答：“知者自知，仁者自爱。”根据孔子之问，子路认为知者就是让人了解自己，子贡认为知者就是使自己了解别人，颜渊则认为知者就是使自己认识自己，由此孔子分别给予他们以士、士君子、明君子的肯定。致知者必是自知自己之识，故其立足于己，并来认识自己，可见颜渊的使自己认识自己的高论把握了“知”的真谛。为此，致知要先讲方法，要从隐微之处着手，并使之全面至善、至德，方能熏然而蕙，修成正果，晋升到“智慧”的殿堂。

（13）传统知识分子立世的情与怀

“意诚”乃传统知识分子立世的情怀所在。《大学》中言：“所谓诚其意者，毋自欺也。如恶恶臭，如好好色。此之谓自谦。故君子必慎其独也。富润屋，德润身，心广体胖，故君子必诚其意。”即知识分子诚之于己要“慎独”“善实于中”，还要做到“慎善”。列子在《说符》中道：“行善不以为名，而名从之；名不与利期，而利归之；利不与争期，而争及之；故君子必慎为善。”《中庸》言：“诚者，天之道也。诚之者，人之道也。诚者不勉而中，不思而得……诚之者，择善而固执之者也。”“诚”即上天所赋予的道理，诚实使人不用勉强就会处事稳妥，不用思想就能言语得当，传统知识分子要努力做到“诚”，才是正道；“自诚明谓之性，自明诚谓之教。诚则明矣，明则诚矣”。只有至诚的人可以“尽其性”“尽物性”，才能感化天下，才能化去遮蔽，使之明察。“是故诚者天下之道也，君子诚之为贵，为天下之诚为能化”。荀子在《不苟》中说：“君子养心莫善于诚，至诚则无它事矣。惟仁之为守，惟义之为行。诚心守仁则形，形则神，神则能化矣。诚心行义则理，理则明，明则能变矣。”为此，坚持笃行，由诚则明，由明又返于诚，于是至诚者便会如神，只有以大至诚，才可以有大作为、见大情怀和致大抱负。

（14）传统知识分子立世的精与神

“心正”乃传统知识分子立世之精神所在。《大学》所言：“所谓修身在正其心者，身有所忿懥，则不得其正；有所恐惧，则不得其正；有所好乐，则不得其正；有所忧患，则不得其正。心不在焉，视而不见，听而不闻，食而不知其味。此谓修身在正其心。”所谓要修养自身在于端正心志，身心有所愤怒，就得不到中正；有所恐惧，就得不到中正；有所喜好，就得不到中正；有所忧患，就得不到中正。因此要使心免于干扰，回归于平静，心与正才会合一。如何做到“心正”，孟子认为，欲使心正者，当先有恭敬之实、恭敬之性、恭敬之心。欲心正者还当知耻，不正是最大的耻。荀子曰：“君子位尊而志恭，心小而道大，所听视者近，而所闻见者远。”只有心正，才可操术正，才可行为正，才可周身正，才可一切正。孟子曰：“君子所以异于人者，以其存心也。君子以仁存心，以礼存心。仁者爱人，有礼者敬人。爱人者，人恒爱之；敬人者，人恒敬之。”君子与普通人的区别在于居心不同，君子居心合乎仁、合乎礼，仁者爱人，有礼者尊敬别人：爱别人的人，人们也常爱他；尊敬别人的人，人们也尊敬他。为此，传统知识分子立世之“精神”即欲心指于正，必当诚、必当恭、必知耻，还要有好的环境影响，这样有正思，方可有正行，只要居于天下的人之心正，则天下就会永享太平。

（15）传统知识分子立世的德与望

传统知识分子立世注重品德的修养，德高方能望重是其努力的方向。儒者所谓“身修思永”九德——宽而栗、柔而立、愿而恭、乱而敬、扰而毅、直而温、简而廉、刚而塞、强而义，成为传统知识分子立世的源起。“敦厚温柔”“疏通知远”“恭俭庄敬”“广博易良”的诗书礼乐之教是儒者基本精神。《论语》中“君子怀德”将“德”作为知识分子最重要的特征。知识分子作为道德修身的楷模，是教化百姓的理想人物。教化是儒家最基本的治民方略，需由君子承担。孔子形象地指出：“君子之德风，小人之德草，草上之风，必偃。”只要君子笃行仁义、以身作则，黎庶百姓就会弃恶向善；“君子笃于亲，则民兴于仁”，“君子言不过辞，动不过则，百姓不命而敬恭”，古人对知识分子教化功能的效力充满信心，认为在一般情况下“君子不出家而成教于国”，知识分子的表率作用能使全社会的道德水准得到普遍提升。儒家把知识分子的教化视为建立理想政治秩序的关键，所以孟子曰：“君子之守也，修其身而天下平。”“君子”作为一种理想人格与道德楷模，成为中国知识分子孜孜以求的德望要求和道德目标。

3. 追寻当代知识分子立世的理想与方向

尽管知识分子的主张各有不同，但他们都有坚定的理想与方向，即以强大的责任心、自尊心、自信心为生民、为天下尽其心力，为平民、为知识分子之尊严而奋斗。为此，当代知识分子要传承好传统知识分子的立世理念与方向，达到当今应有的理想与境界。

（1）读万卷书

关于读书，中外先哲有过许多家喻户晓、脍炙人口的箴言。如“书犹药也，善读之可以医愚”“读书破万卷，下笔如有神”“书籍是人类进步的阶梯”“生活里没有书籍，就好像没有阳光；智慧里没有书籍，就好像鸟儿没有翅膀”等等。这些哲言都告诉我们一个很普通但又非常重要的道理：开卷有益，读书有益。我们中华民族从来就是酷爱读书、勤奋学习的民族，读书、学习是我们民族精神动力永不衰竭的源泉。我们要继承和发扬这个优良传统。读书不仅成为一个人修养的标志之一，也成为人们完善自我、塑造自我、提升自我、凝聚智慧的重要途径之一。阅读对人的成长影响是巨大的，一本好书往往能改变人的一生。生活中因为读了某一本书，而使人的命运有了根本性改变的故事比比皆是。而一个民族的精神品格和文化素质，在很大程度上也取决于全民族的阅读水平。读万卷书在古代可能还是一件困难的事，当今借用的图书馆和网络系统可以轻而易举地达到，然而关键是要有读书的理想与境界、品行与品味、目标与要求。可以说，一个人如果从小就能养成良好的阅读习惯，一生都会受用无穷；一个民族具有热爱阅读的追求与渴望，这个民族就会充满智慧和希望。

（2）行万里路

明朝董其昌画诀曰："读万卷书，行万里路，胸中脱去尘浊，自然丘壑内营，立成鄄鄂。""行路"理解为在实践中学习。"读万卷书"之后，只有"行万里路"，走出去亲自看一看，体验一下书中描述的情景，才会发现书中所说的不及体验的千分之一，同时也理解了作者对这种情景的感受并同自己的感受加以比较，从而放大知识层面，只有这时读书的效果才能体现出来。读与行要结合起来，以读来指导行，反过来又以行来深化认知，如此方能读懂、读透，学而能用。人类进化是从行路开始的。从树上到了地面，首先学会的是行走。行走的目的是为了获得更多的食物，为了寻找安全的憩息地，同时也开阔了眼界，学到了很多有用的知识。大禹是在随父治水中悟到了"宜疏不宜堵"的治洪原理。孔子非常重视实践在学习中的作用，并通过周游列国治国安邦来印证所学。李时珍、徐霞客、马可·波罗、达尔文、哥伦布都是靠"行路"写出了宏伟巨著或取得重大发现。可见，"行万里路"较"读万卷书"要重要得多。把"读书"与"行路"关系作个比喻："读万卷书"好比人们通过一个窗口看到了知识和能力的金山，但要想真正得到知识和能力这座金山，还要靠走出门去"行万里路"。为此，作为当代的知识分子更要将读书与行路结合起来，做读书与行路"并行不悖"的楷模。

（3）抒万般情

抒万般情即表达情思、抒发情感，《楚辞·九章·惜诵》："惜诵以致愍兮，发愤以抒情。"骆宾王《秋日饯陆道士陈文林得风字》诗序："虽漆园筌蹄，已忘言于道术；而陟阳风雨，尚抒情于咏歌。"抒情是直接或间接地抒发内心感情的一种表达方式。"情动于中而形于言。"抒情是文章打动人、感染人的重要手段。如司马迁平生喜游，足迹不肯一日休，其壮游不是一般的旅游，而是尽天下大观以助吾气，然后吐而为书。所以他的文章或为狂澜惊涛，奔放浩荡；或为洞庭之波，深沉含蓄；或春妆如浓，靡蔓绰约；或龙腾虎跃，千军万马。司马迁世家龙门，念神禹立大功；西使巴蜀，跨剑阁之鸟道；彷徨齐鲁，睹天子之遗风。所以，天地之间，万物之变，可惊可愕，可以娱心，使人忧，使人悲者，司马迁尽取为文章，因而司马迁的文章变化无穷。所谓抒情有借景抒情、触景生情、咏物寓情、咏物言志、直抒胸臆、融情于事、融情于理等方法。为此，作为当代知识分子要适当运用手中的笔发抒情感，将读书、行路和悟道的所言、所感、所思、所悟表达于笔端，方能达到“立言”之功效、“抒情”之精微。

（4）历万件事

万物有源，生命有根。作为当代知识分子要想取得进步和快速成长，就必须坚持务本求实，加强自身修养，提高工作能力。为此，必须敢于直面困难、善于到基层去磨炼，承受挫折，去娇气、长志气，在工作实践中历练成长；勇于放下架子接触广泛的社会生活，加深与社会大众的感情，扎根基层、服务基层；所谓艰难困苦、玉汝于成，实践证明，不断实践和艰苦复杂环境的摔打磨炼是青年知识分子提高工作水平、加强自身修养的重要途径，年轻知识分子只有在实践中经风雨、见世面，在基层中锻炼自己，才能增才干、长本领，才能真正地务本求实，做好每一件事和历好“万件事”后而成大才、长大智。

（5）师万人长

所谓“三人行，必有我师焉。择其善者而从之，其不善者而改之”这句话表现出孔子自觉修养、虚心好学的精神。它包含了两方面：“择其善者而从之”，见人之善就学，是虚心好学的精神；“其不善者而改之”，见人之不善就引以为戒，反省自己，是自觉修养的精神。这样无论同行相处的人善与不善，都可以为师。《论语》中有一段记载，一次卫国公孙朝问子贡，孔子的学问是从哪里学的？子贡回答说，古代圣人讲的道，就留在人们中间，贤人认识了它的大处，不贤的人认识了它的小处，他们身上都有古代圣人之道。“夫子焉不学，而亦何常师之有？”他随时随地向一切人学习，谁都可以是他的老师，所以说“何常师之有”，没有固定的老师。这样的精神和态度，是很值得我们学习的。

“三人行，必有我师焉”“择其善者而从之，其不善者而改之”的态度和精神，也体现了与人相处的一个重要原则。随时注意学习他人的长处，随时以他人缺点引以为戒，自然就会多看他人的长处，与人为善，待人宽而责己严。这不仅是当代知识分子提升自己修养的最好途径，也是促进人际关系和谐的重要条件。

（6）拓万丈胸

当代知识分子立世要有博大的胸怀，就要正己修身，加强自身修养，确保自己清正。这是一种境界、一种风范，更是一种情操、一种气度。打铁先要自身硬，要做到胸怀博大，务必要严格要求自己，自磨自励、挚诚守信、行事笃实。在政治上，坚持用崇高的理想信念塑造自我，始终保持政治上的清醒和坚定；在道德修养上，要做到对待名利有一颗“平淡心”，对待群众有一副“热心”，对待工作有一片“痴心”。古人云：“政者，正也。子率以正，孰敢不正？”要时刻自警、每日三省吾身，注意自己的一言一行、一举一动，对工作、对自己做到高标准、严要求。当代知识分子要有博大的胸怀，还要做到志存高远，做到有觉悟、有胆量、有雄心、有气概，立志做大事；应当有“先天下之忧而忧，后天下之乐而乐”的胸怀，有吃苦在前、享受在后的思想境界，增强忧患意识，做好接受各种挑战和考验、应对各种困难和风险的思想准备；真正做到视野开阔、认清大局、围绕大局、服务大局，坚持在大局下行动，善于容人、容事、容言，心里装着高远理想，并通过扎实有效的工作实现自身价值和远大抱负。

（7）听万籁音

当代知识分子立世要听取“万籁音”，即要善于听取不同意见。真诚听取不同意见，最大限度地发挥工作积极性与创造性，就能不走或少走弯路，不犯或少犯错误。知识分子要饱含感情去真诚听取大众提出的意见，其中蕴含着巨大的智慧力量，能帮助知识分子最大限度地减少和避免工作失误。因此要虚心请教，无论他人提什么样的意见、采取什么方式提意见，都应站到对方的立场上设身处地去理解，有各种不同意见作比较，互相启发、补充、修正，有助于活跃思想、端正认识、正确决策，同时把各种意见吸收上来加以归纳分析，以分辨是非，把工作做得更好。对不同的看法甚至反对意见要开明一点，允许他人说话，只要把意见当作一种警戒、一面镜子，经常想一想、照一照，本着“有则改之，无则加勉”的态度，对的坚决采纳，就能增长自身的才干。为此，当代知识分子要以海纳百川的宽大胸怀，虚心听取不同意见，以积极的姿态、健康的心态去对待“万籁音”。

（8）创万端新

创新是一个民族进步的灵魂，是一个国家兴旺发达的不竭动力，也是一个知识分子与时俱进的源泉。在知识经济大潮涌来时，知识分子同样面临着知识素质提升的现实挑战。新时期知识分子要创新就要注意做到：自觉重视并实践终身学习，不断掌握新知识、增强新能力，实事求是，将工作创造性建筑在科学性基础上；直面问题、知难而进、解放思想、解决遭遇的困难，进行应用性创新；从实际出发，注意继承好的、创造新的、改造旧的、抛弃不适用的，注意利用现有条件，进行重组性、集成性创新；走群众路线、搞调查研究、群策群力，善于吸取总结群众智慧，注意调动群众的积极性，进行合作性创新。注意科学性、应用性、重组性与合作性，是知识分子结合实际、与时俱进创新应该注意的问题。只有坚持“创万端新”，知识分子才能完成新时期“文化传承创新”的伟大使命。

（9）除万难险

人生的道路上并不是平坦的，在通往成功的历程中，没有不受挫折或失败的，为此就要除万难险。古今中外除万难险成功的例子比比皆是，如西班牙作家塞万提斯一生多灾多难，出生于没落贵族家庭，家境贫寒，从小就跟父亲外出奔波谋生，在与土耳其海战中左手致残，后曾被海盗俘获，卖到阿尔及利亚为奴，历尽艰辛，被父母赎身获得自由后，曾在海军中充任军需，后又蒙冤入狱，在这样的困境中写出了《堂吉诃德》《努曼西亚》《惩恶扬善故事集》等一批有影响的作品。有些知识分子由于缺乏成功的经验，缺乏客观的期望和评价，消极的自我暗示又抑制了自信心，加上生理或心理上的缺陷、恶劣的生活环境等原因就导致了自卑心理的产生，他们常常表现为抑郁、悲观、孤僻的心理。为此，要勇于面对困难，不要害怕失去或失败，才能在克服困难的过程中收获经历、经历过程。所谓机会与挑战是并存的，当代知识分子更要善于把握机会、着眼未来、制定目标、激励自身、超越自己，才能促进自己在“除万难险”的路途中不断进步、收获成功。

（10）聚万全策

要聚万全策就要做到“兼收并蓄”“海纳百川”。五四新文化运动以来，中国第一代现代意义上的知识分子崛起了。他们幼年通读“四书”“五经”，但后来又大都留学欧美或日本，对西方文化有比较完整的、直接的认知，可谓“学贯中西”；他们回国后也不再走“学而优则仕”的传统士大夫老路，而是在新的社会结构中有了自己的独立职业，比如教授、记者、编辑、作家等；他们以启蒙为己任，为中国带来了民主和科学，他们学识渊博、品德高尚，是一座座令后人高山仰止的文化高峰；他们倡导的“兼收并蓄”乃聚万全策之基，为当代知识分子所弘扬。为此，当代知识分子要在不同领域有所作为，就要进一步解放思想、开阔视野、兼听则明，方能“聚万全策”为我所用、为社会所用和为国家所用。

（11）积万方经

荀子说：“不积跬步，无以至千里；不积微土，无以成高山；不积小流，无以成江海。”即成就一番事业首先要积累大量的经验和知识。经验是指从实践中得来的知识或技能，是人们在实践中对客观事物的感性认识和体验，可操作性强。经验丰富的知识分子，面对许多经历过、接触过的困难和问题，就会成竹在胸、临危不乱、镇定自若。经验可以分为直接经验和间接经验。间接经验是指来源于书本上的和他人的东西，对此既要学会思考又要结合自身实际去粗取精、去伪存真，既不全盘加以接受又不一概予以排斥；直接经验则需要自己不断地实践，不断加以总结和积累，它包括对正反两个方面的经验加以总结。总结经验是实现主观与客观、理论与实践相结合的关键环节，客观实际总是不断发展变化的，新情况、新问题层出不穷，只有高度重视并善于总结经验，才能揭示客观事物的规律性，使经验上升为理论，进而做到按客观规律办事。为此，当代知识分子要重视和善于总结经验，通过“积万方经”，为社会、国家提供可资借鉴的良方善策。

（12）罗万象才

知识分子本身就是人才，同时更要以开阔的胸襟、以海纳百川之雅量，任人唯贤、尊贤爱才。人才是生产力，知识分子要成为研究人的行家里手，这样才能为选好、用好人才提供依据；要敢讲真话、秉公办事、见贤思齐、严守规范，把人才选好、用好；要坚持原则，正确客观地看待人才，做到“采玉者破石拔玉，造士者弃恶取善”。在对待人才的具体过程中要做到：坚持以用为本，对看准的、有发展潜力的拔尖人才，敢于持续投入、宽容失败；对事业发展急需的领军人才，不要总想着“捆”住他，要放手使用；对于个性鲜明的奇才怪才，要善于包容、用其所长；对那些有闯劲且富有争议的人才，要敢于坚持原则、力排众议，接受急难险重等复杂环境考验；对于一时离开的人才，要“风物长宜放眼量”，栽好梧桐树，留待凤凰栖。总之，当代知识分子要以开阔的视野、博大的胸怀去发现人才、爱惜人才、罗万象才。

（13）谋万众利

时时刻刻想着群众的冷暖安危，想着“为民争利”，就能赢得群众的信任与追随。古人云“民贵君轻”“水能载舟，亦能覆舟”，传统知识分子有自己坚定的信仰，所谓“三军可以夺帅，匹夫不可夺志”，他们心系国家命运，敢于承担责任，将人民群众的利益奉为最高利益，并为之奋斗不止。为此，当代知识分子要继承“谋万众利”的优良传统，既要弘扬“权为民所用、情为民所系、利为民所谋”的理念，又要加强反腐败斗争，坚决纠正以权谋私、与民争利，为人民谋福利，当好人民的“代言人”、社会的“发言人”和政策的“立言人”。

（14）防万一险

“防万一险”就要防患于未然，在祸患发生之前就加以预防。《易·既济》曰：“君子以思患而豫防之。”陆贽《论两河及淮西利害状》说：“非止排难於变切，亦将防患於未然。”所谓洪水未到先筑堤，豺狼未来先磨刀。防患于未然，是对突发危机的预先准备，是对未来各种情况的预测以及采取的相应措施。无论是国家还是个人，都应该牢牢握住防患于未然这把钥匙，打开通向安全平稳的未来的大门，并把灾难和不幸挡在门外。为此，当代知识分子发挥自身知识与智慧的优势和潜质，立足居安思危、防微杜渐、未雨绸缪、防患于未然，这既能有效地为社会避免灾祸提供良方，又能为社会降低损失制定最佳措施，用知识的力量改变社会、改善环境。

（15）立万世功

历代知识分子都以“立万世功”为己任。如中国春秋战国时期的孔子、老子、孟子，及其“以天下为己任”的古代士大夫都是传统知识分子“立万世功”的典型代表。当代美国等西方国家能够称强世界，一个重要原因就在于他们拥有一批像萨缪尔·亨廷顿、弗朗西斯·福山、约瑟夫·奈这样青梅煮酒、纵论天下的知识分子，他们在人类历史的舞台上发挥了他人无法替代的重要作用。这些古今中外知识分子“立万世功”的同时也为当代知识分子提供了借鉴。可见，一个伟大时代的兴盛需要“立万世功”的知识分子，他们是这个时代的引领者，具有远大抱负、远见卓识、学贯中西，深刻洞察时事变迁；一个文明大国的雄起，同样需要“立万世功”的知识分子，他们是国家公民的优秀代表，具有强烈的民族责任感和历史使命感，以人民利益为指归、以国家兴盛为己任、以国家振兴为关怀。今天，当中华民族重新自立于世界民族之林，当数字化、信息化使地球成为“智慧地球”、中国成为“感知中国”、人类进入太空时代的时候，人们迫切需要“立万世功”的知识分子，才能使中国文化的“天下情怀”可以充实更新进而放射出新的时代光芒。

二、书馨化知为风骨气度

“风骨气度”指气魄风度、风格，既是对民生的关切，又是对建立伟业的雄心壮志。知识分子要有“风骨与气度”对待国家和民族的“文化传承与创新”，这也体现出当代知识分子的“文化自觉”和“文化自信”。

1. 溯源传统知识分子的“风骨与气度”

大学生是民族的希望、国家的未来，大学生作为未来知识分子的重要一员要承担起历史赋予我们的责任与使命，就要摈弃不良生活习惯，形成良好作风，做一名有风骨气度的当代学子。这不由得让我想起从古至今影响成就了中国古代、近代和现代知识分子“风骨气度”的三个重要时期，我们先人、先贤们面对不同时代困惑、困扰与困难时的态度与作为：

一是战乱频仍的春秋战国时期，知识分子开始作为一个拥有独立的社会地位、掌握专门文化知识的专职脑力劳动者出现。他们作为政治智囊、军事参议、外交使节、文教导师、思想精英活跃在“礼崩乐坏”和社会秩序大改组的历史舞台上，形成“士志于道”的博大胸怀，认同“万物皆备于我”的开放心态，具有“先天下之忧而忧，后天下之乐而乐”的社会责任感，讲求“廉洁正直以自清”“卓立不群”的清高意识，恪守“致虚守静”的自省修养方式，履行“修身齐心”的道德自觉。这个时期身处不同地位的知识分子共同努力，形成了诸子并起、学派林立、百家争鸣的繁荣文化气象：儒家重血亲人伦、现世事功、实用理性、道德修养等醇厚之风，以“度于礼，立于礼，约之以礼，节之以礼，齐之以礼”的“礼”为行为规范，以“仁者先难而后获”的“仁”为思想核心，以“舍生取义”的“义”为价值准绳，以“学而知之”的“智”为认知手段，重视教化，以教育净化思想，形成了“因材施教、有教无类”等儒教思想，影响中国历史发展2000多年并传承至今；墨家倡实用简朴，倡导“兼爱”即普遍的爱与平等的人与人关系，“非攻”即反对侵略战争，“尚贤”即不分贵贱、唯才是举，“天志”即掌握自然规律，“尚同”即上下一心为民服务、为社会兴利除弊，“非命”即通过努力掌握自己命运，“节用”即节约以扩大生产等；道家重视人性的自由与解放，即人的知识能力的解放与生活心境的解放，提出了“为学日益、为道日损”“此亦一是非彼亦一是非”的认识原理与“谦”“弱”“柔”“心斋”“坐忘”“化蝶”等的生活功夫来面对世界，讲究“人天合一”“人天相应”“为而不争，利而不害”“修之于身，其德乃真”“虚心实腹”等人在社会中生存的智慧原理；法家“不法古，不循今”“时移而治不易者乱”的历史进化观，强调“因时变法”的重要性，用健全法制、君主的权势、驾御群臣、掌握政权、推行法令的策略和手段等相结合的“发、势、术”的方法以治国，起到了“法之卫意，在乎君政，政之所为，在乎一道”的作用；阴阳家倡导“五德始终”即土德、木德、金德、水德、火德五德相生相克，熔天、地、人于一炉。儒的醇厚、墨的谨严、道的超逸、法的冷峻、阴阳的流转等诸子百家热烈争鸣，既孕育了中华文化“和而不同”的包容品格和博大精神，同时也涵养了那个时代知识分子为人处事的“风骨”与“气度”，使春秋战国时期“百家争鸣”的文化影响与智慧牵引于今不衰。

二是动乱频发的南北朝时期，虽是一元破碎、政治混乱、社会苦痛的时代，然却是知识分子精神自由解放、富于智慧、浓于热情的时代。经学式微、名教危机、玄风蔚然、多元激荡的时代孕育了魏晋“风骨与气度”，即从三国时的魏至两晋年代再到刘宋时代，以士族名士为主体的生命体验，产生的一种人格精神与生活方式的统一体，包括哲学思辨、人格境界、文学创作、审美追求等方面。所谓魏晋“风骨”与“气度”指具有鲜明的、不加修饰的个性特征，颠覆了自西汉武帝以来“罢黜百家，独尊儒术”的文化正统，冲破了“天人合一”的谶纬宿命论的思想束缚，摆脱了汉赋大气磅礴却华而不实的僵化教条的文风，具有一股不同世俗的清新气息。“建安七子”“正始名士”“竹林七贤”等都是魏晋风度的典型代表。从正始才俊何晏、王弼到竹林名士嵇康、阮籍，从中朝隽秀王衍、乐广至于江左领袖王导、谢安，莫不具有清峻通脱、风流自赏、简约淡定、超然绝俗的气度。他们追求感观与心灵享受，但绝非堕落淫靡，而是一种自觉高尚情趣的体现，如同山水画一样空灵隽永；他们感叹“对酒当歌，人生几何，譬如朝露，去日苦多”的同时张扬个性、尊重生命，从中领悟“道”的具象，期望在超世之理想、追求为玄远之绝对而遗资生之相对的人生哲理，意欲探求玄远之世界、脱离尘世之苦海、探得生存之奥秘；他们热爱自然、寄情山水，追求宁静淡泊而又生机盎然的人生，享受“质有而趣灵”的自足之乐、逍遥之趣、无言之美、素朴之秘的人生，在有限的存在中追求无限的灵性精神，从形而下的山水境界体验形而上的“神明”精神追求；他们从独立于现实功利之外的逍遥“无为”中，探寻“称情”“重情”“顺性适性”的本质，铸就了中国知识分子玄、远、清、虚的生活情趣。中国文化史上鲜有如此放旷自然的生命，可谓错过魏晋，儒、释、道各自成型，中国的文人们再也不用效穷途之哭；错过魏晋，经世匡政、重走正道，中国诗篇里再也没有陶潜悠然采菊花；错过魏晋，义理成风、规矩长存，中国名士们再也不敢纵酒狂歌、披发山阿、白眼向权贵、折齿为美人。正是这种为一杯酒放弃生后名的率真，闻美人殁而往吊之的坦荡，裸形体而法自然的放浪，一任狂澜既倒宠辱不惊的淡定，是处不拘小节的自然，处世维艰幽默对之的旷达，成就了魏晋“风骨与气度”，成就了“言不尽意”“气韵生动”“以形写神”的美学原则并长久地影响了中国艺术，也为中国文化艺术拓展出一片博大而崭新的境界。与此同时，创立九品中正制，由中央特定官员按出身、品德等考核民间人才，按九品录用人才，为隋唐科举制奠定了基础，改变了中国知识分子的命运，影响1000多年后又变法维新、图强致远。

三是“外忧内患”频密的西学东渐时期，中国近代是个大动荡、大分化、大变革的时代，它是由封建社会向半殖民地半封建社会进而向社会主义社会转变的时代，是中国革命由农民革命向资产阶级革命进而向无产阶级社会主义革命转变的时代，是帝国主义侵略势力由渗入到膨胀到退出的时代。它在客观上为知识分子的种种主观选择提供了充分可能性，尤其近代西方教育制度引进之后，许多知识分子正是受着时代潮流的推动而逐步蜕变的，他们沿着古代知识分子治学治世之路，形成革命、学问并行的风骨与气度。在西学东渐的年代，从以“船坚炮利”为模仿重点到倾向于日本、德国的君主立宪，从法国、美国的民主共和到孙中山等人的主观社会主义，中国知识分子经历了向西方学习的艰难历程。无论是主动还是被动，无论经受了多少屈辱、忧伤和困惑，中华文化从全然封闭的僵壳中部分解脱出来，面对着广阔的世界吐故纳新，接受西方文化的新鲜营养，调节完善自己的再生机制。在这个痛苦却充满生机的再生过程中，教育始终起着重要作用。在中国传统文化中，教育是地位极尊、作用极重的组成部分，2000多年来在儒学重教化、尊师长的传统熏陶以及统治者的鼓励扶植下，教育形成了一个庞大缜密的网络，从京师的太学、国子监到乡野僻壤间数不胜数的私塾、书院、教馆，培养出传统文化的创造者与传承者。在新时代的呼唤下，旧时代的教育体制也被新的西式教育所取代，正所谓“学校者，人才所由出，人才者，国势所由强，故泰西之强，强于学，非强于人也”。

2. 铸就当代知识分子的“风骨与气度”

当代大学生虽然面对当下大学生活的一些忧人的困惑、困扰和困难，但是古代知识分子给我们树立了榜样、近现代知识分子给我们作出了示范，作为一名走在时代前沿的当代学子，更要以其襟怀与抱负，迅速地融入进现实大学生活中，努力当一名有风骨气度的当代大学生。诚如胡锦涛在清华大学百年校庆时指出，当代大学要在人才培养、科学研究、服务社会等三大功能基础上更加自觉地担负起“文化传承创新”的新使命，积极发挥文化育人作用，加强社会主义核心价值体系建设，掌握前人积累的文化成果，扬弃旧义、创立新知，并传播到社会、延续至后代，不断培育崇尚科学、追求真理的思想观念，推动社会主义先进文化建设。这些符合时代要求的大学新使命，对当代知识分子和当下大学生“风骨与气度”的培养无疑提出了新的要求，作为当代大学生就要善于“把文化知识学习和思想品德修养紧密结合起来，把创新思维和社会实践紧密结合起来，把全面发展和个性发展紧密结合起来”，不仅要把我们大学建成“文化传承创新”的新阵地，而且要把我们的新学子培养成为符合时代要求的具有风骨与气度的当代大学生。为此，我们郑重希望大学生们：

——要有高远的理想。理想信念是一个民族、一个社会奋力前行的向导，也是人们知难而进、取得成功的动力。古往今来凡是有作为的人无不在年轻之时立志高远，并将理想信念追求于一生之中。作为当代大学生我们要有一种积极、健康、向上的人生价值取向和锲而不舍、不断追求、勇于攀登的精神，在“仰望星空”的同时不忘“脚踏实地”的学习积累，将高远的理想与自己的特点、长处、兴趣紧密结合，始终匡正好人生的理想与志向。

——要有优良的品德。大学生是青年群体中的优秀人群，他们的品德素质是构成国民品德素质的重要方面，是一个民族文明程度的重要标志。孔子说：“不学礼，无以立。”荀子说：“人无礼则不立，事无礼则不成，国无礼则不宁。”著名教育家陶行知说：“千教万教教人求真，千学万学学做真人。”这里的“礼”即人的优良品德。为此，作为当代大学生的我们要学习马列主义、毛泽东思想、邓小平理论、“三个代表”重要思想，树立和落实科学发展观，正确认识和深入理解国情世情，明确自己的使命和责任，在复杂的社会现象中坚持正确的方向，学会讲礼貌、懂礼仪、知礼节，懂得追求高尚人格、不断完善自身，真正使自己成为德、智、体、美、劳全面发展的一代新人。

——要有丰富的知识。“知识就是力量”，“立身百行，以学为基”，丰富的知识是宽厚基础与精专技能的有机组合，是每位大学生立身社会、服务社会之本。胡锦涛要求青年学生努力拓展世界眼光，广泛学习各种新知识技能，使自己的知识结构适应时代发展的要求。这就要求当代大学生应具有乐于求知、敢于求真、勇于创新的精神和能力，在勤于学好专业课程的同时，勇于培育自己“质疑”和“创新”的科学精神，不断提高“学习的能力”，积极主动地追求新知识、达到新境界。

——要有健康的心境。健康的心境是大学生茁壮成长、快乐学习、幸福工作和生活的源泉。为此，作为当代大学生就应全面认识人生的价值和意义，正确处理个人与社会、与他人的关系，培养宽广的胸怀、宽容的态度，与他人和谐相处，学会做人、学会生存、学会生活，主动适应社会发展，在奉献社会、服务他人中实现个人价值；同时培养自身良好的人文素养和审美情趣，不断陶冶情操，保持对真善美的追求和对美好未来的向往。

——要有强健的体魄。强健的体魄是大学生完成学业、更好地服务社会、报效祖国的重要基础，也是在激烈的社会竞争中发挥能力、展示才华的根本。为此作为当代大学生更应牢固树立“身体是革命本钱”的思想，通过强身健体运动，磨炼坚强的意志和顽强的毅力，培养坚毅勇敢、吃苦耐劳和团结协作精神，使自己能够以强健的体魄、健康的心态和优雅的行止体现当代大学生的精神追求与能力基础。

3. 培育当下新学子的“风骨与气度”

当一名有风骨气度的当代大学生是坚持德才兼备、全面发展的基本要求，为此希望同学们在发展个人兴趣专长和开发优势潜能的过程中，既正确处理好个人、集体、社会关系，又善于保持个性、彰显本色，实现思想成长、学业进步、身心健康有机结合和德、智、体、美、劳相互促进、有机融合的全面发展。

同时希望商专（“福建商业高等专科学校”，后更名“福建商学院”）的同学们积极地、迅速地、全面地融入百年商专文化，在传承、弘扬、履守、锤炼和追寻百年商专发展过程中，争做一名具有风骨与气度的新一代商专人，无愧于历史赋予我们一代代商专人共同的责任与使命。

——传承好百年商专人的精神与理念。“明德、诚信、勤敏、自强”是百年商专的校训，也是商专人为之奋斗的精神与理念。“明德”意为认同、践行和彰显美德。语出《尚书·君陈》“黍稷非馨，明德惟馨”，又见于《礼记·大学》“大学之道，在明明德，在亲民，在止于至善”。“诚信”，意为诚挚笃信、表里如一、品德高尚。《孟子·离娄上》提出“诚者，天之道也；思诚者，人之道也”，孔子云“诚者，乃做人之本，人无信，不知其可”。“勤敏”，即勤奋有为，敏捷言行。《易经》曰“天行健，君子以自强不息”，君子效法天，要像天那样不断运行，不断努力。作为新一代的商专人，希望大家要传承好“明德、诚信、勤敏、自强”的校训精神，在大是大非面前始终保持清醒的政治头脑和高度的政治警觉，旗帜鲜明、立场坚定；始终坚持实事求是、求真务实，自觉抵制拜金主义等错误思潮的渗透影响，坚守准则、坚守职业道德；勤奋学习、机敏处事，在学习中思考、在思考中学习，善于在纷繁复杂的实践中砥砺品质、增长才干，在艰苦的环境中磨炼意志、积淀人生，勇于自立、敢于自信、善于自勉、勤于自省，做一名有知识、有智慧和有精神、有情操的新商专人。

——弘扬好百年商专人的传统与特色。“三手一口”“三不断线”的“知行合一”精神是百年商专的办学传统与特色。“知行合一”语出自王守仁：“知是行的主意，行是知的功夫；知是行之始，行是知之成”，指不仅要从学习中获得认识而且应当积极躬行实践，只有把“知”和“行”统一起来，才能称得上“善”。所谓“三手一口”指一手好字、一手好文章、一手好算盘和一口流利的普通话，“三不断线”指外语、计算机和计算技术的基础学习不间断。作为新一代的商专人，希望大家弘扬好“三手一口”“三不断线”的“知行合一”优良传统与特色，认真学好外语、电脑等基础课程，获得现代科技基本技能，为今后学习工作奠定良好基础；努力练习一手好字、写得好文章、说一口流利普通话，做一名高素质的大学生；勇于参加社会实践，尤其是在学校为大家提供广大的“校企合作”的平台上到企业、到社会中实践锻炼；坚持理论联系实际，积极投身社会实践，在基层一线砥砺品质，在同人民群众的密切联系中锤炼作风，在实践中发现新知、运用真知，在解决实际问题的过程中增长才干，不断提高实践能力、创新创业能力，切实掌握建设国家、服务人民的过硬本领，为走上社会、成就事业打下坚实基础，使自己真正成为一名具有时代精神、闽商气质的新商专人。

——**履守好百年商专人的文明与文化**。“恭、宽、信、敏、惠”是百年商专遵循与践履的文明与文化传统。孔子认为要达到“仁”的境界，就要做到“恭、宽、信、敏、惠”。所谓“恭则不侮，宽则得众，信则人任焉，敏则有功，惠则足以使人”。意即庄重就不受侮辱，宽厚就得到大众的支持，守信用能得到人们的信任，勤快就能够成功，对大家施以恩惠才能得到更好的使用。百年商专始终坚持通过开展以知书达礼为重点的恭敬教育、以乐观豁达为重点的宽宏教育、以诚实信用为重点的诚信教育、以热爱劳动为重点的勤敏教育、以助人为乐为重点的慈惠教育，并将这五种品德融入育人体系的全过程，创新育人手段、拓展育人途径，使同学们从传统文明中汲取营养、提高自身修养。作为新一代的商专人，希望大家履守好“恭、宽、信、敏、惠”的文明积淀与文化涵养，做到言行稳重、仪表端庄、落落大方，具有大学生高雅、端正的气质与风范；做到为人宽厚、严于律己，善于换位思考，站在别人的角度多为别人着想，学会理解和包容，正确处理和对待同学之间、师生之间的关系；讲求信用、“一诺千金”、“君子一言，驷马难追”、真诚待人，使自己具有良好的信誉；做到勤于学习、善于思考、勇于探索、敏于创新，激发求知欲和好奇心，在打好知识根基的前提下，提高创新思维能力，不断认识和掌握真理；做到乐于助人、肯于施惠、团结协作、关爱他人，做一名具有良好“做人品格、做事品行”的新商专人。

——**锤炼好百年商专人的风骨与气度**。“历史自觉”“不贰过”“不持有”“大爱奉献”“幸福教育”是百年商专不断追求和塑就的风骨与气度。所谓“历史自觉”既包含对历史运行规律的深刻领悟，又包含对发展前景的主动营造；“不贰过”即强调第一次犯了过错，第二次不再犯同样的过错；“不持有”即主张以不持有的生活之道来享受一种简约、美好、有品位的生活；“大爱奉献”即讲求“仁者爱人”“宽以待人”，形成真、善、美；“幸福教育”即在教育的过程中创造幸福、追求幸福、感知幸福。作为新一代的商专人，希望大家善于从中华民族精神的脊梁中汲取强大的精神力量，在艰苦奋斗中自尊、自信与自强；在实践行为和品行修养上时时注意修正自己、完善自己，正确对待自己的言行举止，享受“无包袱”的学习生活；要珍爱生命、珍惜时光，自觉履行好自我责任、家庭责任、集体责任、社会责任；要爱国、爱乡、爱校、爱集体，感受和增添正直、光明的精神力量，体验和实践体面的、有尊严的、负责任的生活，做一名能在工作、学习和生活中展现出百年商专不同凡响的风骨与气度的新商专人。

——追寻好百年商专人的理想与方向。“三步走”定位目标、“六位一体”的跨越发展是百年商专人的理想与方向。“三步走”的定位目标：第一步拟通过巩固提升办学实力，在省级示范性院校的基础上，努力营造境界高尚、底蕴深厚、崇尚科学、追求真理的文化氛围，不断强化党风、政风、校风、教风、学风建设，积极发挥校园文化潜移默化的育人作用，争创“省级文明学校”；第二步将以百年商专积淀为依托，以国家级示范校目标为要求，“内强素质、外塑形象”，通过调整教育教学教研结构，理顺发展机制，站稳在全省高职高专发展中的“龙头”位置，为海西建设提供强有力的人才保证和智力支持；第三步是创造条件、加大力度，坚持走内涵式发展道路，全面提高教育质量，努力出名师、育英才、创一流，向全日制高等职业本科院校目标努力，确保百年商专的科学发展。如今福建省开通了实用型职教“专升本”的通道，学校也与香港公开大学合作“3+1”专升本，这对于我们来说是一个很好的机遇。作为新一代的商专人，希望大家要珍惜这样难得的机遇，立足新校区这个崭新的平台，在向“全日制”实用型本科建设目标不断冲刺的同时，继承好古人获取功名之路勤奋学习、艰苦奋斗的精神，发扬好书香文化教育人、培养人和造就人的精神文明建设优势，展现好闽商文化大爱开明、能拼会赢的精神内核，在学好专科知识的基础上努力获得更多、更高、更好的学识，成为实践与实现百年商专一代代理想的新商专人。

海阔凭鱼跃，天高任鸟飞。年轻学子朝气蓬勃，善于接受新事物，他们正处于学习的黄金时期，应该珍惜美好青春年华，以只争朝夕的精神，刻苦学习科学文化知识，认真学习中华优秀文化和人类文明成果，夯实理论功底，提高专业素养，努力用人类创造的一切文明成果丰富自己。同时，要积极加强自身思想品德修养，牢固树立正确的世界观、人生观、价值观，胸怀远大理想，陶冶高尚情操，培育科学精神，立为国奉献之志，立为民服务之志，牢牢把握人生正确航向，以实际行动创造无愧于百年商专、无愧于时代和无愧于人生的业绩，谱写壮丽的青春乐章，使自己真正锤炼成为一名有风骨气度的当代大学生。

三、书馨化知为发展路径

知识分子作为一个新的社会群体产生于中世纪的欧洲，最初指的是受过相当教育、对现状持创新态度、具有前瞻意识和技能的人。中国知识分子作为一个历史文化的范畴，与欧洲国家“知识分子”含义相近的概念可追溯至“士”。“士”作为一个社会阶层，是在人类社会发展到一定历史阶段和一定的文化条件下产生的。早在殷商西周时期，从事卜筮、祭祀、书史、星历、教育、医药等多方面活动的“巫史”便可看作中国的第一代文化人；春秋战国时期，拥有一定的社会政治地位的“士”阶层开始登上历史舞台，他们掌握了专门文化知识，不耕而食、不富而贵，成为或依附权贵或自立门户的专职脑力劳动者；至唐宋时，随着社会格局的调整和科举制度的建立，“士”阶层逐渐打破了门阀制度的限制，得以选拔、举荐而成为封建统治者巩固中央集权的得力助手。在相当长的一段历史时期内，“士”阶层作为中国社会政治文化领域一支核心力量，担负着推进社会发展、文化繁荣、教育启蒙、政治开明等重要而深远的历史使命。中国近代意义上与欧美相类似的知识分子群体，是鸦片战争后在西方文明的影响下，伴随着废科举、兴新学而出现的，是在中国从封建社会向半殖民地半封建社会转变过程中，从封建士大夫中脱胎而来的，或传播新思想、新知识，或从事近代学术研究，或创办近代企业，或致力于现代化建设。《现代汉语词典》将知识分子界定为具有较高文化水平、从事脑力劳动的人，如科学工作者、教师、医生、记者、工程师等。从先秦以来，中国知识分子对于自己所承担的使命和所要走的道路，有一个自觉的、普遍的认识，虽然有儒、道、墨、法等不同学说流派的并存，但最终目的都是要求参与社会政治实践，进而能圆满走好成为一名中国优秀知识分子规范的发展路径。

1. 辩证理解古代知识分子“学而优则仕”的发展路径

在中国知识分子含义中不仅含有治学的应有之义，它还包孕强烈的社会关怀及可作表率的人格修养。孔子曾说“古之学者为己，今之学者为人”，所谓“为己”“为人”，用《孟子 · 告子上》里的一段话来说明就是：“有天爵者，有人爵者。仁义忠信，乐善不倦，此天爵也；公卿大夫，此人爵也。古之人，修其天爵而人爵从之；今之人，修其天爵以要人爵，既得人爵而弃其天爵。”荀子在《劝学》里则解释说：“古之学者为己，今之学者为人。君子之学也，以美其身；小人之学也，以为禽犊。”这里的“美其身”，就是“为己”，相当于孟子讲的“修天爵”，指人格的提升；而所谓的“为禽犊”，就是“为人”。可见，古代对知识分子的道德要求极高，“内圣外王”是古代知识分子追求的最高道德标准，“学而优则仕”也就成了其基本发展路径。

（1）古代知识分子的人格追求

“志于道”一直是中国知识分子的价值取向与人格追求。钱穆先生指出，2000 多年来，中国知识分子“学问主要目的，正在明道行道”，道义担当、仁以为己任，一直在中国历史上发挥着激浊扬清的巨大作用。孔子最先揭示的“士志于道”便规定了“士”是基本价值的维护者。“士志于道”就是要求“士人”视“道”有超越生命的价值，并具死而后已的求索精神。“朝闻道，夕可死矣”（《论语 · 里仁》）；“士不可以不弘毅，任重而道远。仁以为己任，不亦重乎？死而后已，不亦远乎”（《论语 · 泰伯》）；“士志于道”就是要求“士人”不迷信权威，所谓“尽信书不如无书”，“吾爱吾师，吾更爱真理”；

“士志于道”就是要求“士人”坚持道义，敢于向权势说“不”，决不“枉道”以从“势”；“士志于道”就是要求“士人”摆脱物欲的控制，“君子谋道不谋食”（《论语·卫灵公》），“非其义也，非其道也，禄之以天下，弗顾也”（《孟子·万章上》）。可见“道”成为一代又一代志士仁人成仁取义的精神力量，诚如当代著名学者余英时所言，愈是“天下无道”“天崩地坼”，孔子的“士教”愈显出它的力量。从汉代知识分子在党锢之祸中“以天下风教是非为己任”，宋代的知识分子承五代之浇漓，由范仲淹“先天下之忧而忧，后天下之乐而乐”的胸襟与抱负，到晚明顾亭林呼吁“天下兴亡，匹夫有责”，其中跃动的即是这“志于道”的“恒心”、“士的精神”。“天下兴亡，匹夫有责”不只是指人类的文化理想，也是中国人之所谓道。宋代理学家张载说：“为天地立心，为生民立命，为往圣继绝学，为万世开太平。”更可见中国士人在历史上之大任务。以天下为己任，承担社会人群之所以为社会人群之理想，即是中国知识分子的一种人格追求、共同精神与价值取向。

（2）古代知识分子的治学路径

孔子曰：“吾十有五而志于学，三十而立，四十而不惑，五十而知天命，六十而耳顺，七十而从心所欲，不逾矩。”在孔子看来，人生的每个阶段应有一定的目标，要学而不厌、加强修养、勇猛精进，洵为中国知识分子“活到老、学到老”的榜样。孔子“有教无类”地广收学生并“因材施教”，形成“弟子三千”的规模。《论语·先进》提到孔子教学有四科——德行、言语、政事、文学。朱熹承继孔子为古代知识分子设定的治学路径而延伸提出了“格物致知穷理力行”，修身、齐家、治国、平天下的治学之道，明确指出“大学之道，在明明德、在亲民、在止于至善”。如何治学？如何使治学路径不偏离大统？宋代陆九渊认为“学者须先立志”“无志，则不能学”（《陆九渊集》），“学者贵卓然自立，尤贵奋发有为”（张百行《困学录集粹》）。学必求益，如果“学而为名，内（内心涵养）不足也”（杨时《论学篇》）。匡正治学路径除了要端正学习动机，还讲求学习的态度、方式和方法。治学要求刻苦虚心、锲而不舍，“发愤忘食，乐而忘忧”“敏而好学，不耻下问”（《论语》），“温恭自虚，所受是极（所学到的才是其本原）”（《管子·弟子职》），“穷理以虚心静虑为本”（朱熹《朱子语类》卷九）。西晋车胤“聚萤作囊”、西汉匡衡“凿壁借光”等勤奋攻读的掌故，可谓家喻户晓。治学要求善思多想、领会实质，“学而不思则罔，思而不学则殆”（《论语·为政》），“能反三隅（举一反三）者，得意而言（领会内容）”（嵇康《声无哀乐论》），“进学则在致知（领悟真知）”（《二程语录》），否则，“学而不化，非学也”（杨万里《庸言》）。治学要求广纳博取、精益求精，“博学切问，所以广知”（黄石公《素书》），“学者规模贵大，工夫贵密（严密、精细）”（陈栎《勤有堂随录》），“善学者穷于一物，不善学者穷于物物（就事论事）”（庄元臣《叔苴子内编》）。治学要求循序渐进、力学不厌，“圣贤之学，非造次（匆忙）可成，须在积累”（王岩叟语），“日累月积，所蓄自富”（阮葵生《茶余客话》），“君子之学，死而后已”（顾炎武《与人书六》）。

（3）古代知识分子“学而优则仕”的治学宗旨

儒家的修身、齐家、治国、平天下，作为个人精神修养的提升和知识分子发展的价值取向，必须通过时下的每一件世俗生活来体现，治学不仅能提升自身的修养，而且通过“治学”实现“治世”，进而实现自己参与“平天下”的社会理想。因此儒家的“学而优则仕”的“入世”精神、济世情怀就显得尤为重要。这种济世情怀一方面体现为“以天下为念”的博大心胸，“乐以天下，忧以天下”（《孟子·梁惠王章句下》），“思天下之民，匹夫匹妇有不被尧舜之泽者，若己推而内之沟中，其自任以天下之重如此”（《孟子·万章上》），《大学》所总结的“格物、致知、诚意、正心、修身、齐家、治国、平天下”正表明了士人决不能只以成己为限，而一定要发及于物，行道于天下，“诚者非自成己而已也，所以成物也”（《中庸》），甚至“与天地参”，“赞天地之化育”（《中庸》）；另一方面体现为“学而优则仕”的政治参与意识，孔子要求士大夫“忧道中忧贪，谋道不谋食”，认为“不仕无义”，“行义以达道”。孟子进一步展开为“居天下之广居，立天下之正位，行天下之大道。得志，与民由之；不得志，独行其道，富贵不能淫，贫贱不能移，威武不能屈”，并进一步规定了士的用世道路，“士之仕也，犹农夫之耕也”，用世志在“格君心之是非”。从孟子的“穷则独善其身，达则兼济天下”到屈原的“长太息以掩涕兮，哀民生之多艰”，从曾参的“仁以为己任”到范仲淹的“以天下为己任”，从顾炎武的“天下兴亡，匹夫有责”到顾宪成的“家事、国事、天下事，事事关心”，无不显示出中国知识分子对道德、政治、社会各方面问题具有深刻的责任感。这种将身家性命与天下视为一体、志道行道的士大夫精神体现了知识分子本色，也体现了古代知识分子“如欲平治天下，舍我其谁”的理想主义的自信与豪情。

2. 客观了解近现代知识分子“治学治世”的发展路径

鸦片战争之后，神州陆沉、社稷丘墟、满目疮痍，此时从黑暗中走出一批“生于忧患”、具有现代意识的新型知识分子，即以康有为、梁启超、严复为代表的“改良派”知识分子和以孙中山、章太炎、邹容为代表的“革命派”知识分子。他们在用知识启蒙、积极治学的同时，主张“经世致用”介入政治，与当权派对抗，不管二者有何区别，这种决心用自己的鲜血和生命去改造旧世界的大无畏精神是旷古未有的，这就为中国近现代知识分子“治学治世”的走向找到了一个良好的起点。

（1）近代知识分子治学的境界

被誉为“中国近三百年来学术的结束人，最近八十年来学术的开创者”的王国维在《人间词话》中谈到知识分子治学的境界：“古今之成大事业、大学问者，必经过三种之境界：‘昨夜西风凋碧树。独上高楼，望尽天涯路。’此第一境也。‘衣带渐宽终不悔，为伊消得人憔悴。’此第二境也。‘众里寻他千百度，蓦然回首，那人却在，灯火阑珊处。’此第三境也。”这三句原是宋词里言情话相思的佳句，被王国维巧妙地运用了三句中蕴含的哲理意趣，用以表现“悬思—苦索—顿悟”的治学三重境界，赋予了它深刻的内涵。他认为治学第一境界为做学问、成大事业者，首先要有执着的追求，登高望远，瞰察路径，明确目标与方向，了解事物的概貌。第二境界必须坚定不移，经过一番辛勤劳动、废寝忘食、孜孜以求，直至人瘦带宽也不后悔。第三境界必须有专注的精神，反复追寻、研究，下足功夫，自然会豁然贯通、有所发现、有所发明，就能够从必然王国进入自由王国。在潜心学术的同时，王国维首先提出治学的任务不是表现儒道，而是表现人生，认为知识分子“非孤立之生活”，其使命在“家族、国家、社会”中，把近代知识分子治学境界提升到一个新高度。

（2）近代知识分子治世的情怀

士大夫的理想人格一直流传到近代知识分子身上，所不同的是，这一批知识分子的知识结构已经不是先前的儒、释、道，而是具有更多从外界习来的理论进行治世。无论是魏源、郑观应等“洋务派”所秉持的“经世致用”“中学为体、西学为用”的启蒙思想，还是康有为、梁启超等“维新派”主张依托中国传统文化传播西方理念并以“中学补西学”，学习与政体相辅的政治学理论、社会学理论作为改革的理论基础并倡导民权；无论是崇奉“天赋人权说”，主张人的自由平等、政治的民众化、权利的制衡、权力来自于人民的严复，还是倡导民族、民权、民生“三民主义”的孙中山，都有感于外国列强压迫、民族危机日重、人民生灵涂炭、政治制度腐败，产生强烈的知识分子忧患意识和“国家兴亡，匹夫有责”的治世情怀，从而将所学知识用于人民大众的“启蒙”，实现积极治世、救国图强的崇高使命。

（3）“五四”知识分子救国图强的历史使命

新文化运动震醒了中国知识分子内心潜藏的对于国家、民族的深深的忧患意识，他们积极投身到当时大变动的社会洪流中，追求真理，探索治国经邦的大道理、大精神，即一切问题的最基本的前提当是国家的强盛、民族的繁荣。“五四”一代的知识分子，学贯中西，欲究中华兴亡之际，通古今中西之变，遂擎起“民主”“科学”的大旗，带来中国社会真正意义上的思想解放。胡适、陈独秀、李大钊等将民族兴衰、国家成败置于个人荣辱之上；鲁迅、郭沫若不满足于知识分子单纯治学的状态，毅然弃医从文参与社会政治实现“治世”理想。人格独立、精神自由一度成为中国知识分子所追求所呵护的民主精神。通过以思想和文化上摒弃禁锢人们精神自由、人格独立的传统礼教的束缚，理性精神在中国知识分子中间成为一道有力的追求真理的动力。他们通过各种思想斗争和现实斗争，让思想在碰撞之间迸发出真理精神。他们尚自由、尚科学、尚平等，能够直面身处社会的大变动。在社会大变动时期，那些由平民供养而鄙夷平民阶层的贵族失去了处于水深火热之中的平民的支持和信任，而关注平民生存境况的中国知识分子理所当然地承接了“天下兴亡，匹夫有责”的社会道义，并成为当时中国社会的主流。

3. 全新知解当下知识分子“传承传导”的发展路径

从五四运动时期的启蒙主义到20世纪80年代的启蒙精神，知识分子无不扮演着引领社会发展的精神导师的角色。我们认为，“士人”品格的当代转换在当下中国知识分子群体精神建构方面仍有积极意义。当今知识分子作为一个特殊的阶层，在传承传统先进文化、传播新思想和新知识、传导科学技术和学术研究成果以及传授教育知识等方面，发挥着引领风尚、更新理念、创新创造和中流砥柱的助推作用与“传承传导”的独特使命。

（1）当代知识分子要当好社会主义核心价值的传播者

随着改革开放的深入，我国经济体制、社会结构、利益格局越来越多样化，人们在思想认识、理想信念、道德观念、价值取向等方面表现出来的多样性、差异性日益增强，各种社会思潮相互激荡和碰撞的局面越来越明显。作为当代知识分子要把巩固和发展社会主义作为自身使命，充分发挥核心价值体系在经济、政治、文化、思想等社会生活各方面的主导和辐射作用，唱响社会主旋律，使社会主义核心价值体系转化为人民的自觉追求。首先，要把核心价值的传播与贯彻科学发展观相结合。知识分子要坚定理想信念，坚持以马列主义、毛泽东思想、邓小平理论和“三个代表”重要思想为指导，全面贯彻落实科学发展观，传播社会主义核心价值体系帮助人们树立科学、正确的世界观、人生观和价值观，恪守“爱国、敬业、诚信、守法、贡献”的价值追求和行为准则，勇担责任、不辱使命，为党和国家的事业培养合格的建设者和接班人。其次，要把核心价值的传播与构建和谐社会相结合。建设和谐文化，是构建社会主义和谐社会的重要任务，是建设与社会主义和谐社会相适应，以社会主义核心价值体系为导向，以多元多样、健康有益的文化兼容共生、和谐相处为特征的思想文化体系。构建社会主义和谐社会，既需要雄厚的物质基础、坚强的政治保障，又需要有良好的思想文化条件。在构建和谐文化中，广大知识分子肩负着神圣的历史使命，通过以和谐为思想内核和价值取向的倡导、研究、阐释、传播，实施、奉行和谐理念为主要内容的文化形态、文化现象和文化实践，从而引导人们树立追求人类和平、社会关系融洽、人与自然和谐相处的价值观念。最后，要把核心价值的传播与实现包容性增长相结合。包容性增长的实质是追求平等、倡导协作，以促进共同发展，它是以科学发展观为前提、构建和谐社会为最终目的的一项意义重大的倡导及决策，它伴随着中国文化的衍变，影响着中国社会的发展。早在春秋时期就形成了诸子并起、著书立说、学派林立、广收门徒的气象，一时间“百花齐放，百家争鸣”，体现了“君子和而不同”的另类和谐，更体现了机会均等、各抒己见的自由平等。当代知识分子更要坚持尊重差异、包容多样，有效引领社会思潮。差异是社会存在的客观现实，多样是社会发展的必然趋势。核心价值体系能否发挥主导作用，很大程度上要看它能不能包容和整合大多数社会群体的思想意识。尊重差异，就是要尊重广大群众在思想意识、价值观念上的差异性，既鼓励先进，又照顾多数，根据不同社会群体、社会阶层的思想实际提出不同要求。包容多样，就是要树立多样共生、和而不同的意识，不断扩大核心价值体系的包容度和影响力。知识分子尊重差异、包容多样，并不是随波逐流、无所作为，而是要站在时代潮流的前头，坚持以马克思主义为指导，密切关注社会思想变化，因势利导、顺势而为，在尊重差异中扩大社会认同，在包容多样中形成思想共识，有力抵制各种错误思想和腐朽文化的影响，引导社会思潮朝着积极健康的方向发展。

（2）当代知识分子要当好科技第一生产力的传递者

随着科技的发展，各学科之间相互联系渗透，产生了各种交叉学科、边缘学科，实现了科学知识的一体化，知识生产、知识成果的社会化。为此作为当代的知识分子不能故步自封，而应树立与时俱进的精神，紧跟时代发展，不断增强自身水平，不断推进社会知识的创新。首先，传递好科技第一生产力中创新的因子。现代社会发展中的一项新技术的运用，可能创造一个产业，甚至体现一个时代特征，科技是一个国家、一个民族发展能力的象征。这就要求知识分子做科技创新的勇敢开拓者。胡锦涛在全国科技大会上强调：自主创新能力是国家竞争力的核心，是我国应对未来挑战的重大选择，是统领我国未来科技发展的战略主线，是实现建设创新型国家目标的根本途径。创新的一条重要途径是不同学科的融合，既包括各人文学科之间的融合，也包括人文科学、自然科学的融合。知识分子就要打破学科之间的界限，破除不同学派和学术观点的门户之见，以更加宽容的观点和态度鼓励学术的探索，以更大的力度支持学科的开拓，并使这种创新因子在社会不同层面生根发芽、硕果累累。其次，传递好科技第一生产力中知识产权的因果。科技发展涉及政府、企业、科研院所、高等院校、国际组织、中介服务机构、社会公众等多个主体，包括人才、资金、科技基础、知识产权、制度建设、创新氛围等多个要素，是各创新主体、创新要素交互作用下的一种复杂涌现现象，是一种开放的复杂巨系统。钱学森的开放的复杂巨系统理论强调知识、技术和信息化的作用，特别强调知识集成、知识管理的作用。知识分子承担着科技创新的重要使命，就要通过理顺知识产权中的因果关系，把以科学研究为先导的知识创新、以标准化为轴心的技术创新和以信息化为载体的管理创新有机结合起来，为实现将知识传化为生产力提供保护和保障。最后，传递好科技第一生产力中人才的因素。胡锦涛在全国人才工作会议上指出，切实做好人才工作，加快建设人才强国，是推动经济社会又好又快发展、实现全面建成小康社会奋斗目标的重要保证，是确立我国人才竞争比较优势、增强国家核心竞争力的战略选择。知识分子大多数位于教学、科研和生产的第一线，具有个体相对独立性的特征，这就要求知识分子要加强集体主义价值观，努力打造创新团队，当好传帮带的领路人。从事教育工作的知识分子要坚持育人为本、德育为先，促进学生德、智、体、美、劳全面发展；从事科研生产工作的知识分子要努力建设创新团队，给年轻人创造良好的成长环境，将他们推向科研生产第一线，把各类人才培养的“接力棒”传递好。

（3）当代知识分子要当好人民满意的教育传授者

教育事业是关系民族兴衰、国家成败的最根本的事业，教育界的知识分子承担着培育社会主义接班人的重要使命，因此不仅要做传道授业解惑的业师，更要做身教、心教育人的智者，做人民满意的教育传授者。这就要求教育界知识分子不仅要具有深厚、丰富的人文素养，更要具有求真务实的科学精神和以人为本的人文精神。这种精神，用在学术研究方面，要求严格遵循知识的建构原则，将自己的价值首先定位于专业规范的界限之内，并以“专业良知”的通观能力、思辨能力来影响学生价值行为取向，进而彰显知识分子的“士气”。在思维传授中，传授自由思想的思维方式是知识分子以“学术为业”的基本价值取向，独立人格则是其在治学过程中勤于思考、崇学进而形成真学问的自然产物。可以这样说，思维传授是治学的灵魂，没有思维传授的治学理念，不可能有真学问，而没有同行认可的学术水平，独立人格也无从谈起。郭沫若拟请陈寅恪出任中国科学院哲学社会科学历史研究所所长时，陈寅恪在“对科学院的答复”中说：“士之读书治学，盖将以脱心志于俗谛之桎梏，没有自由思想，没有独立精神，即不能发扬真理，即不能研究学术。”可见思维传授是治学传授的重要内涵和独特要求。在精神传授中，教授人文精神的范式意义对学生人格具有深远的影响。梅贻琦说：“吾认为教授责任不尽在指导学生如何读书，如何研究学问。凡能领学生做学问的……他们做人亦必不取巧，不偷懒，不作伪，故其学问事业终有成就。”换言之，教授的“高深学问”能为同行、学生和社会所认可并受到尊重，本身就是教授“不取巧，不偷懒，不作伪”的自然结果；而教授借助于其“高深学问”向学生“传业、授道、解惑”的过程，则意味着他们在对学生精神传授过程中形成良好人格品质的巨大影响力。学者殷海光认为对他人格的影响除五四运动外，就是当时西南联大的金岳霖教授了。他说：“碰见金岳霖先生，真像浓雾里看见太阳！这对我一辈子在思想上的影响太具决定作用了。他不仅是一位教逻辑和英国经验论的教授而已，并且是一位道德感极强烈的知识分子。昆明七年的教诲，严峻的论断，以及道德意识的呼吸，现在回想起来实在铸造了我的性格和思想生命。”从这段话里，我们深刻体会出教育界知识分子在精神传授过程中于学生心目中的“师表”魅力。

从古代的“士”阶层所承担“经世致用”的使命，到近现代知识分子“治学治世”的路径，再到当代知识分子担当的“传承传导”的独特任务，知识分子是不断前行的，这就要求知识分子既能立足于专业，又可自由地跨出专业的边界，具有世界眼光；既要有战略性思维，具有敏锐、超前的见解，乐于引领时代潮流，又要有强烈的社会责任感，勇于启迪和助推社会进步，示范于人类的发展。

四、书馨化知为方式方向

古人言“最是书香能致远”。中华文明、中华文化之所以5000年连绵不断、长盛不衰、一脉相承、一以贯之，在于我们是一个重视读书学习的民族。《论语·学而》开篇谈道：“学而时习之，不亦乐乎？”朱熹言：“此为书之首篇，故所记多务本之意，乃入道之门、积德之基、学者之先务也。”《周易》中有两句纲领性的话：“天行健，君子以自强不息；地势坤，君子以厚德载物。”如何做到自强不息、厚德载物？《周易》的回答是，“君子以懿文德，君子以多识前贤往行，以畜其德。君子学以聚之，问以辨之，宽以居之，仁以行之”。归根到底，要靠读书学习。

1. 对国人读书方式的历史性探赜

新西兰语言学专家史蒂文·罗杰·费希尔《阅读的历史》说：古今中外读书是随着文字记载开始的一项精神活动。读书是指理解书写或印刷符号的能力，读书行为实际上是一个高度复杂的多层次大脑思维过程。国人记录和创立了世界上最丰富、最多产的文字传统，从此出现了真正的阅读形态。秦始皇统一中国后，一大批的文字作品得以问世，其内容博大精深，使成千上万的读者受益匪浅，并成为世界上最庞大的阅读群体。同时国人在不同历史时期也创新性地发展了阅读的不同方式。

一是“故事式”阅读。在子女幼小的时候，长辈就会以讲故事的形式，开始向他们灌输中国传统美德和人生智慧，诸如“孔融让梨”“凿壁偷光”“曹冲称象”“孟母三迁”“黄香暖席”等故事以及一些儿歌民谣，以此开启对子女的人格塑造。“故事式”阅读中用生动的事例、跌宕的故事情节、有趣的形象启发儿童丰富的想象力，使儿童在潜移默化中形成阅读习惯，接受良好教育。心理学家詹姆斯认为，小故事蕴含着大道理，幼年时期的“故事式”阅读会让人身临其境、感同身受，为儿童提供了一种了解生活的视角，用“故事式”阅读的方式启发孩子可以因势利导，使孩子在感悟和趣味中明白事理，从而达到“润物细无声”的教育效果。

二是“蒙学式”阅读。“蒙学”即启蒙的学塾，相当于现在的幼儿园或小学。古人“蒙学式”阅读所用的教材是系统地进行传统伦理道德的教育读本。如《三字经》所云：“子不学，非所宜，幼不学，老何为？玉不琢，不成器，人不学，不知义。”人的学习是要知“义”，学习目的是“成器”，为让子女成为合乎社会要求的人，一系列的蒙学教材便提供了诸多的学习楷模与典范，诸如《弟子规》《三字经》《千字文》《千家诗》《劝学文》《幼学琼林》《增广贤文》等，蒙学书籍从学习知识到如何做人都加以谆谆教诲。古人蒙学的教材对当今儿童的阅读仍然是良好的读本，这些“蒙学式”的阅读范本用朗朗上口、形象的语言启发孩子的思维能力，不仅可以起到明理导行的作用，而且可以从小培养良好的阅读习惯。

三是“耕读式”阅读。“耕读”指既从事农业劳动又读书或教学。古代中国以农业立国，儒家思想与小农经济互为作用，形成了具有鲜明特色的“耕读式”阅读。“耕”可事稼穑、丰五谷，养家糊口，以立性命；“读”可知诗书、达礼义，修身养性，以立高德。清代康熙年间石成金《传家宝》有言：“人生在世，惟读书、耕田二事是极要紧者……若不读书，何以立身、行道、显亲、扬名？若不耕田，何以仰事父母？何以俯畜妻子？”“耕读”是在求生存之余读圣贤书，在日常生活里接受潜移默化的熏陶和教化；“传家”则是相继传承的带有社会性的家庭生活方式。“耕读传家”寄托着儒家学者关于家庭建设和社会风气建设的理想，承载着知行合一的良好传统，具有深刻的伦理文化意蕴。“耕读式”阅读是中国文化士人内心中一种对恬淡人生的向往与践行，在数字时代的今天，“耕读式”阅读已经发展成为一种生活态度，在工作闲暇之余阅读经典、品味思想、体会意蕴，从而获得精神的滋养、心灵的慰藉。

四是“躬行式”阅读。躬行即身体力行、亲身实践。孔孟强调在读书方式上要身体力行、躬行践履，强调通过实践在严酷的环境中去锻炼成长，去完善自己的人格。《论语》开宗明义就是：“学而时习之，不亦说（悦）乎？”“时习”就是经常练习、经常实践的意思。孔子一贯重“行”，在言与行的关系上，他明确主张要“听其言而观其行”。他告诫学生，衡量一个人的品德不能只听其言论，而应看其实际行动，“君子欲讷于言而敏于行”（《论语·里仁》）。他认为读书的目的在于“行道”：“君子学以致远”（《论语·子张》），“行义以达其道”（《论语·季氏》），只有通过“躬行式”阅读，“行”才能使“道”变为现实，孔子所说的“道”就是他的仁学或称仁道，即通过向全社会传播仁爱思想来实现人人相互敬爱的天下为公的大同世界。为了做到躬行践履，孔子要求学生要做到言行一致，“言必信，行必果”（《论语·子路》），要以“言过其实”及“躬之不逮”为耻。在孔子的严格教诲下，孔门终于形成“躬行式”阅读中崇尚力行的风气。孟子继承和发扬孔子的“力行”思想，进一步指出：“天将降大任于是人也，必先苦其心志，劳其筋骨，饿其体肤，空乏其身，行拂乱其所为，所以动心忍性，增益其所不能。”强调对于道德的修养不仅要身体力行，还要能自觉地接受各种严酷环境的磨炼和艰难挫折的考验，才可获得卓越的才能，形成完善的人格，达到崇高的道德境界。孔孟所提倡的坚持力行的“躬行式”阅读方式对今天仍有重要的实践意义。

五是“内省式”阅读。“内省”即在内心省察自己的思想、言行，检查有无过失，通过自我反省随时了解自己的思想、意识、情绪与态度。《论语·颜渊》曰：“内省不疚，夫何忧何惧！”晋傅玄《傅子·仁论》言：“君子内省其身，怒不乱德，喜不乱义也。”儒家自孔子始便很注重这种内心的道德修养。孔子要求人们“内省”“自讼”，并教导弟子说“君子求诸己，小人求诸人”（《论语·卫灵公》），能否坚持这样做是区别君子与小人的主要标志，又说“吾未见能见其过而内自讼者也”（《论语·公冶长》），“内自讼”即内心自责，自我反省。孟子的“内省”修养名为“存心”，也叫“求放心”，他进一步发扬孔子的“求诸己”思想，提出“爱人不亲，反其仁；治人不治，反其智；礼人不答，反其敬。行有不得者，皆反求诸己”（《孟子·离娄上》）。宋明理学家继承了孔孟“内省”的修养方法，程颐的修养方法为“诚敬”“致和”“集义”，王守仁则为“致良知”，这种“内省式”修养方式强调人心向善。“内省式”阅读指通过读书对照自己的行为，从而达到自我反省、自我检查的目的，并使读书成为向善的途径。孟子认为“人皆有不忍之心”“大人者，不失其赤子之心”，意思是对人都有仁爱同情之心，读书人要有纯真心理。汉代大儒董仲舒在《春秋繁露》中言：“卵待覆而成雏，茧待缫而为丝，性待教而为善。”要使性成为善，必须通过后天的教育，他认为教育的作用就在这里。孔门大弟子曾参关于自省有一段著名的论述：“吾日三省吾身，为人谋而不忠乎？与朋友交而不信乎？传不习乎？”（《论语·学而》）曾参每日三省是检查自己的思想和言行：反省谋事情况，即对自己所承担的工作是否忠于职守；反省自己与朋友交往是否信守诺言；反省自己是否知行一致，即是否把学到的内容身体力行。通过“内省式”阅读可以帮助人们从思想意识、情感态度、言论行动等各个方面去深刻认识自己、剖析自己。

六是“科举式”阅读。科举是中国古代封建统治者让读书人参加的人才选拔的考试制度，“科举式”阅读是“学而优则仕”的一种制度。中国古代科举制度最早起源于隋朝，采用分科考试的方式选拔官员，令“诸州岁贡三人”参加考试，合格者可以做官。到清朝“科举取士”制度日臻完善，科举考试制度分初步考试和正式考试两个阶段。初步考试有童试、岁试、科试三种，凡童子开始应初试的称作“童生”，童生经过一定的考试选拔后到督学进行考试，合格者为“秀才”，秀才每年考一次称“岁试”，每三年考一次称“科试”，通过者便有资格参加举人的考试。正式的科举考试分为乡试、会试、殿试三级。乡试通常每三年在各省省城举行一次，又称为大比，乡试考中了以后就称为“举人”，举人是候补官员；会试在乡试后的第二年春天在礼部举行，所以会试又称为“礼闱”“春闱”，参加者为举人，取中后称为贡士；殿试是皇帝在太和殿进行的考试，考中后就是钦定的进士，可以直接做官了。以上各种考试主要是考八股文和试帖诗等，“科举式”阅读的主要书目为《大学》《中庸》《论语》《孟子》及《诗》《书》《礼》《易》《春秋》等“四书”“五经”，考取功名以建功立业成为“科举式”阅读的目的。当然对“科举式”阅读的进步性与局限性我们要作历史的、辩证的、客观的分析和评价。

七是“清寄式”阅读。“清”为清洁、清白、清廉、清静、清雅等。只有保持“清”的生活状态，才能享清幸之福、享清体之福、享清时之福、享清香之福、享清衣之福、享清食之福、享清居之福、享清供之福、享清景之福。读书是首选的“清寄”方式，也是安顿心灵的重要途径，书给人的快乐是无法言喻的。“读书之乐乐何如，绿满窗前草不除”这首诗形象地勾画了读书的快乐与幸福。这里的“书”是为了怡情悦性的“闲书”，“清寄式”阅读被称为“闲读”，“惟有福人才肯读书”“坐卧一床书”是一种“尚清”的理想生活方式。正如陶渊明在《五柳先生传》中所言：“好读书，不求甚解，每有会意，便欣然忘食。”出于对读书的热爱，古人将聆听读书声称为“享清福之音”。“闻他人读书声，固已为乐，若闻子弟读书声，尤为至乐。因其书香一脉承接流长也。”这些都道出了“清寄式”阅读的快乐。正因为这种“清寄式”阅读和“尚清”的生活方式，才能将心理调整到如明镜的空明与虚静状态，才能真正享受读书的清雅、清高、清照、清幽、清虚的境界。

八是“教化式”阅读。“教化”即儒家所倡导的政教风化、教育感化。《诗·周南·关雎序》有言：“美教化，移风俗。”汉桓宽《盐铁论·授时》曰：“是以王者设庠序，明教化，以防道其民。”《礼记·经解》：“故礼之教化也微，其止邪也於未形。”“教”，《说文解字》释为“教，上所施，下所效也”，今意为“老师全职授业”，强调全日制和专职性质，这是从“孝”的本义引申和转义而来的。“孝”本指子女为了全天照顾病危老人而彻底放弃田产和耕作，转义为全脱产受课业，并进一步发展出“像侍奉父母那样尊崇老师”的含义。可见中国历史上非常注重“教化”对人的影响，而且这种教化贯穿古今。在长期的人格培养实践中，国人认识到人格与风习、个体与群体之间的相互依存关系，王安石也认为“教化可以美风俗”，“风俗之变，迁染民志，关之盛衰”。教化从何而来？从教育中来，从阅读中来，从文化中来。“熟读唐诗三百首，不会作来也会吟”，这种教化作用就在于“熟读”之时将其融入读者的心怀。“教化式”阅读正是通过对经典的阅读与阐释达到教育感化的目的。

九是“生活式”阅读。读书是生活的有机组成部分，必须和自己的生活经验熔为一炉。古人言，人可一日不食肉，不可一日不读书。清代萧抡谓《读书有所见作》言：“一日不读书，胸臆无佳想。一月不读书，耳目失清爽。”英国哲学家培根在《论求知》中说：“读史使人明智，读诗使人灵秀，演算使人精密，哲理使人深刻，伦理学使人庄重，逻辑修辞之学使人善辩。凡有所学，皆成性格。”可见读书对于生活的重要性。在一个生活节奏急速加快、生存压力逐渐加大、电子媒介扩张崛起的网络时代，读书能让浮躁的心静下来享受宁静的欢愉，无疑是定心、静心的一个很好选择。“生活式”阅读之益在于增知、获趣、致雅，古贤今哲所论述的广泛空间纵横万里、上下千年，读之陶冶性情、益人心智、发人深省。如打开一部史书仿佛展开一部历史长卷，谛听历史脉搏，咀嚼人生的甘苦；翻开一册文学经典就如同走进一片风景胜地，诗情画意呼之欲出，犹如置身其中。“生活式”阅读之喜在于结良师益友，读旧书如见故人，看新书如遇新知；“生活式”阅读之境在于以书为师似与先贤对话，以心为灵如与先贤低语；“生活式”阅读之效在于以书为友淡泊明志，在困惑时得以解疑，在迷茫时得以指路，在消沉时得以振作。

2. 思国人读书方法获得的启示

对于读书人来说，读书方法总是自觉、不自觉地伴随着读书实践，借鉴古人的读书方法、学习他人的读书方法、了解不同文化背景下的读书方法、总结探索自己的读书方法，继而创法拓展、不拘一法、相互取法、以法增效，正可谓读书方法从“有法”而来又向新的“无法”而去，读书“循法”从“不据法”而来又向新的“不唯法”而去，从而上升为更高层面的读书“方法论”。

一是读书与生存相结合的耕读方法。中国社会早在春秋时期即因为孔子所开创的民间教育的兴起，促进了民间讲学的繁荣，即使在偏远的乡村，也有读书人或避乱隐居或世代生活于湖边乡际，他们一边劳作一边读书，或方塘半亩或茅屋几间，或耕作稻粟或渔樵桑麻，或为佃户只能夜半读书为文，或略有家产可以凭几吟诵寒梅诗札，耕读也因之成为中国的一种乡村文化特色。在那个没有公共图书馆的社会里，不少地区的藏书楼、书院起到了文化聚集与扩散的功能，并在物质和精神上支持着耕读文化的发展。读圣贤书不是某一个阶级的特权，而是整个社会对所有人的一种道德要求，体现了知识分子对于文化传承和扩散的社会使命感。耕读精神则反映了中国文化士人内心中一种对恬淡人生的向往与践行，是一种修君子之身、养浩然之气的过程，是一种进可入世报国济民、退可出世淡泊明志的人生历练，尤其是在社会变革之际，耕读正是士大夫借以养其浩然之气、保持人生气节的一种生活方式。在这种“子孙相约事耕耘”（李商隐《子初郊墅》）的生活方式中，形成了读书人践行忠孝仁义、坚守读书人气节、报国入世等人生抱负，体现了穷则独善其身、达则兼济天下的人生抱负，诸葛亮躬耕于南阳、陶渊明种豆于南山、王夫之隐于湘乡山中等，都是这种思想的体现。耕读是“耕”与“读”在精神上的高度结合，有“读”之“耕”体现了读书是为了做到明心见性和独善其身，有“耕”之“读”才能保证做到格物致知、洞察世事，修身、齐家。正因为耕读的精神已经内化在中国文化的精髓之中，融入中国文人的血液，所谓的耕读不是皓首青灯伴古卷，而是一种与圣贤对话的情趣和责任，一种雪夜围炉读书的欢愉和满足。

二是读书与躬行相结合的知行方法。古人云：“读万卷书，行万里路。”这是一件事情的两个方面。游历，活动的书本。俞平伯曾言：“读书则曰卧游，山川如指掌，古今如对面，乃广义的游览。”读书的意义于扩充知识以外兼可涵咏性情、修持道德。明代学者陈白沙的读书方法即是带上弟子去游山；明代王艮虽为盐丁出身，但出于对圣学的体悟收徒讲学并躬行结合，思想广被一方；徐霞客跋涉于荒山野岭。“读万卷书，行万里路”等正是读书与躬行结合的知行方法的体现。躬行的读书方法用实践获得见识，昔贤有言：“夫才须学也，学贵识也。”（《文史通义·妇学》）说的就是躬行见识对于读书的重要。孟子曰：“君子深造之以道，欲其自得之也。自得之，则居之安。居之安，则资之深。资之深，则取之左右逢其源。故君子欲其自得之也。”（《孟子·滕文公下》）深造之以得道，这里讲的可以安居深资借以左右逢源的“道”，说到底就是一个洞彻玄妙的见识问题。见识从躬行中来、从读书中来、从实践中来。朱熹在谈躬行结合的读书方法时也强调“读书之法，要当循序而有常，致一而不懈，从容乎句读文义之间，而体验于操存践履之实，然后心静理明，渐见意味”，“若不从文字上做工夫，又茫然不知下手处；若是字字而求，句句而论，不於身心上著切体认，则又无所益”。可见，躬行结合的读书方法还要内化为身心上的体认，才能够出真知、出真理。读书与躬行结合的知行方法可以铸造真正的学术。在中国文化中，很多传世名著成于躬行之中。躬行有益于对知与行的验证，但躬行绝不是仅仅为了对某种知识的验证，而是一种文化品位，是一种不为稻粱谋的人生潇洒，是一种对自己人生品质坚守的防线，这正是“耕道而得道，猎德而得德”（扬雄《法言·学行》）。所以“格物致知”和“知行合一”的思想也被融入读书的精神和旨趣之中，是躬行者对传统的家国天下理想的一种具体践行。

三是读书与出仕相结合的科举方法。在实行科举制之后，读书人由此获得仕进之途，使得社会对人格培养的方式发生了变化：博取功名与时誉成为古代士人的追求目标，人生的理想是建功立业。诚如孔子说：“学也，禄在其中矣。”孔子的高足子夏还说：“学而优则仕。”宋真宗赵恒写过一首《励学篇》，进一步形象地予以阐释：“富家不用买良田，书中自有千钟粟。安居不用架高楼，书中自有黄金屋。娶妻莫恨无良媒，书中自有颜如玉。出门莫恨无人随，书中车马多如簇。男儿欲遂平生志，五经勤向窗前读。”士子们十年寒窗、悬梁刺股，“学”让官场成了读书人的康庄大道。为此，历史上读书不仅是知识分子获得进阶修身的重要途径，也一直是中国传统人文精神得以实现和传承的一种方式。孔子要求士大夫“忧道不忧贫，谋道不谋食”，认为“不仕无义，行义以达道”，孟子规定了读书人的用世道路——“士之仕也，犹农夫之耕也”，用世志在“格君心之是非”，这些都是对“学而优则仕”的读书与出仕结合的方法所进行的提炼。本质上所谓的“读书”即是读圣贤之书，并由之而发于本心，体认天理，以完善自身的道德构建，实现修身、齐家、治国、平天下的人生理想。从孟子的“穷则独善其身，达则兼济天下”到屈原的“长太息以掩涕兮，哀民生之多艰”，从曾参的“仁以为己任”到范仲淹的“以天下为己任”，从顾炎武的“天下兴亡，匹夫有责”到顾宪成的“家事、国事、天下事，事事关心”，都显示出传统士大夫阶层的读书使命感与责任感。由于这种读书使命的实施和传承都是在传统的农业文明之中形成和发展的，所以在中国历史上形成了独具特色的科举文化，培育了内涵丰富的科举精神和读书文化。

四是读书与修养相结合的修身方法。读书究竟为了什么？有人追求千钟粟、黄金屋，但我们听到更多的是为“修身养性”而读书，为“修身、齐家、治国、平天下”而读书，“为天地立心，为生民立命，为往圣继绝学，为万世开太平”而读书，为“中华之崛起”而读书。读书人的追求中，修身、齐家、治国、平天下是传统的道德理想，品德与担当始终是摆在第一位的。何谓“修养”？“修养乃学问上精密之功夫也。修以求其粹美，养以期其充足；修犹切磋琢磨，养犹涵育熏陶也。”孔子强调，“修己以敬”“修己以安人”“修己以安百姓”，意思是修养自己保持严肃恭敬的态度，修养自己使周围的人安乐，修养自己使所有的百姓都安乐。修身做最好的自己，目的就是为了更好地履行对国家、对社会的责任。修己要达到什么样的境界呢？孔子认为，修己的最高境界是要成为“君子”。他说：“君子道者三，我无能焉：仁者不忧，知者不惑，勇者不惧。”何谓仁者，能以宽容的态度对待他人，以勇敢的气度对待人生，仰不愧于天，俯无愧于人。正因为有如此的气度，所以无所谓烦忧，仁者可以防微杜渐、心怀善良。何谓知者，当然就是学识渊博、视野开阔的人，更主要的是既知自己也知别人，知道哪些事可以为，哪些事不可以为。可见，修养从读书中来、从对书本的领悟中来、从对认识的智慧中来，只有将所读之书内化为自身的修养方能成为一个真正的读书人。

五是读书与解惑相结合的传道方法。韩愈在《师说》中言：“师者，所以传道受业解惑也。人非生而知之者，孰能无惑？惑而不从师，其为惑也，终不解矣。”为师者何以解惑？读书是最好的方法。孔子之所以被后世称为圣人，得益于他从十五岁就有志于学，并培养了三千弟子、七十二贤人，终身“学而不厌，诲人不倦”。朱熹认为读书传道就是理解“圣贤之意”“自然之理”，“读书以观圣贤之意；因圣贤之意，以观自然之理”，“学者必因先达之言以求圣人之意，因圣人之意以达天地之理，求之自浅以及深，至之自近以及远，循循有序，而不可以欲速迫切之心求也”，通过读书获悉“圣人之意”只是读书的第一阶段，还必须上升到对“天地之理”即自然规律的了解。读书与解惑结合的传道方法还要围绕着某个问题展开，正如宋朝陆九渊所说“为学患无疑，疑则有进”，巴尔扎克也说“问号是开启任何一门科学的钥匙”，要想在读书中获得解惑的方法就应该拿起这把带弯钩的问号钥匙，启动疑中求进的思想主动性，做到“学而不思则罔，思而不学则怠”。为此，我们要坚持读书与思考相结合，在读书思考中发现问题和分析问题，并力求找到解决问题的方法。正如但丁所说："我在悲痛时想在书中寻找安慰，结果不仅是慰藉，而且是深深的教诲，就像有人为了寻找银子，竟然发现了金子一样。"但丁所讲的从读书中获得的知识力量，使我们能够遨游于人类文明的海洋。

六是读书与能力相结合的致知方法。清代诗人法式善著的《读书四首》运用四个比喻论述了读书与能力相结合的致知方法，很能给人以启迪。第一首言："读书如蓄货，一室靡不有。瑰奇产岩阿，幽怪发渊薮。当其求莫致，岂惜跋涉走。"他认为读书要像蓄积宝物一样，当应有尽有多多益善，甚至不惜长途跋涉以求得。有了珍宝也不要炫耀于人，同时又不能闲置不用。第二首云："读书如树木，不可求骤长。植诸空山中，日来而月往。露叶既畅茂，烟打渐苍莽。"读书要像植树一样，要循序渐进，不要急于求成。日月来往，不知不觉地就会长大，揠苗助长则导致欲速不达。最初可能感到"掩卷了无得，心中时怏怏"，但坚持不懈读下去，"忽然古明月，照见天怀朗"，自然就会融会贯通，收获甚深。第三首曰："读书如行跑，历险毋惶惑。安保万里程，中间无欲仄。自古志士心，往往伤壅塞。"读书如行远路，难免遇到困难和挫折，在这种时候，要勇敢地挺住，坚强地走下去，"半途勿休息"，"要从实地行，直造光明域"，一定能够达到很高的境界。第四首说："读书如将兵，当先讲纪律。将军扫群寇，势若风雨疾。"有了严明的纪律，军队打起仗来才能势如疾风暴雨扫灭敌寇。他借《易经》中的话说："师贞丈人吉。"贞，就是正，正义之师才能立于不败之地。所以他特别强调读书要"树义"，要有正确的指导思想，"树义不制胜，不如不开帙"，读书若无正确的思想作指导，若不能用来培养自己的道德情操，还不如不读。朱熹讲读书要做到"三到"：心到、眼到、口到。"三到"中最重要的是心到，用心灵品读经典之书，因为经典是文化智慧的集合，包含着最耐人寻味的文化血脉。胡适在前人读书"三到"的基础上提出"四到"：眼到、口到、心到、手到。他解释"眼到"是能够明白字面意思，"口到"是能够背诵精彩的名篇，"心到"是要懂得每一句每一字的意思，"手到"就要查阅参考资料做读书札记。多读书、读好书、读经典之书、读有用之书，才能将读书与能力培养有机结合，成为"经世致用"的读书人。

七是读书与著述相结合的学问方法。读书、做学问离不开写文章、著书立说。杜甫用“读书破万卷，下笔如有神”来形容读书与著述的学问关系。清代仇兆鳌的《杜诗详注》对“读书破万卷”的“破”字举有三说：一曰“胸罗万卷，故左右逢源而下笔有神”；二曰“书破，犹韦编三绝之意。盖熟读则卷易磨也”；三曰“识破万卷之理”。这三说集中地反映了对读书的不同理解，概括起来就是读书做学问的境界要做到“突破、磨破、识破”。所谓“突破”，即多读而“胸罗万卷”、博览群书。汉代著名思想家王充说：“人不博览者，不闻古今，不见事类，不知然否，犹目盲、耳聋、鼻痈者也。”古今中外任何一个有杰出成就的学者无一不是勤奋好学、博览群书者。王充本人一生读书近一万三千卷，“博通众流百家之言”，所以他才能写出《论衡》这部伟大著作。所谓“磨破”即熟读而致“书破”。孔子晚年读《周易》，竟使编连竹简的牛皮绳多次磨断，被后人称为“韦编三绝”。苏东坡的经验之谈为“故书不厌百回读，熟读深思子自知”。他认为有书不读束之高阁，书无异于废纸；读书囫囵吞枣、一览而过，“按册子便在，掩了册子便忘”，那么读得再多也没有益处。所谓“识破”即精读而透彻地理解书中之理。精读就要抓住重点、宁精勿杂、深入钻研、务求精通，可谓“书富如海，百货皆有，人之精力，不能兼收尽取”，所以读书要善于选择、取其精华、刻苦钻研、不可滥读。宋代哲学家陆九渊说：“学必无所蔽而后可”，意思是学习一定要达到没有疑惑不解的地步才可以，如果读书不注意识理、漫无目的、一味多读，则如郑板桥所说“读书破万卷，胸中无适主”。今之学者读书著述做学问继承着古人勤奋精神，季羡林认为读书著书是一种修炼，写书做文章中的工词丽句、随心所欲、挥洒自由的背后是一种千淘万漉、千锤百炼的苦心孤诣。好的文章、好的著书要体现好做学问的“炼文”“炼话”功夫，讲究节奏、韵律、字词、结构、布局、意味，涵自然、人生、万事万物于字里行间，积郁既久、酝酿既多、不吐不快，文章自然如倾珠泻玉、汩汩滔滔，如神来之笔。写文章著书做学问重要不在于纯粹在字词章句之间推敲琢磨，而是在于从容于仁义之中、践履于道德之间，养其根、滋其源，用知识与智慧涵养人生之大文章、天地之大文章。今天我们读书著书做学问更要建立在广泛阅读、搜集资料的基础之上的“炼文”，以此来涵养我们的学识与才干，才能在“教授助推工程”中保证“校本”的质量、著书的学术地位和读书思考的真正功力。

八是读书与信念相结合的明心方法。中国自古就重视读书，将读书做学问视为一种信念。读书信念将读书之志、读书之勤、读书之乐、读书之法熔炼于一体，是读书意志、读书神态、读书风采的集成。据说秦始皇日读一百二十斤重的竹简公文才就寝；宋太宗每天读《太平御览》等书二卷，漏了一天则以后追补并说“开卷有益，朕不以为劳也”。圣学之勤如此，源于读书可以明心。张载说：“心解则求义自明，不必字字相校。譬之目明者，万物纷错于前，不足为害，若目昏者，虽枯木朽株皆足为梗。”（《经学理窟·义理》）可见“明心”方法是通过自己的体悟达到对读书的认知，换句话说就是读者在用体悟的形式去感知作者所要表达的意思,而且这种体悟越持久获得的真知也就越明确。朱熹在张载的基础上，发展了“明心”方法，提出了“明心”应注意的问题，制订“明心”的具体步骤。他指出：“心不定，故见理不得。今且要读书，须先定其心，使之如止水，如明镜。”“学者读书，须要敛身正坐，缓视微吟，虚心涵泳，切己省察。”“读书，须要切己体验。不可只作文字看，又不可助长。”（《朱子语类》卷十一）他认为要保证读书“明心”必须要“养心”，为此提出了定心、虚心说，同时还要“切己体验”、不能有私意，然后才能“浃洽”和谐。他还认为：“读书更须从浅近平易处理会，应用切身处体察，渐次接续，勿令间断，久之自然意味浃洽，伦类贯通。”（《晦庵先生朱文公文集》）“浃洽”指明心者的心灵与著作者的心灵相融合，明心者能够体悟到著作者的想法。朱熹通过读《诗》来说明“明心”的重要：“须是读了有兴起处，方是读《诗》。若不能兴起，便不是读《诗》。”“兴起”则指明心者将经典文本的意义与精神化为自我行为的动力与指南。只有坚持“明心”的方法才能让读书成为一种信念、一种精神的接力，薪火相传绵绵不绝。我们要学习孔子读书“发愤忘食”、董仲舒读书“三年不窥园”、达摩祖师治学“面壁九年”的读书求学问的精神，保持专心致志的读书状态，引发气贯如虹的读书气势，养成博览群书的读书动力，赢得明理明心的读书效应。

九是读书与文化相结合的文明方法。古人曰：“文治教化。”“文”指“文德”“人文”，《易经》释“文明以止，人文也。观乎天文，以察时变；观乎人文，以化成天下”；“化”指教化，即儒家所提倡的政教育风化、教育感化，《礼记·经解》曰“故礼之教化也微，其止邪也于未形”。文化在拉丁文里含有耕种、练习、居住、留心和注意、敬神等语源学意义，从“耕种”衍生出文化的扎根维度，文化是田野的生命智慧。康德说：“唯有那能够作为最终目的的东西才是文化。”斯宾格勒说：“这些生命的精华——文化，正如田野里的野花一样，漫无目的地生长着。”由此可见文化是人类生活得以安身立命的精神之“根”，是马克思说的“文明的活的灵魂”，是自古以来人们追寻的“道”。中国的文化艺术精神和人文精神的凝聚和精气神密切相关，在读书实践中“聚精会神”“养气升格”，追求剑胆琴心、务实进取、励精图治、坚毅不屈，可以进一步养育读书精神，提升科学精神和人文精神。有了文化的慧眼，择书而读，才会事半功倍。书籍浩如烟海，生命十分有限，只有善于选择，才能充分享用上乘之作。古人云：“取法乎上，得乎其中；取法乎中，得乎其下。”择书是门艺术，读书不在于多而在于精。作为文化人读书，会自觉积累自己有形与无形的“文化底气”，在读书中重视基础文化信息的集聚，有些深埋于记忆之中的信息会让人受益终身；在群书的友善相望之中读书、做学问，会“支撑”起文化的底蕴，有效增强读书的文化导向，主动把握读书的文化含量，进而在丰富读书文化内涵的同时提升文明建设的程度与高度。

3. 思国人读书方向的路径提升

读书人在长期的读书实践中积累了读书方法，培育了读书精神；读书精神激励着读书人进一步提升读书的方向与路径；读书路径与方向的提升进一步滋养和弘扬读书精神。读书人、读书方式、读书路径和读书精神构成了完整的读书系统。把读书方向与读书路径置于科学方法的整体结构之中加以梳理、探索，在科学方法和思维方式乃至哲学的层面上总结读书方法、提炼读书方向、升华读书路径，具有方法论的意义和较高的逻辑起点。

一是要在读书态度端正上保持方向。读书首先要端正态度，古人悬梁刺股、秉烛达旦、凿壁引光等都是勤奋读书的态度与精神。读书不是为了敷衍外来的要求，而是满足内心的需要、充实自己的生活。张之洞认为端正读书态度就要做到“读书不必畏难。一经一史，古集一家，词章一体，经济一门，专精探讨；通鉴古子，观其大略，知其要领。如此为之，不过十年，卓然自立”。“读书宜求善本”，读书宜有门径，“泛滥无归，终身无得；得门而入，事半功倍。或经，或史，或词章，或经济，或天算地舆。经治何经？史治何史？经济是何条？因类以求，各有专注”，“读书宜博。无论何种学问，先须多见多闻，再言心得。古书不可不解；有用之书不可不见；专门之书不可不详考贯通”。这些读书态度与读书方法对我们今天学习与做学问都有很好的启发。季羡林勤奋治学，将读书与做学问的方法总结为，采用一个最原始、最笨、可又绝不可避免的办法，就是找出原书一行行、一句句地读下去，像沙里淘金一样搜寻有用的资料。他说：“除了礼拜天休息外，每天来回跋涉五六里路跑一趟北大图书馆，风雨无阻、寒暑不辍，面对汪洋浩瀚的《四库全书》和插架盈楼的书山书海，枯坐在那里，夏天要忍受书库三十五六摄氏度的酷暑，挥汗如雨耐心地看下去。”后人把读书做学问的正确态度归纳为“眼勤”“手勤”“脑勤”“嘴勤”“腿勤”，只有做到“勤奋”才能学有所成。同时端正读书态度还要做到坚持阅读与思考的统一，在广泛阅读的基础上开动脑筋，对现实中的疑惑进行深入思考，力求把零散化为系统、孤立化为体系、粗浅化为精深、感性化为理性；要坚持读书与运用相结合，联系实际、知行合一，通过理论的指导、利用知识的积累来洞察客观事物发展的规律，做到在读书的过程中增强运用能力，在运用的过程中提高读书水平。要锲而不舍、持之以恒，发扬挤劲、钻劲、韧劲，做到先易后难、由浅入深、循序渐进、水滴石穿。

二是要在读书方式更新上保持方向。朱熹将读书方式归纳为：“为学之道，莫先于穷理；穷理之要，必在于读书；读书之法，莫贵于循序而致精；而致精之本，则又在于居敬而持志；此不易之理也”“书不记，熟读可记；义不精，细思可精”“旧学商量加邃密，新知培养转深沉”“愈细密，愈广大，愈谨确，愈高明”“圣贤之言，须常将来眼头过，口头转，心头运”“读书无疑者须教有疑，有疑却要无疑，到这里方是长进”“诵数以贯之，思索以通之；为其人以处之；除其害以持养之”“精神长者，宜广搜博取，精神短者，决不可务多，但以最紧要书涵养性灵可也”。如何在读书方式更新上保持方向？一方面读书要从字、词、句入手，真正理解它们的含义。朱熹指出：“大凡看书，要看了又看，逐段、逐句、逐字理会；仍参诸解、传，说教通透，使道理与自家心相肯，方得。”读书中通过训诂、辨伪等方法所认知的道理应该与人内心之理相统一，对外在之理的认知不过是对内在之理的呼应，在理解具体的字、词、句时应该深入去考察圣人语言所蕴含的深层含义，不能仅仅停留在表面。要想实现对文字的深层理解，则“须是看着他那缝罅处”“须是于无味处当致思焉”，同时“须要入在里面猛滚一番”，指出人们在读书时，要有针对性和切入点，“缝罅处”“无味处”“里面”都是读书的关键，而且在读书时“须大段着精彩看”，前后联系起来理解。另一方面读书要求人们“须下死功夫”“放宽著心”，要有不达目的誓不罢休的坚韧精神，同时又要有轻松的心念，不能患得患失，在读书的过程中要熟读，一定要专一，不能三心二意，“读这一句，且理会这一句；读这一章，且理会这一章”。对这些读书方式的传承与创新对今天仍然具有深刻的启发意义。

三是要在读书精神培育上保持方向。读书要有坚忍不拔、一以贯之的精神。古圣先贤对培育读书精神十分重视，留下了许多箴言规劝，譬如“真积力久则入，学至乎没而后止也”（《荀子·劝学》），“人之于文学也，犹玉之于琢磨也”（《荀子·大略》），“不学操缦，不能安弦。不学博依，不能安诗”（《礼记·学记》）等，看重的其实都是读书做学问的积累。据记载，《论衡》的作者王充，家贫买不起书，常游洛阳市肆，阅所卖书一见即能诵忆，遂博通众流百家之言。韩愈的学生记下了他学习的情况，说：“先生口不绝吟于六艺之文，手不停披于百家之编，记事者必提其要，纂言者必钩其玄，贪多务得，细大不捐；焚膏油以继晷，恒兀兀以穷年。”柳宗元曾谈到自己读书的体会时说：“本之书以求其质，本之诗以求其恒，本之礼以求其宜，本之春秋以求其断，本之易以求其动，此吾所以取道之原也。参之穀梁氏以厉其气，参之孟荀以畅其支，参之庄老以肆其端，参之国语以博其趣，参之离骚以致其幽，参之太史公以著其洁。此吾所以旁推交通以为之文也。”欧阳修讲过：“立身以立学为先，立学以读书为本。日月两轮天地眼，读书万卷圣贤心。”我们应当从古代贤哲的劝学、论学名言中，不断受到鞭策和激励。顾炎武自幼勤学，6岁启蒙，

10 岁开始读史书、文学名著。11 岁那年，他的祖父要求他读完《资治通鉴》，并告诫说：“现在有的人图省事，只浏览一下《纲目》之类的书便以为万事皆了了，我认为这是不足取的。”这番话使顾炎武领悟到，读书做学问是件老老实实的事，必须认真忠实地对待它。顾炎武勤奋治学，采取了“自督读书”的措施：规定每天必须读完的卷数，读完后把所读的书抄写一遍的同时要做笔记，写下心得体会，其读书笔记汇成了著名的《日知录》一书。毛泽东一生酷爱读书，涉猎范围十分广泛，包括马克思主义、哲学、自然科学、社会政治、经济、军事、历史、文学、书法、报纸杂志及各类工具书等，他读书的目的先是为了“修学储能”，继之是为了寻求“大本大源”，最后是为了寻找救中国的“主义”。这些先贤的读书精神不断激励着读书人前行，鞭策着后来者保持坚定的读书方向。

四是要在读书品位提升上保持方向。读书品位指通过读书来提升人们认识事物的品质、水平。好的品位离不开读好书、读经典书。“吾生也有涯，而知也无涯”，知识浩如烟海，任何人都不可能通晓所有知识，读遍所有书籍，正如黄庭坚言：“读书欲精不欲博，用心欲纯不欲杂。”一方面读书要读经典书籍、读前沿书籍、读所需书籍。一个人在短暂一生中学到的知识只能是整个人类知识的沧海一粟，应选择蕴含知识、思想精华于其中的经典来读，以便在有限的时间内增加生命的知识含量，拓展思想的深度和广度。经典是各知识领域大师思量的重要成果，是他们知识、思想的闪光结晶，读经典就好像与大师对话，可以聆听大师的教诲，领略知识海洋的奇异景象和思想之巅的壮丽风光，净化灵魂、陶冶性情、升华思想、完善人格。章黄学派讲究读《说文》《尔雅》《广韵》等“八部书”，认为治学就像打仗，经典著作是核心队伍，只有读好经典才能做到治学有道。如果说经典是经过历史大浪淘沙的沉淀，那前沿作品则反映了现代的流行趋势，富有时代气息，在读书过程中要有目的地选择前沿书籍，只有借助前沿书籍感知这个时代的最新成果，领略这个时代的思想高度和知识高度，才能做到与时俱进；同时读书要有针对性地学习掌握本职工作所需的各种知识，多读些与自己本职工作相关的新理论、新知识、新技能、新规则的书，才能使自己成为所从事工作的行家里手。另一方面读书要讲求兴味，做到放开心胸、仰视浮云。李清照在《金石录》自叙读书生活中谈到读书的兴味："余性偶强记，每饭罢，坐归来堂，烹茶，指堆积书史，言某事在某书某卷第几页第几行，以中否角胜负，为饮茶先后……意会心谋，日往神授，乐在声色狗马之上。"孔子说："知之者不如好之者，好之者不如乐之者。"为此，找到读书的乐趣与兴味，必定由一个问题而引起其他问题，由看一本书而去找相关的十几种书，如此循序渐进，自然可以升堂入室、研磨既久、门径自熟，或是发现问题、发明新义，更可触类旁通、广征博引、以证已说。

五是要在读书境界养成上保持方向。清代名士张心斋则把读书的三种不同境界比喻得别具情趣、别有洞天："少年读书，如隙中窥月。中年读书，如庭中赏月。老年读书，如台上望月。""隙中窥月"，少年充满了好奇心，是想急切希望领略月下世界的美好，一个"窥"字别具意味；"庭中赏月"，是中年滋味，历经人生春秋，胸中自有标杆，一个"赏"字道出中年的恬淡情怀是识得愁滋味后的欣悦与泰然；"台上望月"，台上敞亮、开阔，自然是可以望得客观之幻象，明晰之幻象，这是老年的清通与达观。为此中国社会科学院文学研究所所长杨义建议："少年多读名篇，青年读大书经典，中年多读专业书，晚年读点杂书。"读书的文化追求与文化建设就是立足于教育者栖居的大地，仰望广袤无垠的星空，心怀对纯真、高卓、尊严、智慧、神圣、诗意的喁喁眷顾祈望，超然物外、一往情深，沉醉于清幽旷远、虚静灵动的哲理运思。读书的情怀是高远的，微妙至深，指向终极的价值目的；读书的形式是鲜活的，无处不在，所谓"道不远人""道在日用伦常中"，需要反身而求；读书的内涵是象征的，在林林总总的器物世界中蕴藏着世代沿袭的密码，等待我们的发掘；读书的文化是柔软的，是一种越来越强大的"软实力"。读书的获得是积淀的，并非一蹴而就，而是漫长积累、逐渐内化的产物；读书的影响是濡染的，对于人的影响如春风化雨，潜移默化；读书的作用是绵延的，所谓"敷文化以柔远"，一旦形成就会成为人们心理结构中的集体无意识，影响深远。在仰望星空境界上保持方向，从纷繁复杂的日常生活中提炼生命的精华，于读书的细枝末节处散发文化的神韵，从而沐浴在人类文化的熠熠辉光里，耳濡目染、行以成之、渐入人生之至境，便是读书育人的神奇魅力。

六是要在读书示范重塑上保持方向。读书示范有多种：有的人“学而优则仕”，或兼济天下，或造福一方，即使没有多少钱财，但他们是成功的读书人；有的人勤于著述，留下了彪炳史册的宏篇巨作，即使家徒四壁，但他们仍是成功的读书人；有的人广收弟子，传播思想，让自己的理念影响了历史，即使毕生流浪困窘，但他们还是成功的读书人；还有的人为了坚守自己的理想与信念，甘受清贫，不为五斗米折腰，但他们同样是成功的读书人。作为教师要从其读书“育人”的本意出发做到多读书、读好书、好读书，对学生进行言传身教，方能称得上为成功的读书人。《孟子·尽心上》言：“君子有三乐，而王天下不与存焉。父母俱存，兄弟无故，一乐也；仰不愧于天，俯不怍于人，二乐也；得天下英才而教育之，三乐也。”为此，教师要致力于读书、做学问，把读书作为终生的习惯。胡适曾说：“读书人要通过读书、讲书和写书来影响人、来传布思想。”读书虽不能替代教书，但教书自须读书。闻一多是在美国学的综合艺术，回国后到清华大学中文系任教，教的是中国古典文学课程。尽管他学有根基，但要与国学大家钱基博、杨树达分庭抗礼，便不能不奋起直追。所以他一到清华便一头扎进了故纸堆中，长年兀兀、皓首穷经，以至于在西南联大文学院时期，被人戏称为“何妨一下楼主人”。闻先生自己后来说：“我钻进故纸堆中，是想从里面打出来，里应外合。讲原由可以说此其一端，但我总觉得他的话意犹未尽。因为要教《唐诗》《楚辞》，甚至《庄子》《周易》之类，离开了校勘、考证、注疏、训诂之类，不是过于单薄也无从下手。”教师若能多读书，对相关知识、相关问题做到多学科、多角度分析，触类旁通、举一反三，再去精心备课，这样的课堂教学、课后辅导，岂不事半功倍？学科与学科之间看似没有多大关联，其实各种书籍包含的知识是相互交融的。虽然今天每个学科都被细化为众多分支，然而不同学科间融会贯通的渠道仍然是存在的。教师要去阐释和说明一个知识或道理，掌握的知识越全面越有利。所以要多读各类书籍、精通多门学问，不断优化自己的知识结构。只有喜欢学习的教师才能培养出喜欢学习的学生，而这一切就与教师读书联系在一起，因为那里面是教师的知识和精神的源头。“掬水月在手，弄花香满衣”，教师要履行“以高尚的人格感染人，以文明的仪表影响人，以和谐的态度对待人，以丰富的学识引导人，以博大的胸怀爱护人”的崇高职责。只有在读书身教示范重塑上保持方向，方能进一步履行好教书育人的崇高使命。

七是要在读书创新突围上保持方向。创新指创立或创造新的。《南史·后妃传上·宋世祖殷淑仪》：“据《春秋》，仲子非鲁惠公元嫡，尚得考别宫。今贵妃盖天秩之崇班，理应创新。”一方面是在读书内容上进行创新，这就需要贯通古今、融会中西的大视野。读今不读古，就罕能清理出事物的原理；读古不读今，就罕能悟透事物的意义和它运行的曲线；读中不读外，就容易使自己的知识局限；读外不读中，就容易使自己的知识失去根基。古今中外在某一个问题上进行互渗，是读书深入以后应该追求的通则。杨义提出，成大学问必具“三四之学”，即四库之学、四野之学、四洋之学。他认为：“古今贯通应是一种学问家兼思想家的贯通，以学问家涵盖广大，以思想家穿透深湛，不拘泥于用一些陈陈相因或莫名其妙的概念去套千姿百态的文学生命，不为图简便而牺牲精彩。……古今贯通首先是一种智慧和生命的贯通，是一种大文学观、大文化观的贯通。”近代以来如王国维、钱锺书、叶嘉莹等大学者正是具有这种学养的“东西南北人”，具有“能大始贯”“有识方贯”“知性求贯”的古今贯通之人。这样的见解值得人深思：贯通古今、有容乃大，其实不仅是一种视野和方法，更是一种心胸、怀抱、哲学和智慧。另一方面是在读书形式上进行创新。随着科技的发展，在传统纸质阅读的基础上，电子阅读也日益融入人们的生活。电子阅读器能存储几百上千本图书，相当于小型个人图书馆，同时重量轻、便于携带、配有插图和音乐、适合快节奏紧张的生活等特点使电子阅读器也越来越受读者青睐。国际互联网可以使我们真正做到“秀才不出门，全知天下事”。无论是读书内容还是形式的创新都能使阅读保持一种新鲜的状态，从而在读书创新突围上保持未来良好的阅读方向与路径。

八是要在读书文化传承上保持方向。文化者，以文化之也。传统文化是中国发展的精神底蕴，存活在国人心中、存活在日常生活的言行中、存活在人们的精神信念和价值观念中。“大学之道，在明明德，在新民，在止于至善。”大学是最高教育机构，也是文化发展的中心。我们继承传统的读书文化就要从弘扬传统读书文化理念中保持方向，通过教育来前行，通过人们的自我修炼来提升，通过对书籍的阅读、交流和实践、体悟来抵达。胡锦涛在庆祝清华大学建校 100 周年大会上的讲话中指出，全面提高高等教育质量必须大力推进文化传承创新，积极发挥文化育人作用，加强社会主义核心价值体系建设，积极开展对外交流。高等教育是文化本身创新与发展的最重要过程，是中国和世界优秀文化传承的重要载体，是思想文化创新的重要源泉。文化的传承与创新不是一朝一夕的事，而是必须在进行大量学习，不断培育崇尚科学、追求真理的思想观念，不断推动社会主义先进文化建设的基础之上方可成就之事；必须在大量掌握前人积累的文化成果的基础上扬弃旧义、创立新知并传播到全社会、延续至后代。高等教育就是这种学习的重要场所和过程。为此，我们要以书香文化校园建设为契机，大力推进读书文化传承创新；以重点专业建设为基础、以体制机制改革为重点、以创新能力提高为突破，加大支持力度、健全长效机制，将学校建设成为知识创新的策源地、深化教育改革的试验田、扩大开放的桥头堡，让受教育者学有所得、学有所成、学有所用。

九是要在读书情怀锻造上保持方向。王国维在《人间词话》中指出："诗人对宇宙人生，须入乎其内，又须出乎其外。入乎其内故能写之，出乎其外故能观之。"对读书人也如此。早在"五四"时期一代读书人就感到读书的"世界性"，梁启超说"我们做中国国民，同时做世界公民"，强调要"一面爱国，一面还有超国家的高尚理想。凡属人类有价值的共同事业，我们总要参预"，为此，他认为读书要使中国富强就要站在世界的立场上去看待问题。傅斯年感到一种以"社会"为中心的新道德观"必成此后这个时代的一个最大问题"，而"青年的第一事业"，就是"无中生有的去替中国造有组织的社会"。他强调："我们在这个世界上，并不仅仅是一国的人，还是世界中的市民。"但他特别说明："在现在的时代论来，世界的团结，还要以民族为单位。"故中国人必须养成"社会的责任心"和"个人间的粘结性"，从"零零碎碎的新团结"开始，进而"以这社会的伦理，去粘这散了板的中华民国"，要做"世界的市民"就要"读世界之书"以涵养自己。读书要面向世界首先就要树立外向型思维，要与国际通行的教育体系和教育方式接轨。进入新世纪，国际竞争日趋激烈，现代教育的地位和作用更加突出。世界各国更加重视人力资源的有效开发与充分利用，对高等教育办学理念进行重大变革，更加强调大学与经济社会发展之间的联系，更加坚持不同类型、层次和形式的高等教育的协调发展，更加倡导在大学教学与管理中以学生的发展需求为出发点，更加突出教学工作的基础作用和人才培养质量的核心地位，更加重视高水平大学、新兴学科建设和尖端创新人才的培养。为此，在全球化背景下，我们要通过对面向世界的读书情怀锻造保持国人和自身读书的方向，以世界性的读书情怀把人民教师“释疑解惑传道授业”推向新的高度，真正使自己始终不渝地坚守教书育人的神圣职责、占据读书悟道的历史前沿。

五、书馨化知为笔力功力

古人常将“笔”“读书”和“立言”等有机地结合起来，作为文人仕子发展路径的基本要求与追求。在中国历史上，《左传·襄公二十四年》最早总结性地提出了“人生有三不朽”的著名论断：“太上有立德，其次有立功，其次有立言，虽久不废，此之谓不朽。”唐代学者孔颖达对“三立”作了鞭辟入里的阐释：“立德，谓创制垂法，博施济众；立功，谓拯厄除难，功济于时；立言，谓言得其要，理足可传。”并指出：“老庄、荀孟、管晏、杨墨、孙吴之徒，制作子书；屈原、宋玉、贾逵、扬雄、马迁、班固以后，撰集史传，及制作文章；使后世学习，皆是立言者也。”自古而来约定俗成“立德”指做人、“立功”指做事、“立言”指做学问。古人将立德、立功、立言“三不朽”视为儒家最高的人生理想，尤其是文人将立言视为人生之圭臬、奋斗之目标。晚清学者魏源在此基础上提出“四不朽”之说：“立德、立功、立言、立节，谓之四不朽。自夹杂霸为功，意气为节，文词为言，而三者始不皆出于道德，而崇道德者又或不尽兼功节言，大道遂为天下裂。君子之言，有德之言也；君子之功，有体之用也；君子之节，仁者之勇。故无功、节、言之德，于世为不曜之星；无德之功、节、言，于身心为无原之雨，君子皆弗取焉。”

立言式的著书立说自然而然地被历代文人仕子视为立德立功的延续、传承文明的载体和出人头地的途径。所谓立言即是把人们立德做人、立功做事经历体悟的思想、经验、困顿和方略用文字记载其要，传之于世、供人赏鉴、给人启迪、催人奋进，不失为利在当时、功在后世的事业。立言，可以抒发志向、传承文明，为天地立心、为生民立命、为万世开太平，延续功德、传承文明。历代先贤都把“立言”看作自己的历史使命：周文王被拘禁在羑里时推演了《周易》；孔子受困回鲁后编出了《春秋》；屈原被放逐后创作了《离骚》；左丘明失明后写作了《国语》；孙膑被砍去膝盖骨后编著了《孙膑兵法》；吕不韦被贬放到蜀地后写成了《吕氏春秋》；韩非被囚禁在秦国时撰写了《说难》《孤愤》等文章；司马迁遭宫刑后著有《史记》……立言，虽非易事，但却是人人宜做之事。古人修身有言、齐家有言、治国有言、平天下有言，所谓“君有旨，臣有疏，词、文、诗、章、简、约、信、函，儒、释、道、兵、民、官，无不有言，无不有循之规、行之矩”。纵观历代文人仕子要秉笔“立言”“立善言”，除要以立德、立功作为基础外，其中最基本的功力、功夫离不开其深厚的“笔力”建设。借此机会，从反思历代文人仕子“立言”的路径延伸出对“笔”的内涵理解和对“笔力”建设境界的把握，谈谈个人思考与感悟。

1.“笔”之内蕴与功力

“笔”为会意字，古体字又作“筆”，从竹，从聿。“聿”是“笔”的本字。徐锴曰：“笔尚便疌，故从聿。”《说文解字》中解释“聿”为“手之捷巧也”，“所以书也”，像一人手在秉笔书写，所以“聿”加“竹”，即意为手持之器。《说文解字》曰：“楚谓之聿，吴人谓之不律，燕谓之弗，秦谓之笔。”《古今注》：“古之笔，不论以竹以木，但能染墨成字，即谓之笔。秦吞六国，灭前代之美，故蒙恬得称于时。蒙恬造笔，即秦笔耳。以枯木为管，鹿毛为柱，羊毛为被，所谓苍毫也。彤管赤漆耳，史官记事用之。”笔，述也，述事而书之也。《尔雅 · 释器》释“不律谓之笔”，法书考“笔长不过六寸，真一，行二，草三，指实掌虚”。《礼记 · 曲礼》言“史载笔，士载言”。随着“笔”的文化张力的扩大与影响，对“笔”的功力要求与追求日益提升，也成为历代文人仕子提升自己学问与修养的路径、方法和要求，也因此生发了诸多体现“笔”的内蕴与功力的典故。

——笔法春秋，指寓褒贬于曲折的文笔之中的用笔功力。《史记·孔子世家》：“孔子在位听讼，文辞有可与人共者，弗独有也。至于为《春秋》，笔则笔，削则削，子夏之徒不能赞一词。弟子受春秋，孔子曰：‘后世知丘者以《春秋》，而罪丘者亦以《春秋》。’”孔子用春秋笔法来写史书，主要目的在于为尊者讳、为亲者讳、为贤者讳。左丘明发微探幽对这种笔法作了精当的概括：“《春秋》之称，微而显，志而晦，婉而成章，尽而不污，惩恶而劝善，非贤人谁能修之？”孔子编写《春秋》记述历史暗含褒贬，行文中不直接阐述对人物和事件的看法，却通过细节描写、修辞手法和筛选材料委婉而微妙地表达自己的看法。后世作者为了阐述孔子的思想，撰写了专门的著作以解释《春秋》的内在含义，特别是其中涉及礼的一些细节。这种做法被称为微言大义或笔法春秋，被中国古代的传统所褒扬。后人也用“笔削褒贬”等来形容文字褒扬、贬斥人或事。

——笔底生花，指文人才思俊逸文章优美的用笔功力。王仁裕《开元天宝遗事下》：“李太白少时梦所用之笔头上生花，后天才赡逸，名闻天下。”传说李白少年时梦见笔头生花，从此才华横溢。同样形容李白的“笔力”的成语有“笔走龙蛇”，出自《草书歌行》：“时时只见龙蛇走，左盘右蹙旭惊电。”据说唐朝贺知章在府上宴请宾客，李白在席上作诗《草书歌行》，怀素擅长草书，当众被要求作书法。怀素援笔蘸墨凝神运气挥毫，贺知章赞叹道：“上人书写，左盘右旋，真是笔走龙蛇。”意即用笔一挥动就呈现出龙蛇舞动的神态，形容书法生动而有气势、风格洒脱，笔势雄健活泼、用笔功力深厚。

——笔端有神，指写起文章来文思奔涌似有神力相助的用笔功力。王勃《绵州北亭群公宴序》：“五际飞文，想群众之不让；一言留赠，知下笔之有神。”“读书破万卷，下笔如有神”是唐代诗人杜甫的名句，意即厚积才能薄发，只有博闻强识，才能文思泉涌，写得出好的作品。苏轼诗云“退笔如山未足珍，读书万卷始通神”，程端礼言“劳于读书，逸于作文”，现代文学巨匠茅盾“读了再写，写了再读”等名言，无不切中阅读与写作的关系。只有遨游书海、品读书破万卷之甘苦，方能“笔”端言之有物、论之有据、悟之有情，享“下笔如有神”之乐趣。

——笔扫千军，形容笔力雄健有横扫千军万马气势的用笔功力。杜甫《醉歌行》：“词源倒流三峡水，笔阵独扫千人军。”元代词《醉写赤壁赋》曰：“文施翰墨，笔扫千军，临危世乱，势尽时休。”相近的成语笔执千钧，指纵使笔有千钧重亦能挥洒自如，出自郭沫若“胸藏万汇凭吞吐，笔有千钧任歙张”。无论是笔扫千军还是笔执千钧，都要求好文章源于不同文章用笔之功力，讲究气势，或大气磅礴，或雄浑壮阔，或舒缓平和，或高潮迭起，或缓急有序。为此当我们针对不同体裁用不同笔调进行写作时，只有真正具备深厚功力方能产生不同气势之美。

——笔下超生，指为了免使他人受难，书写时在用意和措词方面都给予宽容或开脱的用笔功力。凌濛初《二刻拍案惊奇》卷十一：“那王杰虽不是小人陷他，其祸都因小人而起，实是不忍他含冤负屈，故此来到台前控诉，乞老爷笔下超生。”巴金《家》叙述：“最近我的一个叔父甚至写信来说：至今尚有人说《家》中不管好坏何独无某，果照此说我实在应该谢谢你笔下超生了。”

——笔伐口诛，即从口头和书面上对坏人坏事进行揭露和声讨的用笔功力。张岱《与李砚翁》：“君子所以口诛笔伐于荜门圭窦之间，而老奸巨猾，心丧胆落。”汪廷讷《三祝记·同谪》：“他捐廉弃耻，向权门富贵贪求，全不知口诛笔伐是诗人句，陇上播间识者羞。”“笔伐口诛”之笔作为“笔杆子”有强大的力量，毛泽东对此颇有感慨地说：“干革命靠的是枪杆子和笔杆子”，“共产党是左手拿笔杆子右手拿枪杆子才可以打倒敌人的”。从某种意义上说中国革命的胜利是包括善于运用“笔杆子”这一精神武器的胜利。所谓重视“笔杆子”作用，也就是希望我们要重视“笔力”建设，不断锋利自己的“笔杆”。

——笔饱墨酣，指因笔锋深厚、用墨充足而诗文酣畅饱满的用笔功力。陈廷焯《白雨斋诗话》：“张孝祥《六州歌头》，淋漓痛快，笔饱墨酣，读之令人起舞。”要做到用笔饱满就要“意在笔先”，王羲之谈到如何用笔时说：“夫欲书者，先干研墨，凝神静思，预想字形大小，偃仰平直振动，令筋脉相连，意在笔前，然后作字。”要做到笔饱墨酣则“用笔”要用真“性情”，所谓“笔墨性情”乃是经过生活的历练与学养的浸润，不断积淀、不断提升，从而创造出一种既古朴沉凝又自然流动的表现形式。这种在特定情感主导下的“用笔”体现了艺术创作的基本原则，正如《书谱》所举：“写《乐毅》则情多怫郁；书《画赞》则意涉瑰奇；《黄庭经》则怡怿虚无；《太师箴》则纵横争折；暨乎《兰亭》兴集、思逸神超；私门诫誓，情拘志惨。”

——笔冢研穿，指因长期练笔使秃笔成坟、砚磨穿孔而厚积出写作著述极深的用笔功力。凌濛初《〈二刻拍案惊奇〉小引》：“支言俚说不足供酱瓿，而翼飞胫走，较拈髭呕血笔冢研穿者，售不售反霄壤隔也。”古人将写作著述视为“天地之心”，所谓“言之文也，天地之心哉”，通过呈现人心表达天地之道，正如刘勰所言“道沿圣以垂文，圣因文而明道”。王充在谈到文章功力时称“为丽美之文于笔札”“赋颂记奏，文辞斐炳”“繁文丽辞”。刘师培在《论文杂记》中谈道：“故道之发现于外者为文，事之条理秩然者为文，而言词之有缘饰者，亦莫不称之为文。”他对“文”之为文的内在品格加以总结说：“盖‘文’训为‘饰’，乃英华发外，秩然有章之谓也。”可见，写作著述的功力体现在以富于修饰性的艺术化言辞，表现基于深厚的历史经验、人文传统之上的社会感知、人生义理和个人情性。

——笔耕砚田，指从事脑力劳动以读写为业而产生的用笔功力。许慎《说文解字》“庶有达者理而董之”句下段玉裁注：“每诵先王父诗句云：‘不种砚田无乐事，不撑铁骨莫支贫。’”任昉《为萧扬州荐士表》云：“既笔耕为养，亦佣书成学。”随着文字自身的发展、稳定和书写工具的便利，开始出现专门从事写作为生的文人。文字作品大量增加，书写行为也变得日益平常化，文化中“书写”“书面化”所占的比重因而越来越大，“文士”已开始被视为擅长书面写作的士人，《韩诗外传》卷七不仅将“文士之笔端”与“武士之锋端”并称，还与“辩士之舌端”相提并论。王充在其著名的《论衡》中把“文人”定义为具有较强的书面写作能力的人，即指从能够“连句结章”到独立运思地进行“造论著说”的人。可见，专门从事“笔耕砚田”的文人仕子为中国文化的传承创新发挥了重要的作用。

2．“笔”之境界与功德

源之于历代文人仕子在“人生三不朽”路径上不断追求而延伸出的“言路”“笔路”，“笔”的境界不仅在“立言”上得到淋漓尽致的发挥，而且因“笔底生辉”而造就出的“笔”之功德泽被各个领域，使中国文化异彩纷呈、气象万千。

——**笔中成书**。世人“以笔著书”方使典籍传承至今。笔是用来书写图书的工具，作为知识的载体是文化的基本要素，自古以来笔与文字总是联系在一起的，古人称各种书写形态为“书体”“书法”，并将用笔记录的“书信”“文书”“盟书”等以图书形态保存并流传至今。从古人用毛笔书写的文字形态到今人用笔著述都反映了中国文字记录的丰富性、持久性和延续性的特点，而文字以超越时空限制的特点成为人类由野蛮时代进入文明时代的重要标志，正如许慎在《说文解字》中所言“盖文字者，经艺之本，王政之始，前人所以垂后，后人所以识古”。人类有文字记载的文明史有多么长久则“笔”的历史就有多么长久。据载，远古人在创造文字时就开始使用尖硬的石器、兽骨和树枝在石壁、平地、树皮、甲骨上进行刻字，这就是“笔”的雏形。我国最早的诗歌总集《诗经》是我们考证古代先民社会生活的一部活典，其中的《静女》中有“贻我彤管”“彤管有炜”的句子，这里的“彤管”即指“笔”，诗意为：“那漂亮的姑娘送给我一支笔，叫我给她写啊”。据专家所释，这是我国最早的“笔”记。传说“蒙恬始作秦笔”，蒙恬为急报军情，用麻做的枪缨捆在竹杆上蘸墨在绫帛上写了一道奏章，后人常用这种笔写奏章，制笔的笔须改用狼毛，蒙恬为此取名曰“笔”，意为用毛和竹制成的，这便是笔的由来。据有关资料，自“笔”成为书写工具之后，“笔中”成就了系统完备、门类多元的图书文献，使人类先前时代无人文可考的历史更加真实、丰富。

——**笔中述事**。世人“以笔述事”方使史籍传承至今。魏徵《隋书》言：“夫仁义礼智，所以治国也，方技数术，所以治身也；诸子为经籍之鼓吹，文章乃政化之黼黻，皆为治之具也。”在各种以笔述事的图书中最有特色的为儒家经典、政书、地方志和谱牒。在中国的历史中儒家著作一直占有至高的地位，研究解释儒家经典的著作连篇累牍、汗牛充栋，形成了独特的“经学”。从古重史是中国传统文化的显著特征，正如范文澜所说“汉族传统的文化是史官文化”，在古代典籍中史书是类目最多的一种。地方志是对一个地区自然、社会、人文诸事的历史与现状作全面系统综合记录之典籍，源于史，脱胎于地理学，具有“资治、教化、存史”的作用，是百姓生活必备之书，起到“扬善惩恶、表彰风化”的作用。在今天看来一部好的地方志不仅具有保存地方文献、帮助政府决策的功能，亦可充当乡土教材、提供科研资料。谱牒为记载一姓世系和重要人物事迹的谱簿，是中国特有的述事图书，是考证人物生平、族系事迹的最佳范本，正如梁启超认为谱牒可以弥补正史、地方志的不足，辅助考订历史事件和历史人物的生平事迹，对研究国家基本结构、宗族私法、俚俗教育和家族教育情况有很高价值。无论是经典注疏、典制政书，还是图经方志、谱牒家乘，都是“笔中述事”的典藏。通过历史记载，我们了解了中国乃至世界的发展，认识了人类文明的渊源与支流，通过“以古为镜，以史为鉴”更好地把握自身。

——笔中品人。世人“以笔论人”方使人文传承至今。“人”始终是传统文化的价值关注焦点，以人生价值的实现和实践为依归，所谓“赞天地之化育”，与天地“相参”，考察事物、明辨物理、以人为本。古代思想家尤其是儒家的学者，重视积极于当下的人生态度，关注现实的社会和人生问题，并将对“人”的关注付之于“笔端”。孔子对“人”的社会性的认识为“性相近，习相远”，孟子在此基础上提出人的“性善说”，认为“人性之善也，犹水之就下也。人无有不善，水无有不下”。人之异于禽兽者，在于人具有恻隐之心、羞耻之心、恭敬之心和是非之心，即仁、义、礼、智的伦理观念。而同时代的荀子则提出了人之“性恶说”，人性是生而具有的，如果“从人之性，顺人之情，必出于争夺”，“故必将有师法之化，礼义之道”，才能遏制恶端的蔓延，达到“合于文理，而归于治”，即通过后天的礼义道德的学习、教育可以改变人性。王充认为“人性有善有恶，举人之善性，养而致之则善长；性恶，养而致之则恶长”，这是因为“性各有阴阳，善恶在所养焉”，即善恶两性哪一方面得到发展取决于后天的教养。张载将人性分为表明先天善性的“天地之性”和受到后天影响可善可恶的“气质之性”。朱熹在此基础上以“天地之性”和“气质之性”的理论探讨人的问题，认为：“天命之性”是“道心”的反映，代表着天理，是善的；“气质之性”是“人心”的反映，是人的生理需要，既有善又有恶，如果与天理一致就是善的，反之就是恶的，为此提出了“存天理，灭人欲”的主张。这些笔中、书中、卷中、典中对于“人”的认识，对人文的崇尚，把道德、教育实践提到至高的地位，对于人文精神的开发、个人道德的完善都有着深刻的意义。

——**笔中蕴知**。世人“以笔记识”方使科学传承至今。丰富的科学知识蕴藏在笔中、书中、卷中、典中。古代科学家在不同的科学领域各自形成了经典著作，如数学方面有《九章算术》《五经算术》《海岛算经》等“算经十书”以及“算术之根源”的《周易》阴阳之说等，地理学方面有《水经》《山海经》等，医学方面有《黄帝内经》《神农本草经》等，这些经典之作具有实用性、记录性、总结性、人文性等特点。在儒家德治观念的影响下，古代科学家研究科学往往出于国计民生，如北魏农学家贾思勰的《齐民要术》和元代王祯的《农书》都表达了效法往圣先贤教授农桑、利国益民的编纂宗旨，实践了“仁孝”之德，西晋医学家皇甫谧的针灸《甲乙经》说明研究医学的动机在于落实“忠孝之心、仁慈之性”，南宋数学家秦九昭在《数学九章》中指出“数学大则可以通神明、顺性命，小则足以经事务、类万物”，把数学价值与理学精神相提并论。古人善于用笔记录自然现象，如对天文现象观察记录的完整程度为中世纪欧洲所不能比肩；历代涉及各个科技领域的专著汗牛充栋，明代的《本草纲目》《农政全书》《天工开物》可谓古代医药学、农学、工艺三大科技领域最高水平的总结；天文学中，《汉书·律历制》中所载录的三统历成为后世历代各种历法的楷模；医药学中，以《黄帝内经》《伤寒论》为代表的经典医学观点和以《神农本草经》为代表的传统药物学体系成为后世医药学文献的典范；地理学中，《徐霞客游记》则以描述翔实、文辞优美具有很高的科学性和文学性。

——**笔中寓教**。世人“以笔传教”方使伦理传承至今。古人从儿童握笔认字开始就耳提面命接受传统的伦理道德教育，《三字经》《百家姓》《千字文》等成为蒙学教材，朱熹在《童蒙须知》中写道：“夫童蒙之学，始于衣服冠履，次及言语步趋，次及洒扫涓洁，次及读书写文字，及有杂细事宜，皆当所知。”

他认为只有从小对生活细节操守坚定、涵养纯熟才能穷究事理、通达世情。早在先秦时期儒家对文字的功能就有教化的要求，可谓“温柔敦厚，《诗》教也；疏通知远，《书》教也；广博易良，《乐》教也；絜静精微，《易》教也；恭俭庄敬，《礼》教也；属辞比事，《春秋》教也”。汉初陆贾倡导“笔中寓教”的儒家教化思想，强调以仁义为本、以刑罚为用，政论家贾谊更指出“教者，政之本也”，董仲舒则认为“经明行修”有助社会教化政策的推行，《毛诗序》也提出文字应该有“经夫妇、成孝敬、厚人伦、美教化、移风俗”的社会效果，要求文字发挥劝善惩恶的道德教化作用。唐太宗确立“以文治国”的政策取向，崇儒学、施德治、行仁政、敦教化；宋太祖主张“兴文教”重用儒士，强调“文德致治”，所选之才通晓经籍和礼义；明太祖重视文字的伦理道德教化作用，集合儒臣编纂了《五经大全》《四书大全》《性礼大全》等儒家学术经籍为各级学校教材；清代科举考试中以“四书”“五经”为内容命题，并要求考生以宋儒理学家的注释为依据，采用八股文形式代圣人立言。可见古人重视用笔书写的儒家典籍为教育的工具，使其道德伦理得到广泛的传播。

——**笔中明理**。世人“以笔辩理”方使学说传承至今。笔中孕育着智慧的道家、儒家、法家等各种丰富的明理学说。道家学说是春秋战国以老子、庄子为代表的人们所提出的哲学思想。道家所主张的“道”是指天地万物的本质及其自然循环的规律，《道德经》所言“人法地，地法天，天法道，道法自然”就是关于“道”的具体阐述。老子认为天地万物都由道而生，所谓“有物混成，先天地生。寂兮寥兮，独立而不改，周行而不殆，可以为天下母。吾不知其名，字之曰‘道’，强为之名曰‘大’。大曰逝，逝曰远，远曰反”，并提出有无、难易、祸福、刚柔、损益、巧拙、生死、胜败等矛盾对立面相互依存、转化的哲学思想，对后世影响深远。儒家学说的创始人孔子，把“仁”作为最高道德境界并形成了以“仁”为核心的伦理思想结构——包括孝、悌、忠、恕、礼、知、勇、恭、宽、信、敏、惠等内容，维护“礼治”，认为长幼、亲疏各有其礼，才能达到儒家心目中君臣有别、长幼有序、安定和谐的理想社会；提倡“德治”，认为无论人性善恶都可以道德去感化教育人；重视“人治”，提倡“有教无类”“因材施教”，重视人的个性和全面发展，把人当作不断发展变化并有复杂的选择主动性和有伦理天性的“人”来认知，儒家学说因此而长期被封建统治者奉为正统思想。墨家学说倡导“兼相爱、交相利”的“兼爱”思想，即无分亲疏的爱，彼此摒弃成见、爱人如己、平等互爱的博爱、大爱精神。墨子认为战乱的主因是由于人们不懂得平等地相爱，为此他主张“若使天下兼相爱，国与国不相攻，家与家不相乱，盗贼无有，君臣父子皆能孝慈，若此则天下治”，即要求不分等级、无差别地爱所有的人，这与我们今天提倡的大爱、和谐精神是一脉相承的。法家学说提倡“明职责、严奖惩”，韩非子提出把“法”“术”“势”结合起来，强调依法治国、驭法有术、依势推行，并提出了一整套的理论和方法以此来实现国家的法制。古人的思想学说通过深厚的“笔力”，叙述蕴藏隽永道理，对我们今天仍有深远的启发意义。

——笔中创意。世人“以笔抒意”方使情志传承至今。笔中创意使古代文人仕子从诗文中表现出作者的风格、意趣，赋有某种特殊含义和文学意味的具体形象成为融入诗人笔中思想感情的“物象”。南朝梁刘勰《文心雕龙·神思》曰：“积学以储宝，酌理以富才，研阅以穷照，驯致以怿（绎）辞；然后使之宰，寻声律而定墨；独具之匠，窥意象而运斤：此盖驭文之首术，谋篇尤端。”指“笔中创意”所蕴藏的主观情意和外在物象相融合的心象。王国维说：“凡一代有一代之文学，楚之骚、汉之赋、六代之骈语、唐之诗、宋之词、元之曲，皆所谓一代之文学，而后世莫能继焉者也。”通过古人之笔，看周人以农立国、籍田典礼、农桑耕作的农耕生活，体验根植于农业生产的安土重迁、勤劳守成的浓重的乡土情蕴；从《诗经》看“琴瑟友之”“钟鼓乐之”的发乎情、止于礼的婚姻风俗；从《楚辞》看神灵飞舞的神话世界和云山雾水、夕阳秋风、花鸟树木、淡月疏星的情感寄托与芳草美人意向；从汉赋的辞藻华丽、严密声律看国力强盛的恢宏气象；从《古诗十九首》看文温以丽、意悲而远、温柔敦厚、真挚动人的短语长情；从建安诗人的创作中看慷慨悲凉、旷达纵逸的文风中寄托的以身报国、建功立业、情志深远的宏大理想；从盛唐诗人的文化品格看三教并重、玄风道味、佛心禅韵的儒者情；从宋代词人的生命意识中体验豁达洒脱、及时行乐的人生感悟；从元代散曲中体验归隐田园的喜乐、放弃世俗的安宁；从晚明文学中体验山水抒情游趣、小品细微之美与独抒性灵的童心；从清代小说中感受指摘时弊、戚而能谐、婉而多讽的儒林怪象与别有深意的故事传奇；从“五四”新文学中感受新旧交替的历史使命、揭出痛苦引起疗救的时代精神、改良社会任重道远的社会责任。

——笔中成美。世人“以笔造艺”方使书法传承至今。汉字书写的特有工具“毛笔”富有弹性，能写出粗细、虚实、曲直、刚柔等各种形态的线条，书法之笔写的是汉字，表现的却是线条的艺术造型之美。汉字、毛笔、墨汁、宣纸使中国的书法在世界成百上千种的文字中成为独具一格的线条造型艺术，其线条美表现在是否圆润，组成的篇章是否成为一个完美的整体。卫铄在《笔阵图》中说：“善笔力者多骨，不善笔力者多肉；多骨微肉者谓之筋书，多肉微骨者谓之墨猪；多力丰筋者圣，无力无筋者病，一一从其消息而用之。”从独树一帜的汉字书法中看线条造型的艺术美、看形神之间的寄情美。中国书法历史悠久、名家辈出、众体兼备、各擅胜场：魏晋时期的隶、草、行、楷各种书体同时发展、各臻其妙，相继出现钟繇与被誉为“天下第一行书”的王羲之两位书法大家；唐代书法艺术发展至高峰，欧阳询的险劲、虞世南的温雅、褚遂良的遒厚、薛稷的疏朗、张旭的俊逸等都为时所推崇；宋以来，有苏轼、黄庭坚、米芾、蔡襄等“宋四家”，还有别树一格的宋徽宗赵佶、宋元之际的赵孟頫、明代的文徵明、清代的郑板桥等，他们大都是出色的文学家兼艺术家，书风带有浓郁的文人气息，以气韵取胜，留下了一幅幅传世佳作。正如汪法《书法管见》中说：“无论隋唐以前，转尚丰骨，即宋以来，凡著名者，皆笔力行空，各露自然之趣……”可见，一件成功的书画作品中“善笔力”起着至关重要的作用，善笔力则骨骼便立，骨骼既立则气脉畅通，刚柔相济则形神兼备，气韵神采便随之而来。古人有“书道”之论，通过笔力线条的造型之美表现其感情、意趣、志向、修养，从而陶冶性情，培养美好的人格情操。

——笔中生文。世人“以笔醒民”方使气节传承至今。章太炎指出：“中华之名词，不仅非一地域之国名，亦且非一血统之种名，乃为一文化之族名。”中华文化凝聚力的基础表现为人民具有共同的文化归属感，而文化离不开笔的历史记载。在中华民族传统文化的历史长河中，伟大的中华儿女不仅创造了灿烂的古代文化和高度发展的经济，同时又在反对外来民族压迫、抵制外辱、保卫祖国的斗争中，谱写了许多可歌可泣的爱国主义壮丽诗篇。爱国主义精神被称为“中华文化之魂”。在2000多年前成书的《诗经》中，就已提出“夙夜在公”的道德要求，认为日夜为公家办事，是一种高尚的道德品质。清代思想家顾炎武曾提出“天下兴亡，匹夫有责”的思想，鸦片战争著名的禁烟派领袖林则徐所写的“苟利国家生死以，岂因祸福避趋之”的诗句，都显示了强烈的为国家、为民族、为集体献身的精神。一般来说，中华民族传统伦理道德中所说的“义”，主要是指整体利益的原则，而“利”则主要是指个人的私利。提倡“先义后利”和反对“见利忘义”的思想，不但在中华民族的长期发展中产生着有益的作用，而且对提高我国现实的道德水平也有积极作用。中华民族传统文化要实现创新，只有立足于社会主义现代化建设的具体实践，在继承优秀传统文化遗产的基础上，分析、研究和解决新情况、新问题的过程中，不断总结实践经验，通过对传统文化的大胆扬弃和创新，使之得到当代社会的认同。

3.“笔力”建设与功夫

从古至今，自“笔”承担起精神传导、文化传承、文明传播的“三不朽”历史使命以来，“笔力”是历代文人仕子孜孜以求的“真正功夫”。于今，担负着文化传承与创新崇高使命的当代学子，更要以强烈的责任感自觉地要求自己加强“笔力”建设，在自身成长的同时也以中华文化“笔”之精粹功夫舞动人生。

——筑牢“笔魂”。笔魂，意即书画、文笔和诗语要承载的道理和意境。古人认为用笔著文要以“仁义”为“魂”。儒家论文向来注重作者的道德修养，孔子的“有德者必有言”提出以德衡文的标准。荀子在《解蔽》《儒效》《正名》等篇中就要求“文以明道”，曹丕在《典论·论文》中提倡“文以载道”。萧纲在“立身”与“立文”关系中指出“立身之道与文章异：立身先须谨重，文章且须放荡”，即为人处事要谨慎持重，言语行为不轻率、不浮躁；著文展才则不必畏首畏尾，要身心自由、畅言情志、海阔天空、纵横捭阖、驰骋想象，写出气势显出“笔力”。韩愈更明确主张“文以贯道”，要加强内在的修养，通过自我不断完善成为“仁义之人”以达到“其言蔼如也”的境界。在《答李翊书》中，他教导“生所谓立言者是也，生所为者与所期者，甚似而几矣”，论述了为人与为文、立行与立言之间的关系。他在《答尉迟生书》中阐述道：“夫所谓文者，必有诸其中，是故君子慎其实。实之美恶，其发也不掩。本深而根茂，形大而声宏，行峻而言厉，心醇而气和，昭晰者无疑，优游者有余。”韩愈以自己学文的亲身经验，强调了道德修养对治学、为文的重要性。学文应以立行为本、以立言为表，只有“行之乎仁义之途”做“仁义之人”，才能“其言如”。他认为要学习古代的优秀作品，以增进道德学养，“用笔”与“治学”都应“无望其速成，无诱于势利”，不畏艰辛、不怕非议、持之以恒，作文则应务去陈言、勇于创新、以气主文、气盛言宜。可见，文章水平提高的过程与漫长的修养得道过程是一致的，当道德修养臻至醇正境界，创作也就进入了起落自如、无拘无束的佳境，正如柳宗元所言“文以行为本，在先诚其中”，“秀才志于道，慎勿怪、勿杂、勿务速显”。周敦颐在“文以明道”的基础上发展了曹丕“文以载道”的主张，认为“文辞，艺也；道德，实也。笃其实而艺者书之，美则爱，爱则传焉。贤者得以学而至之，是为教”。这里所说的“道”，是指儒家的传统伦理道德，写作文章的目的就是要宣扬儒家的仁义道德，评价文章好坏的首要标准是其内容的贤与不贤，仅以文藻华丽难以广为流传。无论是“文以明道”“文以贯道”还是“文以载道”，都强调了道德、道义、正义、伦理，此皆源于人之良知与社会责任感。当今学者为文之笔，也同样重视“道”的作用，这个“道”既继承了传统的道德，也包涵着社会主义核心价值观，只有做到这一点才能筑牢“笔魂”，发挥文笔的教化作用。

——坚定“笔向”。笔向，意即写文著书用笔当有的立场与方向。《论语》曰：“子以四教：文、行、忠、信。”即要用文学作品来教育学生，又要做到“质胜文则野，文胜质则史，文质彬彬，然后君子”，所谓“质”即人的内在品格质朴，“文”指文采，君子的质朴与文采比例恰当，这就提出了君子著文与内在品格的要求。荀子在君子基础上提出“圣人道管”说，认为要“以道制欲”，用一定的思想原则来控制个人欲望的膨胀，君子要自觉把握分寸，用“道”来规范约束行为方能“乐得其道”。为此用笔要端正思想、站稳立场，著文中要体现“圣人”的品行、情志、事迹、举动，“圣人”之境界也是诗人、作家、批评家以及一切文艺工作者所当崇敬和学习的为人之道目标。东汉文论家王充认为文章的立场体现在“劝善惩恶”“匡济薄俗”的实用性上，“鸿儒”或“文人”撰写文章、著书并非为了显露才华、留名后世，而是要发挥实际的社会效用。可谓“夫文人文章，岂徒调墨弄笔、为美丽之观哉？载人之行，传人之名也。善人愿载，思勉为善；邪人恶载，力自禁裁。然则文人之笔，劝善惩恶也”。“起事不空为，因因不妄作”，一切优秀著作都是一定社会时代的产物，皆有创作的缘由，而先进作家则应自觉认识并主动发挥文章特有的社会功用：记美名、扬善行、弘正气、彰美德、揭丑恶、匡陋俗，使人朝着真实诚恳的优良品质转化。曹丕将文章的地位提高到“经国之业，不朽之盛事”。对于“笔向”的立场问题，毛泽东也作过经典的论断，文艺作品的“立场问题，我们是站在无产阶级的和人民大众的立场。对于共产党员来说，也就是要站在党的立场，站在党性和党的政策的立场”。为此，用笔要善于“以气为主”，把握正确的立场，善于站在全局的高度审时度势，把握事物的整体和发展趋势；善于着眼于未来，加强科学预见，把握发展方向。

——把握“笔调”。笔调，意即文章当有的风格与格调。用笔要讲求“格调”。沈德潜认为格调的“格”指作品的旨趣、境界以及风格等用笔要素的综合；“调”指声调、韵律等形式方面的文学要素，诗格的高低取决于诗作中关注社会人生的程度、仰赖于文人的品位、学识，正可谓“有第一等襟抱、第一等学识，斯有第一等真诗”。用笔的“格调”在于“雅”，即“温柔敦厚”，虽“雅”表现的是用笔的客体，但一切自然与社会现象都包含在理、事、情中。“譬之一草一木，其能发生者，理也。其既发生，则事也。既发生之后，夭矫滋植，情状万千，咸有自得之趣，则情也。”即“理”是事物的内在本质及其发展规律，“事”即事物按照其本质属性的发展过程，“情”则是事物在发展过程中呈现出的各种具体的形态。理、事、情三者“又总而持之、条而贯之者，曰气”，气为之用也。同时创作的主体要有才、识、胆、力，所谓“笔胆文锋”是也。叶燮认为：“大凡人无才，则心思不出；无胆，则笔墨萎缩；无识，则不能取舍；无力，则不能自成一家。”可见大凡人没有文才，那么内心世界就会郁结于胸无法表达；没有胆略，落笔下墨就会顾虑重重难以发挥；没有学识，那么素材就会散落飘零无法进行合理裁剪；没有功力，那么所识所学就会人云亦云难以独创、自成体系。用笔要讲求“神韵”。“神韵”指一种理想的艺术境界，其美学特征是自然传神、韵味深远、天生化成而无人工造作之痕迹，体现出清空淡远意境。作品要达到清远闲淡、含蓄蕴藉的美学境界，用笔就要表现出神与物游、超然物外的脱俗怡情和“冲淡”“自然”“清奇”的风格。王夫之在《明诗评选》谈到“神韵”：“一泓万顷，神韵奔赴。”王士禛认为：“诗之品有九：曰高、曰古、曰深、曰远、曰雄、曰浑、曰飘逸、曰悲壮、曰凄婉。”提倡诗要入禅，达到禅家所说的“色相俱空”的境界。用笔要讲求“性灵”。《原道》中指出“心生而言立，言立而文明”，文章乃是人心灵的外在物质表现，人之所以是“有心之器”，而不同于自然界的“无识之物”，即在于人是“性灵所钟”。袁枚认为笔中的“性灵”体现在“真情实感”，“尝谓千古文章传真不传伪，故曰‘诗言志’，又曰‘修辞立其诚’”。这一“真”字即性情，是发自内心深处的真情实感，如果仅慕诗名、勉赋强作，作品则“既离性情，又乏灵机”。“性灵说”在诗歌艺术上提倡自然清新、平易流畅之美，反对雕章琢句、堆砌典故，强调诗歌的“真”“趣”“淡”，认为这是“真性灵”的体现。为此，我们在用笔著文时既要把握好格调，又要讲求神韵、性灵，才能写出真正的好文章。

——改进“笔风”。笔风，意即写作、著文用笔的风格与性格。改进“笔风”就要“有为而作”，苏轼认为“诗须要有为而作”，用笔著文要求文章的内容切合实际，反对无病呻吟、徒具形式的华美文辞，这就要求“笔风”“有道有艺”，用笔崇尚自然，不应因人俯仰、随波逐流，而要畅所欲言，像陶渊明那样毫无矫情造作。“陶渊明欲仕则仕，不以求之为嫌；欲隐则隐，不以去之为高。”倘能如此，文章也就显得自然纯真。柳开认为要改进“华而不实”的笔风就要做到“实而有华”，强调注重文章内容的同时也注重文采。王禹偁认为文章的作用在于“传道明心”，主张“修身而无咎，事君则有立”，即文人立身应无愧，为政要刚正，文与行合一，文与道合一，所传之“道”应汲取儒家思想中积极入世、关心民生疾苦的精神；同时主张文章语言应明白晓畅、平易近人，反对“语迂而艰，义昧而奥”。欧阳修指出“道胜者文不难而自至”，强调儒学修养的重要性，“蓄道德而能文章”。“知古明道而后履之以身，施之于事，而有见于文章而发之，以信后世。……其道易知而可法，其言易明而可行”，把文章内容同社会联系起来，使“道”的含义与社会现实生活相沟通。古人为改进“笔风”进行了长期的理论与实践探索，当世我们也在不断地倡导优良文风。早在抗战时期，毛泽东同志为改进“文风”进行整治，并作了《在延安文艺座谈会上的讲话》，认为要“继承一切优秀的文学艺术遗产，批判地吸收其中一切有益的东西，作为我们从此时此地的人民生活中的文学艺术原料创造作品时候的借鉴”，并指出“中国的革命的文学家艺术家，有出息的文学家艺术家，必须到群众中去，必须长期地无条件地全心全意地到工农兵群众中去，到火热的斗争中去，到唯一的最广大最丰富的源泉中去，观察、体验、研究、分析一切人，一切阶级，一切群众，一切生动的生活形式和斗争形式，一切文学和艺术的原始材料，然后才有可能进入创作过程”。党的十七大对改进“文风”提出“从领导机关做起，大力整治文风会风”的要求。改进“笔风”要做到“删繁就简三秋树，领异标新二月花”，即要摒弃长、空、假，倡导短、实、新，不断研究新情况、解决新问题、形成新认识、提出新观念，以信的内容、语言、体式实现文章的创新价值。

——**端正“笔形”**。笔形，意即从汉字的外在形态所折射出的精神内质。“文笔”之说始于汉代流行于南北朝，“文笔”是泛指诗赋、散文及各种应用文体，“文”“笔”之分，较早见于颜延之的“峻得臣笔，测得臣文”，“笔之为体，言之为文也。经典则言而非笔，传记则笔而非言”。刘勰在《文心雕龙》中多次提到“文”“笔”概念：“今之常言，有文有笔，以为无韵者笔也，有韵者文也。”“文”“笔”之外还有“言”。在萧绎的《金楼子·立言》中对“文”“笔”的区别有了进一步的认识。萧绎认为屈原、宋玉等的辞赋之类“谓之文”，其特点是“吟咏风谣，流连哀思”，“绮縠纷披，宫徵靡曼，唇吻遒会，情灵摇荡”；而“笔”则实际上是指章奏之类的应用文，所谓“不便为诗如阎纂，善为章奏如伯松，若此之流泛谓之笔”。为此，端正“笔形”要先端正情感，创作主体自身要有按捺不住的激情和强烈的抒发愿望，体现人的“情性”“情性之风标”“迁乎爱嗜”；端正“笔形”要把握声律，其作品诵读起来要抑扬顿挫、音韵和谐、朗朗上口，符合声律的高低和谐与节奏的缓急交换，所谓“神明之律吕”；端正“笔形”要减少藻饰，其作品文辞要绮丽优美、赏心悦目，可谓“蕴思含毫、游心内运、放言落纸、气韵天成”。孔子说：“言之无文，行而不远。”意为用笔没有文采就不能流传很远。语言“有文采”就是指语言生动、活泼，句式灵活多样，意蕴丰富，意境深远，善于运用各种表达方式和修辞手法等。陆机认为一篇文章虽不能字字珠玑，但要有亮点，正如《文赋》中说：“立片言以居要，乃一篇之警策。”欧阳修认为只有做到“事信矣，须文；文至矣，又系其所恃之大小，以见其行远不远也”，方能“言以载事而文以饰言，事信言文，乃能见表于后世”。“事信”即文章所叙内容要真实可靠，“言文”即语言要有文采，“所恃之大小”即文章所载之事或所阐述的思想有多大的价值和意义，既强调内容又重视艺术形式。

——勤于“笔耕”。笔耕，意即文人仕子写作的状态和笔势。南朝任昉《为萧扬州作荐士表》：“既笔耕为养，亦佣书成学。”萨都剌《寄王佥宪》诗：“有酒从人饮，无田藉笔耕。”欲著书先须博览群书，古代文人刻苦读书的故事很多，有三年不窥园、头悬梁、锥刺股、凿壁偷光、囊萤映雪等。读书离不开“笔耕”。司马迁10岁开始读古书，学习十分认真刻苦，遇到疑难问题总是反复思考直到弄明白为止，担任中书令期间，掌握皇帝的文书机要，发愤著书，以其“究天人之际，通古今之变，成一家之言”的史识成就了伟大的《史记》，《史记》全书130篇52万余字，成为中国历史上第一部纪传体通史，为后人研究历史的楷模。顾炎武刻苦笔耕，将每天读完的书重新抄写一遍并做读书笔记，以过人的毅力手抄《资治通鉴》，其读书笔记汇成了著名的《日知录》一书，同时还辑录有关农田、水利、矿产、交通等记载，撰述《天下郡国利病书》和《肇域志》，晚年治经重考证，开清代朴学风气。勤动笔墨是毛泽东读书的一大特点，在读书时他常常在书页上圈圈点点、勾勾画画，留下自己的心得或评论，在《毛泽东哲学批注集》中就有近3万字的批注。世人若有志于“笔耕”，在博览群书时要勤奋练笔，以求文字功力达到一定的境界，才能入木三分、力透纸背。

——减少“笔误”。笔误，意即因疏忽而导致的用笔失误与失当。陆机在《文赋》中指出用笔的五种弊端为“靡应”“不和”“不悲”“不雅”“不艳”。“譬偏弦之独张，含清唱而靡应”，指用笔篇幅简短、题材狭隘、内容单薄，不能引起共鸣，难以产生感染效应；“混妍蚩而成体，累良质而为瑕。象下管之偏疾，故虽应而不和”，指用笔妍蚩不分、鱼龙混杂、缺乏剪裁，篇幅虽长而旨趣不清、前后矛盾；“言寡情而鲜爱，辞浮漂而不归。犹弦幺而徽急，故虽和而不悲”，指用笔缺乏真情、没有实感，虽文辞浮华、层次连贯却难以动人；“徒悦目而偶俗，故声高而曲下。悟《防露》与《桑间》，又虽悲而不雅”，指趣味低下、迎合时俗，虽能诱人但格调不高；“每除烦而去滥，阙大羹之遗味，同朱弦之清氾，虽一唱而三叹，固既雅而不艳”，指删繁就简、不用靡辞，虽古朴典雅却枯燥乏味，没有悦目怡情的美感效应。改进“笔风”则要做到“应”“和”“悲”“雅”“艳”，力求做到内容充实、感染力强，旨趣明确、风格和谐，真情投入、以悲动人，格调高雅、避免俚俗，用词优美、赏心悦目。同时要减少“笔误”，要遵循用笔的五个基本环节：一为细致观察周围的世界，做到“遵四时以叹逝，瞻万物而思纷”，“游文章之林府，嘉丽藻之彬彬”，在文化典籍的阅读中陶冶情致；二为驰骋想象的思维，获取“用笔”的灵感；三为谋篇立意的实施，根据思想内容进行结构布局，“选义按部”——制订章节段落的提纲，“考辞就班”——让不同内容的语言文辞在各个章节段落中有条不紊地展现；四为精词要言的创作，遣词用句不能拾人牙慧，要力求创新，才能“收百世之阙文，采千载之遗韵，谢朝华与已披，启夕秀于未振”；五为增删去留的考定，文章初稿往往存在缺点或遗漏，则需要修改、删除、斟酌，方能减少“笔误”，写出优秀作品。

——保持“笔势”。笔势，意即文章著作等所要表达的气势与情怀。“笔势”一语出自《晋书·王羲之传》：“尤善隶书，为古今之冠，论者称其笔势，以为飘若浮云，矫若惊龙。”江炳炎在《淮甸春》词中描述：“笔势夭斜，墨痕浮动，淡扫春无迹。”为此，保持“笔势”写文章要求讲“滋味”。“滋味”是指作品形象鲜明、耐人寻味、富有艺术感染力。刘勰提出“张衡《怨篇》，诗典可味”，可为以“味”言诗。南朝钟嵘在《诗品序》中始言“滋味”：“五言居文词之要，是众作之有滋味者也。”认为玄言诗“理过其辞，淡乎寡味”，滋味说的主旨便是使诗歌具有它本应具有的审美感染力，情感外现于诗就变成了“滋味”，“于之以风力，润之以丹彩，使味之者无极，闻之者动心”，以供人欣赏、体验。钟嵘认为诗歌创作应该赋、比、兴并重，兼备风力辞采。保持“笔势”写文章，要求讲“韵味”。韵味指含蓄的意味或情趣风味，审美品评的重要范畴“韵”“味”合而为一，以使作品具备绕梁三日、令人回味无穷的审美效果。司空图强调“韵外之致”和“味外之旨”，即作品的言外之意。“情在词外”“文已尽而意有余”，要求明确韵味之外的深层含蕴，要求意境“近而不浮”“远而不尽”，并把文学作品的风格、语体分为雄浑、冲淡、高古、典雅、洗练、绮丽、豪放、飘逸、旷达、缜密等。韵味的最高境界是“醇美”，追求“味外之旨”需要“辨味”，“知其咸酸之外，醇美者有所乏耳”。塑造“象外之象，景外之景”，作者要借助于所描绘的有限的“眼前景”，传达出超越艺术形象本身的无限意义，这样也促使读者借助于作者所描绘的带有感性特征的艺术形象，结合自己的生活体验，通过想象再创造出一种新的意象。

——增强“笔力”。笔力，意即写字、作画、修文在笔法上表现出的力量与自信。“笔力”一语出自《南齐书·王僧虔传》：“孔琳之书，天然放纵，极有笔力，规矩恐在羊欣后。”《陈书·文学传·杜之伟》曰：“仆射徐勉尝见其文，重其有笔力。”笔力也指写作能力，出自范仲淹《与韩魏公书》：“众谓之翰醇儒，本无他肠，但思之未精，笔力未至尔。”陈康祺《郎潜纪闻》曰：“国朝骈体，自以陈检讨为开山，由其才气横逸，泽古渊醇，而笔力又足以驾驭之。”刘勰在《文心雕龙》中就如何用笔提出“三准”说法以增强“笔力”：“是以草创鸿笔，先标三准：履端于始，则设情以位体；举正于中，则酌事以取类；归余于终，则撮辞以举要。然后舒华布实，献替节文。”意谓要写好作品，要明确“始”“中”“终”三个步骤：先要根据情理内容来决定文章体式，然后要根据思想主旨选择材料，择取有代表性的具体事例展开写作，最后要选择最为恰当的文辞进行提炼概括表达文章要义。这是从实践中总结出来的理论，虽抽象却有实际指导意义。同时写作著述要做到“或简言以达旨，或博文以该情，或明理以立体，或隐义以藏用”，即用简洁的语言表达意旨，用丰富的文辞发抒情感，用明晰的理论树立议题，用含蓄的意蕴寄托心意，用不拘一格的表达方式体现作者“笔力”的强劲。

六、书馨化知为自信自强

我国知识分子的最初形态是“士”，产生于春秋时期，作为我国古代社会的精英集团，曾在社会的稳定与发展中发挥着不可替代的作用。随着我国社会的近现代转型，“士”转变为近现代的知识分子并逐渐分化。教育界知识分子群体作为近现代转型后其中一个重要的组成部分，与传统“士”的心理品格和心理原型既有联系又有区别，同时也使当代中国教育界知识分子身上形成了与他国知识分子所不同的特质。在传承传统“士”的品格和汲取他国知识分子优秀品质的过程中，当代教育界知识分子需要充满自信，更须不断地自省与自强。

1. 当代教育界知识分子在继承中国传统“士”的品格过程中当自信以立业

我国传统教育理念中无论是孔子主张“学而知之”“修己”还是“立身百行，以学为基”，无论是“学者须先立志”“无志，则不能学”还是“学者贵卓然自立，尤贵奋发有为”，无论是“日累月积，所蓄自富”还是“君子之学，死而后已”，都是传统教育知识分子所具之优良品质，作为当代教育界知识分子当有足够的自信继承传统“士”的优秀品格，并以此激励自身立业于崇高的教育事业。

（1）这种自信根于有良好示范

中国从来不缺追求智慧、追求卓越的人，即使在物质条件很差的情况下，中国就做出过令人自豪的科学和技术成果，涌现过老子、孔子、孟子、庄子、荀子、程颐、朱熹、王夫之、梁启超、严复等众多优秀的“士”或知识分子，这种追求事业的精神于今仍引领着当代教育界知识分子信守三尺讲台而默默耕耘。

（2）这种自信根于有优良传统

中国素有“耕读传家”的传统，如清代康熙时期石成金《传家宝》所言：“人生在世，惟读书、耕田二事是极要紧者……若不读书，何以立身、行道、显亲、扬名？若不耕田，何以仰事父母？何以俯畜妻子？”“耕读传家”不仅是中国传统农本社会小康农家所努力追求的一种理想生活图景，而且反映了儒家在士、农、工、商诸业选择中基本的价值追求和人文关怀，更寄托着儒家学者关于家庭建设和社会风气建设“知行合一”的理念，具有深刻的伦理意蕴和文化影响。

（3）这种自信根于有时代进步

古人学习知识，首先用来修身达到个人精神的旷远和通达，后为齐家治国达到“天人合一”的修为与境界，至此才可以天地之心治理经营天下，“学而优则仕”成为古代知识分子实现其社会理想的最佳、最有效的途径。这一思想还深远地影响着我国的教育考试制度，“朝为田舍郎，暮登天子堂”成为众多学子的理想，这大大地促进了我国教育考试制度的兴起和发展。西方的文官制度就对我国的科举制度多有模仿和借鉴，表明了其所具有时代进步性。

（4）这种自信根于有制度机制

中国古代教育机制健全。早在夏代，就有了正式以教为主的“校”，商朝称为“庠”，周朝称为“序”；春秋战国时代，官学逐渐为私学所替代；西汉兴建太学，置《诗》《书》《礼》《易》《春秋》五经博士为教官，招收博士弟子；魏晋南北朝，晋武帝在太学外另设国子学；唐时，京师设国子监，地方有府学、州学、县学；宋代除太学外，还有律、算、书、画、医诸学，书院制度开始兴起，并建白鹿、岳麓、应天、嵩阳等四大书院；明清教育制度相近，中央有国子监，府和州县设孔庙和学官；清光绪三十一年（1905年），废除科举建立京师大学堂为新式学校，这些健全的教育制度和运行机制为当代的教育发展提供了良好的借鉴作用。

（5）这种自信根于有人文底蕴

文化由学习而得之，孔子言“学而知之”并表示“加我数年，五十以学《易》，可以无大过矣”。在先哲们看来，通过学习能“学而成贤”“学而致道”“学而成美”，若离开学习则“不知理义”“不成其德”，故“天资虽聪，不学不贤”。据此，荀子认为：“纵性情，而不足问学，则为小人矣。”汉代的扬雄甚至指出：“人而不学，虽无忧，如禽何？”敏而好学使古代知识分子积淀的深厚人文底蕴影响至今。

（6）这种自信根于有内在动力

虽然有古人提倡“学也，禄在其中矣”“书中自有颜如玉，书中自有黄金屋，书中自有千钟粟”，但多数士人还是学以自立、学以强国。诚如荀子在《劝学》中说：“君子之学也，以美其身。”扬雄说：“学者，所以修性也。”陆游则明确主张：“读书本意在元元（百姓）。”荀子还强调：“学者，非必为仕；而仕者，必如（应当）学。”这种来源于内心的动力与信心是千百年来知识分子始终坚持“传道释疑解惑”的真正原动力。

（7）这种自信根于有交流借鉴

中国传统教育理念对中外文化交流起到十分积极的历史作用，如西晋教育家王仁就把《论语》《千字文》等带到日本，日本才开始有以儒家经典为内容的教科书。宋明理学传入日本之后，更是巩固了儒家经典教材在日本教育体系中的地位，并对日本的教育理念产生了深远的历史影响。自16世纪开始，儒家教材逐渐被翻译成西文出版，意大利传教士利玛窦把“四书”译成拉丁文刊行，法国传教士金尼阁把“五经”译成拉丁文出版，儒家教育理念逐渐对欧洲文化产生影响。近代美国教育家顾立雅曾经专门研究过孔子的教育理念，杜威也对孔子的教育理念甚感兴趣，如今美国一些公办学校推广中文教育等都是文化互相借鉴的积极表现，这种大范围、宽领域的交流互动对当代教育的发展具有积极的借鉴意义。

（8）这种自信根于有传承创新

中国的教育体制自古就是多元的，公有太学、国子监、州府县学，私有书院、私塾、家塾。孔子培养的贤人七十、弟子三千，朱熹主讲于书院，古代知识分子或建书院，或居书屋，或立保社，或随时随地讲学论道等。古人培养人才的理念、方式和途径完全可以在当代教育发展中不断传承与创新。

（9）这种自信根于有俱进理念

学习的最终目的在于应用。司马光提出“学者贵于行之，而不贵于知之；贵于有用，而不贵于无用”，否则“学道而不能行谓之病”。因此凡君子必须“爱日以学，及时以行”。西汉的曾恭、卓茂，后汉的刘矩，隋代的刘旷等，都是我国历史上著名的勤政勤学的官吏，他们“升堂视事，退堂观书”，堪称勤学善政之楷模。

以上九个方面根于古代知识分子言行和古代教育制度，在历史发展过程中积淀为精神财富和传统理念，应是当代教育界知识分子传承并发扬光大的自信立业基础。

2. 当代教育界知识分子在汲取东西方文化精髓过程中当自省以立志

中国的传统教育培养出一批走在时代前沿的“士人”，为什么今天我们却缺乏这种具有创新精神的“大师”级学者？正如李约瑟所指出的：“为什么在 8 世纪以前中国社会比西方社会更有利于科学的发展，而到 18 世纪以后却阻止了科学的发展呢？为什么现代科学的勃兴发生在欧洲而不发生在东亚的文明中？”那么什么是大师级学者？大师级学者是怎样产生的？我们的教育为什么没能培养出大师级学者？如何建立大师级学者的培养体制？这些问题作为当代身处教育界知识分子的每一个成员都需要作进一步的深入思考。对于这一现象钱学森生前曾提出过令人振聋发聩的问题：“现在中国没有完全发展起来，一个重要原因是没有一所大学能够按照培养科学技术发明创造人才的模式去办学，没有自己独特的创新的东西，老是‘冒’不出杰出人才。这是很大的问题。”那么什么样的办学模式能够培养出杰出人才来？ 20 世纪 30 年代钱学森在美国加州理工学院所接受的就是一种创新教育的模式——“在这里，你必须想别人没有想到的东西，说别人没有说过的话”。面对李约瑟的“难题”和钱学森的“问题”，作为当代教育界知识分子特别是身处高校的知识分子，更应增强对当下教育机制和自身问题的深刻反思与自省。

（1）自省为什么传承不完整

作为教育界知识分子如何完整地继承、发扬优秀的中华文明与西方文明，其核心在于“完整”，不能断章取义，比如对如何完整认识传统文化中对人生命运规律把握的歌诀“一命二运三风水，四积功德五读书，六名七相八敬神，九交贵人十养生，十一择业与择偶，十二趋吉要避凶”的辩证理解，社会上也包括部分知识分子同样是人云亦云地作支离破碎式的解读。对传统文化包括对传统教育理念和方式传承的不完整可见一斑。

（2）自省为什么传授不到位

教育界知识分子不能是一名教书匠，而应当全面担当起传统知识分子所倡行的“传道授业解惑”的育人责任，并使知识传授、思维传授、精神传授的教育理念和方式方法贯穿于教书育人的整个过程。

（3）自省为什么层次不清晰

教育界知识分子需要人文与科学在精神层次上的交融，而不仅仅是人文知识与科学知识的堆积。只有厘清科学中的人文、人文中的科学，才能衔接好学问的层次。人文精神的首义是关爱，基础是主观的感受与理解；科学精神的首义是质疑，基础是客观的事实与规律。

（4）自省为什么方法不得当

教育界知识分子在理念和方式方法上的创新，需要真正的思想能力包括思维力与想象力的融会贯通，而不是墨守成规的认识归一。大胆假设与严谨求证的结合是原始创新的起源，大胆假设是前提，严谨求证是途径，原始创新则是结果。

（5）自省为什么结合不彻底

当下不少教育界知识分子仅仅埋头于书本而没能很好地将理论与实践相结合，造成理论与实践脱节，其知识不能有效运用。只有重塑好“纸上得来终觉浅，觉知此事要躬行”的实践精神，才能从事好名副其实的、具有“双师素质”的教师职业。

（6）自省为什么创新不深入

教育的创新来自思维的创新，思维的创新来自观点的创新。作为教育界知识分子，要善于容纳不同的观点，若矜己长、攻人短、存门户之见，那么学问就会止步、脚步就会滞后。

（7）自省为什么治学不得力

校园的创新文化来自师生的独立精神，建立在“教授自治”基础上的学术独立，建立在“学生自治”基础上的法制、民主实践，是培养独立精神的根本基石。作为教育界的知识分子当大力消除大话、套话横行的求同思维，打击剽窃、造假以及对智慧产权的不尊重，用责任感解决自身治学的不得力、用使命感激发学生的学习力。

（8）自省为什么包容不够大

学术无疆域、应用有规则，对纯学术研究要给予最大的包容、最大的自由与最大的保障；鼓励挑战传统、挑战权威，给思考者以最大的包容、最大的自由与最大的保障。

（9）自省为什么环境不配套

教育的发展、教师的成长需要合适的土壤、环境和条件。目前高校乃至整个社会仍然缺乏支持原始创新的文化及社会基础，缺乏支持各层阶教育创新发展的互动机制，缺乏独立的观点、思维与精神，缺乏独立的语言、想象与人格。面对这些不足，作为教育界知识分子要在充分体验“自信与自省”理念的基础上，从历史和现代结合的高度，主动增强对作为一名优秀中国教育界知识分子的内在特质、精神内涵、学问路径的全方位的认识与把握，真正做到自省以立志，进而更自觉地担当起作为教育界一名优秀知识分子的历史责任。

3. 当代教育界知识分子在担当好教书育人历史责任过程中当自强以立世

无论是继承古代“士”的品格还是汲取西方知识分子的精神，当代教育界知识分子都应当自觉地担当起社会与人民赋予的教好书、育好人的神圣职责，真正做到以自尊立身、自强立志、自信立业、自觉立世。

（1）在自强中使自身有丰厚的人文积淀

教育界知识分子不仅要有把知识融会贯通的能力，而且要有深厚丰富的人文素养；不仅要做传道授业解惑的良师，而且要做教书育人的智者，不断达到“活不潺流随处萧，东风花柳逐时新”的境界，进而担当好教书育人的历史使命。

（2）在自强中使自身有宽广的学术视野

《中庸》曰："博学之，审问之，慎思之，明辨之，笃行之。"作为教育界知识分子，要使自身具有宽广的学术视野，就要广泛涉猎、认真研究，有"泰山不择抔土而成其高、大海不择细流而成其阔"的积累精神，对专业知识能够精通，做到"知得深"，更要对其他学科相关的知识有所了解，做到"知得广"，从而真正做到厚积薄发、触类旁通，予学生以更广阔的知识视野。

（3）在自强中使自身有若谷的崇高道德

中国历来是道德、学问并重，学问的气象有赖于道德的高尚。为人正直、诚实、刚强，方能不随波逐流、勇于坚持真理。正因为孔子有"善利万物、为而不争、居下守拙"的品行和心态、"有教无类"的方法才能成就三千弟子、七十二贤才的伟大壮举。作为教育界知识分子，只有具备热爱社会的品德、强烈的责任感和使命感、无私奉献的爱心，才能达到"春蚕到死丝方尽，蜡炬成灰泪始干"的境界。

（4）在自强中使自身有严谨的学者风范

著名教育家梅贻琦曾说："教授的责任不尽在知道学生如何读书，如何研究学问，凡能领学生做学问的教授，必能指导学生如何做人，因为求学与做人是两相关联的。凡能真诚努力做学问的，他们做人亦必不取巧、不偷懒、不作伪，故其学问事业终有成就。"作为教育界的知识分子应秉持这种严谨的治学态度、平和的处世心态、客观的待人接物、谦逊的为人处事等良好品格，进而对学生做学问、做人、做事起到良好的楷模作用。

（5）在自强中使自身有创新的突破能力

学术建设要落实在创新上。学术创新的一条重要途径是不同学科的融合，既包括各人文学科之间的融合，也包括人文科学、自然科学的融合。学风建设的一个重要方面就是打破学科之间的界限，破除不同学派和学术观点的门户之见，以更加宽容的观点和态度鼓励学术的探索，以更大的力度支持学科的开拓。创新的精神是教育界知识分子获取知识琼浆、进一步发展的源泉，只有与时俱进地做学问才能将最新的理论知识、实践成果教予学生，使其能够在获取学问的道路上不断前行。

（6）在自强中使自身有良好的敬业精神

敬业就是对自己所从事的事业怀虔诚的态度，绝不敷衍。教室也许是简陋的，但教室中的讲坛是神圣的。因此，教师要在课前充分准备，在登上讲坛时要秉着对学生负责的态度认真讲授，大到教学体系、观点，小到教学环节、细节，都应考虑周全，对学生负责，尽到教好书、育好人的神圣职责。

（7）在自强中使自身有博大的胸怀气度

不矜己长、不攻人短、不存门户之见是一个学者应有的态度，也只有这样才能不断进步，真正有所建树。年轻气盛、喜欢争论不是坏事，寻求真理需要敢于争论的勇气，但胸怀要博大，不可偏狭。对待同行是这样，对待学生也是这样。倘若学生有不同意见，作为教师不可有抱怨之情、不屑之态，当反省与反思。与人交往、与社会沟通也都要有一种胸怀气度。自诩清高、拒人于千里之外，这不仅不能展示学者风度，也使自己的胸怀气度大打折扣，做学问也困滞于书斋内，于人于社会都无利处。

（8）在自强中使自身有清雅的学人风骨

潜心学问、追求真理、堂堂正正，不羡慕名利、不随波逐流，这些都是学人风骨的基本内涵。《世说新语》认为阮裕“内足于怀”，王羲之说他“不惊宠辱”。相对于外界的宠和辱，内心的满足弥足珍贵，诚如陶渊明所云：“虽未量岁功，即事多所欣。”即不管收成多少，劳动本身就有许多快乐。教学科研也是如此，若每一堂课、每一项科研都是一次切磋提升的机会，都可以从中得到乐趣和升华，则精神上就能得到满足，作为当代教育界知识分子更要超越古代“士”的清雅，展示出当今学人的风骨与气度。

（9）在自强中使自身有高度的历史自觉

当代教育界知识分子当有高度的历史自觉，不能仅仅囿于当下的工作，要有目标、有追求、有所造就、有所向往；要不断学习、终身学习，更好地成为学生求知的组织者、指导者和参与者；要勤于思考，经常对教学进行反思、对科研进行思考，以自身的不断进步引导学生不断成长；要善于实践，经常进行社会锻炼，带领学生通过实践获得真知才干；要用自己的智慧与力量履行好教书育人的全面职责，达到立身、立志、立业、立世的理想彼岸。

七、书馨化知为责任作为

中国知识分子与众不同之处在于有共同的“历史自觉”精神，而且这种“历史自觉”精神在不同年代、不同层面都有不同的“自觉表现”，进而形成了中国知识分子有别于其他社会阶层的“风骨”与“气度”。当代知识分子尤其是身处高校之中的青年知识分子对这种“历史自觉”精神不仅要很好地把握，更要与时俱进地去践行，担当起不同年代相应的历史责任。

1. 从“历史自觉”的高度探赜中国知识分子的成长发展路径

自古以来，中国知识分子都有强烈的社会责任感、道义感和“历史自觉”的精神，而且在不同年代、不同层面都有杰出的表现。

（1）全景体会好中国古代知识分子成长发展的路径

中国古代知识分子整体上是在儒家传统文化氛围中成长起来的，儒家“达则兼济天下”的积极入世思想一直深深地影响着古代知识分子的心态。首先，在政治上，中国古代知识分子自先秦以来都有着强烈的政治参与意识。孔子树起“学而优则仕”的旗帜，声言“苟有用我者，期约而已可也，三年有成”；墨家以“兼爱”“非攻”等表明鲜明的参政立场；法家更是以研讨政治权术、建立政治统治、实行政治专政为其宗旨；范仲淹“居庙堂之高，则忧其民，处江河之远，则忧其君，是进亦忧，退亦忧”，屈原“长太息以掩涕兮，哀民生之多艰”，文天祥“留取丹心照汗青”等，都鲜明表现出庙堂江湖、台上台下、在朝在野“士”们强烈的政治参与意识。其次，在精神上，中国古代知识分子表现出“以先知觉后知，以先觉觉后觉”的社会责任感。孔子言：“吾十有五而志于学，三十而立，四十而不惑，五十而知天命，六十而耳顺，七十而从心所欲，不逾矩。”孟子曰：“天之生此民也，使先知觉后知，是先觉觉后觉也。予，天民之先觉者也；予将以斯道觉斯民也。非予觉之，而谁也？”并将“愚民”“后觉”当作自己启发、教育的对象。最后，在修养上，中国古代知识分子崇尚道德修养自觉、强调“自省”的修养方式。儒家崇尚知仁行义的“谦谦君子”，墨家推崇助人以力的“兼士”，老子的“致虚”“守静”，孔子的“见不贤而内自省也”，孟子的“（士）不得志，修身见于世。穷则独善其身，达则兼济天下”，韩非的“孔窍虚”，曾子的“吾日三省吾身”等，都是强调通过内省这种独特的修养方式达到道德和理智的自我完善。朱熹强调“修身、齐家、治国、平天下”，指明“正心—诚意”的修身方法，把“格物—致知”作为基本出发点，所谓“格物”就是体验作为外在规范的“天理”，所谓“致知”即了悟到伦理本体并贯彻到自己的行动中，从“格物”到“致知”，便是将外在规范转化为内在的主动欲求，有了这一自律，方能诚意、正心、修身、明德乃至治国、平天下。

（2）全面领会好近代中国知识分子救国图强的理想

作为传承中国传统和平文化的知识分子，在列强迫压、民族危机日重、人民生灵涂炭之时，不得不去重新思考自身的政治、文化背景，各种探索理所当然地被架置于近代知识分子的肩上，“天下兴亡，匹夫有责”的忧患和责任意识被强烈激发出来。这种救国图强的政治要求体现了近代知识分子比以往任何一个时期的“士”们都有更加浓郁的忧患意识。被誉为“开眼看世界之第一人”的林则徐组织翻译美国出版的《四洲志》，介绍了各国的经济、地理和军事力量等情况，叙述英、美等国的政治制度，开近代介绍西方资产阶级民主政治之先河；同时以师夷“长技”为方针，在中国近代史上最早提出学习西方的“长技”，“制炮必求极利，造船必求极坚”，开一代风气之渐。沈葆桢作为林则徐之婿，继承其父辈忧国忧民之志，开始了近代造船工业，提出“船厂根本在于学堂”，在福建创办船政学堂即“求是堂艺局”，培养自己的海军军官，学习西方近代造船技术，并掀起了中国学生出国学习海军的浪潮，他被誉为“船政之父”。作为船政学堂首批送到英国留学的严复是“启蒙大师”“西学圣人”，他不惮枯燥孤寂，“屏弃万缘，惟以译书自课”，以其学贯中西的渊博学识和独具慧眼的敏锐洞察，率先突破前人以朴素人本主义的“民主”来对抗“君主”的水平，提出“以自由为体，以民主为用”的深刻命题，把平等关系归结为人之权利与义务的不可分割，被誉为“近代中国第一个系统介绍西方社会政治思想的学者”。“末代帝师”陈宝琛富有强烈的国家和民族情感，认为非发展实业和教育不能救国，创办福建优级师范学堂，亲撰“温故知新可以为师，化民成俗其必由学”的训联作为学堂的办学“本旨”。严复等人就广为学堂募集，后发展成为福建省立师范专科学校（福建师范大学前身），并设立了一整套行之有效的教学与行政管理制度，开创了福建现代高等教育的先河，为福建乃至中国教育做出卓越的贡献。这些群居于福州的近代中国知识分子秉持救国图强的理想与信念，实现了知识分子“治学”与“治世”的结合与统一，引领着后人不断前进。

（3）全新理会好现代知识分子科教兴国的志向

自五四新文化运动以来，中国知识分子所扮演的社会角色在历史中是极其珍贵的，他们倡导、张扬了民主的理念、科学的真理，推动了中国人权的发展，探索了社会、国家、民族发展的方向，担当了历史赋予他们的社会道义和历史责任，推动国家由专制皇权跨进到现代民主意义的国家行列。一方面广泛关注民生。陈独秀等创办《新青年》，广为传播“民主”与“科学”，并使之深入人心，表现了现代知识分子启蒙的文化价值重构，冲击着国人处于两难境地的思想，于是“学西方，试图从科学和民主的角度重新评价中国的传统以建设一个新中国的愿望”在中国知识分子中成为共识，他们与现代西方文明的各种形式的接触，与传统的思想体系和统治阶级的不断疏远，使得他们能够开展一场救国的伟业。新文化运动的知识分子摒弃了传统文人的贵族意识，产生了关注民生疾苦、国家兴亡的平民意识。另一方面追求人格独立、精神自由、社会进步。新文化运动震醒了中国知识分子内心潜藏的对于国家、民族的深深的忧患意识，他们积极投身到当时大变动的社会洪流中，追求真理，探索治国经邦的大道理、大精神。“人格独立、精神自由”一度成为中国知识分子所追求所呵护的民主精神。通过在思想和文化上摒弃禁锢人们精神自由、人格独立的传统礼教的束缚，理性精神在中国知识分子中间成为一道有力的追求真理的动力。他们通过各种思想斗争和现实斗争，让思想在碰撞之间迸发出真理精神。他们尚自由、尚科学、尚平等，能够直面身处社会的大变动。他们以社会的底层作为参照来审视自己，自觉地成为社会底层的代言人，代表底层向统治者请命，推动着社会的进步，尤其是一批现代知识分子的精英人物，科学领会马克思列宁主义思想原理，并使之与中国实际相结合，走出一条中国特色的革命、建设和发展之路，至今都是新一代知识分子学习和追寻的榜样和典范。

2. 从“历史自觉”的高度清醒认识时下青年知识分子存在的“历史不足”

历代知识分子为我们呈现了一种“天下兴亡，匹夫有责”的社会责任感，但到了当代，面对世界全球化浪潮的大浪淘沙，当下年青一代知识分子所追求的社会理想和承担的社会道义逐渐减退，一方面他们自诩为时代的精英，一方面又缺乏精英所应有的精神品格，尤其是处于象牙塔中的高校教师没有比其他社会阶层更自觉地承担起足够的社会责任，而且这种“历史不足”显而易见。

（1）处事偏文弱

文弱即文雅柔弱。南朝刘义庆《世说新语·赏誉》：“士龙为人，文弱可爱。”《宋书·殷琰传》：“君本文弱，素无武干，是远近所悉。”古代知识分子这种偏文弱的现象于今又有新的表现。有些年轻教师在处事上过于文弱，不敢大胆与社会、与人接触，在各种场合缺乏一种“磁场”或吸引力，显得柔弱有余、刚强不足；有些年轻教师软弱缺乏操守，缺少一种对真理的追求与坚守，容易被人钻空子，显得有些不合时宜。为此，作为身处“象牙塔”之内的年青一代知识分子要勇于走出去，多接触社会，学会与人打交道，有效克服处事偏文弱的毛病和缺陷，不断提升自己为人处事的能力，更好地增强为人处事的智慧与能力。

（2）社会能力偏差

季羡林在《一个老知识分子的心声》中指出知识分子的缺点，如感情特别细腻、锐敏、脆弱、隐晦，学富五车，胸罗万象，有的或有时自高自大，自以为“老子天下第一”；有的或有时患了“自卑情结”。他们一方面吹嘘“通古今之变，究天人之际”，气魄贯长虹，浩气盈宇宙；有时却又为芝麻绿豆大的一点小事而长吁短叹，甚至轻生，“自绝于人民”。这些古代知识分子常有的缺点在某种程度上也表现在我们年青一代教职工身上，虽学识渊博、才高八斗，却不擅于与人打交道，在处理社会事务时战战兢兢、支支吾吾，未能将知识有效转化为社会能力，进而也在某种程度上阻碍了自身的发展。

（3）机会把握偏缺

有些人选择当教师仅是冲着寒暑假和不坐班制度，冲着一周几节课的工作量之外可以较自由地干自己的事情，冲着工作对象永远是自己的“下位”而养尊处优，把学校当作世外桃源，当遇到不顺心的事情时，常常抱怨“象牙塔”中没有机会。俗话说，机会总是青睐有准备的人，平常不努力工作，做一天和尚撞一天钟，怎会有机会垂青呢？要当好一名优秀的教师尤其是一名称职的知识分子更要懂得用“历史自觉”的理念去规划自己的工作、生活，方能在机会来临的时候紧紧抓住。以校企合作为例，学校给大家提供了很好地展示自身、施展才华、校企双赢的机会，但有些年轻教师该“出手”时没“出手”，与大企业合作交流不够自信，关键是准备不足、缺乏自信，这种机遇把握偏缺的局面需要通过炼好“内功”、做足准备、把握时机、有效提升而迅速扭转。

（4）见识偏少

有的年轻教师仅仅囿于“象牙塔”中，“两耳不闻窗外事”，不想也不敢走出校门，没有自己独立的思想和见解，造成对知识理解得肤浅、对问题认识得不深刻、对思想掌握得不全面，只懂照本宣科，内容没有新意，“磁场”和吸引力不足，造成所教出来的学生缺乏创新意识，读书、学习和教学只是为了混饭吃。试想如果我们自己所了解的理念、文化只是停留在粗浅的层面，那么教育出来的学生今后也很难对高深的理念和文化有所认知，那岂不就误人子弟了吗？作为年轻教师更要利用各种机会走出校门，开阔眼界、拓展视野，不仅要“读万卷书”，更要“行万里路”，做到知行结合，用更新的见识、更高的才识和更好的共识去“育人育才”。

（5）教研偏虚

“学而不思则罔，思而不学则怠”，作为教育工作者仅注重埋头教书，却没有抬头思考，学术上不思其内质，科研上作表面功夫、功底不够扎实，甚至存在着学术不端的现象，这些教研虚化的行为不仅影响了自身水准的提升，更对学生今后为人处世产生负面影响。为此，要通过致力于加强校本教材的研究、致志于专业学业和事业的探索，脚踏实地、攻坚克难，推出在专业界有一定影响的校本教材、科研成果。

3. 从“历史自觉”的高度把握当代知识分子发展的路径目标

时下许多青年知识分子和青年教师尚未脱离从家门到校门、从校门再到单位大门的“三门学者”的路径依赖，学富五车却普遍缺乏在基层锻炼和工作的经历。许多教师习惯于面对着书籍和电脑搞研究工作，没有基层工作的实践经验，致使教学内容单调、研究成果片面。要在教学上有所成绩、学术上有所建树、事业上有所成就，不仅要做“出信息、出对策、出思想”的“三出学者”，更要从“历史自觉”的高度有效克服自身存在的“历史不足”，勇于探索出做一名“出门一笑大江横”“出类拔萃显气度”“出人头地见风骨”——“三出学者”的路径，做到俯首亲近脚下的土地、昂首达到“有为”的境界。

（1）“出门一笑大江横”

“出门一笑大江横”出自黄庭坚《王充道送水仙花五十支》，原形容水仙花的气质，指诗人面对水仙花的清丽联想到洛神之神韵，然脚一迈出大门，视野里便出现了一个博大的境界，浩荡的大江“横”在眼前，胸怀陡然开阔，不禁悠然一笑。幽怨纤巧的特写与明朗壮阔的全景相缀一起，构成了一个悠远的意境，从中隐隐透露出诗人对人生的释然和超脱。诚如近代文评家、闽人陈衍先生所言：水仙花“穷巷幽姿”，然“一经品题，便登大雅之堂”。作为“大学”，尤其是高校教师，要有水仙花这样一种身处“穷巷”之中却拥有“大雅”的气势。好大学要有“六大”：大楼，既有故事的老楼或有特色的大楼；大树，有百年树龄的老树；大师，国内国外知名的行家里手、业界专家；大气，特有的气度、气质、气氛、校园文化和大学精神；大学问，有思想、有原创、有厚积薄发的作品、有办学经验；大爱，爱教育、爱学生、爱学校。教师要对得起这“六大”就要具备“出门一笑大江横”的气概，为这“六大”积淀、积微和积效做出自己的贡献。

（2）“出类拔萃显气度”

“出类拔萃”出自《孟子·公孙丑上》：“出于其类，拔乎其萃，自生民以来，未有盛于孔子也。”性格决定命运，气度影响格局。作为高校教师要具备敢为人先、善于创新、勇于竞争和宽容失败的精神和气度，喜欢挑战性工作，富有自信，热爱创造性学生，学术思想具有开放性。在大学任教就要准备用自己的一生去诠释大学之大、高教之高、教学之优和教师之精，达到大学教师的“五优”境界，即优化教、优化学、优化己、优化人、优化社会。优化教学在于“三教会”，即教会学习、教会思考、教会做人。优化人才在于育人。“四育”即育识、育智、育道、育术。那么教师要优化学生，首先要优化自己，求优的过程就是教师奋斗和比拼的过程，只有不断增长自己的才干与才能，才能“出类拔萃显气度”，达到当下知识分子有为、作为的境界。

（3）“出人头地见风骨”

“出人头地”指高人一等，超出一般人，语出欧阳修《与梅圣俞书》：“老夫当避路，放他出一头地。”教师的职业生涯要精益求精、追求卓越，而不是庸庸碌碌、相形见绌。能否成为真正意义的教师，需要在两个问题上做文章：为什么教，那是人生理想境界；怎样教，那是具体的行动行为。如果一名教师容易满足于现状、停滞不前，那么教育出来的学生如何能够具有积极进取的精神和奋发向上的斗志。若说不想发财的商人不是好商人，不想拿冠军的运动员不是好运动员，那么不想当名师的教师不是好老师。当教师并不难，但当优秀教师却难上难。要当一名具有社会责任感、道义感，富有爱心的名师，首先要先当教师，即教学之师；进而明师，即明理之师，懂得教学原理、现代理念、教学方法论；再而能师，即能教之师，应用自如地掌握教学技能、善于创新设计等；实为导师，即导人之师，不仅教知识，更会教做人；争当名师，即有名之师，学校名师、省级名师、国家级名师，既有评审竞争得来的荣誉称号，更是学生心目中的名师、同行口碑相传的名师。可见，教师的职业生涯要精益求精、追求卓越，必然经历从教师到明师、能师、导师，最终成为出人头地的名师这一过程。当下年青一代知识分子和青年教师就要有这种勇于“出人头地”的精神，以彰显当代知识分子积极进取的气度和风骨。

4. 从“历史自觉”的高度自觉担当起探索当代青年知识分子“双栖”发展的责任

（1）当好“双师型”学者

高等职业教育是以能力为本位的教育，其目标就是培养技术应用型人才，其依托就是“双师型”学者的师资队伍。所谓“双师型”学者是指既有教师任职资格，又有技术资格证书。简单地说，“双师型”教师就是指在教师与技师或工程师这两者身份所需要的知识、能力、态度等方面的有机融合的高职高专教师。

一方面，“双师型”教师必须具备教师的基本能力和素质。“双师型”教师首先是教师，因此必须具备教师的基本能力和素质，即良好的政治思想素质和与时俱进的品质；良好的职业道德，即热爱职教事业，热爱学生，为人师表，诲人不倦；良好的教育教学能力，即教育教学的分析能力、设计能力、实施能力、评价能力和研究能力；良好的身心素质，即健康的身体、健全的人格以及良好的创新素质、先进的教育理念、丰厚的文化素养等。

另一方面，“双师型”教师必须凸显一定的职业能力和素养。这种能力和素养要求其具有行业职业道德，即要投身并引领学生进入行业、职业领域，自觉按照行业职业道德办事，并通过言传身教，培养学生良好的职业道德，使之具有行业、职业素养；具有经济运作素养，具备较为丰厚的经济常识，自觉按照竞争规律、价值规律等经济规律办事，并善于将经济常识、规律等贯穿于教育教学的全过程；具有社会交往能力和组织协调能力，善于组织学生开展社会实践活动，指导学生参与各种社会活动和实习；具有管理能力，特别是在具备良好的班级管理、教学管理能力的同时，更重要的是具备企业、行业的管理能力，懂得企业行业管理规律，并具备指导学生参与企业、行业管理的能力；具有创新能力和适应能力，善于接受新信息、新观念，分析新现象、解决新问题，不断更新自己的知识体系和能力结构，以适应外界环境变化的需求，并具备良好的创新精神、创新意识，组织学生开展创新性活动。

（2）加强“双岗位”锻炼

作为教师要获得提升就要在艰苦环境中磨炼、在多种岗位中锻炼。一方面双重适应，人尽其才强本领。“双岗锻炼”要求教职工既要干好本职的教育工作，也要做好学校的管理服务工作。对拥有双岗的教职工如何协调教学工作与管理服务工作提出了新的更高的要求，这也是对年青一代知识分子干部新的考验和挑战。特别是在双岗工作完成时间上有冲突的时候就要有协调办事的艺术，既有利于提高个人创新方式解决问题的能力，又进一步炼就自身统筹能力和适应沟通协调能力。另一方面双岗履责，人尽其能见成效。教职工通过“双岗位”锻炼，既在教书育人中履责，也在管理服务育人中履职，并合理分配行政岗位与教师岗位“双肩挑”中的分工、明确双岗职责，认真对待“双岗”工作，保障“双岗锻炼”起到实实在在效果。

（3）落实“双责任”功能

高校教学、管理、服务工作都是为了培养社会主义现代化建设的复合型应用人才，高校教职工在各自岗位上的工作都承担着教书育人、管理育人、服务育人的职责。

一方面要尽到教书育人的责任。作为一名教师、一名年轻知识分子干部，要有强烈的社会责任感、使命感，才能不辱教师这个神圣的职业。教师的职责是三个“教会”和四个“学会”，即首先教会学生学习以便自我发展、终身学习从而可持续发展；同时教会学生思考，特别是批判性思考和创新性思考；最终教会学生做人的要领和做事的本领。四个“学会”，即学会学习、学会做事、学会共同生活、学会做人。现代大学追求的“学”，需要教师与学生共同去学。可以说，没有学生的学习需求，就没有教师教学的目标；没有学生成长的进步，就没有教师教学的动力；没有学生学识才能的进步，就没有教师人生的幸福感。灌输传授现成的知识其实是很低级的教学活动，只有善于启发学生心智、激发学生思考、诱导学生创新、引导学生掌握方法、指导学生朝着自我发展的目标努力并且以身作则，与学生共同前行的教师，才能显出大学教师的职业责任和操守。

另一方面要尽到管理服务育人的责任。与课堂教师要做好教书育人工作需要良好的师德、广博而扎实的知识储备、科学的教学方法和关爱学生的情怀一样，从事管理与服务岗位的教职工要做好服务育人的工作，也应当具有良好的思想道德素质、服务技能和全心全意为学生服务的思想，并善于通过优质的服务和不畏劳累的模范行动，营造文明、上进的校园文化氛围，实现行为育人；通过建设优美整洁的校园，提供温馨而富有文化气息的学习场所，使广大学生感受到家的温暖，实现环境育人；通过参与管理与服务，培养正确的劳动观念和勤俭节约意识，锻炼他们的自我服务、自我管理、自我教育能力，实现实践育人。

（4）推进“双重性”跨界

教师工作在“象牙塔”中，这是一个很小的界面或者层面，但世界是多层面的，无论是处于宏观或微观层面，有时候只有跨出自身的界限才能更清醒地看清整个事物的全景和全貌，为此作为年青一代知识分子和青年教师更要扎实有效地参与从教育到实践的“双重性”跨界锻炼和培育。

一方面教师要积极到企业或基层锻炼。推进“双重性”跨界其目的是提高专业教师的实践动手能力，建立教师终身学习观念，通过参加技能鉴定，获取一定等级的专业资格证书，以提升实践技能。因此应安排专业课教师到生产第一线进行专业实践训练，特别是缺乏专业实践经验的新教师，更应到企业顶岗锻炼，或利用假期开展行业、专业社会调查，尤其是当前大学教职工有到基层挂职的机会，更要紧紧把握难得的机会，争取“跨界”锻炼、磨炼自己，以增长各方面才干。

另一方面高校也要推进教育跨界发展。过去可能把教育仅局限于学校内，认为学校教学是教育的主业。教育是一个过程，不一定只在学校。我们要把眼界放宽一点，积极策应社会需求，自觉融入到社会大教育体系中，并在不同的情境下不断开发运用新的方式，通过这种群策群力地跨界、跨度、跨越交流和协作，真正促进教师全面发展和教育的整体进步。比如，在长乐开办继续教育总裁班，对企业和学校都是双赢的，教师借此机会接触企业获得合作发展机会，进而赢得自身的成长和成熟。

（5）拓宽“双渠道”培养

教师长期从事着繁杂的教学及相关的工作，如果不经常冷静地深入思考，很容易使自己的教学和工作程序机械化，丧失应有的魅力，因此要拓宽“双渠道”培养渠道，促进教师全方位发展。

一方面拓宽教师职业水平提升的渠道。教师职业水平指意识、知识、能力、素质和专长。意识包括现代意识、国际意识、本土意识、改革意识、创新意识、质量意识、人才意识。知识除了本专业知识，还需要教育学、心理学、人类学、管理学、交际学、哲学等相关的学科知识以及与本专业交叉渗透的专业知识。有了意识和知识，还要有能力去实现、呈现、表现，不能只会纸上谈兵，理论脱离实际。同时还要有强烈的责任心、爱心、耐心。

另一方面要拓展教师个人素质提升的渠道。提高教师自身素质势在必行，特别是在信息化时代，我们必须从现在做起、从点滴小事做起，为学生树立良好的榜样。首先要提高专业文化和技能知识，不断拓展知识面，跟上迅猛发展的国际国内的形势，跟上时代前进的步伐；其次要学会反思，思广则能活、思活则能深、思深则能透、思透则能明，反思要有“绝知此事要躬行”的手、要有“留心处处皆学问”的眼、要有“跳出庐山看庐山”的胆，在反思中实践，才会行走在最深刻的教育思想的前列；最后要实践，“纸上读来终觉浅”，因此当一名好教师要知行结合，不仅要做“读万卷书”的楷模，更要做“行万里路”的示范。

（6）经受“双轨道”考验

教师作为一个社会人，生活在社会系统中，经受社会实践检验是必然要求。一方面要经受社会培育的考验。学校并不是脱离社会的，社会实践是最好的老师，尤其当前不断推进高校教师与地方干部的交流机制，为我们拓宽社会教育、培育的轨道提供了机会、机遇，这不仅是历史的要求，更是社会的需要，同时也能够较好地产生接受社会培育的正效应。另一方面接受学校培养的考验。高校教师在经受社会培育的同时也要接受学校培养的考验，学校也是一个小社会，通过学校内力的增强，在学校行政、教学岗位上锻炼，不仅向“请进来”的专家、学者学习，更要“走出去”到重点高校当访问学者或进修，通过这种对接、衔接促进学校与社会实践并轨，进而不断拓展年青一代知识分子和青年教师的眼界和境界。

（7）接受“双向性”选择

教职工作为学校的一员，要善于从教育的全面发展和学校的整体利益出发考虑自身的工作与成长。一方面要服从组织的安排。俗话说“个人的事再大也是小，集体的事再小也是大”，因此经组织按程序研究确定的工作和岗位、职责和任务要严格执行好。在关键时候不要斤斤计较个人得失，要敏于从长远、从高度考虑，从要如何当好一名合格的教职工出发，做到困难时候上得去、关键时候顶得住，有一种为学校、为教育、为学生的发展勇于担当的“历史自觉”。另一方面要有超越个人的智慧选择。对于组织上安排的岗位、工作和任务，个人要真心实意地认同，这是做好工作的基础和关键。如果带着怨气工作、带着不平生活，则既做不好工作也不能淡定生活。作为一名合格的知识分子和青年教职工，要有服从组织、淡薄名利的思想境界，要有奉献事业、服务师生的高尚情怀，要有不计得失、公而忘私的优良作风，要有生命不息、学习不止的坚强意志，要有知难而进、勇争一流的进取精神，这样才不愧是一名具有“历史自觉”的青年才俊。

八、书馨化知为“七级浮屠”

鳌峰坊书城所办的“禅师书画作品展”，别有一番意味在其中。这次活动旨在通过展览佛学大师的书画作品，为个人修学、社会和谐、文化复兴、中国梦实现提升精气神、滋养正能量。《善住意天子所问经》对“禅师”的理解为：“禅师者，於一切法，一行思量，所谓不生，若如是知，得言禅师。”自古以来，中国传统文化包括佛教文化都十分重视人类心灵的觉悟和道德的进步，通过参禅悟道来净化心灵也不失为一种路径。鳌峰坊书城所展示的这些艺术作品指示禅意、传达禅机、传播禅蕴，到场的各位都应是有志于文化事业的人，相信大家喜欢的不仅是“禅画”“禅书”，而应是大家能读懂、看懂和参懂这些作品背后所渗透出的宗教文化意蕴以及优秀传统文化对我们精神世界的有益帮助。众所周知，佛教的“参禅”境界在于打造“七级浮屠”之境。所谓“浮屠”有三层含义：对菩萨的尊称，对从事宗教文化人的代释，塔极的概念。“七级浮屠”从直观意义上讲特指的就是七层佛塔。在佛学东渐的过程中，通过传统文化的不断阐释与诠释，“七级浮屠”的佛学参禅理念不断深入人心，尤其是通过一代代文人们的长期推演，儒家学者逐渐放弃简单直接的政治伦理说教，在儒、释、道融合贯通过程中逐步完成了对传统伦理原则的本体化，如：范泰、谢灵运等人指出若要“求性灵之奥”，须“以佛经为指南”；梁武帝萧衍通过研究涅槃佛性学说，提出“心统性用”“一本之性不移”等哲学命题，跨出伦理本体化过程的重要一步，其中“心统性用”说把“性”“用”看作心的既区别又统一的两个部分，为宋代理学家张载建立“心统性情”之说作了铺垫；梁肃、李翱在对天台佛学的研究中有意识地发展了传统心性论，梁肃不仅主张“圣人极深研几，穷理尽性之说”，而且提倡建立于止观学说基础上的“复性明静”思想；唐末五代时期大批士大夫禅者通过与禅师的思想交流以及自身的参禅体验，获得对心性的新的认识，确认自心即佛性即真如，从而为宋代理学家“性即是理”本体论命题的提出奠定了基础。这些佛学理念的阐释，让佛教文化“胜造七级浮屠”的禅意深入人心。为此，借机缘巧合，拟套用宗教文化“胜造七级浮屠”的理念，谈谈文化人该如何缔造我们每个人心目中、中国人梦想中的文化之“七级浮屠”胜境。

1. 在参禅悟道的“七级浮屠”文化理念涵养中认识“养士”的意义

培养有情怀、有品格的士人是打造文化人应达的“七级浮屠”的进阶起点，也是文化之塔的地宫之基。中国的养士制度是在春秋战国时期形成的，各国统治者从列国的兴衰中掌握了“得士者昌，失士者亡”的规律，使养士之风形成了蔚为壮观的景象。“重师、养师、用师”的社会环境使能人志士们纷纷投身学术研究，从而造就了“百家争鸣”的学术思想大繁荣时代。孔子曰“行有余力，则以学文”，其中“行”指的是“入则孝，出则悌，谨而信，泛爱众而亲仁”的品德。在儒家看来，学问的根本在于培养孝悌仁爱之士。一个人文采斐然、知识渊博、技艺娴熟固然好，但如果缺失了做人之道，还是没有真正抓住学问之本。余英时先生认为："孔子来自中国文化的独特传统，代表'士'的原型。"中国传统知识分子的品格自孔子一脉相承而来，在2000余年岁月中几乎没有发生质的变化。对知识教育的刻意重视和对人文精神的严肃追求，使传统知识分子成为社会的特殊阶层；他们既不乏宗教承当的精神和勇气，又能对各类宗教保持理性的冷峻态度。南朝在萧衍、萧子良的主持下展开过多次全国规模的学术辩论，对佛教的哲学思想、文化观念予以开发和整理，体现出较强的人文精神和理性色彩。可见，适度的学佛可以提高"士人"的理论素养和精神境界，从而有助于他们对社会和民众取比较负责的态度。所谓"君子志于道，据于德，依于仁，游于艺"，"德"是士人首要和根本，立德方能树人，培德方能启智。司马光在《资治通鉴》中说"才者，德之资也；德者，才之帅也"，这正是对德与才辩证关系的精辟阐释，具有高尚道德情操的君子"达能兼济天下，穷能独善其身"。处于快速变革、激烈竞争的当代人，也只有把自己培养成一个德才兼备的文化人士，才能让我们梦想中的文化事业像大师们的宗教文化一样笃定安实、历久弥新，从而打造好属于文化人参禅悟道应达的"七级浮屠"之基。

2. 在参禅悟道的"七级浮屠"文化理念涵养中认识"出仕"的意旨

古人通过科举考试获得仕进之途，博取功名与时誉成为古代士人追求的目标，走上仕途建功立业成为士人的人生理想。为此，"出仕"境界理应是文化人打造"七级浮屠"应达的第二重进阶之必然要求。孔子要求士大夫"忧道中忧贪，谋道不谋食"，认为"不仕无义，行义以达道"，孟子规定了读书人的用世道路"士之仕也，犹农夫之耕也"，用世志在"格君心之是非"，这些都是对"学而优则仕"的读书与致士结合的方法所进行的提炼。唐宋时代科举制度的确立和完善，以及书院教育体制的逐步成熟，为政府机关和文化社会培养了一批又一批具有高度人文素质的知识分子。他们遵循"天下有道则仕，无道则隐""穷则独善其身"等古训，在不同的环境条件下表达和实施着同样的理念；即使在寺院与高僧侃侃而论佛法之时，多半也还保持着理性的头脑。任继愈先生指出："经过五代、北宋，禅宗文化逐渐变成文人禅、参话禅，与士大夫合流，与在朝的文人日趋接近，远离泥土，走向市廛，混迹庙堂，逐渐消融于儒教。"佛教与儒家思想趋于一致并非始自禅宗，但确实因禅宗思想的发展变化而使之更适应于社会人生。宋明不少理学家都有过参禅学佛的经历，他们对佛教的批评主要集中于伦理原则和国计民生方面，而对于哲学思想、精神修养等领域则多半取欣赏的态度。理学家对佛教哲学的吸收改造，与当时官僚士大夫纷纷参禅学佛关系密切，从而造成"致士"佛学与宋明理学之间长期的相互作用的环境。宋代程朱理学致力于阐述心性义理，培养了大批讲节义、重人格的知识分子，明代阳明心学通过"良知"学说的传播，感召了许多个性鲜明、勇于进取的学者，这些已有功名的"致士"名人成为参禅悟道的中坚力量。在特定历史时期，学佛不仅不会消磨某些官僚士大夫的志气，相反增强了他们奋发进取的信心。理学提倡的忠孝节义等伦理道德标准，与禅学主张的自信、自悟的个体修养原则，往往在某些上层居士身上得到统一，既表现为强烈的历史责任感和社会义务感，又不乏个性解放、人格独立和思想自由的要求。今天来自不同方域的大师虽各住持一方，然大师们善用宗教这个平台"以佛治心"，作为当下的文化人更应懂得借鉴参禅悟道"七级浮屠"的理念，在实现自身文化"致士"的同时，能广泛参与文化建设，增进自身的文化修养，进而为当下及未来政治稳定、经济发展、文化繁荣、社会和谐发挥不可替代的作用。

3. 在参禅悟道的"七级浮屠"文化理念涵养中认识"求是"的意寓

"实事求是"是一种严谨的治学态度，最早出自《汉书·河间献王德传》，班固用"修学好古，实事求是"赞誉河间献王德治学态度严谨。在佛教文化的参禅悟道中常言"不打诳语"，指的正是"实事求是"的精神。为此，"求是"境界理应是文化人打造"七级浮屠"应达的第三重进阶之必然要求。所谓"出家人不打诳语"，指的是修行的人不能说谎话、大话、吹牛的话。佛家中提倡真与善，谎话是修行人的一大阻碍，所以要有“实事求是”的精神。“实事”指的是客观存在着的一切事物，“是”即客观事物的内部联系，也即规律性，“求”就是我们要去研究。在参禅悟道中，我们所说的“求是”，求的正是真、善、美。诚如佛学大师所言：“真善美是人生的最高境界，也是佛国净土的象征。”在真、善、美的关系中，真是前提与基础；善是内容与灵魂；美是真善统一的显现形态，这个统一高于真善，是内容与形式的同时升华。“真”总是作为善和美的基础和条件而存在着，“善”是对美的一种精神要求，“美”作为人的本质力量对象化的产物，包括真和善的客观内容。真、善、美相互渗透、相互影响、相互促进、相互转化，积德行善，提倡为人民服务和“我为人人，人人为我”的社会风气，是一种意念和意志的表现，是一种善有善报。“求是”的意念本身是有物质能量的，恶的意念可以伤人、害人，善的意念可以助人、救人。正如妙华法师说的：“慈善之举能给人以快乐，悲悯之心能解除他人的痛苦。”在“道德完善”和“人格完美”观念开始动摇的严酷现实面前，佛法福慧、利乐并重、改恶从善、趋吉避凶、净化身心等理念显得十分重要，这对改造自己的人格结构、塑造完美的人格形象是极其有益的。可见，作为参禅悟道“七级浮屠”文化理念中第三重进阶的“求是”力量，不仅能够唤醒人们反省人生，淡薄人欲和物欲，而且能够有效地引导文化人通过修养身心达到真、善、美的理想境界。

4. 在参禅悟道的“七级浮屠”文化理念涵养中认识“开示”的意味

“开示”即点化、开悟。通过佛教参禅悟道的“开示”，不仅能使思想得到启迪，而且能让智慧得到升华。为此，“开示”境界理应是文化人打造“七级浮屠”应达的第四重进阶之必然要求。在佛教中郑鲜之以玄学本体论思辨方法，提出了“神体灵照，妙统众形”命题，即认为“神”系特殊的存在，非有形生命所限，故可相当于最高存在之“理”，让当时的民众得到“开示”；宗炳的《明佛论》对佛教思想予以肯定，提出“中国君子明于礼义而暗于知人心”，上升到精神领域，注意研究人类的精神现象和精神生活，可见佛学文化的“开示”作用。我这几天反复看大师们的书画作品，每一个字、每一幅画都是大师对我们的有益“开示”。月照上人的线描画犹如菩萨现身的觉受和感动，一笔笔彰显的是正义之气。大师以艺弘道，利乐群生，通过“禅画”“禅书”，让世人在享受美的同时，内心的浮躁、贪求、急功近利的心绪也淡然而去，静下心来思索自己的状态和行为，进入到一种安静的、平和的状态。一件好的艺术作品通过它的审美功能可以潜移默化地持续濡染，帮助人们从思想意识、情感态度、言论行动等各个方面去深刻认识自己、剖析自己，从而达到“开示”的境界。在国民经济持续发展的今天，作为有志于文化事业的人们，只有在精神上得到不断“开示”和固本培元，才能从喧嚣中看清方向，正确认识、理解、认同中国优秀传统文化，让心灵找到源头，进而通过参禅悟道达到“七级浮屠”境界中“开示”的第四重进阶，实现静心、安心、齐心的天地人和之境界。

5. 在参禅悟道的“七级浮屠”文化理念涵养中认识“警世”的意思

“警世”即警戒世人，使之醒悟。为此，“警世”境界理应是文化人打造“七级浮屠”应达的第五重进阶之必然要求。佛学在推崇参禅悟道的过程中不乏警示名言，如“净心守志，可会至道，譬如磨镜，垢去明存，断欲无求，当得宿命”“种如是因，收如是果，一切唯心造”“内心清净无染为修行之真正目的，前列各项正如建屋之地基，必须努力做到才能‘内调心性，外敬他人’”等，都对世人起到“警世”的作用。佛教文化的宗旨之一是给社会带来和谐吉祥。比如广霖大师的书法作品《福》，一个“福”字蕴藏着“好人一生平安”六个字，她是在告诫我们福报是有“进阶的”，我们唯有修善纳福才能充分理解积善成德的内涵意蕴。明延法师的《五德鸡》在为大家送上鸡年祝福的同时也在“警世”众人“文、武、勇、仁、信”的为人处世之道。鸡，吉也，自古有“五德之禽”的美誉。《韩诗外传》中说鸡有五德：“首戴冠者，文也；足搏距者，武也；敌在前敢斗者，勇也；得食相告，仁也；守夜不失时，信也。”可见，佛教文化对国民同样具有道德感化的“警世”力量，它使人们对于美与丑、善与恶、真与假、崇高与卑下、野蛮与文明、理想与欲望等不仅是一种简单、直观的评判，而且是一种思想的认知，促使情感生命具有是非性、精神生命具有审美性，从而培养起健全的人格、美好的心灵和文明的举止。因此作为有志于文化的人们，可以通过参禅悟道达到“七级浮屠”境界中“警世”的第五重进阶，进而使自身能以特有的信念、向往、追求以及法律、理想、道德、礼俗、情操等文化因子和人文内涵，发挥好自身从事、推崇的文化事业对现行社会所具有的凝聚、润滑、整合的“警世”作用。

6. 在参禅悟道的“七级浮屠”文化理念涵养中认识“傲视”的意韵

“傲视”可以理解为文化自信。为此，“傲视”境界理应是文化人打造“七级浮屠”应达的第六重进阶之必然要求。党的十八大指出：我们一定要树立高度的文化自觉和文化自信，向着建设社会主义文化强国宏伟目标阔步前进。坚定文化自信是实现中华民族伟大复兴中国梦的必然要求。中国人独特而悠久的精神世界，让中国人具有很强的民族自信心，也培育了以爱国主义为核心的民族精神。当一个文化人到了一定高度的“浮屠”进阶能登高望远的时候，我们如何以“任凭风浪起，稳坐钓鱼台”的文化自信立足于世界？这是作为一个文化人“绕不开、躲不过、避不得”的根本命题。众所周知，文化软实力是一个国家或地区文化的影响力、凝聚力和感召力，已日益成为国家综合国力的核心要素之一，是综合国力显现的重要标志。中华文明一脉相承延绵5000多年，走向世界的中国文化散发着无尽魅力，其深层原因就在于中国文化本身的自信、韧度和定力。中华文化有着“和而不同”的智慧，讲究国家间“道并行而不相悖”的相处理念。民族复兴的本质是文化复兴，高度的文化自信是实现中华民族伟大复兴的支撑，也是建设社会主义文化强国的保障。因此，作为一个文化人不仅要有充分的文化自信，而且要有“傲视”世界的情怀和能力，自觉地担当起传承、传播中华文化的历史使命。

7. 在参禅悟道的“七级浮屠”文化理念涵养中认识“顺势”的意境

用文化造势，进而“顺势”地推动社会进步，这是佛教文化之塔的塔刹。为此，“顺势”境界理应是文化人打造“七级浮屠”应达的第七重进阶之必然要求。文化对社会经济发展有驱动作用，文化的力量已深深熔铸在民族的生命力、创造力和凝聚力之中，对兴国安邦起着不可替代的重要作用。任何一个技术创新活跃、经济繁荣的时代，都需要繁荣的文化作支撑。纵观历史，先有先秦诸子“百家争鸣”，才有两汉农业文明；先有魏晋思想解放与自由，才有唐明繁荣的经济；先有宋明理学的思想力量，才有康乾盛世。同样地，没有法国革命纲领、英国独立宣言的长风掠耳，没有“天赋人权、民主、自由、平等、博爱”的阳光如瀑，就没有生产力从封建社会生产关系桎梏下的解放，就没有西方资本主义国家高度繁荣的工业化经济，也就没有资本主义社会的发展和进步。文化总能“润物细无声”地融入经济力量、政治力量、社会力量之中，成为经济发展的“助推器”、政治文明的“导航灯”、社会和谐的“黏合剂”，为增强综合国力奠定社会的物质基础提供必需的精神条件。文化与经济和政治相互交融，对经济社会和人的全面发展起着文化支撑与道德教化作用，文化形态的先进与否往往决定了生产力发展与变化的方向。因此，文化的意义不仅在于推进文化自身的发展，更在于标志和显示国家的综合国力，让国家立于世界优秀民族之林。因此，当一个文化人能进入到“文化浮屠”的第七重进阶境界时，更应该以高度的文化自信、文化自觉和文化定力投身于振兴和弘扬中华优秀传统文化的潮流中，为振兴中华、实现中国梦担负起一个当代文化人应担当的崇高使命和历史责任。

当下作为爱好文化的这一代人应借鉴中国优秀传统文化乃至宗教文化如何“胜造七级浮屠”的理念，打造好催生、催进每一个人成长的文化之路，缔造好自己所追随的文化“浮屠”。

第二章

书馨兹于出版

一、兹“书版”而兴

鹭江出版社可以用一个“居”字来反映其30年的发展脉络。一是深居特区。30多年前，3个人带着5万元，充满着干事创业的激情，来到了设立特区不久的厦门，创建了鹭江出版社，经过短短十几年的发展，到20世纪90年代就开创了自己的一番天地，从客居状态变成了定居状态，再到现在的深居状态，来之不易。二是占居城市。作为福建省唯一一家城市出版社，30多年来，立足厦门，面向全国，已发展成独具特色的城市出版社，今后要进一步发挥厦门特区的优势，在定位目标上和同类型的发展较好的青岛出版社对比，争取结成姊妹社，取长补短，努力占据厦门出版的制高点。三是卜居要地。在北京设点，充分利用北京出版信息资源丰富的条件，出版了一批走市场的好书，体现了很好的战略意识和大局意识。这个点是要地，是合理的布局，今后不仅不能撤，还要大发展，努力成为出版、宣传、对外交流合作的综合性平台。四是稳居主业。30多年来，始终坚持发展主业，组织出版了大量优秀图书，特别是服务特区两个文明建设，介绍港、澳、台地区及东亚、东南亚周边国家的经济、文化、社会生活各个方面的图书，形成了自己的特色。如在办公楼内设立社史馆，将30多年来出版的图书按一年一柜的方式进行展示，对激励员工发展、打造企业文化、宣传企业形象都具有特别意义。五是跃居数字。近年来，积极探索转型发展，在数字出版、移动阅读等方面取得了一定的成绩，走在了集团出版单位的前列。今后集团可以依托鹭江出版社的数字阅读平台，拓展面向大众阅读市场的无线阅读、手机出版、听书、网络游戏、终端研发运营等多形态业务，共同把这个市场做大。六是试居融合。近年来，在产品、产业、区域结构上积极探索融合发展，基本形成了教材教辅、一般图书、数字出版三足鼎立的产品和产业结构，建立了厦门、福州、北京三地发展的区域结构，同时在投资相关文化产业、与金融融合发展方面取得进展。七是列居前列。曾经在文教图书出版、港澳台及东南亚图书出版、发掘地方出版和文化资源等方面有过辉煌，有的还依然走在我省出版前列，目前又在移动阅读、版权全媒体开发方面积极探索，位居前列。

俗话说“三十而立”。经过30多年的不懈努力和艰辛奋斗，从无到有，从小到大，逐步发展。希望抓住有利时机，在安居乐业的基础上进一步走出一条健康发展的康庄大道，尤其应在以下七个“口”上下功夫。

1. 要扣紧“十三五”的接口

“十三五”时期的工作重点是深化体制机制改革、加快转型升级发展，当前的重要工作要与“十三五”的谋篇布局相衔接，扣紧三个“接口”。一是扣紧当前形势的“接口”。要时刻不忘出版企业的意识形态属性和担负的使命职责，始终坚持正确的文化立场和出版导向，认真遵循出版发行规律，推出更多思想性、艺术性俱佳的出版产品，提供更多有意义有市场的出版服务，在推动社会效益和经济效益相统一中走在前列。二是扣紧实情地气的“接口”。无论是开展当前工作还是谋划“十三五”工作，都要在领会当前形势、吃透上级精神的基础上，紧密联系实际，贯彻落实，既不能刮“浮夸风”，搞“大跃进”，也不能故步自封，裹足不前。要懂得盘整家底，挖掘利用好各种资源，发挥好自身的特点。三是扣紧创新创意的“接口”。创新是前进的动力和源泉，也是“十三五”时期的主题。要创新经营管理机制，建立有文化特色的治理结构，健全绩效考核办法，深化企业内部劳动、人事和收入分配等制度改革，充分迸发干部职工干事创业的激情。要创新出版生产方式，突出内容建设，强化技术支撑，实现全媒体发展。

2. 要应对转型升级的关口

转型升级是当前和今后一个时期工作的重点和关键点，闯过了这个关口，我们的事业产业就会迎来一个崭新的明天。怎样应对转型升级的关口？一是加强调研。进一步摸清情况，弄明白哪些产业、环节需要转型，哪些技术、系统需要升级，转型的目标、升级的层次要到什么程度。只有弄清了这些，才能有的放矢，才能采取有针对性的措施，取得明显的转型升级成效。二是抓住特色、特点、特长。要立足主业、深耕主业，抓住特色、特点、特长来实施转型升级，注意扬长避短，不要哪里热闹就往哪里凑，哪个行当发展热门就转向哪里，哪个项目赚钱就往哪里投，这种丧失了自身的特点、发挥不了自身优势的做法是十分危险的，实践证明结果也往往不尽如人意。三是补齐短板。木桶理论告诉我们，企业的最薄弱处是限制企业发展的最大短板。在应对转型升级中，要尽快找到制约企业发展的最大短板，并采取切实有效的措施去补齐这块短板。同时要力争补正各种不足之处，把木桶扎紧、扎实，做到不漏水、不失水。

3. 要做新出版主业的当口

将出版主业做强、做优、做大，形成内容优势和传播优势，不断扩大市场占有率和话语权，应是每一个出版社坚持不懈追求的永恒主题。在当前形势下，做新出版主业要好好把握几个当口：一是精品出版的当口。精品意识在任何时候都不能丢，必须时刻牢记出版职责，加强出版导向管理，并通过完善引导激励机制，瞄准国内出版图书大奖和高质量的出版标准，强化精品力作选题的策划、出版和营销，努力生产更多传播当代中国价值观念、体现中华文化精神、弘扬中华优秀传统文化、反映中国人民奋斗追求的优秀出版物。二是走市场图书出版的当口。要强化市场意识，增强市场敏感性，懂得分析市场变化，了解读者消费需求，有针对性地推出深受市场欢迎和读者喜爱的优秀出版物。要进一步加强集团和各社图书品牌特色产品线的建设，打造一批畅销书集群。三是教辅出版的当口。福建省已进入全国高考统一命题行列，福建省教育厅对“补习”也有新思路，这意味着高中教辅出版迎来了新的发展契机，要抓住这个难得的机遇，在有效规避风险的情况下想办法通过各种渠道，利用各种资源，将这个市场尽可能做大、做强。

4. 要跨越数字出版挑战的隘口

数字出版是一道无限风光在险峰的隘口，虽然潜力巨大、发展快速，但目前基本上还处于投入大产出小、盈利模式模糊的状态。如何跨越数字出版挑战的隘口？一是因地制宜。作为后工业时代的一种新型产业形态，数字出版的内容构成、产业特点、发展规律、经营策略与传统出版有本质的区别。把传统出版简单数字化，这是对数字出版的误读。发展数字出版，要有调研，要有规划，要从实际出发，因地制宜，不能盲目决策，搞一窝蜂上马。二是做出特色。抓住自己的特点和优势，围绕某个点或某个面来着力开发，形成局部的、有竞争力的优势，从而在某个细分市场中获得较大的份额。鹭江出版社在移动阅读方面就做出了自己的特色，走在了全国出版社的前列，这是值得肯定和效仿的。三是合纵连横。数字出版是一个巨大的市场，也是一个系统工程，涉及到内容建设、渠道建构、技术研发、平台搭建、标准建设等多个环节，我们不要去单打独斗，要善于借力使力、取长补短，可以抓住内容建设的优势，通过合作、合资等多种方式，探索与移动、联通、新媒体等渠道平台和数字技术研发部门合力开拓数字出版市场。

5. 要把握市场占据的虎口

一般图书出版已进入了拼创意、拼策划、拼营销的时代。如何从众多出版强省中虎口夺食，在激烈的市场竞争中拥有一席之地，可谈之处颇多，这里只强调三点：一是在市场细分中找到位置。在当前信息爆炸的时代，读者的需求越来越多元化、个性化，只有针对读者需求变化，在大的市场门类中深入挖掘出有潜力的细分市场，并围绕这个市场认真经营，有效满足细分市场读者群的消费需求，才能在市场竞争中赢得先机、占据主动。二是加强系统化、系列化运作。一套好的丛书对于打造出版社的良好品牌具有重要意义，《汉译世界学术名著》丛书对于商务印书馆、《走向未来》丛书对于四川人民出版社、《第一推动》丛书对于湖南科技出版社等的品牌建设，无不具有良好影响。目前，我们正在推出闽商系列丛书、乡土系列丛书、闽江系列丛书，希望有条件的出版社都能参与，共襄盛举。三是健全出版众筹模式。出版众筹是解决部分读者面较小、社会效益较大图书出版难问题的一种有效途径，也是一项美丽但有难度的工作，需要有丰富的人脉资源和强大的公关能力。众人拾柴火焰高，希望大家不要埋头做出版，要懂得适当走出去，加强公共关系建设，注意积累社会资源，在选题策划、资金筹措、出版发行等方面发挥众人之智、众筹之力，更不要把出版众筹作为一锤子买卖，认为众筹出一本书就完事了。要善于总结经验教训，做好后续服务工作，完善出版众筹模式，努力开创出版众筹的良好局面。

6. 要整合社会资源的窗口

出版是宣传思想文化的重要阵地和窗口，目前鹭江出版社已经有了厦门、福州、北京三个窗口，如何发挥三地作用，把相关资源整合好、利用好，把企业做得更强更大，这是一个很好的课题，希望认真探索，努力成为以下三个方面的示范窗口：一是改革创新的窗口。厦门是特区，曾是体制机制创新的窗口，在改革发展方面领全国风气之先。鹭江出版社在福建省的出版改革中也曾先行先试，有过辉煌，希望今后能再接再厉，充分发扬闽南人爱拼敢赢的精神，在经营管理、市场开拓、三项制度改革等方面积极探索，再创辉煌。二是交流合作的窗口。北京是出版的重镇，拥有丰富的出版信息资源和众多的优秀人才，希望妥善利用这个据点，争取把它变成引进优质选题资源和优秀人才的园地，变成鹭江出版社乃至海峡出版发行集团所属各社编辑营销人员交流培训的阵地，变成集团对外交流合作的基地。三是多元发展的窗口。在多元发展方面特别是版权开拓、影视创作、手机游戏等相关多元文化产业发展方面已经做了探索，取得了一定的成效。希望继续加大探索的力度，拓宽探索的边界，实现多元复合快速发展。

7. 要扩升队伍实力的要口

队伍素质的高低、人才数量的多寡，是决定企业发展快慢的关键。出版企业既有意识形态属性又有产业属性，对从业人员的要求要更严、标准要更高，对人才队伍的建设更要高度重视，切实抓好。一是积极营造人才脱颖而出的良好环境。建立科学合理的干部人才选拔机制，坚持德才兼备、以德为先的选人用人标准，努力杜绝选人用人上的论资排辈、求全责备以及任人唯亲、搞小圈圈小摊摊的现象；建立具有文化特点的干部人才评价考核制度，形成干部能上能下的机制。二是加大交流培训力度。通过对外交流挂职、系统内部轮岗等方式，实现干部人才的有序流动，避免员工在同一岗位时间过长处于疲劳状态，重新激发员工工作热情，打造复合型、综合性人才。支持和鼓励干部职工再教育，加强重要岗位、关键岗位的培训工作。三是加强思想政治工作。坚持把社会主义核心价值观的要求贯穿到企业经营管理各环节和全过程，内化为企业精神和发展理念，提升干部职工的思想道德素质和科学文化素质，增强企业内生动力。认真关注干部职工思想动态和利益诉求，帮助解决思想问题和实际问题，形成风正、气顺、人和、业兴的良好氛围。

二、兹“书版”而定

对于出版社而言，选题会既是图书选题研究的论证会，又是大家相互学习的交流会；既是审时度势的会，又是牵头抓总的会。衡量出版社图书整体质量的高低，“选题”好坏是最为关键的因素。“选题”意味着对课题的选择，而“选择”是任何时候我们都要面临而又无可回避的问题。在谈正题之前，我想先引用《读者》杂志中一则关于“爱情和婚姻之选择”的文章，谈谈人们对“选择”这道人类永恒命题的哲思。文章写道：有一天，柏拉图问老师什么是爱情，老师叫他先到麦田里摘一颗最大最金黄的麦穗，只能摘一次，并且只可以向前走，不能回头。柏拉图于是照着老师说的话去做，结果两手空空地走出了麦田。老师问他为什么摘不到，他回答是因为只能摘一次，又不能走回头路，期间即使见到一颗又大又金黄的，因为不知前面是否会有更好的，所以就没有摘；再往前走，又发觉见到的总不及之前的好，就这样错过了麦田里最大最金黄的麦穗，最终什么也没有摘到。老师回答这就是爱情。之后又有一天，柏拉图问老师什么是婚姻，老师叫他先到树林里砍下一棵最大最茂盛的树，同样只能砍一次，只可以向前走，不能回头。柏拉图于是照着老师的话去做，这一次他带了一棵普普通通的树回来。老师问他怎么带这棵普普通通的树回来？他说有了上一次的经验，当走到大半路程还两手空空时，看到这棵树也不太差，便砍下来，免得错过了，最后又什么也带不回来。老师回答这就是婚姻。——我将这段话作为开场白，因为我认为它是我思考“选择”这道命题的起点。要做好“选择”这道命题，可以从文化选择、哲学思维、现实判断三个角度出发去理解这三者之间的本质联系，这就是帮助我们解决为什么选、怎么选和选什么的问题。

首先，为什么选？这是关于文化选择与方式选择的问题，也是一种价值选择与意义选择。这种选择存在于一定的文化环境中，也是对某一文化领域内涵的特色化。从海峡出版发行集团来说，整体上就是解决如何选择好发展路径实现“出好书”“发好书”“印好书”的最终决策。目前，集团的“印好书”选择问题基本得以解决：一是海峡创意印刷中心已建成，印刷企业的整合重组、转型升级随之启动；二是海峡纸博物馆已建成；三是印刷博物馆，“大纸张”和“大印刷”的概念已现雏形。同时，集团的“发好书”格局也开始形成：一是针对教材教辅发行，应提前考虑少儿科普类图书如何介入教育市场，并进行细分布局，做好相关产品线建设。二是针对馆配书发行，应建立一整套馆配书的考核机制并作为文明城市、文明单位、文明学校考核评比的一项指标在全国范围内推而广之。相信在不久的将来，随着有关部门对图书馆等公共文化的管理逐步规范化，国有出版发行企业在馆配书市场的竞争中将更加有所作为。三是针对一般图书发行，成立闽版图书专业科室，构建适应市场的图书营销模式，切实解决一般书尤其是闽版书销售上不去的问题。面对以上呈现的种种格局，探本溯源，现在到了要倒逼大家“出好书”的时候。这是当下所要面临的最重要的“选择”，首先从“选题”开始也就成为必然的先决与前提。这么多年来，为什么能够从市场的选择中生存下来、发展起来，虽然目前在全国的整体份额所占比率不是很大，但一些门类出版物在全国细分市场中还是位居前列，在闽版图书中也形成了科技类的闽派风格，特别是读者心中有福建科技社的一席之地，这值得自豪，更值得深思。希望继续在出版主业上精耕细作，同时在科技教辅类出版方面有所突破、有所作为，把科技社做好、做优、做大、做强。

其次，怎么选？就是要解决好哲学思维的问题。哲学思维表现的是人们认识、改造客观世界时所运用的具有哲学特征的思维方法，是人的综合素质高低的重要表现。哲学思维大致可以表现为空间思维与时间思维。空间思维可以从五个方面把握：第一，格局思维。要懂得观大势、谋大事，善于把握事物发展总体趋势和方向，坚持从大局着眼看问题、想问题、解决问题。比如，福建科技社经过近 40 年的积累和发展，已基本形成了以中药、建筑等为主的大科技出版格局，此时就应站在战略和全局的高度观察和处理问题，认真分析自身在全国格局中的占比率，统筹考虑如何在福建乃至全国的战略布局等，把握工作的主动权。第二，形态思维。要善于把需要解决的问题分解为若干因素，并认真分析因素的形态，经排列组合得到多种解决问题的方案，从中选出最优方案。比如，福建科技社的图书门类大致分为农业园艺类、医药保健类、建筑装饰类、生活综合类、少儿科普类等五种形态，不应简单满足这种粗线条的分类，而应积极展开形态思维，将各门类图书再作进一步的市场细分，把握其中的市场机会，满足其中的市场需求。第三，因果思维。要分清因果关系，注意因果对应，要循因导果、执果索因，从多方向、多角度思考。比如，做市场类图书就要学会分析市场的因果关系，过去图书销售主要以实体书店为主，现在网上图书商城成为重要渠道，对此就要对线上线下的渠道进行分析，灵活运用；再如，现在在中国大家面临的最大问题就是如何有效地保护知识产权，有时投入越大、损失越大，这方面的因果关系也应好好进行分析思考。第四，质量思维。发展不仅要追求数量增长，更要注重质量提升。高质量意味着更少的差错、缺陷和不足，长期而言可以降低成本、提高营收、更好地控制售后服务等支出，从而使得产业结构更优、内生动力更足、品牌美誉度更高。所以大家一定要严格树立“质量第一”的意识，把图书质量建设摆在重要位置，建立、健全图书质量保障体系，把好出版导向关、质量关。第五，融合思维。唯有树立融合思维，才能真正打破行业发展中的壁垒，实现生产要素或资源的自我优化，最终形成文化建设的新局面。从出版社角度来说，版权引进其实就是一种融合的空间思维方式，释放了文化企业的活力。

同样，时间思维也可以从五个方面把握：第一，历史思维。以史为鉴、知古鉴今，历史是过去的现实，现实是未来的历史。要善于运用历史眼光认识发展规律、把握前进方向、指导现实工作，因此要很好地去思考福建科学技术出版社从成立至今的近40年间，有哪些成功的经验值得借鉴，有哪些不足需要改进，有哪些潜质有待开发等。第二，辩证思维。要提高辩证思维能力，客观地而不是主观地、发展地而不是静止地、全面地而不是片面地、系统地而不是零散地、普遍联系地而不是孤立地观察事物、分析问题、解决问题。要深入地分析哪些图书门类是从小变大的，哪些是从无到有的，哪些是从弱到强的，通过辩证思考，善于抓住关键、找准重点、洞察事物发展的规律。第三，创新思维。明者因时而变，知者随事而制。应超越陈规，因势而谋、应势而动、顺势而为。创新的最难之处就是市场创新，是对新产品的开发以及对新市场的开拓，从而满足新需求的行为。同时进行市场创新要结合自身的实际情况量力而为，不断积累经验、取得成果，以思想认识的新飞跃打开工作的新局面。第四，底线思维。提高底线思维能力，就是要居安思危，增强忧患意识，真正做到见微知著、未雨绸缪，不断增强前瞻意识，确实做到心中有数、处变不惊。作为一家出版单位，坚持底线思维就是坚持把社会效益放在首位，千万不能因为经济效益而丢掉社会效益，尤其是在少儿科技类图书的选题策划上更应该有底线思维。第五，效率思维。在信息时代的大背景下，我们必须积极主动适应舆论环境的变化，在意识形态的工作上先发制人，方能牢牢掌握文化工作的主动权和主导权。对于出版单位来说，有效率地出好书是生产力的表现之一，这方面要结合空间的宏观思维一起去思考，以推动文化产业的快速发展，进而促进文化事业的全面繁荣。

最后，选什么？这是解决现实判断的问题。凡是实践出来的，必是合乎理性的，也就是符合必然规律的；而凡是合乎理性的，符合必然规律的，也一定会实践出来。这种基于现实的判断和决断，有六个方向供参考：第一，多做对接科技主业的书。作为一家科技出版社，要始终走在全国前列，必须继续坚持以科技类产品线为第一产品线，坚持专业强社，紧跟技术发展动态，根据市场需求和技术热点来策划选题，集聚力量提升核心竞争力，从而更好地为读者服务。第二，善做以内容资源为主导的书。福建科技出版社在这方面有着相当丰富的资源，如在中药领域掌握了全国最顶尖的内容资源；在大众健康版块拥有主打产品、防御产品、创新产品；拥有大量一流的作者，其中不乏院士、教授、专家等，这为打造以内容资源为主导的图书奠定了基础。因此，要在选题资源的精度和深度上狠下功夫,集中优势力量对专业领域的选题资源进行精耕细作，将专业领域的市场做深、做细，做透、做大。第三，巧做延伸产品线主干的书。要结合国情、省情和社情，综合考虑产品线主干的延伸，集中力量策划一批能够弘扬主旋律，反映时代精神，特点鲜明，主题突出，具有福建省地域、民族特色，社会效益、经济效益俱佳的重点选题。比如，在讨论的选题中，“健康中国”“生态福建”“脱贫致富”“职业教育”等把握时代脉搏并体现社会主义核心价值观要求的选题都可以考虑做，这方面的思路要打开。第四，深做有市场定力主见的书。“定力”原指人们在改造客观世界和主观世界过程中所表现出来的一种坚强意志，对于出版单位来说，表现为在市场面前不要人云亦云，要有自己的定力和主见，然后进行准确判断、及时行动，从而抢占市场某一领域的先机，获得“人无我有，人有我精”的独特竞争优势，成为某一市场领域的领跑者。第五，稳做符合社会审美主流的书。无法契合审美情趣、缺乏反映现实基础的选题，终将失去其存在意义，也必然无法让读者获得审美体验，那么这种选题的图书也会失去其存在的价值。比如，现在比较流行的“二胎”、农村、城市化等题材，就体现着时代、民众的选择，从而引发人们来自心灵深处的共鸣。这种选题的图书可以去挖掘。第六，学做培育转型创新主体的书。要在既有优势的基础上稳健推进数字化进程，积极拓展出版范围。比如，全视频图书、结合 3D 技术出版图书等几个转型升级产品，如何与对手抗衡创新，如何利用社会资源创新，怎么通过主打产品、主力产品、防御产品进行创新等，都是很好的思路。“出好书”最终要落实到“人”的因素上，培育转型创新的主体既有“引得进”“走出去”的问题，还有“担得起”“做得成”的问题，因此要坚持人才兴社，加快人才引进、培养、使用力度，努力实现事业产业的大发展、大繁荣。

三、兹“书版”而立

对福建人民出版社提出总体要求：一是怎么走前头，在集团所属的出版社中成为排头兵、引领者；二是怎么挑大梁，在集团的出版构成中成为顶梁柱、承重者；三是怎么做贡献，为集团的改革发展做出新的更大的贡献；四是怎么成代表，成为福建出版的代表；五是怎么立标杆，特别是在出版质量上、出版水平上成为闽版书的标杆。以上五个方面的要求，是方向性的要求，也是期望。接下来从三个角度谈谈如何做好出版选题工作。

1. 把握选题的思维方式

要解决好如何正确地从空间思维和时间思维两个纬度来思考选题工作。从空间思维来讲，一要站在“十三五”发展的关口来把握选题。“十三五”时期是贯彻落实中央全面深化改革部署，持续深入推动新闻出版业转变发展方式加快产业发展，从新闻出版大国向新闻出版强国迈进的关键 5 年。应善于从各层级“十三五”规划的指导思想、发展的目标任务，特别是组织实施的重大工程项目入手，结合实际，策划出更多符合国家发展战略、契合时代所需、发挥自身特色的选题图书。二要站在转型的当口来把握选题。当下，我国正处于加快发展的重要机遇期和战略转型期，进一步加快产业转型升级已成为推进发展的战略重点和主要抓手，要抓住这个特点，策划出更多反映技术进步、产业变革、转型升级的选题图书。三要站在政策、技术、资本的风口来把握选题。随着新闻出版业改革政策的持续出台、现代技术的广泛运用、社会资本的大量进入，新闻出版产业得以快速发展，要抓住这个时机，策划出更多能得到政策和资金支持的选题图书。四要站在大文化、大产品、大数据、大融合发力的隘口来把握选题。大数据等新一代信息技术广泛应用，已改变了传统的内容生产者和消费者的角色定位，带来媒体格局的深刻调整，大文化、大融合已成为趋势，要抓住这一变化，策划出更多遵循现代生产传播规律和新兴媒体发展规律的选题图书。从时间思维而言，一要从现处于重新定位之时来把握选题。目前，党对文艺作品更加强调了以人民为中心的创作生产导向和以社会主义核心价值观为引领，对国有文化企业更加强调了要把社会效益放在首位、实现社会效益和经济效益相统一，要从这个定位出发，策划出更多双效俱佳的选题图书。二要从现处于重建体系之时来把握选题。当前出版、发行已走向网络空间，新兴的出版、发行、印刷体系正在逐渐构建，要从这个体系出发，策划出更多适应这个新兴体系需要的选题图书。三要从现处于重构模式之时来把握选题。传统的选题策划、出版模式已经很难适应当前变化的形势，转型发展、融合发展成为了新的发展模式，要从这个变化出发，策划出更多适应这个模式发展的图书。四要从现处于重塑信心之时来把握选题。希望按照上面提到的两种思维方式和八个方面的要求，重塑信心，跨越发展，策划出更多精品选题图书。

2. 把对选题的意识理念

要在选题策划工作中牢固树立五种意识理念：一是创新意识。这是选题出彩、出色的关键，做选题策划工作千万不能墨守成规，不能僵化思路，要解放思想、开动脑筋、开拓思维，懂得抓住时代的特点、热点和关注点，深入挖掘选题；懂得古为今用、洋为中用，把一样的选题做出不一样的新意，加强创新，把出版特色做得更鲜明、出版选题做得更出色、出版图书做得更精品。二是高峰意识。从选题策划开始就要有攀登“高峰”的意识和勇气，按照最高标准去要求、去操作，力争每年都有几本图书在全国同类型题材中处于最高水平，能够在国内最高出版奖项上有所斩获，提升福建出版的水平。三是双效意识。社会效益和经济效益是相辅相成、辩证统一的关系，一本受到专家肯定、群众喜爱、市场欢迎的“好书”理应是双效俱佳的。出版是事业也是产业，生存是第一要务，传播社会主义核心价值观是职责，一定要正确处理好社会效益和经济效益的关系，形成社会效益优先、双效统一的思想行动自觉。四是导向意识。这是任何时候都不能淡化和忽视的，正确的出版导向要从策划选题开始贯穿到出版的各环节与全过程。导向问题不是小问题，它是出版的生命线，必须要树立高度自觉的导向意识，在选题策划起就要注意避免踩上各种“高压线”，把好内容审核关，建立相关“安全阀”。五是责任意识。认真负责是不出差错、少出差错的前提，希望继续秉承社会责任意识和文化担当精神，在激烈的市场竞争中进一步巩固和壮大特色品牌和优势版块，努力将出版物的品位和质量保持在上乘水准。

3. 把准选题的方向判断

一要把核心价值观作为图书出版的理念。面对世界范围思想文化交流、交融、交锋形势下价值观较量的新态势，面对改革开放和发展社会主义市场经济条件下思想意识多元、多样、多变的新特点，迫切需要我们积极培育和践行社会主义核心价值观，扩大主流价值观念的影响力，提高国家文化软实力。以出版社会科学类图书为主的综合性出版社，要在这方面谋得多一点、深一点、远一点，做到始终坚持以社会主义核心价值观为引领，多出举精神旗帜的书、立精神支柱的书、建精神家园的书。二要把与时俱进作为图书出版的法宝。出版具有传承文化、引领风尚的作用，出版人在任何时候都要懂得密切关注时代的细微变化、关照民众的现实需求、关切技术的点滴进步，并在图书的出版上有所反映、有所体现、有所契合，努力把图书价值引导力体现出来、把文化凝聚力呈现出来、把精神推动力反映出来。三要把文化建构作为图书出版的追求。把“传扬文化，涵煦人生”作为出版社的文化追求，经过长期的积淀已在诸如党建读物、专题史研究和古文字研究等版块形成了独特优势，在全国处于领先地位，希望始终自觉坚持这种文化追求，在学术文化、文教精品、古典古籍等出版上更加有所建树，建构起代表福建出版水准和标杆的图书体系。四要把内容主题作为图书出版的导向。要抓好重大主题的出版，紧密结合党和国家工作大局，“十三五”时期要围绕庆祝中国共产党成立 95 周年、南京大屠杀 80 周年祭、庆祝中国人民解放军成立 90 周年、庆祝中华人民共和国成立 70 周年、纪念五四运动100周年等重大活动、重大会议、重大事件、重大节庆等主题，组织策划出版一批出版物。要抓好地方题材的出版，深入挖掘福建特色历史文化资源，策划出版一批反映福建优秀文化研究成果的出版物，在参与打造《八闽文库》出版工作中发挥出重要作用。要抓好原创题材的出版，突出抓好中国出版政府奖、中华优秀出版物奖、“五个一工程”奖和“十三五”重点图书选题的策划出版。五要把创新意识作为图书出版的要求。不能满足于已有的成绩，要积极开拓进取，进一步在规模创新上下功夫，争取图书品种、出版册数、印张、销售量等反映出版产能的指标在“十三五”时期有较大增长，实现规模效益；要进一步在集约创新上下功夫，与集团各出版社加强交流协作，在资源、平台、技术、渠道、经营、管理等方面探索建立共享融通机制，在重大选题题材出版方面探索实行联合攻关方式，实现集约效益；要进一步在专业创新上下功夫，加大对编辑人员、营销人员、技术人员、管理人员等各种岗位人员的教育培训力度，加强职业道德建设，提高从业人员的专业工作能力和职业道德水平。六要把双效标准作为图书出版的责任。出版物属于精神产品，满足的是人民群众的精神文化需求。出版社作为文化企业，必须正确处理好意识形态属性和产业属性的关系，坚持把社会效益放在首位、努力实现社会效益和经济效益相统一，这既是出版企业的责任，也是义务。大家务必要加强政治意识，增强政治敏锐性，始终做政治上的明白人，尤其是作为出版政治类图书较多的大社，特别要有政治意识、责任意识和大局意识，要在这些大是大非问题方面做到始终走前头；要加强导向意识，建立健全相关的保障机制，确保任何时候都不出有出版导向特别是政治导向问题的图书，做到守土有责；要加强底线意识，秉承好自身的文化追求，坚守住出版底线，坚决不出庸俗、低俗、媚俗的图书，努力为广大人民群众提供更多更好的有益身心健康的出版产品和出版服务，为出版事业繁荣和出版产业发展做出新的更大的贡献。

四、兹“书版”而美

我们的生活离不开对美的审视，美术的审美本质决定了它能够美化人的心灵、升华人的感情、净化人的灵魂以及陶冶人的性情，因此参加福建美术出版社的选题会是我发自内心之喜欢。“画者，文之极也”，文到极致才有画。具备美学理论或者是拥有美学技艺的人才，在这样一家既讲究艺术形态又具有浓浓文化底蕴的出版社工作，希望在作画、作赏析和做编辑、做选题的同时，都多一些文气，做到“文”“画”皆得。人们常说“三十而立”，30 年走过的历程不容易，它既是一个人需要重新思考之时，也是一家出版社需要更好总结之时，尤其对于一家以“美”为特色的出版社，可以考虑用举办书画展等多样化的呈现方式来对这 30 年进行总结，并将 30 张不同主题的书画作品贯穿其中，届时大家可以共同参与，在邀请社外书法家提笔赠墨的同时，社内的员工更应该积极动起笔来，这不仅契合美术社的主题，而且很有历史意义。“形神兼备”才是一幅好作品。“三十而立”的福建美术出版社已经初步具备了“形”的概念：“人均十本、二百个品种、三十年成长、四十多人、五千万码洋”，我更希望能够通过对这 30 年中一年一个理念的历程将之总结提炼升华为“神”的成果，既用“形”会“神”，未来又用这 30 个理念将“神”做大，将福建美术出版社引入一个更宏大的体系。选题不是为选而选，还要清楚为什么而选，我想结合美术出版社自身的特点，从三个基本面谈谈如何做好福建美术出版社的选题工作。

1. 要注重选题思维方式的把握

要解决好如何正确地从空间思维和时间思维两个纬度来思考选题工作。从空间思维来讲，一要把握文化大发展空间。我国的出版业正处在一个重要的发展机遇期，中央提出的号召和政策为我们策划美术文化类图书选题指明了方向。

我们应充分认识推进文化大发展的重要性和紧迫性，要在大文化上发力，有“大作为”，激发文化创造的活力，实现自身出版业态的全面创新。二要把握艺术大繁荣空间。文化大发展、艺术大繁荣对于美术出版社来说是一个相当好的机会，时代在前进，我们的渠道不能闭塞，福建美术出版社如何使自己的出版作品具备鲜明的个性和独特的风格，如何创造出为人民群众所喜闻乐见、无愧于时代的优秀作品，推动艺术作品思想性、艺术性、观赏性的有机统一，如何实现“双效”目标，都是大家需要思考的问题。三要把握美术大创作空间。当今社会，全民学美术已经成为一种趋势，因此美术出版社的资源是得天独厚的。要有眼光、留心积累并擅于运用这些资源，就能从中挖掘无数市场潜力。比如可以考虑增加社里对艺术品的收藏量，并争取在不久的将来建立一个小型的艺术品展厅，丰富本社的文化资产。四要把握收藏大热门空间。在收藏大热门的背景下，许多收藏类图书相对畅销，应用心思考自己在这个空间里如何发挥有效作用，如何让收藏类图书题材、体裁更加多样，如何进一步释放文化创作的潜力。比如现在出版的收藏类图书大多还停留在我们所熟知的福建题材，其实还有很多如电信卡、日历卡、银行卡等尚未发掘的选题领域都是十分可观的收藏资源，将大有“文章”可作。五要把握“一老一少”。现在许多老年大学和学前兴趣班都在组织老年人和适龄儿童学习绘画，可见中国这“一老一少”的市场潜力巨大。目前市面上儿童绘画类图书呈现“井喷”式发展趋势，但是针对广大老年读者的基础类教材还不为大家所关注，如何关注老年人身心健康，加大对老龄读物出版的工作力度，策划出版一批老年人喜闻乐见的优秀出版物，也是大家下一步工作思考的方向。如果说空间思维是赋予大家机遇的，那么时间思维则是带给大家挑战的。从时间思维来讲，一要思考“文化热”时如何做。国家培育的文化热点、引导的社会热点往往是人民群众关注的焦点，因此在做选题时不能因为包销书、资助书的短期效益而放弃许多“在热”“预热”“将热”时应该要策划面市的图书资源。同时，还要懂得预见热点，没有预见，就不会主动发掘出版资源，只能是跟风出版，并且热点问题的选题策划一定要有创新，注意到更大的读者群体。二要思考“艺术旺”时如何做。在艺术兴旺的今天，只有关注思想、蕴涵精神，具备鲜明的个性和独特的风格，才能具有永恒的生命力和真正的价值，要结合“十三五”规划，根据实际情况和自身经验，做好5年选题的市场定位。希望不仅能够看到对明年选题的规划，还要看到更长远的规划，希望做的书不仅是“畅销品”，更是“常销品”。三要思考“美术兴”时如何做。当今许多家长都十分注重对孩子艺术情操的培养，因此社会上有很多针对此类需求的培训班，所以在这个美术兴旺的时间段里，此类的选题策划应关注如何实现市场的最大化，进而实现社会效益和经济效益双丰收。四是思考“收藏热”时如何做。盛世兴收藏，许多收藏者都需要相关知识做储备，可以将社里的一大版块留给收藏类图书，在挖掘更多收藏门类的同时，还要注意此类图书的艺术欣赏性、学习性、参考性以及研究性，打造出既有面向收藏界专业人士的工具教科书又有适合普通读者的入门级读物。五要思考“意味浓”时如何做。老人、小孩、年轻人、中年人等不同年龄层的读者各有自己读书时的“意味”，即阅读需求，可是当这些“意味”过浓时，有可能会让他们挑花了眼，这就需要认真分析读者的内心需要并加以引导，用丰富多彩的品种增加读者选择的空间，让他们读到真正适合自己的书，并且还能够引导他们养成到实体书店购买图书的习惯，让他们回归传统的深度阅读。

2. 要注重选题意识观念的养成

一是美丽意识。围绕习近平总书记关于建设“生态文明”“美丽中国”等一系列讲话精神，我们应该要有正确的政治导向和责任心，养成“美丽”的意识观念。国家对于此类公益性选题都会结合市场效益与实际成果的评估给予相应的资金补助，这就要求我们融入这个大格局、大体系中去思考，认真挖掘一批领悟国家意志、理解国家战略、践行国家政策、展示国家水平的重点出版物选题，并且能够通过市场与读者的检验。二是美学意识。每位编辑都应具备美学素质、审美意识，不仅能够在图书编辑过程中按照美学的客观规律用科学的方法去组织、生产、创造出美感，而且还应进一步提升学术理论、美学理论、艺术理论等专业化图书出版的水平，力求发展成为既注重社会效益又在某一领域具有较强影响力的特色鲜明的专业出版社。三是美育意识。“美育”是教育学的一个概念，现代新型人才的教育必须是全面素质教育，而全面素质教育又绝对不可或缺能够体现全面价值的美育，因此我们要跟着教育学的逻辑走，将“美育”意识贯穿于所出版的教育书刊等出版物之中，把每一阶段的素质要求体现在书中，同时还要注重检验成果，根据学生们的喜好与需求来调整我们的内容。四是美德意识。美学是改善志德的一个学科门类，因此我们所出版的书籍一定不能媚俗、低俗，选择的题材要始终充满正能量，对唤醒民众的美德意识，学习先贤的高洁情操和构建当代社会主义核心价值观都有重要意义。五是美感意识。图书的内容、传播形式和自我包装的美感程度已成为当今许多人选购图书时所普遍关注的因素，所以出版的图书都要“美”，不论是封面还是目录，都要达到精装的效果。同时，编辑更要注重美感意识的养成，在编辑过程中能够积极地用美学的观点和手段对图书的版面内容、形式、稿件等进行审美的把握与处理。

3. 要注重选题方向的调节

一要多做弘扬美德的书。首先应把握好美德的主题导向。多争取一些有分量的作者，多出版一批主题导向明确、具有艺术研究价值并且能够获奖的精品图书。其次应把握好美德的价值取向。特别是针对儿童类图书选题的把握，要用春风化雨、润泽童心的呈现形式对其进行正确的价值观教育。再次应把握好美德的内容方向。从读者容易接受的形式到容易接受的内容入手，进行美德教育的引导与推广。二要多做美不胜收的书。首先品位要高。在市场冲击下顺应市场并坚守文化理想和价值品位，坚持出版真正具有出版价值的图书。其次品性要好。图书内容要多发挥德、智、体、美、劳诸方面协调发展的功能，并以艺术性、科学性的呈现手段提升青少年在品性方面的发展。最后品质要佳。内外兼修，在注重图书外在装帧表现形式的同时，还要注重对其先进文化和知识具有传承和创新作用的内在品质。如《华嵒全集》《黄慎全集》系列书籍，在定位成大众读本的同时，可以适当加入一些赏析文字，提升其品质品位。三要多做充满美感的书。首先观感要好。要给人精神上的愉悦，有第一眼就想购买的冲动。其次质感要好。艺术类书籍往往具有收藏价值，希望每年都能够多出版一些经典畅销的图书，使其能够承载文化传承的历史使命和重任。最后美感要好。每个人对美的感受不一样，审美情趣不同，对美的感悟、欣赏也不同，所以做市场的同志要多反馈，多做市场调查，什么样的书好销，什么样的书不好销，都应该及时反馈给编辑，多做充满美感的书。四要多做各美其美的书。首先多个系列。如“唯美”系列、“新锐”系列等丛书，就是根据不同类型读者的审美和喜好各美其美、各有其优，所以我们一定要注意各个系列的区分，不要让“多种”变成“一种”。其次多种系统。有时候同样一个系列，有些书卖得特别好，有些书却卖得不怎么样，这说明系统思维出现了问题。针对这一点，出版社的发行员和仓库管理员都要发挥作用，售空的书要及时补上，销不好的书要想办法让畅销书带动其销售。最后多元系数。市场系数要调研，要懂“算账”，让传统与当代的书各美其美，让畅销书带动系列书，让个性鲜明、活泼生动、自成风格的书在富有文化底蕴的“和美环境”下，实现图书文化价值理念的整体提升。五要多做好誉连连的书。首先好看。书好看了，才能美誉连连。为什么好看？哪一个区域卖的书更为畅销？都是值得我们去观测、评估的问题。其次好评。作为编辑，我们要对图书先进行自我评价，再通过市场评估带来好评。30年过去了，在内部也可以进行自我总结，要善于倾听不同的声音。最后好誉。在争取获得国家奖、专业奖的同时，还要多出版一些拥有好口碑、好市场的图书。六要多做符合美学规律的书。首先可用作传导。要根据不同年龄段设置不同的图书内容，以符合美学规律，传导少儿成长。其次可用作传承。如《华喦全集》《黄慎全集》就是用作传承的书籍，记录着那个时代创作的思潮和印记，出这类书籍一定要让它能传承下去。最后可用于传扬。在“美术热”的大背景，大批的人涌入学习美术的热潮当中，因此图书一定要按照美学规律来编辑，帮助这些人更好地学习美术技艺。成就大出版、大理想，应该成为每一位出版人的追求和梦想。

五、兹“书版”而达

福建电子音像出版社伴随着改革开放经历过黄金发展时期，也是因为国人的快餐文化影响到音像文化迅速跌落低谷，但是总有涅槃重生的机会。国人可能不像欧美人复古风潮持久，但市场品位、审美观是需要培育和引导的，不能因为暂时的困惑、困难就躺倒，要坚守住过去是特色社、现在是转型社的特点，去谋求生存发展之路。

1. 要把科学选择建立在良好的思维方式中

良好的思维方式最简练地讲就是空间思维和时间思维。作为电子音像出版社，要通过深化以下五种空间思维寻找发展机遇：一是互联网大兴旺的空间。互联网技术的迅猛发展和广泛运用在很大程度上已经改变了我们的生产方式、生活方式甚至思维方式，我们不仅不能逃避这种现实，反而要欣喜地看到已经比别人先一步进入了互联网的空间，比如开发网络游戏、建设天下妈祖网站等，至少其他社在互联网的空间中并不比你们更具优势，希望在互联网大兴旺的空间中继续发力，努力实现新的更大的发展。二是数字出版竞争的空间。作为福建省唯一一个集电子、音像出版于一身的专业出版机构，拥有一支从事多媒体、音像及配套图书编辑、制作、出版的专业技术队伍，在数字出版竞争的空间下具有独特的优势，要开动脑筋，发动头脑风暴，积极寻求与广播、电视、网络机构的合作，在数字出版竞争的空间中实现竞合发展。三是音像大衰落的空间。在这个空间中，也不能完全放弃，毕竟音像市场还存在，比如咖啡吧、国外的华人餐馆等地方都需要电子音像制品。希望继续开拓这个市场或联手其他出版机构打造市场，推出更多优秀的兼容电子音像的出版产品。四是手机大联通的空间。希望找准切入点，开发更多诸如美食 APP 的应用软件，利用手机这个媒介和平台做好推广应用，在手机大联通的空间中实现发展。五是平台大构建的空间。产业项目平台、数字出版平台等正处于大构建的阶段，文化产业网、天下妈祖网等平台的开发运营要适应平台大构建的空间，在线上线下活动、栏目设置、相关数据库建设等方面多下功夫，办出特色、办出效益。同时，还要在时间思维方面抓住以下五个时机寻求发展：一是抓住“互联网 +”的时机。“互联网 +”已经成了一种新的经济形态并为党和政府大力推动，希望在思想观念、管理机制、人才队伍等方面适应“互联网 +”的新形势，进一步盘活出版资源，再造出版流程，推进线上线下互动创新，加快转型升级发展。二是抓住竞合发展的时机。现在的竞争更多是在追求共赢发展，而不是过去的你死我活，希望加强与电商、广播电视媒体、新兴媒体的交流合作，在竞合中寻找发展之路。三是抓住音、画、书融合的时机。现已进入了一个文字、声音、视频充分融合的时代，单纯的文字呈现已很难满足读者的精神需求，希望抓住这一有利时机，充分利用在电子音像出版方面积累的丰厚资源，在音、画、书的开拓上有新的建树。四是抓住手机大联通的时机。手机大联通带来的既是一个广阔的市场空间也是一个难得的发展机遇，希望抓住这个时机，进一步加强内容建设，策划出更多适合手机媒介的内容产品，在电子音像的新兴出版上占据主动、赢得先机。五是抓住平台大对接的时机。“十三五”时期无论是国家层面还是省级层面以及新闻出版行业方面，都在加快建设重要项目、重要平台，希望找准切入点对接进去，哪怕是抓住其中的一个点，只要深入开拓，就可以以点求线、以线拓面，打开新的局面。

2. 要把科学选项建立在超前意识观念的培育中

从音像社的转型发展而言，要牢固树立以下五种意识观念：一是创新意识。这是首先要树立的观念，没有创新的意识、创新的举措，是很难在转型发展中取得成功的。应突出规模创新，通过规模的扩大和创新获得发展效益，比如承担了一些网站建设项目，取得了一些经验，下一步就可以通过承揽更多的网站建设项目，并加强内容版块建设和创新运作方式，从而探索出经营盈利模式。应突出专业创新，既要坚持电子音像出版和内容建设方面所积累的出版优势和出版特色，又要进一步加强编辑队伍、流程管理等方面的建设，适应转型发展特别是新兴出版发展的需要。应突出集约创新，通过加强内部的资源整合和外部的资源集聚，在出版选题、平台建设等方面与其他出版社或部门机构建立起良好的分工合作关系。二是转型意识。既要看到传统电子音像业还存在一定的市场，更要看到传统电子音像业的整体衰退是不可逆的。应一方面立足电子音像业，运用现代技术特别是互联网技术赋予传统电子音像出版新的活力和生命，实现电子音像出版的整体升级；另一方面找准机会向相关文化产业领域进军，实现产业结构优化、转型发展。三是融合意识。共享融通是现代企业经营者必须具备的观念，应加快传统出版与现代技术的融合，加强纸介质与声、光、电等介质的融合，加大与有关部门、单位的合作，在一些细分市场上增强核心竞争力，占据更多的市场份额，比如针对盲人读者开发有声读物，与省艺术院校、剧团等合作开发地方戏曲的电子音像制品，与宗教管理部门等合作开发宗教题材的电子音像制品等。四是平台意识。一个好的平台会成为资源的聚集处、人才的聚合处、成果的聚汇处，希望不单单是做选题出版，而是要有平台意识，无论是做选题出版还是产业项目都要有意识地按照打造平台的模式来进行，通过一段时间的积累建立起相关的平台，在平台的基础上开发更多的项目，从而实现整体性的提升和发展。五是版权意识。可以说电子音像业是受盗版侵害较重的行业，从某种程度上来说，电子音像业死于盗版。希望把版权意识深刻心中，既要尊重作者的版权，不出版有版权问题的产品，又要加强自身产品的版权保护，防止被侵权、被盗版。

3．要把科学选题建立在现实把握的决断中

一是在转型升级中实现再造。首先是观念再造。思想决定行动，观念支配行为，应在转型升级过程中既要牢固树立起开拓竞争意识、改革创新意识、现代经营管理意识等与市场经济相符的观念意识，又要牢固树立起出版导向意识、社会效益优先并和经济效益相统一意识、文化传承意识等与履行宣传思想文化职责相配的观念意识。其次是队伍再造。人才队伍是确保事业发展的坚强组织保障，应进一步加强干部队伍的培养管理，加强员工队伍的教育培训，加强企业党的建设和文化建设，打造一支爱岗敬业、团结拼搏的专业队伍。最后是转

型再造。应加强产品线建设，加快转变发展形态，推动转型发展。二是在重新培育主业中进行改造。首先要积极介入图书出版。虽然是以完成省局出版任务为主，但也要加强市场调研，努力策划出版受读者欢迎的有市场竞争力的图书。其次要主动深入教育书包、盲人读物开发。教育书包是适应未来数字化发展需要、具有广阔市场前景的数字教育产品，应加强与教育管理部门的联系，找准时机和切入点参与到教育书包的定制中。盲人读物也是有一定市场的，目前相关的出版物品种不多，应多关注这个群体，多为这个群体提供健康有益的出版物，更好地满足他们的精神文化需求。最后要大力投入主业产品线的培育。应立足实际打造一至两条社级品牌产品线，提升出版核心竞争力，实现主业的发展。三是在“互联网 +”升级中推行锻造。要与传统复合发展，注重一些传统题材的开发，特别是中华优秀传统文化和福建特色地方文化的挖掘。要与新兴出版复合发展，运用先进技术，加大数字产品的策划出版。要与协同复合发展，加强与其他出版社、电信、移动、电视、广播等在内容、渠道等方面的协同配合，实现共同发展。四是在接轨市场中寻找塑造。选题策划必须要与市场接轨，对接好相关口径，才能生产适销对路的产品，重点要改善市场的接口，做到无缝对接，特别是在与其他社合作图书配光盘出版的时候，更要对接好，力争发挥双方的优势，产生一加一大于二的效果。要更新市场的管口，一些选题策划无论是寻找合作对象还是针对特定市场，都要加强调研、摸清路子、对好管口，管径大小不符，市场效果难免不佳。要提升市场的道口，不要局限于单一的渠道、单一的生产方式、单一的载体，对应市场的方式可以多种多样，只要符合市场需求就可以大胆地尝试，积极寻求市场能够接受的出版发行方式，积极培育渠道。五是在机制创新中精心营造。应勇于探索，特别是在三项制度的改革、内部管理机制的建设、转型发展方式与路径的建立等方面先行先试，探索出一条路子，摸索出一些经验。要敢于解锁，特别是要从束缚和影响进一步改革发展的思想观念、工作举措和经营方式中脱离出来，放开手脚、解放思想，在机制创新中取得新的进展。要强于求索，特别是通过“三严三实”专题教育，不断提高政治觉悟，增强政治意识、大局意识、责任意识，做政治上的明白人，做出色的出版人。

六、兹“书版”而拓

福建少儿出版社 2015 年一般图书销售码洋增长 50% 多，在开卷排行榜排名从以前的平均 200 多位上升到平均 100 多位，单月曾最高上升到 80 多位，这个成绩的取得来之不易，值得充分肯定。兹从以下三个角度建议。

1. 要保持思维方式的超前性

就是要从更高的站位、更宏大的视野来观察和思考中国少儿图书出版的现状和未来。从空间思维上讲，要充分认识到当前少儿图书出版具有的五个特点：一是“众”的特点。中国的少儿图书出版已经从传统意义上的专业出版演化成全行业参与竞争的大众出版。二是“广”的特点。全国 580 多家出版社，有 520 多家介入出版少儿图书，几乎是社社都出少儿书。三是“多”的特点。即品种多，中国少儿图书出版每年有 4 万多种，占全国图书年出版品种数的 20%，总量世界第一。四是“饱”的特点。即全国少儿图书市场已处于相对饱和状态，据统计，我国大约有 3.67 亿未成年人，近年来年少儿图书总印数达到 6 亿册。五是“涨”的特点。近几年少儿图书出版年产值增长都在两位数以上，这是其他所有图书版块难以比肩的，少儿图书出版已经成为拉动和提升我国出版业整体增长的一支重要的“领涨”力量。从时间思维上看，要准确把握好当前少儿出版面临的五种挑战：一是从“黄金时代”进入“白银时代”的转折点。由于大量非少儿专业出版社的介入，少儿图书市场的竞争日益激烈，图书品质良莠不齐，少儿图书出版再也不会重回到过去遍地“黄金”的时期。二是进入了产业贬值期的转折点。少儿图书出版经过近年来的连续两位数增长，已进入相对高位阶段，增长幅度逐渐减缓。三是从量的天花板到质的支撑平台发展的转化点。从全国每年出版的少儿图书品种、印数到其中可动销的品种、销售数量以及潜在消费者等因素分析，少儿图书出版已从过去的追求品种数量增长进入现在的追求质量提升的节点。四是从奢侈品状态向更多适宜少儿阅读的图画书更替的转型点。时间倒转10年、20年，少儿图书的消费还是处于比较奢侈的状态，如今少儿图书琳琅满目、应有尽有，已经成为书店经营的重要版块，成为儿童成长的良伴。五是迅速向国际化接轨的转动点。近年来，少儿图书版权贸易蓬勃发展，成为全国图书版权贸易中最活跃、最成功的一个图书门类，版权引进在全国整个版权贸易中占20%以上，版权输出也取得了长足的进步。通过以上从空间思维和时间思维方式的交叉观察和比较分析，可以更加清晰地看到少儿图书出版的现状、更加精准地把握少儿图书出版的发展趋势，希望在此基础上扬长避短，找准发力点，在激烈的市场竞争中保持稳步健康发展。

2. 要保持观念意识的先进性

观念意识决定行动方向，具备先进的观念意识往往能使人领先一步、快人一步。作为少儿图书专业出版社，要进一步增强以下五种意识：一是创新意识。重在内容创新，“内容建设第一”是做好出版工作的重要遵循因素，要在每年出版4万多种少儿图书的市场上脱颖而出，获得市场的认可，赢得读者的喜爱，必须认真分析读者的心理需求，在内容上加以开拓创新，通过“人无我有，人有我优”的独创性和优秀品质赢得市场、占领先机。重在线性创新，突破单向的、缺乏变化的思维方式，提高辩证思维能力，解放思想，开动脑筋，善于从时空转换中关注现实、捕捉商机。重在集约创新，加强人力、物力、财力、管理等各要素的优化配置，善用、巧用资源，争取用最小的成本获取最大的收益。二是原创意识。加强品牌原创，从选题策划开始就要有品牌意识，从大的方面来说可以打造整个出版社的品牌，从小的方面来说可以打造某个项目、某种系列图书的品牌，通过品牌化运作，增强核心竞争力。加强渠道原创，通过自建、共建等多种方式努力建立自己可掌控的发行渠道，避免发行环节不利削弱出版竞争力。加强平台原创，着重加强数据平台、营销平台、管理平台、队伍平台的建设，以平台搭桥，整合相关资源，推动发展。三是协作意识。加强与台湾出版界的协作，近年来致力于出版台湾名家著作，开发的台湾童书形成了系列化、系统化，在全国打响了品牌；与台湾出版人、推广人合作举办的两岸阅读推广活动，在海峡两岸引起了极大的反响，被列入国务院台湾事务办公室的重点项目，这是与台湾出版界携手耕耘的结果。希望今后继续加强协作，进一步对台湾的阅读市场、台湾题材的选题进行深耕细作，取得更丰硕的成果。加强与名优作家的协作，名家、优秀作家的作品质量往往相对优质，具有稳定可靠的市场基础，与他们建立良好的协作关系，共同开拓图书市场，是双赢的结局。近年来与赵丽宏、林良等一些名家合作出版了一批双效俱佳的优秀图书，这是努力耕耘的良好回报，希望继续“勿以社小而不为”，进一步加强作者队伍建设，与更多的国内外名家建立起良好的协作关系。加强与新兴业态的协作，与当当网的合作成效不错，这种探索值得肯定。目前，只靠传统的出版发行方式很难适应市场的需求变化，希望进一步加强与电商等新业态的协作，并在协作过程中发挥更多的主观能动性，提高掌控力。四是版权意识。加强自我版权保护，依法依规做好与作者签订版权、引进版权工作，既要避免出现自己侵权现象，也要防止自己的版权被人侵权。加强版权贸易工作，一方面要加强国外优秀少儿图书的引进工作，通过版权引进既可以学习他们先进的出版经验、谋求深化合作，又可以进一步增加自己的销售收入；另一方面要想办法扩大对外版权输出，探索通过北京国际图书博览会、德国法兰克福书展、意大利博洛尼亚国际儿童图书博览会等渠道，将社优秀图书输出去。五是阵地意识。从政治上来说，要加强出版导向的管理，做到守土有责，确保不出版有导向问题的图书。从业务开拓来说，要加强三大阵地的开发：其一是台湾图书阵地，重点开拓台湾图书市场，让更多的台湾读者认识福建少儿出版社。其二是有声读物阵地，这是一块有待开发的市场，可以和福建音像电子出版社合作，发挥双方的优势，共同开拓好这个阵地。其三是阅读阵地，国家在“十三五”期间将会继续支持开展全民阅读工程，打造书香社会，希望抓住契机出版更多的优秀少儿图书来供应阅读市场，同时与有关机构合作开展更多的阅读推广活动来引导阅读需求。

3. 要保持选题策划的准确性

选题策划阶段某种程度上可以说是出版工作的开始，所以在选题策划时就要加强市场调查，努力提高选题的市场准确性。

（1）让少儿书成为广大少年儿童成长过程中“少不了”的精神食粮

建议重点出好这几种类型的少儿书：其一是启蒙性的书。少儿阶段是形成人生观、世界观、价值观的重要时期，知识启蒙、思想启蒙至关重要，中国优秀传统文化里面就有许多关于启蒙题材的宝贵资源，希望能够深入挖掘，结合时代特征出版更多具有启蒙性的优秀少儿书。其二是益智性的书。这类少儿书比较受小朋友和家长的喜爱，品种也相当多，希望充分考虑少儿的特点，多出一些生动有趣的益智类少儿书。其三是认知性的书。认知能力是人的一项十分重要的能力，主要包括注意力、观察力、记忆力、思维能力和想象力，年幼时如果没有注意对认知能力的培养，会在很大程度上限制其他能力的发挥，长大以后还会严重制约在学业上、事业上的活动范围，所以认知性的书会随着人们对认知能力认识的提高有越来越大的市场空间，应提前行动、早下功夫。

（2）让少儿书成为广大少年儿童成长过程中“缺不了”的成长伴侣

首先是成为学习的伴侣，要在少儿知识类读物、教育类读物出版上下更大的功夫，让福建少儿出版社出版的少儿书成为更多少年儿童学习的伴侣。其次是成为模仿的伴侣，希望出版的少儿书都宣传真善美，具有良好的示范效应，能够成为更多少年儿童模仿的伴侣。再次是观察的伴侣，希望更多的少年儿童通过你们的书来更好地观察和认知这个世界。

（3）让少儿书成为广大少年儿童成长过程中“离不了”的良师益友

有三类书可以重点考虑，其一是故事类书，好的故事总是引人入胜，总能给人启迪，总会成为良师益友，故事类书最好还要做有声类书。其二是教育类书，这是一个很大的市场，不要局限于学校教辅读物，要从大教育的概念、素质教育的角度出发开发相关选题。其三是科幻类书，早在 20 多年前就有出版过科幻类图书并且领全国出版之先，现在随着刘慈欣《三体》一书获雨果奖掀起了一股科幻图书热潮，可以乘势而上，抓好该题材的策划出版。

（4）让少儿书成为广大少年儿童成长过程中“丢不了”的慰藉佳品

随着少年儿童的成长总会有一些东西被丢弃，但有三类少儿书，即动画书、音画书、绘本书会让人总想保留、难以割舍，要以不媚俗、不跟俗、不低俗作为最低标准认真做好这三类书的策划出版工作。

（5）让少儿书成为广大少年儿童成长过程中“断不了”的感情纽带

回首年少时期，总会有一些经典的形象、标志性的东西成为人们联系过去的感情纽带，不同的时期有不同的形象和标志，这里推荐几个概念供在策划选题时参考。其一是可以将过去不同年代存在人们记忆深处的经典少儿形象重新挖掘整理，或者赋予其时代特征重新打造。其二是与名人、名家、名作相结合，打造具有能够长期留存的精品佳作。其三是运用新技术如数字技术打造新颖独特的少儿图书，成为新时期的记忆留存。

（6）让少儿书成为广大少年儿童成长过程中“弃不了”的成长路标

要瞄准阅读推荐的目标，中宣部、国家新闻出版广电总局等部门、有关新闻出版媒体、文化机构每年都会发布一些向社会推荐的优秀书目，应将其作为目标进行对照，找差距，争取有更多的书能进入相关的阅读推荐书目、主题排行榜。要瞄准儿童文化目标，多关注农村儿童市场，关心留守儿童的成长，努力出版更多适合农村儿童阅读的图书，同时加强社校合作，共建书香校园，让书香永远“不离不弃”地伴随着少年儿童健康成长。

七、兹“书版”而教

本人有着很深的读书情结，闲暇之余喜欢逛书店和买书，几十年来也直接从书店买了福建教育出版社出版的不少好书。同时，本人还有着浓浓的教育情结，20 世纪 90 年代担任福州市政府副秘书长期间，就跟踪和服务过教育，之后担任福州市委常委、教育工委书记和福建商专党委书记，与教育结下了不解之缘。因此，在谈正题之前，拟想结合福建教育出版社的特点，先谈谈中国教育、教育出版以及教育情怀。

我们要辩证、历史、全面地领会好中国教育的传承与创新。在旧中国的科举时代，大家耳熟能详的“书中自有黄金屋”“书中自有颜如玉”“书中自有千钟粟”，曾经激励和造就了中国传统乡村阶层的“耕读传家”和士大夫阶层的“诗书传家”现象。千百年来中国人对读书一直有着内在的生发力和外在的牵引力，读书文化也成为中国人生活方式的标志体现之一。近代颠覆科举制度后引进西方现代教育理念，同时也丢掉了许多“耕读传家”“诗书传家”的传统美德，教育从“厚重的命题”变为“沉重的话题”。历史演变到今天，面对书本、读书和教育，不仅出版人困惑、政府忧虑，而且整个社会在观望，教育被诟议、家长很茫然、学生在困惑的问题一直未得到根本解决。综观全国，这样的境况可谓危机、挑战和机遇并存。放眼福建，我看到了福建教育出版人贯彻始终的教育情结和人文情怀。在这次选题会上大家都取得了一个共识，即教育社要取得发展，必须立足教育，坚持“一主两翼”，这是对教育出版的又一种坚持与追求，相信未来的10年，在从天命之年迈入耳顺之年之际，实现力求打造福建教育出版社在福建出版界乃至全国教育出版行业中的领先地位，跻身全国教育理论等出版领域前列的宏大愿景，从中让大家坚信，福建教育出版社这30年跨越间的战略思维，确确实实贯穿于每一代人、每个出版人之中。借此拟从以下三个角度谈谈如何做好教育出版的选题工作。

1. 要把超前的思维方式贯穿于选题过程

超前的思维方式用哲学思维来解释，可以简单地归结为空间思维与时间思维。首先，要考虑把握以下五种空间思维并从中寻找有利时机：一是基础教育出版进入“洗牌期”。一方面，福建省高考采用全国统一命题试卷，我们集团也着手与省教育厅签订教材教辅战略协议，对全省教材教辅发行进行统一规范化管理，教材教辅市场将逐步走向规范，价格体系将更加合理；另一方面，政府将逐步推动幼儿园进入公办园模式全覆盖，还有儿童、家长购买力的强劲和二胎政策的开放等，使得应对幼儿类教材版块的选题、盈利模式等探索有更多思考空间。二是职业教育出版进入更新期。要抓住职业教育大发展的良好机遇，努力出版相应的职业教育教材，大力发展职业教育教材品牌，实现多样化、立体化配套，进一步丰富教材品种，开拓职业教育市场。三是一般教育图书进入式微期。无特色的一般教育图书数量过多，经济效益不明显，由兴盛而衰落，是教育社主业发展的软肋。今后相当长的时期内，要把优化一般图书的结构、重塑一般图书的品牌形象当作事关教育社可持续性发展的大事来抓。四是大众教育出版进入成熟期。建设学习型社会、构建终身教育的学习体系已经成为建设小康社会的一个重要指标。因此那些能够为大众提供指导、排疑解惑、满足人们终身学习要求的读物都可以成为教育类出版社关注的对象。五是数字教育出版进入白热期。尽管数字教育出版具有良好的发展前景，但短期内依靠数字出版自身的盈利与投入实现平衡是不现实的,还需要正确的战略和务实的行动，才能满足广大教师和学生的需要。同时，要考虑通过深化以下五种时间思维并从中寻找发展机遇：一是处于基础教育成熟后再造的对应点。打造主业格局要紧密围绕大教育来深耕细作，加快对教育行业细分市场的梳理，准确“把脉”，找准幼儿、小学、初中、高中等不同阶段的需求定位，做出属于教育出版的特色产品线。二是处于职业教育成规后再塑的对接点。借鉴德国等国家成功的职业教育经验，中国职业教育也在酝酿着一场较大的变革，在这样的形势下如何建立以人文课程对接职业教育为主的教材内容，积极参与到职业教育教材出版的竞争中来，这是需要深入思考的问题。三是处于普通大学教育成型后再生的对调点。如今，国家提出办一流大学的构想，其他如三类大学、地方大学可能将会转变为职业大学，如此一来，教材产品将进行大量调整，所以这两个“一上一调”的时间“对调点”要把握住。四是处于数字出版体系成群后再构的对垒点。数字教育出版已经进入新的“战国”时代，教育出版数字化实质上是教育方式的重大变革，需要长期的探索与实践检验，如果不在数字出版方面及早布局，就有可能失去发展先机，但如果较早涉足数字出版又不能制定正确的发展战略并长期坚持下去，就有可能前功尽弃。五是处于大众教育融合成套后再建的对冲点。一个出版社的核心竞争力取决于其专业特色是否具有优势，如果教育社将过多精力投入教育之外的其他图书产品开发上，这个“对冲”作用就会放大，将会抵占对专业教育出版上的投入，也会增加大量库存和人员投入。因此应强调树立专业意识，专注于做自己最熟悉的事、最擅长的事，做全国领先的教育出版。

2. 要把先导的观念意识贯通于选题始终

作为深耕教育领域几十年的教育社，观念意识应与众不同。

一是要有价值追求的意识，坚定理想信念，践行核心价值观。首先是教育追求。教育是主题、主旋律，是万宗之原点。要使传承创新中华优秀传统文化的教育覆盖学生成长的全过程，纳入学校教育教学的各个环节、各个学科。其次是文化追求。每位教育人、出版人理应以文化立身，教育“第一现场”的一切“行为之术”应符合“人性之道”，我们所出的每一种图书应让广大学子始终浸润在文化的涵养之中。再次是人文情怀。一个富有人文情怀的出版人应始终关注出版的本质与功能，始终将出版的社会价值放在首位，努力实现社会效益和经济效益双效的目标，始终恪守出版的规律与尺度，在职业生涯中紧紧咬住而不放松、不游离、不偏移。

二是要有专业至上的意识，发展专业优势，培植专业特色。首先主业至上。主业是我们的基石、品牌、旗帜，必须站稳脚跟、稳扎稳打，在主动作为、巩固拓展中坚守主业。其次专业至上。在激烈的市场竞争中，作为一家教育出版社，应始终保持清醒的专业意识，做到有所为有所不为，既要将主业做专，做成核心价值，建设成为具有鲜明教育出版特色的品牌社，又要坚持辅业反哺主业，增强核心竞争力，这样做出来的教育衍生品才更具有专业品质，经得住时间的检验。

三是要有顶层设计的意识，从全局的角度统筹规划。首先要具有历史眼光。用自觉的历史思维从以往的历史中汲取经验和智慧，比如可以按照年代统计出版的精品图书对福建的影响力等，自觉按照历史规律和历史发展的辩证法办事。其次要发挥特色视野。应具备独特而广阔的视野和特有的人文情怀，不闭目塞听，做到坚持关注市场、关注时代、关注世界、关注作者和读者、关注新产业的发展，如选题中的“莫里循系列”和“民国调查系列”等，同样的题材做到了“人无我有，人有我优”，值得肯定。再次要形成系列系统。要具备协同创新的系统性和有机统一的系列性，把战略格局定位视为一个整体、一个系统，着眼于把事物的整体性和可操作性有机结合起来，进行统筹思考和规划。

四是要有平台构建的意识。首先建设大教育平台实现夯基固本。要继续完善教材系列，巩固核心竞争力；拓宽出版领域，策划和出版一批高质量的教育理论图书、工具书等；开发配套教辅，增加教辅品种，扩大市场份额等。其次建设大数据平台实现融合发展。要加强数字出版研发、数字化教学资源开发以及利用传统渠道和数字渠道实现数字化产品销售等。再次建设大阅读平台实现互动开放。要充分依托教育出版的资源优势，通过建立复合型实体书店大梦书屋及“大梦书系”配套特色图书产品，开展图书赠送和阅读推广活动，多种形式参与共同阅读活动等，围绕“阅读”进行纵深化尝试。

五是要有渠道创新的意识。首先要有强烈的现实感。产品的更新和市场的变化频率越来越快，竞争也愈加激烈，除了做好出版内容，更应加大对抗风险能力强的渠道优先配置资源和人力的力度，提前布局数字阅读时代所带来的销售和盈利模式的转变。其次要有灵敏的现场感。动态的市场变化要求每个编辑和营销人员要准确进入、把握、创新这个“现场”，跟上时代的节奏，踩准社会的节拍，随着读者市场的需求变化随时加以修正和改进。再次要有创新的现代感。充分挖掘渠道潜力，对自有渠道、特种渠道进行精细化管理，在不断的实践中学习和探索，不断增强现代感，在渠道的大变局中通过创新掌握主动权。

3. 要把准确的方向判断贯透于选题前后

一要保持主导明的出书特性。首先这种特性体现的核心价值不能改，即出版物内容主题的导向要围绕教育、巩固特色、突出重点，强化集团在品牌大社方面的知名度和美誉度。其次教育自身价值的特性不能丢，教育出版物传播的知识及其中蕴含的价值理念，具有鲜明的意识形态属性，具有教育人、规范人、教导人的特点。再次文化价值追求中的特性不能舍，以内容健康为责任，守住底线，弘扬正气，坚持正确出版导向，在人文关怀中始终保持不低俗、不媚俗、不庸俗的态度。

二要保持主创多的出书特长。这种特长首先表现在自主型，即立足本土题材，充分挖掘福建丰富的文化资源，讲好福建故事，展现福建文化元素的魅力，为建设文化强省做贡献，同样也是作为地方教育专业出版社义不容辞的责任和义务。如《福建往事》《闽台民间工艺口述史》等，这些选题都令人欣慰。其次表现在自创型，即对形势早作判断、早准备，沉下心来研发本社的特色产品、品牌产品，着力提升内容的生产能力，精心组织策划出版如“民国调查系列”等精品出版物。再次表现在自育型，即在梳理教育社四大版块、八条产品线的基础上，科学合理规划，细分支线，整合出版资源，继续围绕出版主业做大、做厚、做深、做优，形成优质产品群。

三要保持主打准的出书特效。首先主打准专业建设。从出书题材、内容到编辑队伍，走专业化、特色化、精品化发展道路，要从“专业分工”向“专业追求”、从“几枝独秀”到打造精品群转变。其次主打准社科类图书。推陈出新后的社科类、大众化图书的质量要成为关注的重点与核心，在这个原则下就要有所取舍，该取的取，该舍的坚决舍，要把在市场检验中具有反响、彰显人文底蕴的精品力作作为日后的主打产品推出。再次主打准集约化。在梳理已有教育类产品的基础上，将文史哲类的一般图书与“教育”的理念融会贯通，做富含大教育理念的文史哲类图书。如本土题材的《孙绍振文集》就值得参考借鉴。

四要保持主线长的出书特征。首先培育新品种。认真研究市场行情，精心策划、组织、制作在内容和形式上都具有相当程度的新颖性，有较大市场潜力，能产生较好社会效益和经济效益的图书新品种。如以鼓岭为点，开发相应的大梦书系、鼓岭书系等。其次延伸产品线。要具备线性思维，即通过对重点产品进行中长期规划，建立优势出版版块，以实现在全国市场形成较强影响力，并为集团发展提供效益明显的产品目标。再次构建产业链。开发终端市场、提升文化参与度、增强阅读体验的产业转型发展、跨界发展等，如大梦书屋阅读体验、开发读书包以及做平台，再立体开发利用平台开展教师培训、学生培训活动，利用英语 APP 软件增加资源内容和功能等，这些都将是在产业价值链重构中必须思考的关键问题。

五要保持主体强的出书特性。首先与原创结合。做好出版规划，在总体布局上注重原创图书选题的系列化、完整化，在不同的学科领域推出系列原创著作，努力构建原创精品图书品牌体系。其次把控主打资源。在品种构建过程中加强对优质内容资源的占有和整合，对作品进行深度加工，对内容进行重新编排组织，形成新的内容形式，使出版产品资源配置更趋于合理化、规模化，为出版单位的内容产品树立扎实、长期的市场竞争优势，占据行业的制高点。再次进行老将新锐的培育。集合社会力量，重视经营作者，并盘活这些资源，激发创作灵感，为教育提供更多更好的优质资源，实现产品的可持续发展。

六要保持主业深的出书特点。首先是闽派教育理论。结合本土创始人或代表人物及其代表作，做深本土有独特教育教学主张、教育教学思想和理论体系的出版物。其次是闽派教研学说。结合本地名师工作室等图书选题，做透教育教学，加强科学研究，发展与完善教育教学理论，开发对丰富教学实践起着积极作用的出版物。再次是闽派教化类图书。以内容服务教育的理念，在教材用书、教学用书、课外阅读、教育理论、家庭教育、心理健康等图书产品方面进一步细分。

七要保持主次清的出书特色。首先数字教育出版方面。不要为一时的时间失去空间，不要为一时的低成本、小资源轻易地让渡掉自己的核心内容与价值。其次“大学习”概念方面。“十三五”时期国家和福建省将继续出台支持图书发行的优惠政策，推动发放书刊消费券、推广教育书包等，集团明年也将针对相关政策重点抓好馆配书与闽版书的发行，应顺势而为、提前谋划。再次“大阅读”概念方面。国家将推动支持发展社区书店、农村书屋和职工之家等，加强对实体书店和全民阅读工程的财政税收支持力度等，要预先进行思考，谋求教育出版工作迈入新台阶。

八、兹“书版”而联

在此结合“红利理论”谈谈海峡书局在探索自身发展方面的思路。“红利”在某种程度上指的是发展动力，我国的“改革红利”是国家通过体制变革和机制创新给社会发展进步带来的有益成果。海峡书局作为市场改革创新的主体，虽尚处于起步阶段，但通过与台湾城邦出版集团的合作尝试，在对人力资本的创新以及逐渐构建起盈利模式的探索中走过了近 4 年的时间。海峡书局发展到目前这个阶段，要认真研究怎样从“改革红利”的思路中探索体制的变革、机制的创新，如何通过新技术释放出旺盛的“发展红利”“经济红利”，有效处理好人与自然、人与社会、人与发展的“关系红利”，以及作为意识形态与精神形态构成的文化产业，在收获经济发展“红利”的同时，最终形成“和谐红利”的模式，这几个过程大家要理解、要相信、要引导。拟从三个角度谈谈如何做好海峡书局的项目制组建、运作以及选题工作。

1. 要把发展形成的先进思维方式继续发挥好

先进的思维方式用哲学思维来解释，可以简单地归结为空间思维与时间思维。

从空间思维来说，虽然每家出版社都处于国家发展的大空间之中，但每个个体所面对的空间是不同的，从海峡书局自身来说，要认识把握以下五种空间思维并从中寻找有利时机：一是海峡两岸的视野空间。出版业必须在推进文化发展方面先行先试，走在前面。如今，海峡书局与台湾城邦出版集团共同打造的两岸互动空间格局已进入第二阶段，必须充分利用这一有利契机，进一步拓宽视野，从两岸交流、体制再创的视角探讨、提升改革的空间层面，试图在“两岸”这一选题的大框架内，与台湾同行紧密合作，致力于这一系列的纵深开发，不断理顺空间、优化空间。二是福建自贸区的视野空间。自贸区内讲的不是出版业有何发展，而是出版企业有何发展空间。审批上的便利、政策上的优惠等都让自贸区内的机会很多，其中涉及文化产业的政策优势更为突出，也是“红利”最多之际，因此作为出版企业无疑该主动出击、抢占先机。应积极思考如何结合自贸区引进来、走出去、免税低税等政策红利，积极寻找合作机会。三是“一带一路”的视野空间。在“一带一路”的历史机遇下，要拉大、拉高自己的视野格局，不断推进出版产品在内容、版权、品牌、合作方式等方面的全方位提升，大力开拓外向型业务，鼓励跨界合作和跨界经营等。同时，还要创新“走出去”的方式方法，不断完善和创新“走出去”策略。比如可以思考闽江、生态等系列图书如何结合“一带一路”沿线国家的阅读习惯、文化氛围及风土人情等进行项目策划和产品推广。四是“美丽中国”的视野空间。习近平总书记关于建设“生态文明”“美丽中国”等系列讲话精神，要求我们应融入这个大格局、大体系之中去思考，海峡书局也要关注这些主题与主线，认真挖掘一批领悟国家意志、理解国家战略、践行国家政策、展示国家水平的重点出版物选题。五是大文化的视野空间。要有文化情怀、文化视野，要用文化的眼光来理解出版，用产业的规则来经营出版，用人文的情怀去光大出版，多视角地看待文化空间格局，做到真正了解大时局、用好大资源。比如海峡书局的《中篇小说选刊》就可用汇编的形式做成专题系列，或者授权改编成影视、数字阅读等衍生产品。

另外，同处一个空间之中，也要注意对时间节点的把握，这需要我们把握以下五种时间思维：一是海峡两岸的对接点。挖掘两岸双方潜力，拓展两岸市场，满足两岸民众需求，做好两岸出版合作点对点的工作，进而由“点”到“线”再到“面”，利用两岸优势互补，建设两岸的交流平台，共同提升华文出版物品质和影响力，携手拓宽更广泛的海外市场。二是自贸区版块的创新点。当我国经济发展进入新常态，自贸区就成为国家进一步深化改革的发力点和制度创新的“高地”。随着自贸区自由程度的不断加深，有关出版行业限制会逐渐减少，而出版企业要做的就是先进入自贸区，将其自身优势展现出来，抢占发展先机。三是“一带一路”的衔接点。了解国际化贸易和国际化战略以及“一带一路”政策发展的落脚点与方向是什么，形成长效机制，加大以“一带一路”为主题的选题策划比重，重点推出一批展示中华文化独特魅力、反映当代中国精神风貌与学术品质、符合国外受众文化需求和消费习惯的品牌产品。四是生态链条新的出发点。海峡书局的《中国鸟类图鉴》是以生态为主题、普及生态知识、强化生态意识、推动生态文明建设的优秀读物，是生态出版系列的标杆之一。在这样好的基础上更要有不断再出发的概念，对其他类似选题的出发点进行充分预估评判，把握市场机会，满足市场需求，为当下正在大力推进的生态文明建设提供智力支持、社会支持及产业支持。五是文化转型升级的提升点。文化是提升点，只有关注思想、蕴涵精神，具备鲜明的个性和独特的风格，才有永恒的生命力和真正的价值。希望出版物不仅是“畅销品”，更是“常销品”，并注重对先进文化和知识具有传承和创新作用内在品质的打造，坚持出版真正具有出版价值的图书。

2. 要把改革形成的先导观念意识继续发扬好

一是始终把创新意识摆在首位。海峡书局应该算是两岸创新改革的产物，这样一个富有创新因子的产物如何再造为产能，靠的就是持续不断的创新。因此要超越过时的陈规，因势而谋、应势而动、顺势而为，继续创新合作模式，深化合作层次，通过“人无我有，人有我优”的独创性和优秀品质赢得市场、占领先机。二是始终把资源意识摆在首位。内容为王，海峡书局中包括闽江、生态等选题都是重要的选题资源，要自力更生，牢牢把握住“以我为主”的理念，不要轻易让掉核心资源。通过品牌化运作，增强竞争力，让资源发挥最大化，最终通过沉淀积累，在一定时间内转化为文化资本来运营，发挥最大效益。三是始终把导向意识摆在首位。导向问题是出版的生命线，解决的是发展路径中选择的方向。走的路径要有大局意识、责任意识和忧患意识，坚持正确的出版导向，牢固树立创新、协调、绿色、开放、共享的发展理念，符合国家大生态、大文化的概念方向，目标值不一定要设得太高，但必须要稳健，有的放矢地逐步做大，形成社会效益优先、双效统一的思想行动自觉。四是始终把主体意识摆在首位。要有强烈的集团意识和大局观念，强化主体意识，做大做强集团主业，扎扎实实把大载体中的各个主体做好，并让每个主体之间形成有效互动。同时还要强化落实主体责任的政治自觉、思想自觉和行动自觉，做到内化于心、外化于行，进一步增强集团主业的发展能力。五是始终把担当意识摆在首位。落实好主体责任，根本在担当，这是企业文化的重要内涵，在面临深刻调整变革、加速转型升级的今天，这种精神显得弥足珍贵。越是处于起步阶段，越应具有担当的责任和情怀，时时刻刻把主体责任放在心上、扛在肩上、抓在手上。当前，集团的改革发展任务艰巨，但只要每一位出版人充分发扬尽职担当的精神，就一定能形成无坚不摧的强大力量。

3. 要把创新形成的选择判断方向继续发散好

一是要成为两岸自贸区及“一带一路”再建的创新点。通过自贸区开阔自身视野，在自贸区内寻求融资等各类合作机会；将传统出版和新兴出版结合好，把国际影响力做透，闯出一条出版产业创新和“走出去”互相融合推进的新路子。二是要成为期刊化蝶再生的提升体。首先与世界观念有所关联。越是民族的，就越是世界的，海峡书局的《好孕妈妈》《孤独星球》等系列版块期刊，都要以更加开放的姿态，在秉持“两岸一家亲”的理念中构建命运共同体，就能在“一带一路”建设中迎来光明的前景。其次与两岸思维有所关联。两岸题材始终是我们的特色，如何唤醒两岸同胞血液中共同的文化基因，寻求两岸出版同业者更加广泛的合作，是当下值得思考的一大课题。最后与时代题材有所关联。紧紧抓住时代的脉搏，搭建数字内容资源平台，推动期刊的数字化转型，满足多终端传播和多种体验的信息获取需求，实现内容产品深度开发，切实增加读者的参与度、关注度，推动与新媒体的融合发展。三是成为特色主题再构的突破区。从供给侧结构改革入手，调整出版物的供给结构，在内容生产特色化、品牌化、分众化上下功夫，打造精品出版物，提升品牌效应，切实将传统出版物的专业采编优势、内容资源优势充分发挥出来，力求点对点地把高质量、量身定做的内容分类精准推送到读者手中。如生态出版系列，从鸟类系列入手，再到蝴蝶、金鱼、多肉等系列，量力而行地逐个成熟、突破；或者闽江、土楼、木雕等闽派特色系列，不仅要图文并茂，还要让真正懂门道的人拥有，作为他们案头的研究工具等；还有创新等系列，这需要大家开阔视野，慢慢挖掘国家正在大力引导的诸多创新体系。四是成为项目制作再造的试验田。首先是项目制试验。实施项目制有助于选题的顺利执行，有利于人才的培养、员工责任心的提高以及出版社核心竞争力的构建。海峡书局的项目制运作已经比其他单位先行一步，更要好好总结经验，增强自身的市场竞争能力，实现可持续发展。其次是责任制试验。项目制要有责任制作为配套，明确每个项目负责人的职责和权利，有心、用心、千方百计地将职责范围内的事做好。最后是探索联合制。项目之间、责任体之间、传统和新兴出版之间甚至资源之间、手段之间等，都可以进行大胆创新、联合发展，以提高项目制的管理质量，促进项目制管理的稳定发展，从而实现营销效益最大化。五是成为“互联网 +”内容资源融合再组的成型地。首先轻型化改造。有了轻型化结构，体量就能够减少，以实现降低管理成本、提高项目效益的目标。其次转型化改造。从单体到全媒体转型化过程中再生一个平台，搭建网络平台，架构多媒体渠道，支撑和保障新媒体的融合发展。最后成型化改造。在特色成型上，已迈出了自己的路径，今后更需强化互联网思维，创新技术，用具有知识产权的内容去附加各种传播渠道、手段和介质，这样的盈利模式才能够成型，这更是重塑传统出版业态涅槃重生、赢得未来的必由之路。

九、兹“书版”而文

文艺是世界的语言，文艺是时代前进的号角，作为一家文艺出版社，拥有打造文艺繁荣的诸多有利条件，应塑造属于自己崭新的“文艺范”：一是稳健的理念，心中紧绷一根弦，坚持内容第一，为人民服务；二是进取的精神，“不因社小而不为”，树立适应新形势下选题策划的新观念与大作为；三是追求效益的意识，应始终把社会效益放在首位，在传播正能量的同时，注重社会效益和经济效益的统一；四是构建版块的能力，清晰产品线的设计思路，并逐步形成特色鲜明的出版特色；五是推进和谐的作为，积极作为，对接和组织策划一批具有重大出版意义、有影响力的出版品牌项目。在此基础上，应围绕思维问题、观念问题、方向问题体现好以“先”为基的发展理念。

1. 始终把先进的思维方式摆在先前

当下，不仅是一个文艺大发展大繁荣的历史机遇期，也是一个文艺复兴的崭新时代，从 1942 年的延安文艺座谈会到 2014 年在北京召开的文艺工作座谈会，从毛主席到习总书记亲自论述文艺的问题，这些都足以说明文艺工作的重要性。空间给予我们机遇，时间给予我们挑战，具体到海峡文艺出版社，在做选题中要认识和运用好空间思维与时间思维。

首先，从空间思维来说：第一，大文化空间。要具备大文化的情怀、大出版的风范，就要多视角地看待文化空间格局，做到真正了解大时局、用好大资源。空间需要感情来维护，还要及时梳理大文化空间中的作家资源，注重培养和维系作家群体。第二，大出版空间。全国有500多家出版单位，要在这个庞大的空间位置中找准自己的定位，做精、做专、做透自己最擅长的出版领域，探索一条扬长避短、寻求突破的发展道路。第三，大制作空间。细微之处见宏大、显精彩，要懂得将"小故事大制作，小题材大制作，小作品大制作"的功夫下足，不能因小而不为，不能因弱而不做。第四，大融合空间。我们身处在大融合的发展空间之中，因此要擅于利用技术、借助资本和商业运作，做好传统出版与新兴出版融合这篇大文章，使优秀的文艺作品得以更好地传承和传播。第五，大数据空间。"大数据时代的出版"并不仅仅是"大数据的出版"，而是意味着出版的每一个环节都应该充分利用大数据，要展开视野飞向"云端"，从中获取各种有用的信息资源，并快速转变为一种创意、一种产品、一种服务等。

其次，从时间思维来说：第一，从大文化的细分中找时间节点。要结合实际和自身优势，对题材进行有效细分，从海峡文化、福建文化等大版块的细分中清晰自己的产品线设计，组织策划一些有市场、有品位、高质量的图书，逐步形成自己的出版特色。如积极响应福建省委宣传部要求挖掘闽派翻译资源的号召，及时推出《高名凯译文集》等图书，这就是在闽派文化版块的细分上抓住了有效的时间节点。第二，从大出版的版块中找细节支点。要有所为有所少为、有所为有所不为，在细节中找对支撑点。要扎扎实实做好内容出版，将出版的核心价值做稳固，擅用国际化的视野看待问题，运用新观念、新技术、新方法，找准空间支柱，将这些支点的效应无限放大，最终透过产品的生产与开发形成发展合力。第三，从大制作的系列中找细微重点。加强大局观，做好细微处，许多大制作都是从细微的成就一点点累积起来的。如《谷文昌的故事》《雷锋的故事》等题材的图书，虽然体现的故事细小又平凡，但凸显大情怀。要将此类图书列为出版重点并作为标杆，精耕细作地打造，并抓住"三严三实"主题教育活动的好时机，将发行量做大。第四，从大融合的系列中找特色亮点。以"海峡"品牌为特色，在传统媒体和新兴媒体的大融合中培育壮大自己的特色亮点，发挥本社的专业优势，充分利用好"两岸"题材，立足本土、面向海峡，量力而行，在自己的主战场上发挥作用，策划和出版更多有特色有亮点、能够反映两岸主旋律的题材作品。第五，从大数据的细部中找突出要点。寻求转型升级突破，这不仅是纸质空间的战略，还应该是大数据的空间战略。在转型创新方面，作为一家文艺类出版社还是具有一定优势的，如出版一本长篇小说集，可以在此基础上授权改编成影视、游戏等衍生产品。但从另一方面来说，现在许多比较先进的技术或者概念也许看上去很美好，但有时会比较难把控，也有可能存在“新瓶装旧酒”等不足，要注意把握要点、拿捏分寸，不能贪多求大或者急于求成。

2. 始终把先导的意识观念摆在先头

红线守于心，底线止于行，文艺作品时常都关系到红线、底线等根本问题，以下五个先导的意识观念是在评判、策划、思考选题时必须恪守的“边界线”以及不能逾越的“高压线”。第一，价值意识。从文艺的角度来说，首先要起到价值引导的作用。如《谷文昌的故事》就是很好地宣传社会主义核心价值观的选题。其次要起到精神引领的作用。如《大陆新娘》就道出了中华儿女跨越海峡的“精气神”，所以在台北书展时受到广大台湾读者的欢迎。再次要起到审美启迪的作用。内容上要突出正能量，形式上要重视封面、图文编排等美学设计。第二，高峰意识。在北京文艺工作座谈会上，习总书记用“高峰”这个词对文艺作品提出更高的要求。作为一家文艺社，更应具备高峰意识，尤其是在福建文艺版块的选题上，要从传承中体现高峰，从创新中显露高峰，从融合中追求高峰。因为传承是创新的基础，没有传承，创新就是无根之木；创新是传承的升级，没有创新，传承只是简单复制。只有将传承和创新有效融合，才能最终形成高度。第三，精品意识。艺术追“三精”，责任在精品，习总书记对文艺作品提出了“思想精深、艺术精湛、制作精良”的“三精”要求，这体现了总书记对文艺精品的殷切期盼，同时也揭示了文艺工作的本质。“海峡原创长篇精品”系列已经出版到第四辑，希望能够对照上述的标准，在思想内容、艺术手法、制作工艺上精益求精，生产出更多名副其实的精品力作。第四，时代意识。伟大的时代呼唤伟大的作品，文艺工作者要响应时代的要求，深入生活，挖掘素材，努力成为时代的先觉者、先行者和先倡者。作为一家文艺社，更要关注时代、关注社会、关注创作动态，多出版能够总结历史、反映当下、观照未来的好书。第五，历史意识。判断文艺作品是否具有历史价值有三个标准——社会承认、世人称道、后代流传。优秀的文艺作品不能仅以市场价值作为衡量标准，更要能传承优秀传统文化，体现正确的思想价值、历史价值，引领时代风气，弘扬和培育民族精神。同时希望大家的目光不要局限于这一年的选题，还应该好好去回顾与总结一下这30多年来海峡文艺出版社出版的哪些图书是流传至今的，哪些图书是经得住时间检验的，这样才能够激励我们、鞭策我们、启发我们。

3. 始终把开先河的选题摆在先行

开风气之先，要讲政策、冒风险、凭机遇、找时机，虽然很难，但可量力而行，尽力而为之。一要多出文责明的好书。多出好书，文泽后世，首先体现为核心价值，不低俗；其次体现为文化价值，不庸俗；再次体现为历史价值，不媚俗。二要多出文源广的好书。首先源于传承，要不拘于一格；其次源于创新，要不形于一态；再次源于融合，要不定于一涓。如《福建家训》出版之后，又计划在福建九地市各做一本家训，这就是较好地运用了各地广泛的文化资源。三要多出文化浓的好书。文化浓体现在文化品位、文明品质、文雅品性这“三品”之中。因为文艺书不同于工具书，它要有一定的文化意味，才能让读者爱不释手。四要多出文集多的好书。这个“多”可以是以点带面，能够体现“组合”的学问。首先从单一产品延伸开发出产品线，将小题材做成大作品；其次从产品线延伸开发出产业链，将大作品开掘出大主题；再次从产业链出发，将大主题提升为大系列。完成这样的“组合”之后再逐步积累，才能够形成规模效益，当然还可以进行反向思维，比如大系列的文集不好卖，可以拆成单行本，充分利用图书的内容资源进行推广。五要多出文库渊的好书。相比电视、报纸等媒介，图书的一大特色是存世久，担负着文化积累的承载功能，因此每一位出版人都应该开阔视野，多关注那些富有学术价值、人文价值、历史价值的选题。六要多出文华彰的好书。首先要有崇高的审美理想。不要认为题材小就没有崇高的审美，如星云大师的著作以及弘一法师、丰子恺的画作等，虽说讲的都是小道理或者很平实的话，或者看上去很简单，从中却透露出极高的审美情操。其次要有独立的艺术价值。文艺不能跟风、模仿，不能用抄袭模仿的浅薄文化来迁就“快餐时代”。再次要守正出新。守住正能量、正渠道，出彩出新、文华彰显。七要多出文气显的好书。首先能够陶冶情操，不要沾满铜臭味；其次能够培育人心，不要一味吸引眼球；再次能够净化风气，不要践踏道德底线。我记得老祖宗曾留给世人两条文气十足的家训，在农村曰“耕读传家”，在城市曰“诗书传家”，这两条家训极大地体现出中国千年读书之风不辍的重要传统文化，作为当代的出版人，更要为城乡家庭间的书香氛围的构建多出一些传家之书，多给后人留下一笔笔宝贵的精神财富。

十、兹“书版”而翔

福建省内的出版社在北京设立公司运营的，一个是鹭江出版社的北京时代飞鹭文化传播公司，一个是福建教育出版社的北京八本坊文化传播公司。时代飞鹭是2007年底由被誉为“中国管理培训图书第一品牌”的时代光华图书公司和鹭江出版社合资成立的，专注于人文社科类图书。八本坊是2008年4月成立的，主要从事教育类和人文社科类图书的出版。可以说两家公司的成立时间大致差不多，发展势头相当，各有特色。

这些年，时代飞鹭和八本坊为打造出版企业的文化品牌，提升闽版图书在全国图书市场中的地位，付出了艰辛的、不懈的努力。有进步，也有曲折；有击楫中流的壮志，也有拔剑四顾的茫然。真的不容易，更是不简单。现在来看，两家出版社在北京播下了种、扎下了根，更不断地开出一些让人惊喜甚至惊艳的花朵。在2013年，时代飞鹭从合资企业改为鹭江社独资企业后，也就是3年多时间却成就了一番局面。中国有一句古话，也是对教育的总结，叫“三岁看大，七岁看老”，两家公司都已经分别过了“三岁”“七岁”的发展时期。从这些年来看，时代飞鹭和八本坊的实践，也预示着肯定会做大、做好。时代飞鹭“三岁看大”让我们看到了希望；八本坊“七岁看老”，一定不会有“七年之痒”。我从三个角度谈谈认识与体会。

1. 从必要性看

八本坊和时代飞鹭给我们的必要性启示主要体现在五个方面：

一是体现了“集团之前台”。八本坊从闽省的门内飞到了北京，由虫蛹羽化成蝶；厦门之鹭，从厦门飞到北京，这就是飞到了事业的前台，飞到了出版的前方。不说合资前的时代飞鹭，曾经出版过像曲黎敏《黄帝内经·养生智慧》这种发行量达到 50 万册的超级畅销书，单说 2013 年 9 月成立独资公司以来，一共出版了 70 种图书，出版码洋达到 5700 万元。其中，印数在 1 万册以上的品种有 40 个，2 万册以上的品种有 24 个，印数在 7 万册以上的品种有 3 种。教育社的八本坊公司自 2008 年成立以来，共出版图书 273 种，其中重版 45 种，造货总码洋为 4741 万元。截至 2016 年 7 月，八本坊在社本部结算八本坊策划的图书品种累计实现销售码洋 2000 万元，净收入 823.79 万元，净成本 581 万元，净利润 237 万元，库存码洋占造货码洋的 21.8%。这些发展的鲜活数据让人欣慰。试想，如果不是到了北京这个前台，两家出版社的市场化图书能做到这个程度吗？能达到这个规模吗？答案不言自明。

二是体现了“社建之平台”。社建平台即出版社建设之平台，现在也显示出其重要性，而且站在福建其他没有到北京设点的出版社前面，这个平台的作用越发凸显出来了。这个平台积蓄了能量、积蓄了机遇、积蓄了产品线。比如教育社的八本坊现在已经成为教育社在北京的“桥头堡”，不仅是策划中心、资源中心和运作中心，而且在平台建设上更做出了多方面的尝试，并取得了良好的效果。首先成为社内编辑来京实训的基地。为社内编辑接触首都与出版相关专业领域的优质资源包括装帧设计学习等方面，提供了短期驻京实地考察观摩和学习的机会。为社本部编辑跳出工作中固有的思维模式，为提升编辑自身职业素养搭建了坚实的学习平台。这就很好地发挥了积蓄能量的平台作用。其次成为出版社的驻京办事机构。八本坊自成立几年来，既为出版社与上级主管部门相关事情的沟通、联络起到了及时而有效的积极作用，又为出版社人员来京公务出差等提供了便利的后勤保障服务。这就很好地发挥了积蓄机遇的平台作用。再次是集合文化资源，产生优质选题，策划出版了一系列在圈内有影响力的学术文化思想类图书品种。这就很好地发挥了积蓄产品线的平台作用。

三是体现了“出版之擂台”。把这个出版擂台设在北京，实践已经证明特别好，能够拿到从擂台上竞争下来的产品，我觉得无论是未来的四大产品线系列，还是现在的单品系列，这个擂台都是站在比较高的层面“开打”。我每次在机场、高铁等书店远远看到漂亮的福建省出版社的图书封面，就觉得像是鹭江出版的“打擂”新作，走近一看果然如此。我手头上有一组时代飞鹭的数据。2016 年上半年的出版码洋达到了 2000 万元，其中，新书出版码洋将近 900 万元，加印次数达到 49 次，码洋将近 1100 万元。预计今年全年出版码洋将达到 4500 万元，公司的人均码洋贡献率在 200 万元。而且在京城这个出版“擂台”上，不仅在经典、新知和品质生活等产品线上做出了积极的探索，而且也形成一定的规模效应。像《季羡林的诗意人生》套装系列，出版才半年的时间少的重印 3 次，多的重印 5 次，高的印数快 3 万册。另一本《人本教练模式》总印数达到了 11 万册，重印了 16 次。也正是在北京这样一个出版界的较高“擂台”上，才能拥有比本省更多的资源和信息，也因此才可实现出版这样具有高度市场化的图书。进入出版“擂台”就是接受挑战，尤其是在北京这个出版高地上接受挑战，这里集中了最丰富的出版资源，也集中了最出色的出版人才。俗话讲，没有三两三岂敢上梁山？没有真功夫、硬实力的确不是随随便便就能下场子的。这些出彩的书就是这样“擂”出来的，谁擂？你们擂。也只有高举高打，才能擂得出来、擂得精彩。

四是体现了“沟通之舞台”。北京这个地方的确是一个很好的沟通舞台。作家资源、媒体资源、渠道资源、信息资源、政府资源等，以及各种资源横向联系、结合起来的资源非常丰富，真的非常好，大家相处得也很好。八本坊在利用媒体资源这个方面就做得很不错：首先巩固与已有在京媒体资源的联络；其次通过新书发布会吸引到更多北京媒介对福建教育出版社、海峡出版发行集团的关注；再次扩大与北京学术圈的沟通和了解。例如周桂钿文集“《秦汉思想研究》新书发布”在北师大的举办，得到中国日报网、搜狐网、中国网、中国发展网、京华网、中国社会科学网、理论网等媒体的同时关注和新闻发布；“《儒教的传承复兴》出版座谈会”在中国人民大学的举行，《中国新闻出版广电报》《北京晨报》先后刊登了座谈会信息。这样的例子还有很多。与媒体的沟通，不仅使社内更多的优秀图书得到媒体关注、展示和推广，也让媒体对福建教育出版社的出版特色、版块、方向增加了更多的了解和认识。与国内圈内学界的沟通，如儒学研究知名专家、学者和见面交流，有效地扩大了教育社“论道”书系在学术圈内的影响。我这里提一个小建议，出版社出版的图书可以让每一个作家签名几本，将来可以集中做一个展示，社史馆也可以陈列。这也是一种作家和出版社沟通的方式。

五是体现了“亮剑之战台”。从你们两家在京公司看，人数不多的队伍里面体现了敢于“亮剑”的精神。什么是“亮剑”精神？亮剑体现了一股气、一种力、一份勇，就是虽百折而不挠的豪气，就是锲而不舍的定力，就是狭路相逢勇者胜的战力。北京从事出版行业的民营工作室起码有数千家，数字阅读对传统阅读的巨大冲击，使传统出版面临着巨大的生存压力，传统出版要没落，甚至要消亡了的声调不绝于耳。但总体上讲，你们这两支队伍经受住了考验。比如时代飞鹭这个“站台”亮剑的能力高啊，人均出版码洋 200 万元，这对于省内的出版社来说是不可想象的，这个“战台”既锻炼了人，也成就了人。有一个节目，说国力没有军力行吗？我联想到，就我们当下出版形势而言，出版社如没有出版力行吗？一个出版企业没有出版力，能说有战斗力吗？而没有战斗力你还敢“亮剑”吗？

2. 从作用性看

无论是时代飞鹭，还是八本坊，我觉得不仅前期高效，而且未来的作用性会更加凸显。

一是“开了疆”。福建教育出版社八本坊这些年来逐渐实现了将策划选题、编辑出版的触角延伸到北京这个全国最大最密集的文化资源重地的愿景，从此为触摸国内一流优质文化学术资源、开拓崭新的图书策划领域打开了新局面，可以说初步达到了“开疆拓土”的目标愿景。《鲁迅译文全集》荣获第二届中国出版政府奖（图书奖）提名奖，《“她”字的文化史》入选第三届“三个一百”原创出版工程、第六届“国家图书馆文津图书奖”推荐图书等等。鹭江出版社时代飞鹭经过这么多年的耕耘也开始有了影响力，近年出版的市场化图书几乎都是北京的。集团2015年度“好书好刊”评选活动中，十本好书里面就有鹭江出版社《想象另一种可能》和《八卦医学史》两本，《想象另一种可能》还入选“2016书香羊城十大好书”。这些都是“开疆拓土”可圈可点的业绩与未来可以继续看得到的远景。

二是“立了点”。我希望做到点、线、面三结合。北京的这两个点和出版社总体的产品线，乃至对福建、海峡集团的这个面，要进一步建设成为重要的点——连接点、衔接点、发挥点。希望北京这两个点的作用进一步得到有效发挥。福建教育出版社北京八本坊文化传播有限公司的成立，成为出版社实现在北京策划编辑出版发行的前沿阵地，出版社以此点为根据地汇集各类优质文化资源，优选打造适合自身的产品版块、产品线，为诞生优秀的思想文化类选题提供了可能。希望对已经“立起来的点”精耕细作，继续发挥出更好的“示范点”作用与影响。

三是“拓了业”。拓展了业务，也是立了标杆、树了起点的高度、立了一个风向标，也立了一个标准。北京八本坊自2008年成立以来，在出版版块上开拓出版了一大批有人文情怀、有学术思想价值的图书，成为社内出版版块的有益补充，人文类的有《神堂记忆：一个中国乡村的历史、权利与道德》《吃透曾国藩》《马克·扎克伯格传》《国家救赎》，教育类的有《青春期困惑与团体辅导》《教育论语》《与美国国家年度教师面对面》，少儿读物有《老屋的天井》《老唱片咖啡屋》，等等。这些书不仅都是好书，而且是有情怀的好书。希望继续开拓创新，立好榜样，塑造风范，更加有所作为。

四是“育了人”。时代飞鹭的队伍很年轻，从总经理到各部门工作人员都是年轻人。这个团队不仅有好的视野、好的设计眼光，而且有发现好书的眼光、有发现作家的眼光。可以讲，你们两个社的这个平台起到了育人的综合成效。我一直说，编辑枯坐在那里，哪里能发现题材？我们一些出版人宁可窝在福建，有点被人诟议的“闽虫”现象。现今在京工作的出版人回到社里，大家都会带着仰慕的眼光看你们。而且这些书出得真是不容易，很多作者都是顶尖的作家。就是主题出版的题材，我发现选择的角度也很好，选的本子能够符合时代，这些书我都看过了。黄仁宇的《明代的漕运》，从某种程度上就是开掘出了国内“一带一路”的题材。《温和地走进宋词的凉夜》这本书，与当下大家都在推崇宋代雅致的生活也有关联，现在网络上有文章说，宋人生活是中国人生活的极致，把这些文字放在图书的推广中也是推销图书“接地气”的广告语。包括营销做得好也体现“育了人”的作用在发挥成效。八本坊自建立以来也同样面临和接受北京机遇多、人员频繁变动境遇的挑战，但你们依然凭借树立的出版具有人文情怀、具有学术思想价值的出版愿景，集结了一批有出版热情的年轻人，在京坚守多年、埋头苦干，在出版积累 270 多个品种的过程中，既锻炼了自己的队伍，也培养了自己的编辑人才。希望未来在加大培养出版人才、扩大出版人视野、挖掘出版资源方面，既育人又育才，把出版队伍的人才进一步培育壮大好。

五是“塑了形”。在北京的两家公司，不仅塑造了鹭江出版社的形象、塑造了福建教育出版社的形象，而且从某种意义而言也塑造了海峡出版发行集团的形象，所以我很感谢你们。希望你们更好地继续围绕走前头、塑形象、当标杆做工作，包括与机场中信书店的对接、与高铁车站汇智光华书店的对接等，不仅做深合作，而且进一步塑好形象。时代光华拥有机场与高铁车站直营店近 100 家，同时为全国 200 多家机场、高铁车站书店统一供货，能有效覆盖全国绝大部分机场和高铁车站。中信书店作为中高端读者的阅读空间，发挥了很好的渠道终端作用。这些机场书店、高铁车站书店对于出版社而言既是渠道，也是形象的窗口，希望继续努力经营好、发挥好、塑造好形象，为海峡集团未来的整体发展“建功立业”。

3. 从责任性看

既然“三岁看大”已有了良好的基础，我觉得“七岁看老”的远景预期可望，而且从当下及未来发展分析，福建教育出版社八本坊、鹭江出版社时代飞鹭的当下追求预示着将来的前景会更好。在这样一个时代背景下，我对福建教育出版社八本坊和鹭江出版社时代飞鹭的发展责任性有更多的要求与期许。

一是巩固局面。现在的局面来之不易，时代飞鹭这3年每年一个台阶；八本坊8年成果斐然。要巩固这个来之不易的局面还需要多方面继续努力。我不仅敬佩你们开拓局面的能力，而且期许你们要非常珍惜这么年轻就能够从事文化这么一项有福报的事业。从事文化是最大的福报。尤其是做出版的，一本好书给几万人看、给几百万人看，这是绝大的福报啊。所以说现有已经形成的这个发展局面我们一定要用理念去巩固它、用我们的文化情怀去巩固它、用我们不断出版的好书去巩固它。我们绝不能因为有暂时的困难而退却，更没有其他理由而不去巩固这个业已形成的良好局面。

二是坚持正面。从这几年八本坊出版的书分析，能始终坚持弘扬中国文化的“正能量”，无论是经典名家社科类还是青少年读物类图书，都能够在思想意识上牢牢把握正确的舆论导向，围绕主题出版、围绕当下社会所需的文化学术历史知识进行选题开发。我们要充分认识到无论书多么华丽、多么美丽，始终都要坚持正面的主导价值。无论文化角度怎么谈，包括引进外国人写的这些书我们都要很好地把关，加强从“正能量、正价值、核心价值观”上把好关，坚持正面的宣传，体现好党管意识形态企业的属性。出版企业完全姓党，所以我们要坚持出版原则和底线。哪怕有些书看起来有一时的价值、很畅销，我们也不能因为短期有经济价值而丢弃了正面价值。出了一本有问题的书，不仅压力大，而且接踵而来的问题更突出。不要因一时认识短板而致大错。

三是联结方面。北京方方面面的资源要继续联结好、衔接好。一本好书的成功，不仅仅要有好的作者，还要有好的渠道；不仅要有寻找媒体宣传的意识，也要积极发挥自媒体平台的优势，做到传统渠道和网络渠道结合、线上营销和线下营销结合。特别让人高兴的是像出版王志纲工作室的图书所取得的众筹经验，属于出版业态的新生事物等方面的工作都值得认真总结。还有其他一些名作家、名渠道、好渠道都要进一步联结和巩固起来。对这些联结性工作的方方面面，千万不要采取功利主义的态度，一定要积极地培育好、培养好，扎扎实实做深、做透关于人的工作，该送样书的要及时送样书征求好意见，该一起喝喝茶就一起喝喝茶以便及时了解动态信息，做出版也要有久久为功的思想，千万急功近利不得，而且要注意不要自破底线。

四是优化层面。一个企业的层级管理很重要，一个企业产品的层面、结构、产品线等需要做深众多优化层面的工作，这些工作不仅要与时俱进，一定要发挥我们最好的比较优势，做适合我们能够形成拳头的这些出版版块，否则就是丢掉了优势。福建教育出版社在教育类、鲁迅研究这些层面有优势、有成果；时代飞鹭在人文社科、经典新知版块上发力甚多，这些都是出版社确立自身定位后不断推出出版佳作积累下来的优势，不仅要坚持，更要拓展，还要注意优化。目前各地都存在出版人才队伍继续优化层面的同样问题。出版做得好不好归根到底还是人的问题，只有把队伍建设好了、人才结构优化好了，才有可能不断出版社会效益和经济效益双丰收的图书，才有可能使福建出版迈上一个更高的台阶，进而向先进出版省份靠齐。否则这个层面看起来很美，实际上昙花一现、不经风雨。

五是避免片面。从当下及未来发展分析判断，今后要更加注意，对人才的使用不能片面、对廉政建设的认识不能片面、对管理制度的优化建设不能片面，更不能因为在京人员也就是几十号人就放弃了管理、放弃了制度规范。原社长黄旭为公司起名“八本坊”用意深刻，这个“八本”是曾国藩教育子弟所做的规训，“八本”其中的一个“本”讲的就是“居官以不要钱为本”，我们出版人并不是什么官，但同样要有这样的操守，这是我们为职业、为初心所设定的人生底线。希望大家谨记根本，避免任何方面的片面性、单纯化。

十一、兹“书版”而为

花开花落春多少，独有层楼双燕知。一座百花园的培育的确是一个艰辛的过程。从鹭江出版社自身而言，作为福建出版改革开放的产物，历经 30 年逐步形成一条自身发展的路子。这同样也是出版集团改革发展的必由之路。30 年间，鹭江出版社立足于特区这个窗口、这个平台，以厦门为基业，发挥了鹭江出版社在福建出版的比较优势，当鹭江出版社有了一定的基础之后发展又有了新跃升。应该清醒地看到，鹭江出版社的发展现在有压力，但更有基础。基础的物业、产业和实业在厦门，现也通过改革使“优楼”“优用”，同时让持有的现金流也发挥更好效益。令人可喜的是，在这个发展过程之中，鹭江出版社迈出了自身出版改革的第一步，从南国之滨的厦门以“飞”的状态进入北京，所以有了“时代飞鹭”。这名字很有寓意，飞进北京并不是谁都可以的。我作为一个爱书人到今天成为一个出版人，整体上判断，鹭江出版社的确是把准了时代发展的脉搏飞进了北京，这是一种有生命的状态、一种创新的状态。鹭江之路折射出了今天福建出版人勤耕的书山之路。过去人们常说“书山有路勤为径”，鹭江出版社包括时代飞鹭从福建出版改革的第一步——进驻厦门特区，到自己放飞走出福建省进入首都，其改革的步伐、飞翔的步伐整体上是健康的、有益的、成功的。从回顾、总结和反思的角度讲，这个成功体现了“鹭江人”在探索书山有路过程中的六个“为”的状态：

一是体现了“勤为径”。勤奋是我们出版人孜孜以求的勤耕之路。从某种意义上讲出版人的这一块“耕田”就是福报之田。要耕得好就得勤，不把勤作为路径、不把勤作为出版工作的出发点肯定是做不好出版工作的。古人讲“日耕夜读”“晴耕雨读”，人生既要耕田谋生计又要读书明事理，这两者是很难周全的。同样地，既要看出一本书的质量问题还要看出其市场潜力也是很不容易的。出版的圈子越大福田越大，勤与收获是成正比的。一次从西柏坡优秀党建读物专题展回来的路上还说，只有在北方才能看到这样涌动着一大片金色的麦浪，有这么大的地才有勤的机会，土地逼仄的南方想种还种不起来，想勤也勤不起来。鹭江在厦门有勤的机会、在北京有勤的天地，这是一块让你有机会得以“勤为径”的天空、让你飞翔的天空。作为时代飞鹭就是要有“鹭”的形象、有特区的形象、有首都的形象。

二是体现了“创为先”。从“创为先”的视野讲，鹭江出版社就是福建出版创先迈出的第一步，初创到厦门，第二步是创先到北京。第二步创先闯到北京已创出一片天空，走出的这条创先路要坚持。走创先发展的路肯定有代价，但代价是正常的、必须付出的。我观察了时代飞鹭的“库存书”，很多都是好书，也可以通过一系列创新举措加以积极消化。时代飞鹭出版定位的经典、通识、新知、文学四个版块我都同意，包括以前行之有效的“创”、成功的“创”都要保持。创有代价，但不能以不可挽回的错误为代价，不能以不可挽救的损失为代价。我看了看库存一千多万的品种都是正常定价的图书，不比那些大套书的“压库”。适销对路的市场书不用怕，可以积极想方设法开展营销，还可以考虑从海峡书屋的层面促销。如果没有信心，连一千万的正常库存都疑虑，那还需要我们“创先”出版什么，我们各方面都要努力去推广、去创先地解决问题。创先营销同样也是多元的，比如鹭江出版社如何盯住省内重要渠道的业务，如何与厦门市店合作，厦门新华的物流平台对鹭江版图书营销来说是最近、最好的平台之一。不犯致命的市场判断失误，库存码洋多一点都是很正常的。出版社没有一定的库存存量，哪一天突然馆配需求起来一千万也不算什么。另外渠道创先也很重要，这些书都是很适合公共图书馆馆配的品种。时代飞鹭出的这些市场书整体上适销对路，时代飞鹭所做的市场化图书也特别突出，我是到处推荐鹭江出版社的图书，走到哪里都为鹭江出版社做广告，时代飞鹭出的书真的是好。有的其他出版社出的书内容很好就是面孔不好，比如福建教育出版社北京八本坊出的《理学的脉络》我也到处宣传推广。只要是闽版好书我走到哪里都宣传推广到哪里，尤其是推广推介“创为先”的理念与精神。

三是体现了“市为基”。从某种意义上讲市场判断要作为出书的基准，可以作为出书的第一信号源、第一信息源、第一开发源来正确把握。时代飞鹭出版的图书“接地气”也就是符合“市为基”的理念。何捷社长最有经验，福建科技出版社的书尤其是医学书 30 年来常销不衰，这不就是以市场为基吗？时代飞鹭在原社长何捷的指导下更具有市场的敏锐性，几十年积累的把握市场经验的优势跟鹭江出版社很好地结合在一起。“市为基”要求来自市场的信号应准确。当下网络书店的一些行为，相信政府迟早会出手调节，不可能任其泛滥地不与国际通用的做法接轨，随便乱打折扣。现在实体书店回温就是政府看到了问题的严重性。导向所致，不可能只靠网络书店维持出版业的繁荣发展，更不能由网络书店一家独大呼风唤雨。中国的出版发行产业更不可能只让那么少数几个人赚钱还赚吆喝。鹭江出版社有这个“市为基”的经验，何捷更有这个把握市场的经验，要把福建科技出版社的经验用于指导鹭江出版社、用于指导时代飞鹭的发展。要用发展的眼光来考核时代飞鹭。出版社市场化图书做得越多、越好，集团奖励给出版社的也越多。我们搞社店合作的目的就是为了使闽版的市场化图书能更加健康地往前走。我们不会奖励你把书做到库存，有些大套书、重点书是要做，因为有国家政策引导、有社会效益的指标要求等。所以有的书不一定有市场也必须要做，那是做行业水准之需要。

四是体现了“联为态”。作为一家立足北京的小型出版社，处理好方方面面的联系、联通、融通要成为常态。做任何一本书跟读者要联通、跟作者要联通，包括批评你的读者都要联通起来，这应成为一种常态。千万要注意做好平时的工作，不要做功利主义者，临时的突然的“鸿门宴”谁敢去？不要老想着有事时再找人“摆平”。君子之交的态才是常态，出问题的都是“不联态”，平常不联、有事再联最后肯定出麻烦。要真心和作者、和读者、和渠道交朋友。要琢磨好如何有度、有数地处理好各种公共关系。所以作为出版人包括编辑、业务人员都应有情商，千万不要蛮干。读者、作者、批评者都要联系，联成一个合力，形成一个较为统一的意志才好做工作。众人拾柴火焰高，做好一本书要有很多环节和过程，如有众筹当然好，上有集团奖励更好，下有客户埋单也急需。这些都是“联为态”的关联元素，希望都能把握好。

五是体现了“效为标”。“双效”是标准的要求。时代飞鹭整体上是双效统一的。出版社年终考核“社会效益”都是满分，没出现失误问题。在北京的出版前沿阵地上千万应慎重，不要被别人忽悠了。社会效益很重要，但市场化图书做得华而不实也不行。建议《鹭花集》编好后送给馆配商作为附带品，也可以做成笔记本形式，读者可以写读后感，扩大社会影响和美誉度。经济效益的因素是“标”，标准定了就要按照“达标”要求去做。时代飞鹭是社里根据自身现状通过“创先”成立的，既已成立又正常运行了这些年肯定是停不下来了。改革从来没有回头路，改革之箭已经射出去了，就一定要勇敢地坚守下来、挺立起来。

六是体现了“福为报”。文化人的福报是很厚重的，留住出版人的队伍要靠讲“福报”、讲“文报”、讲“厚报”，只有真正热爱出版事业的人才能真正忠诚于出版事业。因此有热爱、有忠诚、有福报的一大批出版人团结聚集在一起就可以把出版事业做得红红火火，你一想到能有机会做这样的文化事业，就觉得人生很值得。我是到退休前的两三年才加入到出版队伍的，你们这么年轻就从事出版文化事业那福报比我厚啊。我选择做文化乐此不疲，也很珍惜。希望大家能有此共识，共同为我们因拥有这种福报而努力把出版事业做得更好。

有了上述创先形成的“六为”理念，建议未来做到六个“守”：

1. 守好闽版的窗口

这里的闽版窗口有多元的意思：一是福建出版的窗口；二是鹭江出版社在北京改革、创新“六为”的窗口；三是“闽书苑”的窗口，具体承办管理“闽书苑”。要通过“闽书苑”把最优势的“六为”理念传授给福建出版界、传扬给京城出版界、传送给在京中央相关领导指导。“闽书苑”成立后集团有补贴，时代飞鹭可以节省一些成本，信息资源也可以大大增加。希望通过上下各方面的共同努力，把这些窗口真正建成为创新的窗口、高尚的窗口。

2. 守住出版的关口

出版的关口在哪里？一是意识形态的关口。这个底线不能失守，没有讨价还价的余地，你们要有这种强烈的坚守意识。二是阵地的关口。在北京的阵地应该要巩固好，做旺阵地，最后壮大阵地。时代飞鹭要降低成本就应在内部挖掘潜力，要多琢磨事，真正做到用精人才、用准财务、用好资源，精准到位地做好出版工作。三是产品线的关口。不要开了这个产品线又关了那个产品线。产品线就是出版的优势特色，不要轻易开、轻易关。很多出版社都有特色的产品线，一看就知道，就像中信出版社的大中信、小中信，版块清晰明确。时代飞鹭不要把做得很成熟的产品线关了，又去在不成熟的情况下盲目开发新的关口。开关之间就失去了分寸。刘伯承元帅讲打仗有一句名言：五行不定，输得干干净净。我们出版人更要讲定力、讲信守。

3. 守护品种的端口

一是系列化。刚刚汇报材料中讲的经典、通识、新知、文学四个版块，这些系列化的“端口”就很好。科技社的中医版块就做到全国前列，守护得很好。作为一个出版社要有“当家菜”的系列化品种。二是系统化。在系列化基础上延伸出有系统的东西，如语文系列图书、八卦系列图书，集中整合起来人文社科的系统面貌就清晰了。要很好地琢磨，千万不要离题太远、不够集中，编辑也没有这样的精力和能力。聚集好的作家群体也不可能做到面面俱到。围绕这几个版块形成系统化的优势，作者群也就集聚起来了。三是系数问题。要用数据解决系列、系统问题，系列、系统都要以科学数据为归结点。通过精准营销解决系数管理，馆配、线上、社群怎么做？每一种图书怎么传输到读者手上？渠道在哪里？有的在机场、在高铁车站书店，有的在特定渠道。印数、库存的测算数据更应科学、量化、准确，不能盲目拍脑袋以致重大损失。

4. 守牢效益的隘口

社会效益、体系效益、经济效益“三效合一”要把握好。一是社会效益。社会效益不能出错，北京所谓的能者多，骗子也多、忽悠也多，在北京发展更要小心谨慎。社会效益实行一票否决制，没有了社会效益“隘口”就危险了。就像站在垭口随时有跌落到万丈深渊的危险。二是体系效益。库存体系、营销体系、印刷体系等几个体系都要注意体系的效益问题，节约增效、两增两降这是对的。合理的库存是对的，没有一定的库存不合理。这些书的库存和某些定价几千元的图书库存是不一样的，三折五折能够销售得出去的。再不济集团内可以通过其他渠道促进营销。三是经济效益，这是社里制定的要求，时代飞鹭要不折不扣、想方设法、千方百计地去完成，让社里对时代飞鹭放心。鹭江出版社要在内部加强对团队共识的引导、增强，对时代飞鹭远离厦门同样能让社里放心的共识，希望上下双方良性互动。

5. 守望文化的峰口

登上高峰同样有步骤要求：一是自己预定的高峰，主要是社里制定的目标。社本部和时代飞鹭要守望相助。厦门到北京何止千里？撑杆一跳，跳上去就是一个目标。二是集团对社里要求的高峰，从某种意义来说，时代飞鹭所出版的图书代表着集团在外形象。时代飞鹭不要辜负集团对时代飞鹭做“高峰”的期望，不能做一两本就没有了，要让我们可以很自豪地时时走到哪里都能为出版的图书宣传到哪里。三是行业和全国的高峰。哪一天时代飞鹭做的书出现了“五个一”，选题入选国家重点出版规划项目我就非常欣慰了。现在市场化的表现就很有成绩，每年集团评定的“十本好书”鹭江版的书的确也让人欣喜。有一年集团评出的十本有四本是时代飞鹭做的，这个很不容易。

6. 守固团队的津口

时代飞鹭现在所处的正是发展的要津之口，同样要求守固好以下三个方面“津口”：一是人才的要津机制。希望鹭江出版社创先做好人才的培训锻炼工作。时代飞鹭是熔炉，人才可以在这里熔炼。我建议鹭江出版社好的有潜质的编辑，可以分批次到北京交流锻炼，不要都在厦门。不懂这边的辛苦，不理解这边的艰难。人是越安稳越爱讲闲话，不干事的人才有闲话，干事的人哪有时间说闲话？可以试行制度上轮岗，本部的到北京学习锻炼一段，北京的同事也可以到总部学习管理，双向互动。下一步，时代飞鹭还要承担“闽书苑”的职能，做好平台工作以求能为福建省内的出版社搞好服务。二是激励机制的津口。责权利统一，有责有利应对等。时代飞鹭走到今天不容易。集团一定会支持时代飞鹭，像去年的时代飞鹭工资总额问题上集团就很支持。时代飞鹭也要争气，继续做到稳健创新地发展，为福建的出版起到一个真正的示范作用。三是信心支持的机制。集团肯定支持时代飞鹭的发展，社本部更要开明地支持，这些支持包括人才的支持、信心的支持、眼光的支持、理念的支持等。

归根到底，这里讲的“守”，不是保守的“守”，不是退守的“守”，更不是失守的“守”，而是作为出版事业信守的“守”，出版人职业坚守的“守”，同时更是作为文化人对自己福报恪守的“守”。

十二、兹“书版”而成

北京八本坊自2008年成立以来，始终以教育类和人文社科类图书的出版为主业，作为地方社屹立在北京的旗帜，从生存到发展，从艰难到坚守，已有近9个年头。尤其可喜的是八本坊始终有自己明确的出版方向、出版特色：重人文学术、关注时下教育；重图书经济效益，更重图书的社会效益，始终不忘出版人在社会生活中应尽的责任和义务，体现了用内容说话、做品质出版的根本要求。公司有教育类图书多次获《中国教育报》“年度100本教师喜爱的图书奖”，有中小学生心理健康用书出口马来西亚，出版过季度行销上万册的传统文化大众读物，并有列为省级重点的出版项目、获各类及省优秀出版物资助奖项的项目若干等。八本坊秉持的经营理念：依托现有出版条件，以教育图书版块为公司发展的经济基础，坚持在人文社科版块做内容优质、制作精良的图书，从整体上看方向是对路的。八本坊有不少获国家及部级大奖的人文社科书，教育类延伸版块有选题新颖的图书。八本坊驻足京城，9年坚守，从生存到发展真得不容易。

北京八本坊公司的命名，衍生、演绎于曾国藩的“八本堂”，这说明其立意、起点、视野是相当高的。海峡出版集团在京的两家公司——八本坊与时代飞鹭，各自走出来的发展路径是不一样的，无法说孰优孰劣，应该说各有比较优势。2017年八本坊图书的重印率是历史最高的一年，让人欣慰。兹用“四个八”来讲一讲认识与体会。

1. 客观判断好八本坊形成的这“八方”特色与成效

古人常讲的“一方水土养育一方人”，一方格局成就一方事业。从总体上讲，北京八本坊这些年在北京的创办、发展初步印证了八本堂的意境、八本坊的初心，展现出了“八方”的特色与成效：

一是养育了一方出版人。八本坊在京 9 年，在此平台上来来去去的人也有几十位，这些人虽然因不同的原因离开了八本坊，但都还在做出版，还在为中国的出版发挥各自的作用，因此对于八本坊这一平台来讲，就是养育了一方出版人。现在有些大学毕业不久的学子来到这里是来体验出版经历的，他们从这里学习了做出版，但因志向不同又产生了不同选择。而对于我们八本坊自身来说，我们在此期间毫无疑义地承担起了责任与义务养育了一方出版人，这是值得宣传和自豪的。可以把这些在八本坊工作过的出版人联络起来建个群，多沟通后使之成为一种资源。常言讲，五百年的回眸才有一次在一起，更何况曾经共事过。常言道，微尘也有微尘的作用，不可以小看细小的事物，也许在不远的将来，从八本坊走出去的一批出版人因我们的“养育”而成长、成熟和成才起来。

二是成就了一方文化。福建教育出版社北京八本坊公司自觉地把福建的教育文化融合了京城的文化，这是值得自豪的。就如现在形成的出版文化品牌系列，明显从原初的人文社科、教育延展到现在幼教、比较教育等领域，这就是在出版领域成就了一方文化。所谓文化即是一种选择的方式，文化选择对了，就对成就一方文化找准了方向。作为文化人对文化就一定要有思考、要有坚持，不能把文化当抹布、幌子，更不可把文化选择随便丢弃、轻易放弃。文化与文明有联系又有区别，文化是一种方式，而文明则是一种形态。犹如吃水果，吃的是一种文明成果，而怎么吃则是一种文化选择，吃前净手，吃不出声，这又体现出一种文雅行事。所以要好好总结八本坊如何从“八本堂”文化的初心到形成八本坊的特色文化理念，进而更好地守护和成就好自己创造出的一方文化价值。

三是培育了一方队伍。八本坊原来是编、印、发、供一体化的，虽然现在只有编辑部的形态，但也是一个小团队。这个小团队的团队精神、凝聚力能否涵育好、养育成、巩固住始终是需要用心去思考的。还是建议做好从这里“走出去”队伍的联络、联系和联通工作，可以采取横向的联系等形式促进多交流、多交往、多交融。八本坊从一开始就有一个小团队，也是由福建教育出版社培育出的一方队伍，且历经几代，当谈起谁是第几代领导者的时候也都有了概念与说法。八本坊发展的 9 年间应该说的确是培养了一方队伍，做了他们应尽的工作职责。

四是树起了一方旗帜。北京八本坊是福建在京的一个窗口，也是福建教育出版社在北京的一面代表性的旗帜，做得好与不好都是一面旗帜的意义，所以不能轻视它的作用与作为。旗帜犹如一座树起来的丰碑，只有迎风招展才能让人跟着你的方向前进。八本坊传回社内的每一本书应当成为社内旗帜性的导向标识，所以，北京资源多、机会多，有可以成为旗帜的条件，但也要明辨分析、善加利用、坚定自信、护好旗帜，坚持好和把握好旗帜的方向、导向和风向。

五是引领了一方风范。在京城做出版更要立足精做精传。精做就是名组、名印；精传就是传回福建的作品起点要高。唯有做到精做精传才能引领一方风范。以前我曾善意地批评八本坊的“白板”问题，其实白板也可以做出精品，犹如人穿白衬衫一样，在重要和隆重的场合穿好白衬衣，穿好了更显出一种庄重美。所以图书封面的“白板”需要精心设计，做好了才能真正做出风范。希望八本坊传回社内的每一本书，从设计到内容都可以引领社内一方风范并成为风向标，对社内出版形成一种引领、提升和台阶作用。在北京可以接触到很多大社的创新内容和形式，即使人家不肯教、传和递，但我们还可以通过“偷艺”学到好理念、好概念和好风范来。所以希望今后传回去的文本从内到外水平都不比福建的水准低。

六是营造了一方环境。北京有非常好的出版环境，八本坊在北京立足 9 年，已顺利地越过了“七年之痒”，已经适应了这一方环境，相当不容易。但在造一方适合北京八本坊发展的环境时，我们的思考、我们的作为是要让它今后能做得更大、更远、更久，这样的环境适合度才会是更久远的，是真适合的，只有真的建立了和谐的环境，你们在其中的发展才会舒适、美好。同时，我们也要做好融入北京出版人文环境的横向联系工作，像为《理学的脉络》推广宣传，在北京各大图书馆所举办的讲座也是一种创造一方环境的成就。八本坊可以打造几个适合自己图书在上面推广宣传的平台。另外从这里“走出去”的几十位编辑也是为你所用的小环境，这也就是常用常新的软环境，也即是以前常说的软实力、硬实力、巧实力的整合聚集。还要在打通图书宣传渠道、推荐平台资源等问题上好好琢磨，并将其上升到营造一方环境的高度上来把握、来构建。

七是涵养了一方品牌。八本坊取自曾国藩的“八本堂”，这本身就是一个品牌。现在海峡集团的两个窗口，一个八本坊、一个时代飞鹭，是福建大社在北京立起的品牌，两个品牌各具特色，不好比说谁优谁先，但两个品牌要各自加重品牌的分量。犹如衣服的品牌一样，真假品牌可以从面料到做工去鉴别出来，其实这也是他们通过面料、设计和做工去培育和涵养他们的品牌。所以，我们也要涵养好八本坊这个品牌，既然借用了曾国藩的“八本堂”做自己立场的品牌，那就必须按照他的八个理念来树立自己的品牌意识，不能只用其形而弃其魂，应通过艰苦的努力去真真实实地涵养好八本坊这个品牌。

八是闯出了一方天地。现在八本坊关起门来是一个小天地，是联结福建母公司与北京编辑部的小天地，是一个单循环过程中递进的小天地、一个出版窗口的小天地。过去是编印发拢在一起的小天地，现在是独立编辑部的小天地，而即使最终定位为编辑部，也照样可以做成一个比较完整的、有声有色的编辑部。不能说编辑部就没有作为，如果八本坊能营造出自己的一方天地来，编辑部的天依然可以是蔚蓝的，可以如雨后的天空晴朗无比、毫无雾霾、前程清澈。

2. 通观评价好八本坊 9 年蝶化过程中催生出的“八变”经验

一是变“土方”为“京方”。土方是指“闽土”一方的窗口，现在变成京都一方的编辑部。八本坊从福建走到京城是自信性、跃升性的变化，而且可以在北京一驻就是 9 年，这一种“变”不是谁都可以变出来的。至今八本坊立足“京方”，培养了一方队伍，在没有增加“土方”太多负担的情况下还能每年完成社内下达的经济任务。变“土方”为“京方”，不只是经验性的东西，而应有理念性的支撑，要坚持把它变得更加完好。未来的发展既要讲好“土话”，也要讲好“京话”，让“土方”融合“京方”达到 1 加 1 大于 2 的效果。

二是变“小方”为“大方”。刚刚来京时是出版圈里的“小方”，是对北京出版很生涩的、摸不着市场、找不着出版规律、土里土气的“村里小芳”。经历几代人 9 年来的努力，现在已经变成落落大方、敢于“亮剑”、可以从容地选择自己出版定位的“小方家”。所以，当已成为一个“小方家”时一定要更加有效地利用好北京的这个“大方”，做好大小结合、变小为大、努力做大这篇大文章，未来能跻身“大方”的行列，真正成为富有特色的“京城小芳”。

三是变“一方”为“多方”。过去只有教育社关注的“一方”窗口，现在是海峡集团关注的“多方”窗口。闽书苑首轮交由时代飞鹭管理，以后也可以参与，或者两家共同管理、共同建设好闽书苑这一福建在京共同的“窗口”，这也是一种“多方”。可以一起在编辑、设计、装帧上把福建一方的力量全部带动起来成为多方的力量。开办闽书苑的目的也就是期望做到这个“多方”的效果。既是福建教育出版社的窗口，也是海峡出版发行集团的窗口，应看到有多方的力量在支持，也在支撑着“多方”概念的形成。

四是变“单方”为“衍方”。八本坊不是单一性发展的，原来就有教育、人文社科版块的产品，现在又从教育版块中衍生出比较教育、幼儿教育等版块，这些衍生总体方向是对的。现在教育的“补短板”需要大量的幼儿园，所以集团也在关注幼儿园的发展情况，也在思考创办幼儿园和打造幼儿教辅产品的做法。在产品设计上可以做好版块的衍生工作，如比较幼儿教育这些版块将会是很有市场的需求。中国现在教育上发生的各种现象确实需要在理论上先理顺讲透，所以衍生出来的新版块就是变“单方”为“衍方”的有效尝试和创新。当然这需要及时地好好总结、充分地论证、一如既往地坚持，努力探索和积累好自己“衍生”发展的后劲。

五是变“旧方”为“新方”。八本坊来自福建教育出版社这个“旧方”中的“老的社”或“旧的社”，在北京能不能通过融合发展成为一个新的概念展现在福建面前、展现在北京面前，这里就有一个新旧整合聚变的理念。到了北京就不能全部照搬福建的旧有做法，而应着力于构建一个创新的平台。怎么创？飞鹭有飞鹭的创法，八本坊也应有八本坊的创法。我们讲林语堂是“脚踏中西两个文化”融合得比较好的人物，他既是旧道德的传道者，又是新文化的传播者。应在思考如何固守住意识形态基本底线的同时，不断追求创新的最高境界、出版境界。不能老守着旧框框，而应与时俱进地去做好出版。犹如老药方针对现代人，未必就能治得了病，而必须生成新的药方以适应现代人的体质。传统文化要守，新文化也要打造，关键是应寻找到最好的结合点。在北京恰恰有这个机会，可以既传承好福建教育出版社的企业文化，又把京城的文化融在一起，生成可以传导、反哺、促进社本部发展的新生力量和创新文化。

六是变“守方”为“创方”。守住发展的基础和要素，但不要让其变成沉重的包袱，对发展产生新的阻碍。为了单纯解决所谓“饭碗”问题而畏手畏脚不敢突破创新，那发展将会离你越来越远。要想支撑发展，就必须解决好“守”与“创”的关系问题。如果不敢创新，就会越守越难以主动。我给时代飞鹭的几句话可以去看看，你不是“退守”“失守”“离守”，而是“守好”“守望”“守固”等六个“守”。只有真正成为好的“守方”才能真正成为创新的一方，我们到北京来初始的目的本来就不是只想当“守方”的，目标是要当好“创方”。要想成为创新的一方就要变“守”为“创”，真正做到更新思路，在实践中把“守”变“创”，把库存变成畅销，把平凡变成美好。

七是变“静方”为“动方”。做出版最忌守株待兔，应主动利用北京这个大平台主动出击、主动作为，不能窝着守着“小日子”不肯动，更不能“乐不思蜀”地满足于过“小日子”。日常工作中你们务必记住“流水不腐，户枢不蠹”的道理。在北京从事出版工作就是使之成为一汪活水，而不是一池静水。常言道，深水才能静流，可我们现在还只是一滩浅水的形态时，还在那里静着，那不就会发馊发臭吗？所以，面对出版的万千世界、出版的深水海洋，务必保持清醒的头脑，时刻注意做到变静为动，成为真正主动作为的一方。

八是变“促方”为“责方”。这讲的就是应该做到变“被促进发展的一方”为“负责任的一方”，一方面讲社里不可以“鞭打快牛”，但你们也不能成为“靠鞭子驱动的懒牛”。不论是以前作为编印发一条龙的一方，还是现在作为体现编辑部功能的一方，都要成为责任主体的一方，不能单纯地为完成任务而完成任务，而应切实做到通过创新而完成任务、通过创先而超越任务的责任主体一方，只要有这样的责任、这样的情怀、这样的福报、这样的抱负，也才能真正做到齐心协力地成为一支敢负责、有担当的出版团队。

3. 达观透晰好八本坊持续发展面临的“八冲”挑战

八本坊的9年发展能获得“八个方”的成效，得益于形成的“八个变”的经验，有了这些成效与经验就能够统一我们的共识、形成我们的合力吗？我觉得还不够，我再补充“八个冲”的概念让大家思考这些挑战。可想而知，如果我们是“站在草原望北京”，那么是以小看大，以外围看核心，是一种朦胧的感觉；如果是“站在北京望草原”，那是从宏观看微观。从闽水之滨来到北京，经过9年发展，现在完全有资格站在北京再回望闽土了。当我们回望福建教育出版社在北京的这个窗口、回望这个编辑部的时候，我认为你们有八个要冲破的而且也希望你们勇于用“八个冲”来冲一冲固有形态的症结问题，唯此才能更好地前行：

一是冲一冲“小作坊”的意识。从人们下意识的角度分析，或许因为你们以八本坊自称，所以有必要冲一冲“小作坊”的意识，这个“冲”不是要把它冲垮、冲没了。由编印发演变为编辑部，难道就只变成了小作坊吗？不是的，如果这样想就应该说是远离、背离了初心。我们都知道当年轰动一时的《编辑部的故事》搅动了中国电视剧的“一池春水”。如果初心只是立足成为福建出版的一个小作坊，那就无法搅动福建教育的“一池春水”，更不可能搅动海峡两岸的出版春水。如果你不冲破“小作坊”意识，也就不可能培养起“工匠精神”；当你有了“工匠精神”，才会超越“小作坊”意识的束缚而有所作为。当下我们为什么常常羡慕日本人的小作坊？因为他们虽是小作坊但深具大工匠意识，如日本著名的博文堂毛笔，就是超前地把全世界狼毫原料全买下了，囤积了几十年的量在那里。它是小作坊吗？看似只是具有一二百年历史的家庭企业，如果仅把它视为小作坊它就不可能存在这么久。所以希望首先“冲一冲”小作坊的意识。

二是冲一冲“小制作”的理念。“小制作”是中国的传统理念，建版也是从小制作走向大制作的。八本坊看似是“小制作”，但同样应有大作为，在北京小制作更要做精品，虽不要求做多，但每年可做几本精品。就是“白板”也要用大制作的理念，不要都是一模一样的格式，包括用纸、凹凸版等都可创新性地尝试。你们在北京哪怕是小制作仍有许多可看、可学、可鉴的，而且还可以做出自己的特色，要有让人一看就知道是八本坊制作的，如此而行你们的这小制作就有大作品的风范和影响了。所以应从理念上“冲一冲”所谓“小制作”的问题，努力向大制作真正所具有的新颖、独特、自成风格等方面追求。

三是冲一冲“小市场”的眼光。原先是编印发一体化，但不要只满足于只生产几个品种的做法，而应该注意放大单品种的销量，当然这需要自身有较好的市场眼光。八本坊有过单品种大销量《吃透曾国藩》的经验，但也不能几年只有一个品种达到此要求，必须通过市场摸索有效扩大规模。现在《理学的脉络》正在做大力推广，要想想它的撬动点在哪里，想想如何跟适合的渠道结合，比如与党校教育的结合等。我们不能把自己拘囿于小市场意识、小市场眼光内，唯有透过大市场的眼光才会形成大市场的概念。平常希望时时检查自己是否存在小市场的眼光，多谋划如何努力让单品种产销量最大化；即使现在发行版块放在福建总部，还是必须时时想到“冲”出小市场局限的理念与视野。

四是冲一冲“小协同”的作为。八本坊原本是编印发自己协同发展，现在印刷、发行移回社内，这就要求适时协同好与本部的关系、与外方的关系、与各个部门的关系。这个外在的协同需要更主动，不能潜意识里认为是“小协同”就无所谓，无主动就无责任心。尤其八本坊和社总部离得这么远，如果没有“大协同”的观念，就更容易出现种种意料不到的问题。犹如中国军队军人行列行进的步伐，因为是按照人体的特点进行合理设计，所以不容易出现问题，也让士兵在行进过程中容易协同，我们的协同机制设计与运转也应该是如此的。你们如何协调京方、闽方的关系，真正做到水乳交融、合为一体，不仅概念上有大协同意识，机制上更要理顺，使公司与总部之间真正做到互相上心、步伐均匀、互相牵挂、协同发展。

五是冲一冲“小联动”的习惯。“小联动”必然不会有“大磨合”，更不会产生“大效能”。大家都玩过小齿轮的联动，肯定知道它的原理：小齿轮的联动步子自然就小。所以你们应改变“小联动”的思维习惯，“小联动”的机理习惯也要改，否则会缺乏系统联动的整体思考。协同是协同，联动是联动，主动性、联动性、协同性的理念与机制应尽快形成。另外联动时应注意不能用小齿轮带动大齿轮，否则也会失衡。未来这个联动的机制应理顺明晰，该哪个齿轮引动就哪个齿轮引动，习惯形成好规矩就出来了，好规矩出来规范就形成了，规范形成责任也就明确了，唯此才能更顺畅地运营运转好。

六是冲一冲“小窗口”的视野。八本坊有福建教育出版社在北京窗口的作用，更应有源源不断地给总部提供编者、作者、设计者、合作者的这种大视野，而不能一年只做几本书送回去的“小窗口”意识，如果是这样那你们大视野、大平台的作用就做得不够。比如有大的作者、大的合作你们先谈，如果谈不下来可以找总部的人来谈，甚至上报到集团来谈，那么你们的窗口视野就打开了。你们应主动地站在更高一点的平台上把视野打开，不囿于做“小窗口”，而应时时敢于“亮剑”、敢于作为，那你们的认可度就会不断提高。你们更不要害怕窗口开大让风吹进来，如果缺乏更大的视野，而只停留在那里过相对安适的小日子就会缺氧，那又如何有能力输送更多的新鲜空气给总部呢?

七是冲一冲“小日子”的惯性。过去人家常讲“七年之痒”，其中一大原因就是太满足于过“小日子”而失去了追求，致使“三观”不同、步调不一后出现危机。现在八本坊也出现这种苗头了，大家会觉得过“小日子”好啊，可是“小日子”有“小日子”的闲，也有“小日子”的苦。我们集团一年要完成30亿的营业收入，苦不苦?苦，苦我们也要抓也要做，不能因为苦而想过“小日子”，就不千方百计地逼着自己去完成任务。人如果满足于过“小日子”就会失去信心、动力，更谈不上创新，我们更不能因为苦而不做工作，也不会因为苦放松自己而想去过好自己的“小日子”，更不能因为苦而把工作责任推给上级。没有奉献精神、雷锋精神就难以冲破过“小日子”的惰性。所以，当下对你们来讲过“小日子”的惯性的确需要冲一冲。人一旦有惯性就会产生惰性，有惰性就没有激情，没有激情就没有创新，也就不会有八本坊的“前生今世”和未来愿景。

八是冲一冲“小志向”的局限。在这里与大家探讨要冲一冲几个小，并不是说你们这几个小的问题已经很严重了，而是提醒大家思考。如果真有了前面的那几个小，那么人就会志向不大、情怀不大、抱负不大，那绝对是不行的。我觉得建立八本坊的初心是宏大的，过程也是壮怀的，成果也是显见的，但还是希望你们志向应高远，因为你们是立足北京的出版机构，当应有“站在北京望草原、站在北京看闽江”的高远视野，诚如前段我在调研时讲的“五台”“五点”“五面”的志向。真诚地希望你们能把福建教育出版社交给的任务、海峡集团交给的任务担当起来，把远大的抱负展现出来。

4. 宏观把握好八本坊更上层阶的“八本”理念与路径

八本坊立足北京已9年，我希望八本坊未来在观念和路径上能立好以下“八个本”，能围绕这“八个本”下功夫、深作为，努力去掉一个“土”字，让固有的“方”登堂入室，真正成为我们福建教育出版社在北京的“单方”“药方”“重方”：

一是以立足为本。即立足北京、立稳北京。常言道：不忘初心，方得始终。八本坊立意于“八本堂”，初心就是立足北京传扬文化。希望你们立足北京不撤退，任尔东南西北风。如何立足京城？那就要发挥“八个方”，总结“八个变”，解决“八个冲”，做好立足的文章。希望下一次再来时看到八本坊的根据地、窗口功能不仅没有变，而且是真正做到立足好了。为此，希望你们不要轻易退出阵地，也不能轻易改变阵地，更不能轻易丢掉阵地，当以立足为本，去充分展现福建教育出版社的风采、海峡出版发行集团的风采、福建的风采，乃至福建出版在京展现的改革的风采。

二是以深耕为本。即坚持以深层耕作、深度耕作、深透耕作为本，抓住你们系列化、系统化的布局，坚守好出版、深耕好内容。中国有几千年的“晴耕雨读”的传统，所以我们做的这个行业，是有几千年的智慧在支撑着我们去深耕的。出版没有止境，没有饱和之说，关键是怎么深耕，深耕才能培育一方沃土。当然，深耕要根据能力，真正体现出行有余力、行有多力、行有后力，这是深耕的物质条件和精神支撑。我们要很好地融合在一起来深耕，不要轻易荒芜了我们在北京创下的这一方出版天地。这个出版天地要深耕，因为出版不会消失，它无非是在阅读形态上发生一些变化而已，所以深耕高质量图书是永远不变的主题，你们应想方设法深耕好出版这一方天地。能在这方天地中深耕本身就是一种福报，你们在年轻时就能深耕自己认可喜欢的出版福田，这是你们年轻人的福气。像我快退休了还对出版那么喜爱，爱到痴情的程度。既然我们喜欢了、选择了从事出版这个行业，那么我们就要乐此不疲地勤耕、深耕、熟耕好这一块文化的福田。

三是以格局为本。即作为公司就要确立好自己应有的出版格局，没有格局，一个人立足社会的气度、风度就没了。一个有出版格局的人，不仅让人能直观看出是一个称职的出版人，而且这种性情与格局能让你“独领风骚”。八本坊当下应着力树好比较教育出版的旗帜，这可能会是未来八本坊的特色版块与格局，面面俱到是不太可能做好深度出版的。五个人就是五把枪，且个个都应成为“神枪手”“狙击手”，那么发展格局也就出来了。你们一定要认识到：把业务做透才是格局的根本，混“小日子”是行不通的。编辑是老师的老师，老牌出版社的老编辑很受人尊重，他们就是有出版大格局的人。所以我们就是要做这样有大出版格局的人，形成出版人独有的风范和气度。不要因为觉得公司小、人数少而把自己的站位和格局降低。你有了格局就不会在意现在你所处的是什么地方、什么单位。有国有企业的平台，应有国有企业的格局。福建教育出版社在北京的代表，名片也可以印上海峡出版集团的，走出去堂堂正正、有底有气，更不要自己看不起自己。当你们在某个出版版块形成品牌、形成自己的格局时，就有了自己的声音，就有了对外吸附力，人家就要来找你了；当你们做到产品非你莫属时，说明你们有情怀、有慧眼，人家书稿也就给你们出版了，那就形成了自己独特的格局和价值。

四是以引领为本。即解决好引领风尚问题。引领福建教育出版是八本坊的重要职责，希望每本从八本坊传回福建总部的书稿，让他们都能感觉到标新立异、耳目一新，都能起到引领福建教育出版社编印发的作用，让社内的每一本都有接受挑战的感觉，做到了就表明你们真正发挥好了引领作用。因为在北京可学习的机会多，随时都可以学到前沿的东西，构建能引领出版风尚的编辑格局就要主动出击、善于学习、勇于创新，否则就只能引领“锅台风尚”。如果讲以引领为本，那么你们就应该成为引领的前沿阵地。引领无处不在，引领是多元的，不能认为引领只是一本书的事。把看到的资料整理成信息后传回社里是一种引领；把比较幼儿教育、比较中学教育、比较大学教育、比较职业教育等都吸纳进来后利用总部力量继续做下去，这同样是引领。

五是以创新为本。即作为一个站在出版前沿的公司当务必牢记以创新为本，而且千万千万记住创新不是一句口号。要创新必须有所积淀、厚积薄发、深入浅出，在继承中创新，这才是真创新。尤其是出版方面的创新更要做到能够“走进去”后再“走出来”。现在我们有了许多助力创新的条件，当下乃至未来便捷的大容量的数据搜索、复制能力为创新出版提供了丰富的内容资源，但我们如何让这些资源实现以何种形式出版，这就需要用创新精神与理念加以推进了。在这一方面我们可以借鉴台湾同行，他们已经把《四库全书》等传统典籍进行了数据化、碎片化处理，他们可以在这个数据化的基础上演绎出很多创新的产品，诸如口袋本、学术本、旅行本等，再加上新的装帧设计就使得出版的创新有无穷无尽的愿景。真的有太多的内容值得出版，但前提是你得懂，不懂的话如何创新？创新必须有底气、底蕴，同时还要比别人判断得快，比别人走进去快，再走出来更快，创新也就在这“一进一出”快慢比拼中比出了高低、优劣、胜负。

六是以辐射为本。即八本坊如何做到做好站在北京辐射福建，站在北京的出版辐射福建的出版。八本坊的初始就有这个辐射的功能，但你们的辐射必须是低成本的辐射，犹如大国战争中不对称打击的做法，如现在正在发明研究的中子弹打卫星、潜艇打航母、激光枪打无人机等，就是用低成本的武器打击高成本的武器，花小钱打大仗。八本坊居北京庙堂之高，就应多做正向辐射、多元辐射、高点辐射。所以最基础、最基本的是先做好对社本部的正辐射、正覆盖、正效用。

七是以建构为本。即解决好我们应建构一个什么样的八本坊为福建出版树一个很好的建构式的窗口、平台、载体的问题，让人家经常来这里学习和交流，包括未来能成为一个对外对内吸附、辐射的信息平台。在北京建构一个能横向联系、纵向合作、上下关联的窗口、平台、载体是八本坊永久立足于京城的基本理念。有人说八本坊当年买下的房子现在很值钱，那房子是建筑而不是建构。一座建筑如果没有精神建构和人文建构的话是远远不够的。建构是一种完整的逻辑关系，是一个体系，是一个机制。建构是打造具有长久生命力的平台，它可以成为经验实体、可复制的载体。八本坊只有真正实现建构，你们才能真正地举起八本坊的旗帜，才能把八本坊品牌树立起来，把八本坊理念、八本坊作为、八本坊特点树立在世人面前。

八是以责任为本。八本坊既然九年前从福建走到北京，构建好八本坊就是我们共同的责任，上下各方就都有责任把它建设好、运用好、稳固好。我们强调以责任为本，就是希望能让责任成为八本坊运作的一个有机的整体、制度的保证、良性的机制；就是能让责任成为与八本坊有关的每一个人的一种情怀、一种坚守、一种抱负。这样八本坊的发展与壮大就能够做到不忘初心，真正把其理念传承好，就能够善得始终、终得始终；我们也才能够再成就一番我们所要达到的境界、水准，进而能够与我们所追求的出版梦、与中国的出版事业节拍吻合；而蕴在其中的我们每一个出版人，也能够因自己的出版情怀坦然地接受文化给予我们的福报。

第三章 书馨兹于发行

一、书馨于“鹭”

对厦门分公司的工作可以初步概括为形成了六个格局。一是形成了经营网点合理分布的格局。通过购买和租赁的方式，已经拥有了6000平方米的图书现采中心和6个总经营面积达到7864平方米的门市网点，同时规划到2017年将门市网点增加到10个，总经营面积达到22454平方米，建立起旗舰店、旅游店、大客户店、社区主体店的销售网络，让新华书店遍布厦门各个角落，重新回到读者身旁。二是形成了规模效应叠升的格局。从2004年加入新华发行集团到2014年，经营规模从6908万元增加到14773万元，翻了一番，今年在面临艰难的经营形势下仍保持了增长的态势，殊为不易。三是形成了多元推动主业发展的格局。以图书销售为核心，积极探索相关多元化经营，电教产品、文具、旅游文创产品经营初具规模，主辅业相互借力、共同推进。四是形成了资源整合共识的格局。近年来，加大了资源整合的力度，取得了较好的效果，其中综合开发中山门市部，将一楼及夹层改造成旅游文化商场，进一步激发了卖场活力，综合效益大幅提高；大胆创新，建立了仓储式门市部——图书现采中心，极大地增强了馆配图书投标和团购市场的竞争力；实施办公场所搬迁，既扩大了卖场经营面积，又改善了办公条件；在江头商圈购置网点，既解决了原租赁网点长期亏损问题，又确保该区域网点布局，满足周边读者需求；拓宽思路，将莲版综合楼、沿街店铺、仓库、停车场规划改造成高端复合式书店。五是形成了引导城市阅读地标的格局。根据规划，图书现采中心将建设成全省馆配现采基地和厦门企事业单位、中小学校的团购基地，通过合作经营方式在社区、高校开设连锁店，实施“互联网＋”实体书店工程，通过规划的逐步落地，将建构起满足并引领厦门城市阅读的格局。六是形成了风正气顺人和业兴的格局。解决了部分影响干部职工积极性的历史遗留问题和影响企业发展的瓶颈问题，探索出了一条切合自身实际的发展路子，营造了企业上下齐心协力谋发展、一心一意搞建设的良好氛围。

对今后如何进一步深化改革、加快产业转型升级，实现科学发展、跨越发展，提以下七个建议。

1. 在转型发展中搞好发行

新华书店的转型升级不能离开图书发行主业去空谈，也不能盲目进行，而要从做强做优做大主业、实现全面整体发展出发，抓住自身的特点，围绕自身的特长，发挥自身的优势，通过整合资源、改造技术、塑造品牌、建设项目等，推动发展模式向内涵集约、质量效益型转变，产业结构向更加协调、优化转变。每家新华书店都有自己的特点、特色、特长，厦门新华书店地处特区，就有着自己的独特资源和条件。厦门是风景旅游城市，与台湾隔海相望，人文底蕴深厚，在厦门的场景中要做有“厦门味”的书店，如海峡味，可以借鉴台湾诚品书店的经营理念，但要结合实际，不能照搬照套。可以加强与台湾出版发行商的交流合作，打造台版书销售中心。如闽派味，可以在书店的中心门市设立闽版书区域或闽版书专架，专门用于展示销售历年来出版的优秀闽版图书。如旅游味，可以利用厦门发展文化旅游的契机，通过升级改造，将中山、鼓浪屿以及更多有条件的门市网点打造成具有厦门特色的旅游文化书店。

2. 在优势发挥中搞好发行

目前来说，至少有几个方面的优势要继续巩固、善于发挥。一是集团整体优势。作为海峡出版发行集团大家庭的一份子，既要有大局意识和集团一盘棋观念，在竞争发展中维护好集团整体利益，也要在谋划重要工作和解决重大问题上善于敢于寻求集团支持，发挥好集团整体优势。二是经营网点优势。无论是与独立的个体书商还是与外图相比，在厦门拥有的经营网点不仅在数量上占有优势，而且大多位于商圈或区域的中心位置，占有地利之便。三是教材教辅优势。新华书店在中小学教材教辅发行方面已具有了较大的领先优势，目前又在大中专教材教辅领域开疆拓土，在福建省呈现了不同程度的推进之势，这是发展之基、拓业之本。四是品牌信誉优势。新华书店是有着 70 多年光荣历史的“老字号”，希望继续弘扬新华书店的光荣传统，在充分发挥优势中发好书，在发好书中不断扩大优势。

3. 在潜力挖掘中搞好发行

作为传统的实体书店，要积极主动适应和应对新变化，在挖掘潜力中做大做强发行主业。一要挖掘市场的潜力。从深入分析读者需求入手，进行精准的市场细分，在细分市场中找到立足之地，发挥资源优势。二要挖掘门市网点的经营潜力。目前，图书经营网点普遍处于亏损状态。要切实改变这种局面，必须在门市挖潜上下功夫，包括增加适销对路的图书经营品种，改进服务质量和工作作风，建立健全奖惩机制，提高从业人员整体素质，创新经营管理机制，合理开展多元化经营等。三要挖掘每个人的潜力。新华书店每个从业人员都要牢记“为读者找好书、为好书找读者”的服务宗旨，自觉主动地成为好书的宣传员和读者的服务员，要在馆配书的发行、团购书的发行中调动大家的积极性，挖掘大家的潜力、发挥大家的智慧。

4. 在渠道发现中搞好发行

要搞好图书发行不能局限于传统的门市渠道，必须要适应新时期的需求变化，在变化中捕捉商机，将商机凝练成渠道。比如：在对市场进行细分满足相应读者需求的同时，要努力将该细分市场供应方式变成新的渠道；在实施“互联网 +”实体书店时，要探索建立线上订购、线下配送、点上取书的供应模式；要进一步拓宽图书现采中心的功能，尝试与学校、机关企事业单位建立共建关系，将现采中心拓展为集图书销售、阅读共享于一体的综合性基地；要加强中盘整合，建立健全连锁经营体系，将旗下的全部经营网点通过规范连锁的方式，形成畅通快速的配送销售网络，实现规模化、集约化发展。

5. 在市场发声中搞好发行

新华书店是党的宣传思想文化阵地，是图书发行的主渠道。搞好图书发行，服务党和国家建设，满足人民群众日益增长的文化需求，是我们的神圣使命。希望大家都能成为“发声器”，敢于勇于在市场中发声，向社会各界大声发出“卖好书、读好书”的呐喊，发出“深度阅读、悦读纸书”的呼吁，让新华书店的每个网点都成为宣传思想文化的辐射点，成为传播阅读学习知识的阵地。

6. 在场景发育中搞好发行

生活中，我们所处的每一个地方都是一个场景。新华书店是经营图书的主要场所，大家每天都要跟成百上千的读者打交道，希望大家运用好场景知识，特别是在升级改造网点时能够从消费者角度出发，针对消费者需求在功能设计、布局布置、用户体验等方面着力，建设成用户乐在其中的场景；希望大家加强场景发育，通过具体场景→行为分析→得出需求→解决需求→应用于场景，搞好图书发行；希望大家将读书场景、文化地标和前述的六个格局有机串联，大力培育、养育，以产生持久的效力、叠加的效应、倍增的效益。

7. 在精神发扬中搞好发行

新华书店在70多年的风雨历程中，形成了具有鲜明特色和企业个性的“新华精神”，如竭诚服务精神、无私奉献精神、艰苦奋斗精神、团结协作精神、勤俭办店精神等。希望大家在传承好老一辈新华人精神和传统的基础上与时俱进，赋予新的时代特征，注入新的活力，使“新华精神”创新升华，形成昂扬向上、敢于拼搏、勇于奋斗、健康活泼的企业文化；希望大家积极开展“三严三实”专题教育，进一步强化理想信念，在改革创新中推动企业又好又快发展。

二、书馨于“银”

同安别称“银城”，是厦门最大的行政区。同安分公司在发挥自身优势、做强品牌特色、壮大实力方面卓有成效，整体呈现出四个方面的特点：首先是一跨越，连续 3 年实现突破。面对一般图书销售疲软、教材教辅市场拓展艰难、馆配书竞争激烈的新形势，上下团结拼搏，强化组织保障，狠抓工作落实，2013 年销售首次突破 3000 万元，同比增长 16%；2014 年实现销售 3366 万元，同比增长 12%；2015 年又超额完成全年预算指标。连续 3 年实现新突破、新跨越，实属不易。其次是两覆盖，体现自身发展特色。在区域布局上覆盖同安、翔安两区，下辖同安大同、翔安新店和马巷三个人气较旺的新华卖场，优势得天独厚。应当继续结合同安的地方经济与文化特色，抓住其中的“闪光点”做足文章，在特色上下功夫，在特色上出成绩，增强自我“造血”功能，赢得发展先机。再次是三支撑，有效提高发展水平。一是强化教材教辅支撑。同安教育基础较好，应积极主动应对教辅政策变化，探索在新的高中版教材教辅市场上寻找突破口，可以从同安一中开始找准主攻点，占领教材教辅市场的新高地，其他学校等片域逐之跟进，使教材教辅发行工作再上一个新台阶。二是强化馆配书支撑。应加大与政府有关部门的联手力度，以政府扶持作为支撑点，充分利用外部的人脉资源，同时建立科学、有效和灵活的考核制度，进一步激发团队的工作热情，在探索馆配市场方面不断前行，取得新的成绩。三是强化一般图书支撑。面对竞争日益激烈的图书市场，应着力改变、改善、改革一般图书发行渠道，进一步发掘一般图书市场潜力，大力提高市场占有率，将一般图书发行做大做强。最后是四潜力，提升核心竞争力。一是挖掘市场潜力。同安是人口大县，人口基数大，市场潜力大，应结合同安的历史和现状，对当地群众的文化特点、读书现状进行认真研究，针对目标读者采取更加清晰的定位、正确的策略和有效的举措，不断开拓可能营利的细分市场。二是挖掘服务潜力。

应紧紧抓住同安、翔安覆盖的服务区域，积极主动参与有社会影响的文化活动，突出宣传效应和销售效益，培育主打品牌，提升影响力。三是挖掘资源潜力。现有固定资产十处，大多位于城区中心，应把这些财产进行资源的最大化利用，积极培育企业未来发展新的竞争力，增加新的经济增长点。四是挖掘创新潜力。应在不断寻求变化中改进、改变固有的传统观念和不适宜的举措，将创新的理念、能力通过各种形式的载体、平台以及日常工作充分施展发挥，进一步创新经营机制、方式和手段，扩大服务范围，提高服务质量，通过创新实现更大发展。

当前，既面临严峻的挑战，又面临良好的机遇，对于下一步工作建议充分发挥“五同”的比较优势。第一，与改革同调。要紧紧围绕新华发行集团“五轮驱动、资源整合、管理升级”的统一部署和要求，认真落实好各项改革举措，坚持同调同步，做到“规定动作”不搞变通、不走样，协调统筹推进。同时积极结合自身特点，突出重点领域和关键环节的改革，加大特色改革力度，争取在改革“自选动作”方面做出更多探索，营造更多亮点，在和谐发展的改革大“乐章”中奏好同安自己的“曲调”。第二，与发展同步。要以教材教辅和馆配书两个拳头产品为重要依托，制定科学合理的发展战略，既要加强教材教辅用书发行，实现量的扩大、质的提升，又要进一步挖掘馆配书的资源潜力，加强与各类型图书馆的联系互动，推动教材教辅和馆配书同步协调发展。要以更加强烈的担当意识，紧紧抓住发展“第一要务”，坚定信心，真抓实干，以实的举措推进工作、推动发展。第三，与创新同进。对卖场进行创意改造，能够创造出新的价值，为企业的发展提供强劲动力和可持续的核心竞争力。要针对当地读者的阅读方式和消费习惯，结合属于本土特色的“同安味”，在经营内容上进行精细化的耕作，创新出属于自己独特的卖场“味道”，探索出一条既符合自身实际又方便当地读者的经营新模式。同时，不盲目改造卖场，力争花小钱办大事，创造出同安人向往的文化“地标”场所。第四，与管理同强。要高度重视管理工作，积极运用现代化的管理手段和方式，不断提高经营管理水平，推动管理工作上新台阶。要将增收机制、“三严三实”要求落实到管理中，使之日常化、动态化、规范化和制度化，确保公司快速、健康发展。要练好“内功”，将提高队伍素质、增强团队凝聚力作为强化企业内部管理的重要抓手，调动和激发公司自我发展的内生动力。第五，与精神同塑。作为党和国家意识形态的重要传播部门，要进一步增强社会责任感，坚持全心全意为党和国家的中心工作服务、为社会各界读者服务，积极宣传党的方针政策、传播科学文化知识、加强精神文明建设、发展文化产业等，成为合格的市场主体；要进一步结合中华民族精神、厦门精神、同安精神，发扬同安新华书店的优良传统，形成推动发展的强大凝聚力和向心力；要立足服务同安地方经济发展，有效提升图书增值空间和公司的影响力，为建设和谐文化、构建社会主义和谐社会做出新的更大的贡献。

三、书馨于“岩”

来龙岩这片红土地学习调研，主要基于“五情所致”：一是红色情，红土清风。闽西这块红土地，总是与伟大的革命实践和广大人民群众紧紧相连。二是战友情，深厚友情。我曾经与龙岩市委、市政府的领导一起共事多年，结下了割舍不断的情谊。三是同事情，同行情结。同事之情，这个情结如同中国结，我们要将这个结结紧，结出情致、结出智慧、结出硕果。四是学习情。创新永远在基层，基层的创新是我们的财富，给我们整个大集团更多取之不竭的学习源泉和动力。五是工作情，工作之情形。教材教辅、馆配书、一般书这三大支柱产品在福建省各地市有着不一样情景的表现形式，应结合本地特色来做文章。如漳平市委宣传部有关领导就要求每个月推出一些精品图书作为中心组的学习用书，班子成员带头学习，这样的情景可以参考借鉴，把这样的好事带动起来、做起来。下面，结合调研了解到的情况，讲几点个人体会。

何谓“龙岩”？我用“龙象岩基”这个特殊概念加以诠释，即“龙的现象，岩的基础”。龙岩近几年变化很大，站在新起点上，抓住新机遇，应对新挑战，呈现出“五象呈祥”的积极风貌。这“龙象”中的“五种象”具体表现在：

第一形象佳，打造品牌形象增活力。龙岩分公司先后被评为龙岩市第十二届文明单位、“五个好”党支部、先进基层党组织，被新华发行集团授予教材、一般书、大中专教材发行、财务管理等先进单位，政治读物、教学用书发行贡献奖等；武平分公司被评为福建省第十二届文明单位、省级工人先锋号、2011—2012年度出版发行行业“文明店堂”等；永定、长汀、漳平分公司被评为龙岩市第十二届文明单位等，你们焕发出了积极向上的风貌，全面提升了企业的综合素质。

第二景象好，再创新的业绩亮点。龙岩全区2014年销售收入超过1.3亿元，其中教材教辅产品达到1亿元，一般书产品达到2500多万元，多元化产品达到700多万元，利润总额达到1100多万元，各市县平均销售额都在千万元以上，人均购书额约43.05元，各项经营指标名列福建各山区店前茅。大县大作为，小县小特色，如漳平分公司的门店，虽置身于小县城，但整个卖场的经营富有地域特色和文化品位，值得肯定。

第三物象旺，体现人和气旺的新风尚。从龙岩全区来看，固定资产将近5000万，营业网点12个，面积4600多平方米，仓储面积9058平方米，大多位于各县、区中心，你们要利用好这些寸土寸金的地方，将盘活和开发利用好固定资产作为今后工作中的一项突出任务抓紧抓实，全面提高资产质量，以期获得更高的回报率。

第四新象多，新景象层出不穷。首先做深主业。狠抓教学用书发行，目录内教辅发行全区教辅平均配套率达98%，生均购书额335.01元，名列全省前茅；全力营销人教版教材，全区人教版教材市场占有率达70%；有效化解教辅新政对教辅发行带来的不利影响，向目录外需求要市场，拓宽发行空间；积极参与和面对市场竞争，大中专教材发行市场占有率稳步提升。狠抓一般书发行，政治理论读物和重点图书发行全面超额完成集体下达的任务；抓卖场营销，营造卖场氛围；抓客户营销，提高团购市场份额；加大借势营销力度，强化与各部门的沟通、协调与合作；抓行业培训教材发行，着力探索开发和推广新的行业培训教材，促进团体销售。其次做多产业，做与主业关联度较高的多元化产品。如着手在做的“精诚教育”项目，就是逐渐将产品线拓展至教育培训领域，并有效带动主业发展，值得肯定，此项目在后期培育、壮大的过程中还要做到精致经营、精准经营，逐步将品牌打响、口碑做好，这样才能够在学生和家长中获得美誉度。

第五气象新，谋划工作要运用崭新的思想。在龙岩市委、市政府倡导的“红土清风”活动中，认真贯彻“为读者找好书，为好书找读者”的服务宗旨，树立起“服务质量是企业的生命线”“以读者为本，以诚信为魂”等一系列企业理念，充分展示了昂扬向上的精神面貌以及新华人的做书情怀。能够突破固有的思维，创新出卖场氛围营造机制、“走出去”工作机制、抓重点项目“五步”工作法等，创造出销售“三找”机制、产业拓展“四借”机制等，力求图新求变，实属不易。

文化企业要做企业文化，可以试着结合以上这“五象”，提炼出自己的企业文化；认真体会这“五象”中的内涵，衡量自己的各项工作是不是都达到了“五象”的水准。

“龙象岩基”中的“岩基”，我用“七基固岩”来归纳。即在“五象呈祥”的基础上，将这“七个基础”打好，那么这个“岩层”就不是“风化岩”，而是一种再生，是一种凤凰涅槃。

第一保持基调。这是精神、主旋律、主基调，是“七基固岩”的前提、支撑、灵魂。我们的新华书店作为国有文化企业，是一家给予人民群众以精神食粮的企业，应具备鲜明的党性、正确的指导性、广泛的群众性，应时刻保持文化企业的社会效益与经济效益相统一，这个主旋律、主基调始终不可以扭曲，不可以更改。

第二撑持基地。这是我们始终保持良好物象、形象的根据地，是“七基固岩”的根本。红色的情怀里应该有对红色根据地的坚实打造，因此所有的房产、卖场、产权、土地权等都要寸土不让、寸土不丢，这是我们的饭碗、我们的祖屋、我们的工作场所，要时刻保持头脑清醒，千方百计地撑持好这些红色根据地之上的“根脉”。

第三护持基石。教材教辅是我们的基石，是企业具备核心竞争力的基础和中坚力量。目前集团已与福建省教育厅初步达成共识，从源头上用统一的政策将教材教辅的发行进行规范化管理，只有从顶层规划上将这层关系理顺，这个基石才能稳固。

第四扶持基础。馆配书和一般书是基础，是我们的事业夯基固本和稳步发展的有力保障。教材教辅的发行主要解决的是优质服务的问题，推动“书香中国”的建设，则应该是馆配书跟一般书的发行。目前所做的诸多创新性工作，如龙岩的借势营销，漳平的七项目标促销线，永定的学校簿籍、馆配书采购，上杭的一般书及图书馆装备，连城的农家书屋发行等，都是千方百计地在做馆配书和一般书的市场推广。福建省委宣传部正在协商解决馆配书的机制建设问题，力求将所有评上文明城市、文明县城、文明学校、文明单位的机构统一纳入馆藏图书的考核指标。应顺势而为，加大这一领域的市场发行投入以及闽版书的推介力度。

第五支持基点。龙岩各县分公司是我们大集团散落在龙岩的基点，要通过发掘这些根植于红色根据地之上的基点潜力，通过推介各个类型的政治书籍和健康实用的群众读物，通过打造农村书屋、社区书屋、试点中学等一系列满足各阶层人民群众文化需求的多样化公共文化服务体系建设，使这些星罗棋布的基点形成一定的模式和特色，展现出蓬勃的生机和持续力。

第六操持好基线。基线广义上是指在测量工作中作为起始标准的线段。基线很重要，操持很重要，操守很重要。浮躁无根是出版业的大敌，一味逐利足以败坏出版人的品格。因此，我们要掌握好管理的基线，执行好制度的基线，应用好创新的基线，时刻做到心中有数，自觉坚持职业操守，践行社会主义核心价值观。

第七坚持基准。“欲知乎直，则必准绳；欲知方圆，则必规矩。”基准也是标准，更是规矩准绳。党的群众路线教育实践活动的成果，正在开展的“三严三实”专题教育，龙岩市委提出的“红色清风”以及我们新华人的精神等，这些都是我们应当遵守的标准和法则。我们必须怀守对政治纪律和规矩的敬畏之心，以政治纪律为准绳，以政治规矩筑牢思想防线，这样的企业才更有凝聚力和战斗力。

四、书馨于“兴”

莆田作为“海滨邹鲁”的兴旺之地，从新华书店的发展来讲，长期以来都保持着与地方党委和政府良好的关系，没有因改制加入集团而失去地方的支持，没有失去当地宣传、教育等部门的有效指导与有为配合，更没有失去当地的发行资源。成绩的取得来之不易，为此，形成的特点富有特色，从以下三个角度做一个梳理。

1. 要巩固“三个一”的基本格局

首先是打造好 100 多人的基本队伍。人力资源队伍建设是要做好的首要文章。莆田分公司有一支战斗力较强的发行队伍，今后的人才结构仍需不断优化，应充分认清当前国际国内行业现状，以适应新常态赋予的新任务，努力打造一支政治过硬、业务精通、素质良好的员工队伍，使集团人才兴企的战略落到实处。此外，队伍里的每一位发行人员都应该“懂书”，日常考评以及培训也要围绕“认好书、管好书、用好书”这三个基本准则加强对发行人员素质的管理培训，充分发挥每一位员工的主观能动性。

其次是巩固好一个多亿的规模资产。莆田分公司是当地规模最大的各类出版物发行企业，资产总额达到 1.45 亿元。要牢固树立“资源、资本、资产”的“三资”概念，巩固好已有的基本格局，在资产保值的基础上实现不断升值。可以借鉴莆田一中利用旧校区兴办擢英中学并用所得盈利再投入建设新校区的做法，将资产变成资金再变为资产，通过“三资”联动、内外资源整合创造出新的资源与新的效益。

最后是创收好 1 个多亿的营业额。莆田分公司每年创造 1 个多亿的销售额及 800 多万元的利润效益，在福建九地市中位居前列，同时也拥有较高的人均生产力，取得较好的社会效益与经济效益，这些都有助于实现经济自主、积累资金以及扩大再生产。但也要看到，整个莆田的市场规模远不止这些，下一步要努力深挖潜力资源，围绕服务搞创收，增加收入促发展，并使之能有效转化为自身的资源特色，走出一条自我经营、自我造“血”、自我发展的路子，力争更上一层楼，成为图书发行市场的引领者、领跑者。

2. 要强化“三个版块”的支撑力量

一是教材教辅版块要巩固拓展。通过进一步配好教材发行业务人员，不断提升发行队伍的素质、工作质量与服务水平，同时通过更广泛地与各校建立起良好的人脉关系，巩固已有的市场，逐步占领尚未开发的市场，进而不断扩大规模较小的市场。

二是一般图书、馆配图书与闽版图书版块要有量的突破。进一步发掘一般图书特别是地方题材图书的特色卖点，比如莆田分公司正着手联系牵线湄洲岛党工委、管委会与福建美术出版社联合编辑出版“妈祖故事系列”连环画，这是一个值得借鉴的例子，如果运作成功还能将此类产品推向全中国以及海内外。此外，要认真研究分析各类图书的结构，努力寻找路径和方法，争取在当地中小学校找寻突破口，积极尝试与学校合作搭建新华书屋等各种类型的平台载体，拓展诸多门类和渠道的一般书特别是闽版书发行的有效空间和市场份额。

三是做好有逻辑关系的多元产业与产品版块的规模支撑。当下我们各图书卖场的销售空间都是有限的，只有做好有逻辑关系的多元产品的销售与布局，才能实现健康发展，而这一逻辑关系的起点和发力点就是我们主业的有效衍生品。要认真思考，研究适合自己经营特点的逻辑产品，还要用最低的成本做最大的生意。

3. 要优化“三个方向”的创新重点

一是在新常态下做稳主业的创新。教材教辅业务基础不稳，书店就会失去发展基础；一般书发行基础不实，整体的发行业务就容易支离破碎。稳住人心、稳住资源是关键，这样才能够在平实、稳健的基础上讲创新、讲理念、讲方向。

二是在新平台上做活市场的创新。这个新平台一定要结合莆田当地的特点进行建设，将不同类型、不同区域、不同版块进行有机结合。福建教育出版社旗下的大梦书屋打造以“阅读＋体验”为特色的经营模式，书屋的影响力在不断扩大，很受市场欢迎。这说明不仅要激活企业的积极性，还要把企业内部的队伍培养起来、带动起来。与其把上百人的团队绑在一起吃大锅饭，不如鼓励员工都分组出去到创新的各类新华书屋去创业开书屋、开特色书吧等。

三是在新机制下做深服务的创新。在工作中要从上到下提供全方位的创新服务。对上要向政府管理部门提供建议，并推荐、选送各类中心组等学习用书，对下要巩固我们的各大小卖场，比如可以结合 24 小时便利店展开销售，通过布点铺货，点多线广，延伸服务触角。

五、书馨于“宁”

在走访了霞浦、福鼎、宁德、福安、寿宁 5 个县市的新华卖场，考察了各地一中图书馆等多个公共文化场所后，觉得闽东新华书店系统在工作上呈现了 5 个“力”的特点。

一是合力强。一个单位的合力是从实际战斗力、从工作的成果性来体现的。宁德辖区分公司领导班子能各司其职，各负其责，密切配合，集中精力带领全体干部员工心往一处想、劲往一处使。比如，在《摆脱贫困》的宣传发行工作中，领导班子各成员和普通员工一起深入党政机关、部队、学校、企事业单位开展宣传征订，以自身的实际行动影响和带动了全体干部职工干出成绩、做出实效，发行总量位列全省第一。

二是实力增。宁德辖区分公司的发展与闽东地区的经济社会发展基本上是体现出同步化、同比例、同相向增长特点的。从数据上看，“十二五”期间，宁德辖区分公司主营业务收入稳步增长，从 2011 年的 10955.03 万元增长到 2015 年的 11523.93 万元，增幅 5.19%；利润总额同比也从 2011 年的 476.81 万元增长到 2015 年的 829.70 万元，增幅 74.01%；固定资产不断增值，从

2011 年的 14062.65 万元增长到 2015 年的 18085.65 万元，增幅 28.61%，为推动宁德辖区分公司可持续发展打下更加坚实的基础。

三是冲力足。习近平总书记在闽东时期提出并倡导弱鸟先飞、滴水穿石的精神，从宁德辖区分公司这些年的实战与实绩来看，大家都能很好地响应和落实闽东精神，表现出了冲力和干劲，有许多值得肯定的地方。

四是着力深。近几年，宁德分公司着力加强与当地教育行政部门、中小学校的沟通与联系，努力开拓民办学校和幼儿园教材教辅市场，积极组织中小学校参加图书订货会暨馆配样采会，主动参加大中专教材、馆配图书、教育装备招投标，能做到有标必争、逢标必夺，成功取得了宁德师范学院、闽东职业技术学院、闽东卫生学校等大中专院校的教材采购权。福鼎分公司成功获得了市多所中小学图书馆的图书配供权；福安、古田、寿宁、屏南等分公司分别取得图书馆、中小学校馆配图书、教育装备等采购权。

五是心力强。近年来，宁德辖区分公司积极引导广大干部职工正确认识当前的经营形势，以坚定的决心、明确的思路、有力的举措团结带领广大员工闯市场、揽任务、增效益，把工作抓好抓实、抓出成效。2015 年，宁德分公司荣获年度政治理论读物发行先进单位、财务管理先进单位；寿宁分公司荣获年度十佳分公司、一般图书发行先进单位、图书馆用书发行先进单位；古田分公司荣获年度十佳分公司、一般图书发行先进单位；霞浦分公司荣获年度财务管理先进单位。

人生如棋，工作如盘。作为习近平总书记工作过的地方，宁德新华书店系统的干部群众要倍加珍惜，持续努力，牢固树立并坚持“全市一盘棋”的观念，以滴水穿石的毅力、以弱鸟先飞的精神、以务实可行的办法、以精准有力的举措，强力推进图书发行工作向纵深发展，有责有力有效地做好文化之盘、教育之盘和发行之盘。

一要护好教材教辅基业的大盘。这是我们当家的盘、大局的盘、基业的盘。为此，要努力取得当地党委政府、宣传教育部门的有力支持，积极营造良好的外部环境，争取获得更多的政策支持和资源支持。首先要护好现有的盘。大家要把教材教辅业已开拓的市场像维护自己的生命、饭碗一样来保护好，只有把整个教材教辅的大盘护住了，再将一般书任务同时完成好，书店的发展才有稳固的根基。其次要拓好新的盘。现有的盘还不够大，我们的人教版教材的市场占有率还没有达标。这个盘越高越稳，利润空间就越大。各分公司要整体分析区域的拓盘工作，利用各地党委政府都非常重视这次调研的机会，趁热打铁，跟当地主要领导重新汇报，争取更大的支持，以崭新的面貌去有效地拓展好新盘。最后要拢好游离在外的盘。要发挥辖区指导作用，统筹布局，合理配置资源，降低成本，提升服务。今后，大中专院校、职业培训、幼儿园培训教材会散落到各个县市，分公司要认真思考和研究如何拢好这些散落和游离在“主渠道”之外的盘，以积极主动和创新的精神，一步一步地将“盘”整合到“主渠道”的业务之中。

二要扩好一般图书发行的棋盘。重点做好三方面的“布”盘。首先布好点。争取以最小的代价布好点。一般图书网点的选择要符合各地的实际，以点带面，通过“新华书屋”推动出版物发行网点向校园延伸、向社区延伸、向基层延伸。其次布好局。不能为了人情随便布局，要讲策略、讲战术、讲道理，要力求做到连点成局，按规范、逻辑布局，起示范效应。例如“新华书屋”，如果随意布点，图书没人管理没人阅读，也没人替换，既无示范效应、导向效应，也无经济效益。最后布深。根深才能叶茂，棋盘要定位好、扎盘好。各地要把各类书屋的示范点做成一个永久根据地，通过政府扶持政策，将书屋图书化为图书馆藏，成熟一个买单一个，以点带面、点面结合、整体深度推进。

三要做好馆配图书配置的地盘。要积极维护和拓展馆配图书市场，重点围绕机关、图书馆和幼儿园到大中专院校馆配用书构建团购销售渠道，进一步整合内外资源，完善内部机制和服务流程。首先要扩大机关版块。做到主动出击、主动营销、主动推荐，认真做好“两学一做”学习教育专题用书、“单位图书角”等主题图书的宣传发行工作，以重点图书发行带动一般图书销售。其次要下决心做好图书馆版块。积极捕捉图书馆需求信息，主动出击和参与各种类型图书馆采购招投标，有效地扩大图书馆用书的占有份额。要敢于和政府谈书店和政府的历史关系，敢于分析国有企业的种种优势。最后要努力开拓幼儿园到大中专院校馆配用书版块。要积极利用新华书店品牌优势与对手展开竞争，力争实现新的突破。闽东是革命老区，要有根据地意识，占领好闽东这个图书发行的红色资源和红色地盘。

四要融好多元产业发展的转盘。多元产业是图书发行的逻辑衍生，搞得好“如虎添翼”，搞不好“折翼扑蛾”，希望首先优店优用。卖场升级改造和实体书店发展，一定要适合当地的特点和卖场发展的实际情况。除了统一的要求，一定要有当地的特色，要有创新。其次优产优用。新华书店地处黄金地段，优质资产要优质使用，要因地制宜，根据区域特点，聚集人气，让小地盘发挥大作用，使功能面积使用最大化、资产配置最优化。最后优财优用。利用有限的资金，促进多元产品的发展，要选好、融好多元产品，尽可能地减少不必要的成本。同时看准的也要舍得投入，用好有限的资金，使多元产业的“转盘”快速转动起来。

五要打好转型升级提升的全盘。启动转型升级新引擎，激发企业发展新活力，是国家发展要求更是企业发展的需要。首先继续发扬好闽东精神。一以贯之地传承好习近平总书记在宁德工作期间留下的好思想好传统好作风，弘扬滴水穿石的闽东精神，树立弱鸟先飞的进取意识，秉承“四下基层”的优良传统。其次继续抓好文明书店载体。要努力提升新华书店精神文明高地建设的水准，要知文明、懂文化、行文雅，着力培育优秀企业文化，深入开展系列文明创建活动，实现公司上下思想同向、战略协同、发展协调。最后继续抓好党建工作载体。要进一步巩固党的群众路线教育、“三严三实”建设的成果，尤其是深化开展好“两学一做”学习教育，严格落实党风廉政建设责任制和责任追究制，筑牢预防和惩治腐败的思想道德防线、预警纠错防线和党纪国法防线，以党的建设带动全面建设，为公司的持续健康发展保驾护航。

六、书馨于“泉”

考察了泉州、晋江、南安、德化一市三县的各大新华书店卖场，参观走访了当地重点中学图书馆等多个文化教育场所，对泉州分公司在工作中所展现出来的“力”的概念，谈几点感受。

一是实力强。从泉州整个区域来说，可以概括为“4、3、2”的总体实力，包括泉州分公司总资产达到4亿多元，年销售总额曾达到3.6亿元，利润达到2600多万元，以上各项经济指标所呈现出来的是三个鲜明的区域特色。首先适情。泉州分公司在福建省保持总量第二、利润第一的成绩，这与当地突破传统计划经济体制的约束，具有较强活力和竞争力的经济实力情况大致相符。其次适合。每阶段推广的图书如何能够充分展示泉州历史文化底蕴，丰富闽南文化发祥地，成为“东亚文化之都”泉州不可或缺的文化亮点；如何能够与每个县域的特色支柱产业相结合，形成规模效益，找到适合发展壮大的道路等，这些都是值得继续深思的问题。最后适特。泉州地区已形成以民营经济为主体、市场机制较成熟且外向化程度高的经济格局。蓬勃发展的民营经济让活力与压力并存，同样的，民营书业的发展也给拥有金字招牌的新华书店带来诸多机遇与挑战。要准确把握各种有利条件，从中挖掘发展机遇和经营契机，如可以借助新华书店相对完善的配送系统和批发渠道，将触及市、县、乡的三级批发网络逐步实现连锁化、网络化的经营格局，达到资源共享、优势互补、抱团取暖、共同发展。

二是地力厚。泉州所辖七个县（市）基本位列福建省经济实力十强或经济发展十佳，县域经济的崛起和壮大，为大泉州经济奠定了坚实基础，但这里依旧有着发达地区、中等经济规模地区、山区地区等不同经济实力的地域之分。要进一步提高认识，增强自觉性，积极主动地促进和发展图书发行工作地区间的横向联系与联合，做好区域间各类特色图书的发行工作；要认识各个不同地区图书市场需求的一般规律，把握好图书市场的需求特点及发展变化趋势；要在不同地区间发挥自身优势，积极实现资源整合、优势互补。

三是潜力大。首先是学校的潜力。晋江一中以校内5000名学生所建立的“家庭书屋”为支撑，倡导每个学生的家里都要建设一个书屋，并以此为契机和载体，提出了“十个一”的构想，包括一间书房、一个书架、一张书桌、一批藏书、一盏台灯、一句格言、一次命名、一篇故事、一场主题读书交流会、一次读书分享等，这不仅使“书香校园”“书香社会”的口号落到实处，带动了社会相关群体、家庭阅读量的增长，还能够与当地市图书馆等有效联动，激发图书发行行业潜力发展等一系列的效应。晋江分公司接下来一定要抓住其中要领，与晋江一中共同就这“十个一”理念的进一步宣传和联动制订相应的阅读推广计划。其次是企业的潜力。通过企业、校友向当地学校捐书、献书，还可以进一步激发企业的潜力，引导他们买书甚至建设书屋等。比如新华发行集团长乐分公司全年的图书投资额就达500万元，其中的300万元就是企业捐赠的。他们先将这些捐赠的图书放进图书馆，之后再“漂流”到企业的书屋中去。最后是公益慈善的潜力。很多企业与热心人士愿意送书与捐书，他们认为慈善爱举洒下的是点点爱心，成就的是高尚的人生。要努力深挖与发挥这些潜力资源，唤醒更多有责任感的企业家和社会各界爱心人士，让越来越多的人加入这个行列中去，让“书香校园”“书香社会”的理念深入人心。

四是合力好。首先要大力宣传、倡导新华精神。要报道一些能够体现出福建新华精神的先进事迹，让员工队伍将自己作为“新华人”的自豪感发挥出来，并有计划地与“买好书、读好书”的活动结合起来。其次要将闽南人“爱拼才会赢”的精神鲜明地植入当地队伍中去，用我们亘古不变的乡音与挥之不去的乡愁发动广大侨胞与爱心人士买书、捐书，推动图书发行工作迈上新层面。最后要将具有泉州特点、晋江特色、南安风范以及德化情怀的精神文化深刻植入到每个地域文化中去，让每位新华员工都能以积极的心态投入工作中去，卖好传颂精神文明的好书，树立企业精神文化的领地，守住自己家乡的文化高地，凝聚一股自豪、自信与自强的合力。

五是握力稳。首先是党风廉政建设。作为党和国家意识形态的重要传播部门，要进一步增强社会责任感，时刻恪守对政治纪律和规矩的敬畏之心。其次是文明建设。买书的人应是文明的人，作为卖书的场所也应该充满文化的韵味与底气，希望各个分公司都是文明单位，希望每个卖场都具有文化品位，每位员工的知识积淀与文雅程度都能够带动、引导读者文化的提升。最后是“两手抓，两手硬”。一方面坚持全心全意为党和国家的中心工作服务、积极宣传党的方针政策、传播科学文化知识、加强精神文明建设；一方面立足服务泉州地方经济发展，有效提升图书增值空间和企业影响力，发展文化产业，成为合格的市场主体，形成推动企业发展的强大凝聚力和向心力。

要大力弘扬和继续提炼“敢打硬仗、善打硬仗、打赢硬仗”的新华精神，积极作为，准确把握好各种有利条件，从中挖掘发展机遇和经营契机，努力提高发展质量和效益，继续保持积极稳健的发展态势，充分发挥“五个能”的比较优势。

一要增强护守教材教辅基业的机能。教材教辅的发行工作一直是“重头戏”“生命线”，你们要守住阵地，做好教学用书的征订发行工作。一是教材要向人教版的基本标准推进。要创新教材发行的思路和方式，争取初中人教版教材达到 60% 以上，高中人教版教材达到 70% 以上，有效占领市场，确保教材的征订发行工作稳中有升。二是教辅要向闽版的基本标准推进。提高水准、创新思维、积极应对，切实提高工作质量和服务质量，并密切保持与教育部门、学校的合作关系。三是目录外教辅与地方特色教材要向实现全覆盖推进。加大目录外教辅的发行力度，着力营造和谐的外部环境，采取有效的措施，灵活运用行政和市场手段，占领市场空间，不断提高教材教辅与地方特色教材的覆盖面和配套率。

二要增加深挖一般图书市场的潜能。首先店内店外有效结合。一方面，店内增加进货品种数量，优化品种结构，提高进货的准确率和适销率，提高图书发行的质量和效益；开拓团购市场，针对机关和企事业单位，做好重点书目的推荐，针对不同的服务对象采取灵活多样的策略，增强市场竞争力；另一方面，鼓励走出店外，积极推动全员营销，开展团购营销，继续拓展书香悦读卡业务，邀请著名作家进校开展讲座签售等一系列有利于推动一般图书发行的活动。其次线上线下联动。一方面建设高质量的分公司网站、微信公众号等宣传平台，使之成为对外宣传的新窗口、口碑营销的新渠道、读者交流的新载体；另一方面，可以将“新华书屋”的载体平台先从深入当地各县级市重点中学开始，之后逐步延伸至各个学校。最后点线面联动。可以包括从一个图书版块联动至一个区域再联动到全市。一方面，可以加强与民营书业、文化业以及企事业单位的合作，共同拓宽品种，增大业务覆盖面，积极参与中小学、大中专院校教育教学装备的招投标工作，加大对单位图书角建设的征订力度；另一方面，可以向外“走出去”，加大区域间的合作和联盟，并依势向全国扩张，亦或者独辟蹊径、突破合作，开辟新的增长点。

三要增大拓深馆配图书总量的动能。首先公益版块。可以与机关、农村书屋及其他未开拓版块合作共建，将这些有条件的书屋建设成实体书店的“分店”“小屋”，实现资源共享、优势互补。其次企业版块。做大做强企业内部图书馆的“漂动点”或“流动点”建设，在企业内部营造良好的学习氛围，在文化服务和知识支撑方面做出贡献。最后幼儿园及大中专版块。提前谋划、周密部署、深入营销，尽早占领幼儿园及大中专版块市场。

四要增进融合多元产业发展的效能。一是抓准业态。以与新华书店有逻辑关联的业态为主，包括新华主业、逻辑业态及有特色的逻辑业态，比如可将图书与玉瓷结合销售，并借助新华书店原有的经营网络、物流体系，整合有关业务，充分发挥品牌效应、规模效应，调整产业结构，提升销售业绩，开创营销新局面。二是抓好业务。合理利用好现有卖场资源，依托新华发行集团强大的采购配送能力和先进的ERP管理系统，加强管理，提升服务质量，比如将质量好的低价书与高价书、新书、打折书捆绑销售，满足客户多层次需求。三是抓实业绩。适销对路，去库存、去产能，不搞带水分的业绩、不搞滥竽充数的业绩、不搞移库存的业绩，要把“报废”的好书清理整合好，并抓紧和财务人员研究出最佳处理办法，做出实实在在的业绩。

五要增多促进转型升级提高的势能。一是管理的势能。要建立服务读者的意识、精准服务的管理意识、精准核算的意识，这样才能把有效供给、补短板、去库存等理念与管理势能结合，产生综合效益。二是制度的势能。做好内功，平顺企业组织和管理结构；要把不够健全、需要修订、发现问题的制度进行完善；要继续推进门市标准化建设，衔接集团公司的相关业态，着力提升门市管理水平、经营效益，提升实体店的品牌形象和服务质量，塑造让读者满意的新华书店窗口形象。三是境界的势能。充分发挥新华书店在泉州城市文明建设中的作用，不断提高窗口的精神文明建设水平，将新华精神、文明精神、企业精神等属于自身建设的境界势能与文明、文化、文雅汇聚凝结在一起。

七、书馨于“漳”

通过几天来的调研，我有一个特别的感悟，那就是漳州是一个“养精神、出精神、显精神”的地方。

一是养精神。漳州同其他地方比，有其养精神的个性。一是土地肥沃，农耕文明发达，老百姓生活安逸。二是人文荟萃，文化积淀深厚，明代陆燮，清初黄道周，现代文学名人林语堂、许地山、杨骚等，都是从漳州走出来的，布袋木偶戏、芗剧、书画、剪纸、灯谜等民间艺术也丰富多彩。三是特色鲜明，既有“耕读传家”的传统，又有学贯中西的特色鲜明气息。一个土地肥沃、人文荟萃、特色鲜明的漳州，养育了自己“三开文化”——开漳文化、开台文化、开先文化。

二是出精神。漳州是一个出精神的地方，一是从农耕文化出，通过政府的、民间的各种宣传活动平台，主动融入，出版发行一些与农耕文明、乡土文化有关的书，通过载体把这个精神展示出来。二是从“月港”文化出，围绕挖掘与“月港”相关的茶文化、瓷文化，从讲述漳州如何参与人类史上第一次全球化，如何与欧洲商人构建起环球贸易网络，如何开启中华文明的全球影响力出一些书。三是从开疆拓土出，两岸一家亲，漳州乡亲覆盖全台，出版发行了不少漳台渊源的书籍。精神出了如何传播，这就需要我们做深入的思考。一个能够出精神的地方，更需要将精神迅速地传输、传导出去，出版发行的使命也就体现在这一“脉点”上。

三是显精神。漳州发展的历史上出现许多能够引领、推动漳州精神向各个领域开放、开拓、开疆的精神，而且在不断发扬光大，比如漳州的五大精神——红色精神、龙江精神、女排精神、“110”精神、谷文昌精神。显精神如何显，对出版人而言，就是使各种精神变成出版物，作为我们占领思想阵地并能够牵动、引导、推动当地发展的精神力量。一个地方要显现并具备持续发展的动力，就要不舍思考，没有精度、精确、精准的思考，就不可能把聚集漳州精神的特色文化通过我们的出版发行传到家家户户、方方面面。

从漳州市、县两级书店工作来讲，前阶段的工作我认为“五个力”的作用发挥比较好：

一是主力作用发挥比较好。首先，占领好了主阵地。能围绕党和国家中心工作，保证政治读物发行，确保中小学教材“课前到书”，推动当地“全民阅读，建设书香社会”，在宣传社会主义核心价值观方面当先锋、打头阵。其次，发挥好了主渠道作用。漳州在发展过程中出现了“三开精神”，带来了活跃的经济氛围，民营书商发展迅速，但总体上看，主渠道还是发挥了主要作用。

二是合力作用发挥得好。首先，在打好教材教辅发行的合力战中，整体还是取得了可喜的成绩，面对学生数的减少，循环教材的使用等诸多不利因素，能够想尽一切办法。比如通过协调发行类教辅、幼儿操作材料，征订《心理健康读本》《诚信教育读本》等活动用书。其次，在一般书、馆配书的推广上，能够与方方面面进行合力互动。比如：参与大中专教材、馆配图书招投标；依靠当地有关部门的支持，通过发挥书店优势和竞争性谈判，取得农家书屋和馆配图书的发行权；等等。最后，在重点书、政治读物的销售上漳州也有一些很有特色的模式，尤其是能加强与地方合作，做些具有地方文化特色的图书产品，比如平和分公司的林语堂相关图书的包装出版发行。虽然各县成绩、总量不一样，但整体上看漳州辖区各分公司合力作用发挥得好。

三是潜力作用发挥得好。首先，多元产业发挥了一定的潜力。漳州根据集团公司招商项目储备情况，结合分公司的实际，采取保底销售的方式，与经销商洽谈，相关项目陆续落地各分公司门市专场。其次，物业租赁更加规范，并且在工作中敢于“亮剑”，设置租赁到期重新招投标机制，进行市场化运作。

四是助力作用发挥得好。首先，内助力，开展全员绩效改革，调动各个层级员工的积极性，虽然漳州地区的工资水平相对其他发达地方低一点，县与县之间也不一样，但整体来讲方向是对的。其次，外助力，主动融入当地的党委政府、宣传教育部门的工作部署。新华书店在当地经营几十年应该更有助力做好各项工作，关键是要思考如何较好地把外助力转化为生产力。

五是内力作用发挥得好。首先，队伍建设的内力。通过这几年连续开展的“群众路线”教育、“三严三实”教育、“两学一做”教育等，纯洁队伍、净化队伍。其次，制度建设的内力。通过不断加强制度建设，激发员工的内在潜能，提升服务质量和队伍素质。

有了“五力”的肯定，但不能得力而不为，要将“力”转化为推动书店发展的动能。在这里借用“势”的概念就下阶段的工作对漳州市、县两级书店提以下几点的建议：

一要保持好教材教辅发行的大势。大势不可逆转，更不能调头。一是把握好已有的势。比如中小学教材、教辅这个市场的“势能”坚决不能被扭转。二是创新好可能的势。要学会分析，在不同的县创出不同的新势能。三是开拓好未来的势。公立大中专院校、幼儿园以及民办学校这些都是我们今后要下大力气开拓好的市场“趋势”。

二要保持好一般书发行的态势。一是挖掘好政府版块的态势。要懂得推荐各类学习用书，向政府版块输送学习资源。二是培育、引导市场版块的一般书。市场书都是培育出来的，要通过各种概念来引导和培育。三是开展线上线下活动。将线上线下互动起来，扩大销售面。

三要保持好馆配书发行的气势。一是勇夺公共图书馆馆配的阵地。二是勇占农家书屋的阵地。三是勇拓其他类型的书屋。比如大学书屋、学生书屋等。

四要保持好多元产业发展的优势。发展多元产业不能盲目跟风，而要接地气，尤其要审慎选择有漳州地方特色的产业去发展。一是要适销对路。二是要资源优用。三是要适情创新。

五要保持好转型升级的局势。一是加强队伍建设，为转型打好人才基础。

二是加强党风廉政建设，打好转型升级的纪律基础。三是加强制度建设，打好“两学一做”的全面基础。四是加强卖场升级、改造。将卖场打造成能够给读者提供舒适、优雅购书环境的复合型图书商城。同时要科学指导县级分公司进行卖场梳理，做精做细，提高新华书店的窗口形象。

八、书馨于“建”

考察了南平大市的延平区和建阳区、邵武市、武夷山市等四个市（区），真切感受到闽北这片土地独特的自然环境、区域个性以及厚重的人文积淀、多彩的文化基因。结合平日的了解和这次调研的情况，谈谈此行感触颇深的三个“多”：

一是深入区域多。我们一行从建阳、武夷山、邵武到延平，走访了当地的新华图书城、重点中学图书馆以及相关文化产业项目等多个文化教育的“点”，考察了书吧、博物馆、文化馆等不同类型的文化形态的“线”，应该说通过看变化、访项目、问进度、谈发展、议思路，从多区域、多角度、多领域的视野感受到南平地区新的变化、新的进展和新的气象的“面”。

二是深层接触多。只有真正扑下身子，迈开双脚，沉到基层，沉到一线，与群众打成一片，才能掌握真实全面的情况，这是结合工作实际解决“上下左右”贯通问题的有效途径。通过走访考察、查阅资料、开座谈会、听取汇报等多种形式，考察了十多个教育、文化场所（学校），做到了掌握面上概况与剖析具体情况相结合、数据分析与现场调研相结合、查看详细资料与深入剖析相结合，全面掌握了南平地区各分公司图书销售、企业管理以及队伍建设等情况。

三是深度了解多。出版发行业如何与当地的特色文化互相融合、深度互动，进而为我们出版发行事业提供丰富的营养、充足的精神支撑和源源不断的素材平台，这需要我们不断去挖掘各地固有的特色文化，解决特色文化书籍出版和发行的问题，同时还要将特色文化转化成特色教材，另外还可以更进一步地去思考如何实现与当地教育部门的战略合作。

贯通古今的闽北地方特色文化，其实可以归结为一种古建州文化，我一踏上这片土地就自然生成一种想要追根溯源、追求探寻古建州文化的情怀。我想用“爻”“驳”两个字的含义，从文化的解构和建构角度来谈谈自己对古建州文化的一些思考。“爻”的本义是纵横之交、天地之交、阴阳之交，亦可比喻为一种形迹、真相；“驳”乃会意字，从马，从爻，而“爻”字加上“马”字的偏旁部首，就演变出“一种文化的行走和扩展”的概念，更可以解读出一个“率先接驳”的问题。古建州文化具有非常鲜明的“爻”而“驳”的特征。从“爻”文化的特征解构和建构古建州文化，可以看出作为古八闽八府占三府的古建州区域，它作为闽文化、闽越文化生成的摇篮，拥有4000多年的历史，从新石器时期闽族先民的筚路蓝缕，到秦汉闽越王朝的兴起，从魏晋南北朝北方大族的南徙，到隋唐五代农耕文明的发展及至两宋闽北古建州地区，成为了福建重要的经济、文化中心。从某种意义上讲，福建地区的古文化是在以闽北古建州为重心、为起点的基础上，在文明、文化衍变的纵横之交、天地之交、阴阳之交之后生成的一种既有福建文化特征、又具古建州文化特色的人文状态的文化。这种文化在历史发展长河过程中不断地从北往南扩展、影响，以至古建州文化对福建文化的发展与贡献独树一帜甚至引领风气。

从解构角度来分析，由“爻”至“驳”看古建州文化更具“驳”的特点。“驳”字原意，译一“说出自己的意见，否定别人的意见，如批驳、驳倒”。当时中原文化传播到古建州后，就因地制宜地消化并衍生出闽文化的特征可以说明这一解释。译二“颜色不纯夹杂着别的颜色，如斑驳、驳杂”。璀璨光辉、多姿多彩的闽北文化基因的多样性可以印证这一解释。译三“大批货物用船分载转运，向外扩展，如驳运、驳船”。闽北孕育并形成的古越文化的遗风、中原文化的交会、朱子文化的传播、山海文化的融合、民俗文化的多样等也足以印证这一解释。从建构角度来综合，在以上对“驳”字解构的基础上，我们可以从宏观和微观层面建构起“驳”文化在古建州历史脉络上的不同体现。从宏观层面上说，一是古建州文化是与八闽文化相驳的交会点。闽北地处福建北部，位于闽、浙、赣三省交界地带，是北方移民入闽的必经之地，在闽北发展的基础上，闽北经济和文化又影响了闽中和闽南沿海，闽东和闽西也得以发展起来。二是古建州文化是与闽越文化相驳的对接点。古建州是中原汉文化入闽的第一驻足地，是生成和承载闽越文化的原生态摇篮。三是古建州文化是与闽唐文化相驳的承载点。闽北是中原人迁徙入闽的第一站，唐末五代时期大批士族南迁入闽带来了先进文化。四是古建州文化是与闽宋文化相驳的融合点。进入宋代，一向受中原地区忽视的蛮荒之地瞬间成为文化高度繁荣的地区。这个时期闽北文化除了朱子学和法医学属于世界文化之林而具有开创新的里程碑，还出现了茶叶文化、制陶艺术、史学、文学等影响和丰富中国文化的特型文化。再深一层从微观层面进入古建州文化的“内层、里子”，其“驳”的文化特性在闽北具体“物化”过程中彰显得更加丰富多彩，令人目不暇接。一是建水。水运造就了富屯溪沿岸的千载繁华，使得富屯溪不仅是一条文化通道，也成为古代福建出省的重要商道，这体现了“建水驳岸，接驳富足之地”的内涵。二是建道。闽北与外界相通主要有三条陆路：一是杉关路，从邵武出杉关入江西，地势平坦；二是分水关路，由崇安至江西铅山界，为闽赣孔道；三是仙霞岭，由浦城北上，路线最短。这三条线路是北方移民入闽的必经之地，也是古代福建通向北方政治经济中心的驿站，这体现出“两地起承转合，文化相驳、相碰撞、相融合”的概念。三是建学。朱熹集理学之大成，开创了以他为代表的闽学。朱熹一生编撰了多种教材，其中影响最深广、最重要的是“四书”，影响中国封建社会后期的教育长达数百年之久，朱子学也成为元明清三代的正统思想，这体现出朱学是在通过“驳”的一种交会交流之后发展成为一种闽学直至国学的高度。四是建本。自宋代至清代，福建刻书业居于全国领先地位，建阳出的“麻沙本”也叫“建本”，与临安的“浙本”、成都的“蜀本”齐名，体现了“驳”文化的一种创新里程碑式的意义。五是建医。建阳宋慈的《洗冤录集》是世界第一部法医专著，被翻译为多国文字出版，受到世界法医界的极大重视，而宋慈刚正不阿、伸张正义的性格更是彰显出“驳”文化的人文特性。六是建盏。闽北由于制茶叶的兴盛和饮茶、斗茶之风的兴起，碗盏成了不可缺少的茶具，其中尤其以建阳水吉镇的建盏釉黑如漆，纹理自然生动、工艺独到令人赏心悦目，成为斗茶的上选茶具。而这种如宝石般的碗中“精灵”，更是完美呈现出

“驳”文化的一种高冷意境。七是建人。唐宋以来，随着中原经济文化重心南移，闽北文化发展进入鼎盛阶段，社会良好的学习风气、尊师重教的优良传统，使闽北文风鼎盛人才辈出——曾出过2000多位进士和17位宰相，更是体现出当地灿若星河的“驳”文化色彩和人才的多元特征。八是建莲。莲花总是给人以远离尘世的喧嚣的超脱之感，而其“莲生淤泥中，不与泥同调”的品格更是斑“驳”文化境界的对外渲染和渗透。九是建茶。在宋元明三代闽北是贡茶的最主要产地，而由种茶、制茶发展而来的“斗茶”习俗，与中国传统文化相结合，演绎出极具品位和斑驳多彩风格的“茶艺”及“茶文化”。

历史上的古建州一度成为国家的国学中心、文化中心、出版中心、教育中心。挖掘掌握乡土文化、特色文化的素材与题材，既是出版文化又是发行文化，这种特色文化需要我们从深度领悟中去生成、去了解，并力求全面、准确地掌握其中历史的、现实的、纵向的、横向的情况，然后学会去发现文化、创造文化，解决文化解构和建构的问题，这也是解决出版、教育以及文化的贯通问题。

当下的南平地区承接古建州文化的发展，尤其是作为立足古建州土地上的从事出版发行事业的新华书店，对自身所从事的文化工作更应有深度的文化思考。

一要在占据“八闽要冲”发行事业高地上做贡献。一是与历史比有稳点。从南平地区这几年的销售数据看，面对教辅新政的影响、发行主阵地读书人群的逐年减少，仍保持了止跌维稳的态势，与历史较高年份相比已呈现止跌转稳的发展势头。二是与同类山区比有发展。2015年南平辖区年销售图书13042.21万元，各分公司之间也有不同程度的相应发展。三是与行业比有亮点。作为八闽要冲、闽学基地，如建阳分公司推广全员销售、百分百搞一般书发行，通过特色书、创造特色品牌书产生了效益，充分发挥了图书发行主渠道的优势和作用。

二要在久据“理学名邦”发行事业旺地上做奉献。一是在结合弘扬理学精神中推进一般书的发行。打造了富有闽北特色、理学名邦特点的书籍，并进机关、进单位进行推广营销，出版发行了一批具有闽北韵味的地方文化书籍，让更多人了解闽北的文化、历史、山川和人情风貌。二是在结合弘扬闽教精神中拓展教材教辅市场。三是在结合弘扬书院精神中开拓馆配书。

三要在深据“图书之府”发行事业要地上做呈现。一是在发行阵地建设上求拓展。南平辖区十二家发行网店各有特点和特色，物业收入逐年递增，门市综合利用与产业拓展方面有成效。二是在发行资源建设上求深化。利用网点和自身的优势，通过与读者进行交流沟通，给读者提供便利和改善服务质量，积极在宣传图书、介绍图书、推荐图书上做文章，从而营造出良好的外部发展环境。三是在发行衍生建设上求特色。依托闽北特色文化，结合文创与当地旅游资源，各地之间有效进行了资源整合，重点开发和发展了与图书文化相关联的旅游产品和文化文创产品，提升图书商品的文化附加值。

四要在永据“红色铁城”发行事业阵地上做文献。首先在弘扬红色精神中加强队伍建设。其次在弘扬新华精神中加强制度建设。最后在弘扬创新精神中加强文明建设。

下阶段，如何围绕推进“供给侧改革”和转型升级发展，壮大做强新华事业这篇文章，希望在全面贯彻集团整体部署的同时能够重点在以下五个方面下功夫：

一是在拓展教材教辅业绩上下功夫。首先固业绩。进一步挖掘教材教辅市场的潜在需求，充分发挥和激发员工的内在潜能作用，在巩固提升现有发行水平、发行规模上不断拓展教材教辅发行新业务，以开展全员创新为突破口，全面提升职工队伍的整体创新能力，促进企业上下齐心协力完成好年度既定工作目标和任务。其次均业绩。狠抓教辅营销能力提升，解决业务开展不平衡问题，大幅提升教材尤其是教辅征订发行的覆盖率和市场占有率，努力实现教材教辅业务的均衡发展。最后拓业绩。充分挖掘教材教辅潜质，围绕打造具有地方特色的教材教辅，以选修选定教材为突破口，通过优化环境、挖潜增效，实现教辅增量和稳中有升。

二是在拓广一般书发行实绩上下功夫。首先结合特色文化来“拓”。重点宣传推介一批具有地域特色和历史文化的本土作家文创的书籍。其次结合特定阶层来“拓”。围绕干部用书、企业用书、学院用书的需求对象，面向特定群体开展一般图书的宣传推荐工作。最后结合特殊群体来“拓”。通过合作共建图书室、阅览室、书屋书吧和风格独特书店项目，构建具有自身特色的营销模式，发展壮大一般图书业务。

三是在拓深馆配图书市场考绩上下功夫。首先用新机制拓公共馆配书。利用自身的出版发行优势，通过在图书馆举办新书展览、读书阅读活动，以及提供投入图书馆装备器材等措施，不断发力馆配图书市场。其次用新机制拓学校馆配书。通过开展校园书店建设，与各地一中建立合作互惠关系，解决高地占领和用书导向问题，积极为学校选配适合教育教学的优秀书目，满足学校馆配用书需求，做到既盘活库存资源，又提高销售份额。最后用新平台拓各种馆配书。围绕古建州文化、茶文化、建盏文化和湛卢文化等地方特色文化，有针对性地进行专业文化图书的宣传推广和发行工作，倾力打造专业用书市场的发展模式与推广方向。

四是在拓展多元产业劳绩上下功夫。首先用红色钢城精神拓宽多元产业。通过汇聚闽北红色文化、建盏文化等多元文化，将文化创意产业列为发展重点，推进文化多元产业与图书发行产业融合发展，走具有地方文化特色的多元文化发展之路，打造区域特色文化品牌。其次用书剑情怀拓展多元产业。建盏文化、铸剑文化、太极文化是闽北的特色文化，要通过开发、利用转化为与图书相关的文化衍生产品，并与图书进行捆绑销售、赠送促销，做到既卖图书也卖文创。最后用书业文化拓宽多元产业。将文创产品转化为我们的出版物和卖点，倡导书业经营多元化，将消费模式从单一购书变成体验式消费。

五是在拓开转型升级之路战绩上下功夫。首先让管理服务更加符合转型升级的要求。班子建设、队伍建设是企业发展的组织保障，应着力加强思想建设、能力建设、素质建设、作风建设，强化组织纪律和担当精神，不断增强领导干部的使命感、责任感，激发系统干部职工干事创业的凝聚力和创新力。其次让制度建设更加符合转型升级的要求。通过不断完善各类规章制度，适应新常态下转型升级的需要，更好地促进内部管理有章可循、规范有序。最后让企业精神更加符合转型升级的需要。通过融入企业文化建设和文明创建活动，提升企业素质，强化发展动力，推动企业更加稳定、稳步、稳健地发展。

九、书馨于“明”

对“三明”的城市内涵可以有多种理解与认识，作为发行企业来讲，对三明之“明”应深知其“三明之态”。

一是“明”三明的文明形态。三明的文明形态相比附近其他区域较周全完整，在历史发展长河中，拥有相对明显的农耕文明、工业文明和城市文明三种发展形态。应围绕这些文明形态，与当地宣传、文化、旅游等部门一道策划一些相关书籍。这对于我们特色书的提升、对于乡土文化进校园等很有益处。地方乡土教材、特色教材进校园是集团与福建省教育厅战略协议的一块重要内容，是比较容易争取地方政府支持的一个重要组成部分。

二是“明”三明的文化式态。三明文化式态最鲜明的特色是客家文化，包括其中所衍生出的各类饮食文化、祭祀文化、牌匾文化等。作为文化人一定要去了解、研究透这些文化式态，才能进一步帮助我们做书、选书、卖书。各地新华书店在当地主打什么书、推什么书都要与当地的文化结合在一起，好比漳州诏安因其书法文化好，美术书法方面的书就卖得好，如果在德化买不到瓷器方面的书、到武夷山买不到茶方面的书，那就说明当地新华书店没有起到文化企业应有的作用。

三是“明”三明的文教势态。三明是客家文化起源地，客家文化沿袭中原文化，其中很重要的一部分就是以尊师重教、“耕读传家”为主要内容的文教文化，比如家训家风、家规家学等，我们要以此为切入点出版发行相关书籍。又如通过开拓宁化活字雕版印刷就可以制作一些家训家规之类的文教衍生产品，这些印刷文化衍生品应以字数少而精的力作为主，那么消费者就可能将印刷品连带雕版一起买走，那这个印制产业与发行事业就盘活了，也与三明的文教势态相吻合、融合。

从某种意义上讲，一个地方的文明形态、文化式态、文教势态决定了一个地方的发行宽度、广度和深度，作为国有发行企业要很好地加以研究把握，以此增强发行的自觉、发行的自信、发行的自强，并让每一位发行人成为一个有情怀、有文化、有抱负的发行人。因此，作为三明的发行企业和发行人，除了了解“三明形态”，还应顺着这个“三明形态”对三明的文化做更深透的考究和把握，以更好地为文化企业、发行事业服务。

一是三明的“地缘文明”形态造就的“闽缘文化”式态。对此，我觉得《三明读本》归纳的四个“源”文化很贴切：一是闽人之源。“福建祖先”在三明，三明有“北有周口店，南有万寿岩”之誉的万寿岩遗址，有“闽人之源”“八闽历史第一洞”之誉的清流狐狸洞遗址。二是闽学之源。三明孕育了“闽学四贤”中的三位大师，杨时、罗从彦、朱熹，还有一位朱熹的老师李侗。包括黄慎、伊秉绶等也都是闽学的顶尖人物。现在，黄慎的书我们已经打造出来了，伊秉绶的书我们也在着手推进。但我觉得这方面的文章做得还不够，包括地方教材、乡土文化进校园等方面还要加强。三是闽江之源。三明是闽江的发源地。福建画报社已经出版了《闽江》这本书，并通过深度开发拟出版系列图书，可以和福建画报社合作共同做好策划和宣传推广工作。四是闽师之源。“闽师之源”是开国上将、原福建省委第一书记叶飞同志给原三明师范的题词和定位，福建的师范源头在三明。应继续发挥这个优势，把这个故事讲好说透。

二是三明的“聚徙文明”形态造就的“包容文化”式态。三明人整体比较包容，这与“聚徙文明”的形成有关。三明“聚徙文明”形态来源于几个大的层面：一是唐朝以来的多次客家南迁，特别是宁化县的石壁是客家先民南迁的重要中转站，带来了重视血缘血统、崇文尚德的中原古风，形成了独特的族群和文化；二是现代移民，随着现代人口的流动迁徙，带来了如赣文化、闽南文化、兴化文化、山西文化以及受其影响的饮食文化、茶文化等；三是当代工业新移民，根据国家战略发展需要，三明承担福建省工业发展的历史重任，三明老市区基本上是工业文明为主的城市，从1958年开始全国各地奔赴建设三明的专家、干部、技术人员、民工达10万之众，这些人大部分在三明安居下来，现在已繁衍到第二代、第三代。根据这些文明形态和文化式态，我们要思考应出什么形态的书和提供什么类型的书，变被动售书为主动读书。相信今后个性出版、个性定制、个性发行将会是一个趋势，我们应提前布局、做好准备，呼应这些文明形态和文化式态的与时俱进的变迁与变化。

三是三明的“工业文明”形态造就的“组织文化”式态。工业文明最主要的特征是组织文化。从三明工业文明形态造就的组织文化式态来讲，一要思考移民结构的组织性。三明是个移民城市，从组织化移民来说，就有闽南、福州、莆田以及上海、浙江移民等。根据这个组织结构怎么做发行？是否可以采取书屋的形式？这都需要我们深入思考。比如莆田移民，根在莆田，但子子孙孙今后都在三明繁衍，是否可以通过社区书屋的形式满足他们与祖地的根文化与新生地的文化对接。二要思考性格形成的组织性。在这方面，比如说可以编一本《三明人的性格》，内容可以介绍比如上海人是一种什么性格，到三明生活几十年后他们的性格又是怎样演变的；比如浙江人在这里两代繁衍之后性格又如何变化；等等。三要思考群居状态的组织性。要研究他们组织化的生活状态，以及在这基础上形成的组织文化。四要思考交往工具的组织性。在三明听到的基本上都是普通话，但实际上客家人是有客家话的，但大家认可用普通话交流，这就是交往工具的组织化在三明地区的特色表现。

四是三明的“津地文明”形态造就的“坚韧文化”式态。三明是历史上的要津之地，比如，建宁是五次反“围剿”的决战决胜之地，宁化是红军长征的出发地，三明是苏区的鼎盛地，永安复兴堡是许多抗战志士“光复台湾、振兴中华”革命理想所寄地，等等。这些“津地文明”形态造就出三明一种“坚韧文化”的式态。如果将这些文化式态整合成一本《三明要津之地》，应该也是很有意义的。

五是三明的“创新文明”形态造就的“品牌文化”式态。三明有很多创新和经验，这里是全国精神文明发祥地、全国“林改”策源地、三明医改的“中国路径”、三明“金改”的“新钱术”、三明“审改”的“活力裂变”等，这些已成为三明的品牌，成为三明的城市名片。但从三明各市县新华卖场来看，具有三明特色的文化书还不够多，希望通过对三明文明形态和文化式态的深度开发，使这种状况能有一个大的改观。

俗话讲，一方水土养一方人，进一步也可以说，一方文化成就一方发行人。

我对三明地区近年来发行工作总体上有如下的评价与认识：

1. 在深耕文明城市高地上求作为

近几年，三明在一般书、教材教辅、馆配图书等方面都有一些探索和作为。一是在做大总量上求作为。在人口不占优势的情况下，在做大总量上努力求作为，2015 年三明辖区实现销售码洋 11258.95 万元，今年上半年也基本达到序时进度，难能可贵。二是在做深增量上求作为。三明辖区在团购这块做得不错，个人团购的发生率 100%，实现全员参与销售。今后文明城市考核会新增考核图书馆藏书量这方面的指标，三明作为全国文明城市的发祥地潜力巨大，希望三明抓住这个政策利好，在做大总量和做深增量上做文章、求作为、有突破。

2. 在深耕工业城市旺地上求有为

一是用工业的思维做好一般书的发行。三明出台了《三明分公司全员征订单位分配明细表》《员工销售任务分配标准》等制度文件，将员工销售任务完成情况与年终绩效考核挂钩，充分调动员工参与“行销”的积极性，这就是用工业思维来推动工作、按照企业组织化管理的要求做好发行的好做法，不仅要坚持实行，而且要在福建省各地推广。二是用产品线的理念做好一般书的发行。比如用“主题定制图书产品线”的理念做图书发行，并制定了相关方案，这是符合三明工业城市实际的，要认真执行，而且要更深一步地落实到每个人、每个岗位、每个门店。

3. 在深耕新兴城市要地上求能为

一是在开拓目录外教辅发行市场上求能为。2015 年三明目录内教材、教辅征订满足率达到 99.7%，货款回笼率达 98%，目录外教辅、大中专教材销售量呈现逐年稳步增长的良好势头，特别是短短 5 年时间大中专教材教辅销售从不足十万元到突破百万大关，值得充分肯定。但这块还有很大的市场潜力，比如永安水利电力职业技术学院这块的教材教辅也可以做进去。二是在开拓中小学校产装备招标市场上求能为。你们参加了三明市职业技术学院 2017 年度教材供应资格招投标工作并成功中标，销售码洋超过 100 万元，这项工作也可圈可点。教材教辅市场已经顶到天花板了，往后推进会越来越难，但教育衍生图书这块还是有一些“天地、余地”的，应再琢磨、再深入、再辟路。

4. 在深耕最绿城市腹地上求多为

一是要用绿色理念经营好多元产品。分公司的预包装食品销售业占全省第一位，销售码洋达到 200 多万，回款率达到 100%，这是值得肯定的。但一定要坚持做自己熟悉的、可控的、绿色的、生态的多元产品，这样才能做到我有他无、扬长避短。二是要用环保理念经营好“莫言”等复印纸市场。莫言复印纸、“开卷有益”一体机纸等产品做得不错，还要向更宽领域、地域进一步推进。同时，这里要特别指出的是对宁化的雕版印刷，应本着体现社会责任、体现文化传承的情怀，可以通过创新理念使之扩大为我们的特色产品，对此当然也要用生态的思维、工业的理念去认真琢磨后再运作。

5. 在深耕卫生城市腹地上求广为

一是用精致的思维、健全的理念强化新华精神和文明书店的打造。三明是全国文明城市的发祥地，三明书店应当率先争创文明单位，应当用文明城市的精致思维去着力打造三明及各县的新华书店。二是以促进员工健康发展理念强化队伍建设。要充分吸取教训，各店不能再发生教材教辅风波，同时要积极推进职工队伍的建设、廉政建设，更加健康地把我们的图书发行工作做好。

作为立足于全国文明城市发祥地的三明地区的新华书店，在当下转型升级发展要求更高的新形势下如何更好更快地发展提出以下几点建议：

第一，在全力推进教材教辅发行上求突破。一是突破常规教材教辅发行的饱和瓶颈。希望为实现目标和任务做好充分准备，在各地教材教辅相对饱和的情况下不打没准备的攻坚战。二是突破目录外教辅发行的扩充瓶颈。希望寻找一些新的“天地”“余地”。在其他发达地区，可以看到每个书店绘本馆都人满为患，到了下午四五点满堂都是放学后的学生，但在三明各书店看不到类似的现象。如果类似绘本馆这样的项目做好了，人气聚起来就可带动购买，教材教辅的销售也就跟上去了，义工、义教等服务也随之配套衔接起来。三是突破校产招标发行捆绑的瓶颈。要创新思维方式，解决实际问题，充分利用新机制反捆绑，力求跳出捆绑、挣脱捆绑，力求在全力推进教材教辅发行上求突破。

第二，在全面推进一般书发行上求突进。一要继续支持全员突进。团购政策应继续执行，不能只有三明总店有，应推动全区所有的市县店都执行、所有的门市都执行。二要继续向“行商”突进。应变坐等上门为上门推销，针对一些会议、活动、夜市等走出去设点，扩大“行商”的区域和领域。三要继续网上突进。网上网下、线上线下这个融合的领域要突进。集团网上售书系统已开始筹划设计，希望借此机会积极参与融入，实现网上与网下互动的突破。

第三，在全程推进馆配图书上求突进。一要依靠“买手式”求突进。要更加深入调研了解“你看书我买单”的经验，与图书馆、大公司等大“买手”签订战略合作协议，以大“买手”寻求大“突破”。二要依托“产品线”求突进。希望认真研究当地文化和市场需求，把自己的特色产品线更加合理地构建起来，形成富有特色的产品线。三要依托新华书屋求突进。各个县（市、区）要扣紧时机迅速突进性地占领好一中的点，把新华书屋尽快布建起来，同时也可探索进入三钢、三化、大学校园、旅游景点等“布阵”，尽可能多地占领可以占领的阵地。

第四，在全心推进多元产业发展上求突围。一要继续抓好卖场突围。三明地区的书店大多地处黄金位置，但是整体特色不够鲜明。二要继续抓好绿色突围。希望在生态、绿色方面多做文章，走上一条更加规范化、生态化、人性化的路径，并在带动各县特色多元产品线上寻求新突破。

第五，在全方位促进转型升级上求突起。一要用制度创新保证突起到位。要不断完善、不断推广、不断提升全员推销、个人团购等各种机制创新。二要用文明建设保证突起到面。要把新华精神、三明城市精神等贯穿到我们发行企业精神上来，并通过我们的每一位员工去体现、去践履。三要用党风廉政建设保证突起到线。对企业廉政的高压线、风险的红线、事业的底线等都要很好地守住，并有效地结合巩固群众路线教育、“三严三实”学习的教育成果，把深入开展好“两学一做”学习教育实践落实到位、落实到店、落实到人。

十、书馨于“合”

《三国演义》开篇点出：天下大势，分久必合，合久必分，这一充满历史辩证法的规律同样也适合我们集团出版与发行“分”与“合”的命题。从哲学概念讲，“分”是绝对的，“合”是相对的。

福建省的出版版块与发行版块历史上曾经“合”过，也曾经“分”过，组建海峡出版发行集团后又“合”在一起。通过6年来的“磨合”，集团上下已经形成这样的共识，那就是要做大做强集团的出版和发行主业，必须将出版单位和发行集团的资源、渠道、队伍等很好地融合起来，加快建立健全两个版块协同开拓市场、开发产品、互利共赢的经营机制。基于此，如何通过有效的社店合作，加快推动集团出版和发行主业的共同发展，如何通过做好合理的“分”以取得有效“合”的成果的16个途径，谈谈本人的想法。

1. 在“满分”单一渠道过程中做强教材教辅的发行

一要“满打满算”地做。根据集团教材教辅中心提供的数据，2015年集团的人教版义教教材市场占有率是52.5%，全国平均是60%多一点；人教版高中教材市场占有率是58.9%，全国平均是70%多一点。2015年福建省发行的教辅总品种是1606种，总码洋是57362万元，其中我们集团发行的教辅品种是448种，占比27.9%；教辅码洋是25832万元，占比45.03%。从以上数据可以看出，我们集团的人教版教材市场占有率离全国平均数还有一定的距离，特别是高中教材市场占有率差距达到10%以上，教辅发行码洋占比也不到50%，这既反映了福建省教材教辅市场是一个充分竞争的市场，也表明了我们还有许多工作需要去做。只有算清了这个账，找到了差距，坚持“满打满算”

围绕目标做，才能明确努力的方向和要求。

二要满满当当地做。集团总部、出版单位、发行集团在做强教材教辅发行过程中既要各负其职、有所侧重，又要凝聚合力、相互协作。其中，海峡集团层面要侧重加强组织领导，与省教育厅、新闻出版广电局、物价局等有关省直部门以及人教社建立友好关系，为做大做强集团教材教辅发行营造良好的外部环境，获取更多的政策支持和资源支持；集团教材教辅中心要侧重与各市县的教育部门加强沟通，与发行集团加强协作，在人教版教材教辅市场拓展、服务培训上下功夫；发行集团除了要做好中小学教材教辅的发行工作，还要加大对幼儿、中职、高校的教材教辅市场的开拓力度；福建人民出版社、福建教育出版社两大教辅阵营要强化集团整体意识，加强沟通协作，满怀信心、满满当当地携手做大做深教辅市场的开拓和稳固工作。

2. 在“比分”馆配图书过程中做大闽版图书发行

一要比肩接踵地做。馆配书市场是一个非常大的市场，新华书店系统曾经不太重视馆配业务，大部分馆配市场由个体书商长期占领。近年来，发行集团逐步加大了馆配书市场的开拓力度，取得了很好的成效。要持续不断地办好馆配书样采会，为图书馆等团体用户提供更加全面到位的服务；进一步加强投标队伍建设，强化投标基础工作，完善投标工作机制，争取在团购投标项目中取得更好的成绩，近期厦门新华书店在与厦门外图竞标中获得大中专教材 3 年 1500 万采购权就说明只要肯努力就事竟成；抓住国家推进全民阅读、建设书香社会的有利契机，通过各种方式和途径积极发声，争取全省各地将一般图书配置纳入创建文明城市、文明单位、文明社区的考核指标，推动我们的一般图书发行特别是闽版图书发行上一个新的台阶。

二要比比皆是地做。开拓馆配书市场，既要持续不断，又要遍地开花。全省每个县都有图书馆，大部分的中小学校也有图书馆或者图书室、图书角等，发行集团各市县分公司要认真做好调查研究，熟悉当地图书馆藏书和购书的情况，掌握馆配图书供应的特点和对象，有针对性地开展业务工作，可以每年与图书馆召开 1—2 次联谊联情的业务会，也可联合召开有关读书主题活动，增进彼此深度联系，有效开展业务；可以选配专业素质强的同志对口服务图书馆，提高服务质量；可以比照文明城市图书馆的配书要求，做好当地图书馆的配送工作；可以有针对性地出版适合馆配的图书。同时通过举一反三改造一些适合其他省份的馆配、团供图书，不仅重复利用内容资源，节约了成本，也让馆配、团供项目有书可推、有货可发，形成良性循环。此外，众多市县分公司与图书馆合作开展“你选书，我买单”活动，都是开拓馆配市场的行之有效的措施。

3. 在“细分”不同读者群体过程中做精一般书的发行

一要细水长流地做。不同的年龄结构、教育水平、生活阅历的读者对图书的选择往往大相径庭。要在如此众多的图书品种中找出适销对路的图书，从而有效满足读者的需求，确实考验进货人员的智慧。发行集团无论是中盘的同志还是一线的销售员，都能够很好地研究图书市场，做好市场细分的工作，尤其要科学建立图书进销数据库、读者资料库等大数据，并充分运用大数据对不同的图书类别销售情况、不同的读者群体购书情况进行分析研究，构建起相关的数据模块，从而更好地开展图书进销工作以及为读者提供及时、准确、有效的服务。

二要细针密缕地做。要像织毛衣一样细针密缕地做精一般书发行工作，尤其要强化整体思维的观念和系列化、品牌化的意识，积极针对不同的读者群体和相同读者群体在不同时期的图书需求，有针对性地开展图书发行工作，注重将已形成一定影响力的精品图书项目向产品线纵深处延伸，做出规模和特色。

4. 在“评分”类别工作用书过程中做活专用书的发行

第一，要“评头品足”地做。专用书主要是指工作用书，如干部用书、教师用书，或者是专业考试类辅导用书，如公务员考试专用书、律师考试专用书、教师招聘考试专用书、执业药师考试专用书等。它们的共同特点就是读者对象特定、单一，因此在营销布局上要首先做好市场评估，对每一个群体通过“评头品足”了解其真正的用书需求与工作要求；在营销策略上宜采用差异性策略、集中性策略；在促销方法上宜采用上门推销、服务推销、展示推销。

第二，发行集团要对专用书做得较好的市县新华书店的经验进行总结，提炼出专用书发行的普遍适用的措施，立标准、定指标，并从集团层面进行推广。在此，特别推荐河南省新华书店集团的“整体书房”项目，他们的做法是：将图书、电脑网络和书房系统设备按不同需求进行合理搭配，实行整体设计、整体配置，同时还提供许多后续服务。如定期的新书预告、重点推荐，免费的电脑软件更新、系统维护，书房装饰品的更新和替换等，设有体验馆。目前推出有政务办公书房、政务居家书房、企务办公书房、企务居家书房、静修书房、校务书房、新婚书房、白领书房、儿童书房等各类主题书房，年销售额有100多万元。

5. 在“生分”培训等专业用书过程中做深专业书的发行

一要生花妙笔地做。专业书的读者面相对较窄，特别是学术著作长期以来一直存在作者出书难、读者买书难、书店卖书难的“三难”现象。要缓解学术书买难、卖难的问题，做深做透专业书发行，关键是要疏通出版、发行与市场需求的信息渠道。出版社要主动发布专业书的出版信息，发行集团各分公司要主动了解和掌握本地区专业书潜在消费者的分布情况，建立专业书基本读者联系，经常传递出版发行信息，使其坐在办公室或家中就能了解所需专业图书的出版情况，订到需要的书。同时，要积极组织推销员持样书向专业单位及个人读者开展上门推荐，对读者需求面相对较宽的专业书也可请有关单位协助开展系统征订发行。很多分公司重视店外销售，出台了相关措施鼓励员工走出店堂推销图书，都取得了不错的成效。总之，大家要多想办法、开动脑筋，通过“生花妙笔”的宣传、引导和推动，努力把专业书的发行工作做好。

二要生龙活虎地做。专业书发行工作不要太沉闷，不要被动等待读者上门选购，而应主动出击，大张旗鼓、生龙活虎地去开展，有条件的书店可以开设专业图书门店，或在店中设专卖区、专架、专柜进行集中陈列、重点宣传，同时积极主动开展专业图书的流动售书服务和邮购服务。出版社应积极配合书店做好本版专业图书的发行工作，在购销形式上可采取试销、代销、寄销等多种形式，解除零售书店后顾之忧。在服务手段上可开展配送、收退上门，主动配合专业书店、专营店开展展销会、流动供应等，推动专业书销售，促进专业书市场的扩大和发展。

6. 在“融分”作者群互动过程中做亮畅销书的发行

一要融会贯通地做。畅销书从某种程度来说是营销出来的，对于有畅销潜质的图书，出版社、发行商、作者三方要相互协作、共同发力。二要融合渠道地做。一本书能够打造成畅销书的因素很多，但从发行渠道而言，千万不能局限于单一的渠道，应该充分有效地融合利用好多种渠道。目前普遍而有效的做法应该是以本省新华书店渠道为主，出版社自办发行为辅，快速将图书在全省新华书店各直属销售点、连锁经销点以及个体书店上架销售，同时通过省外新华书店系统以及淘宝网、当当网、卓越网等网上渠道销售，力争在第一时间形成强大的宣传攻势和销售形势。

7. 在“均分”众筹作品过程中做旺专题书的发行

一要均衡有致地做。众筹方式是做好受众面较小的专题书的行之有效的方式，社店双方可以通过寻找本土作者资源、客户合作资源，开展图书选题的策划出版、征订发行和市场营销等方面的深度合作，快速提升选题合作图书的发行码洋及市场占有率。二要均匀有度地做。全省各地多少都有一些文化资源、作者资源，也有一些机构单位、行业协会有出版需求，这都是可供我们利用和挖掘的资源，也是很好的众筹出版对象，集团将专题召开众筹工作推进会再全面研究部署。新华书店与文化单位同属宣传文化系统，在中国“熟人”社会里，相比出版社更容易获得当地党政部门的支持，取得当地的出版选题资源。因此，出版社要主动与新华书店联系，积极寻找众筹出版选题，并共同做好宣传发行工作。行行业业都有书可做，千万不要因为项目小就不做，只要一个个行业用心挖掘、一个个选题用心做，积少成多，聚沙成塔，到了一定的时间终将取得可观的成果。

8. 在“化分”地方历史丛书过程中做透特色书的发行

一要化零为整地做。要深入挖掘福建丰富的历史文化、人文资源，将福建出版特色做足做精做透，特别是在做地方历史文化图书时，一定要进行整体规划，尽量通过丛书的形式做系列开发，将相关的历史文化资源用好用足。如近期，福建美术出版社与福州市文联达成协作计划，拟分多批次出版“近现代中国开先人物画传”系列丛书等，通过“化零为整”可以把这些书做成品牌。同时大家又要脚踏实地，“化零为整”地一本本地将之做成精品，假以时日，终成大观。

二要化变万象地做。同一个资源，变着花样做、用心做，会出现不同的东西，呈现别样的效果。如围绕福建的母亲河——闽江，既可以做成旅游类系列图书，也可以做成反映沿江历史文化的丛书。又如三坊七巷，有历史纵深，有文化传承，有人物掌故，有建筑美学，有西学东渐，有风气之先，资源异常丰富，抓住一点都可以妙笔生花，做出佳品。

9. 在“享分”合作作品过程中做准“走出去”图书的发行

一要享受其成地做。就是让现有的优秀作品通过合作的方式“走出去”，最突出的例子就是《摆脱贫困》的发行，该书中文简体版销量目前已突破100万册，在此基础上，与外文出版社合作出版该书英文版，与印度NCBA公司签署了《摆脱贫困》（英文版）在印度发行战略合作框架协议。还有一个很好的例子就是，福建教育出版社2012年与美国全球按需出版有限责任公司（PODG）签订了国际版权战略合作协议。同年，该社就将《弘一法师传》《影像辛亥》《当商帮已成浮云》等10种图书授权PODG在除中国大陆以外的世界各地按需出版发行。这都是通过合作推动图书“走出去”的成功案例。

二要享乐其福地做。由于多种因素的影响，目前集团图书“走出去”的情况还很不理想，如版权输出品种偏少，实物输出数量有限，对外书展经济效益不佳，海外书店经营困难等，为此集团已制定了《加快向周边国家和“一带一路”沿线国家“走出去”的意见》，明确了今后一个阶段“走出去”工作的目标任务和工作举措，要认真落实集团“走出去”的意见，把“走出去”工作提升到一个新台阶。出版社要将海外读者的阅读需求与本土出版特色相结合，探索与当地的出版文化机构合作有针对性地开发图书选题，提高“走出去”图书的质量。发行集团要认真研究对外书展的经济效益问题和“闽侨书屋”等海外书店的落地发展问题，提高“走出去”的效益。无论是“走出去”图书的出版还是发行，都要提升本土化运作能力，特别是闽版图书推向全世界，为讲好福建故事、中国故事做出应有的贡献。

10. 在“担分”各项拨补重点项目过程中做足大套书的发行

一要担负其心地做。大套书的出版往往容易取得上级的有关资金补助。在获得资金补助的情况下，大家一定要用心做，不能应付敷衍，更不能把补助的资金作为全部的预算以花完了事为目的，而不管其成效如何。大家既要努力有效利用好补助资金做好大套书的出版，将其做成精品项目，在同类书中质量处于前列，又要做足大套书的发行，利用各种渠道、多种方式将图书销售出去，努力取得大套书的社会效益和经济效益的双丰收。这样的成功例子很多，河南大象出版社就曾利用国家出版基金资助的300万元做成了一套丛书，不仅获奖，还销售了1800万元，真正做到名利双收。福建画报社的《闽江》文化工程，通过众筹获得政府资金补助200多万元，推出的《闽江》画册从社会学的角度再现了闽江沿岸的人文、地理、宗教、经济发展、百姓生活，全面展示了福建母亲河的自然风光和文化底蕴，是一部弘扬闽文化的全景式画卷，契合了习近平总书记提出的城镇化建设“留得住青山绿水，记得住乡愁”的主题。

二要担当其道地做。在做大套书特别是有补助资金的大套书出版工作中，要做到专款专用，让来之不易的每一分补助都花在刀刃上、项目中；要建立相关的制度规划，出版单位要组织精干队伍和专业力量，精益求精地追求图书的质量，提升图书的品质。同时要加大力度做好大套书的宣传发行，产生良好的社会效益和经济效益。

11. 在“建分”各类书屋、书场过程中做广类别书的发行

一要建造共享地做。在集团和福州市教育局的推动下，集团所属出版社和福州市中小学校共建的海峡书屋至今有 7 所。海峡书屋的建设为共建出版社推广所出的适合学校师生阅读的类别书提供了很好的通道，也为共建学校加强校园文化建设提供很好的载体，双方相得益彰，实现双赢。此外还可以探索和社区共建社区书屋，和高校共建高校书屋，和机关厂矿共建职工书屋，和机场共建机场书屋等。

二要建树而为地做。无论是共建何种类型的书屋，都要奔着出成效、有建树的目标去做，绝不能搞形式主义、做表面文章，更不能虚赚吆喝、实则赔本。大家要积极发挥主观能动性，善用巧用各方面的资源，争取建设一家书屋、书场，成功一家书屋、书场。

12. 在“网分”线上线下过程中做新大众书的发行

一要网罗棋布地做。我们提出并正在推进六大平台建设，一是推进以业务、财务、办公为核心的“内平台”建设，实现财务业务一体化管理，为各出版单位进行单品种核算提供技术支撑，也为数字出版转型发展做好信息化的基础；二是推进出版社、发行集团自身网站以及纸张、印刷 O2O 的“自平台”建设，实现图书出版信息的有效发布、图书的有效销售以及纸张、印刷业务的有效聚集；三是推进以集团网站“海峡出版广场”版块以及与集团各出版社网站、发行集团电子商务平台有效联结的海峡书网的“全平台”建设，实现图书的展示和网络销售；四是推进海峡书网与新华发行集团中盘对接的“融平台”建设，进一步加强集团电商平台建设，夯实图书批销实力；五是推进延伸到各实体店和销售网点的“点平台”建设，在书店、办公楼、机场、海峡书屋等网点布设“数字阅读机”，加强图书和数字阅读产品等的销售；六是推进辐射到社会公共网的“VR 平台”建设，通过新技术为读者提供更多的增值服务。总之，要通过六大平台建设构建起一张经纬相连、疏密有致、环环相扣、完整畅通的网络，做大做强大众书的发行以及为读者提供更优质的服务。

二要网开一面地做。大众书的发行，要注意线上线下相结合，线上宣传造势、线下体验购买的经营模式是大众书发行顺应互联网的产物，也相应取得了较好的效果。目前大部分的出版社、新华书店都在尝试运用互联网来宣传推广图书，如福建教育出版社大梦书屋通过线下活动线上组织的模式，利用网络和社群的优势搞活图书营销，就是很好的例子。再如河南省新华书店集团成立全媒体数字加工中心，开展电子书制作、内容标引XML制作、报纸及档案数字化、MPR出版物制作、高级扫描等业务，走在全国的前列，值得我们学习借鉴。同时，实体店的经营和网络书店的经营有很多的不同，最大的不同就是网上销售让利幅度较大，如果死抱着实体店的做法来做网上销售，效果肯定不理想。因此，该让利要让利，只有“网开一面”，才能吸引更多的读者，获取更大的收益。

13. 在“节分”读书节、阅读日和文化“三下乡”等组合拳实施过程中做宽图书的发行

一要节俭有为地做。无论是办读书节、图书展等大型的读书活动还是参与文化“三下乡”活动，我们都要坚持节俭有为的原则，增强成本效益的意识，真抓实干，务求实效。在这方面应该学习香港书展的经验，特别是对外书展。香港书展与内地的许多书展不同，他们通过完全商业化的运作，将阅读做成生意，呈献的不仅是一处书籍买卖的市场，更是一场文化交流的盛宴。要转变书展“以展为主”的观念，将阅读做成一门生意，切实通过图书展、读书节等活动种下读书因子，扩大读书群体，做宽图书发行。

二要节律有效地做。对于由党政部门组织的全民阅读活动，我们要积极介入，主动配合开展相关工作，利用阅读活动的平台做好图书的宣传推荐工作。对于五一、国庆、春节等重要节假日以及学生的寒暑假，我们要有计划地组织开展签名售书、讲座、读者见面会、优惠售书等活动，聚集人气，吸引眼球，营造销售氛围，促进一般书销售。

14. 在“责分”建立多元公共关系资源过程中做全图书的发行

一要责无旁贷地做。要责无旁贷地做好图书发行工作，履行好宣传思想文

化职责；要理直气壮地寻求党政有关部门对书店基础设施建设、政治理论读物和中小学教材教辅发行工作的支持；要广交朋友，建立多元公共关系网，巧用善用公共关系资源做活做好图书发行工作。二要责有攸归地做。在运用公共关系资源开展图书发行工作中，要建立健全相关责任制，努力使公共关系资源的效力最大程度地发挥。

15. 在“理分”库存图书过程中做惠被边缘化图书的发行

一要理达情通地做。图书一旦退出销售一线，就沦为库存图书。在目前每年新增图书 20 万种的情况下，新书与读者接触的时间周期越来越短，很多新书在激烈的市场竞争中还未被读者认识或充分认识就很快退出销售一线，成为所谓的库存书。但这些图书仍然有它的价值和读者，所以单纯地报废处理甚至化浆，并不是最好的办法，倒不如设立特价书店或特价书专架、专柜，对其进行打折处理，或通过联建“书屋”等形式，尽可能最大限度地让它们与读者充分接触，使库存图书价值最大化。

二要理直气壮地做。要理直气壮地做好库存图书的发行工作。当然，降价处置、捐赠库存图书要符合政策，讲究方式方法，要尽可能地建立起一套操作标准和程序，如不同门类图书的上架时间，下架后图书的管理和优先走向，如何选择捐赠对象及相关财务处理等，做到对库存图书规范化管理、制度机制顺畅和廉政风险管控等保障。

16. 在“统分”出版与发行机制融合过程中做高发

一要统筹兼顾地做。新时期的社店合作要积极探索全方位、多形态、大纵深的合作模式，就是要以出好书、发好书为共同宗旨，打破出版发行上下游的诸多限制，在渠道、物流、营销以及内容生产、品牌经营、资本运营等方面加大合作力度，借助各自优势，为对方提供更优质更优惠的服务，使各方的利益达到最大化。二要统辖统销地做。加强社店合作要通过顶层设计，自上而下推动出版社与发行集团展开全方位合作。为此，我们设立了集团促进社店合作工作领导小组，出台了集团加强社店合作的指导意见，明确社店合作发行目标和有关考核指标，设立奖励资金，构建交流平台，协调解决社店合作中的问题，也就是从集团层面组织做好社店合作这件事。

总而言之，社店要根据“出好书、发好书”的要求，联手把“分”的文章做好以实现有为的“合”，把闽版书、一般书，以及需要做大做强的版块，通过出版、发行的衔接和整个集团内部之间的合力，达成多赢的效果，开创崭新的局面。

十一、书馨于“转”

推进实体书店转型升级发展主要在于我们文化人、教育人和读书人对实体书店内在所蕴含着的“知书达礼”形成的“六礼”共识：

一是对国家支持实体书店发展的“礼赞”。实体书店是重要的文化设施和文明载体，在促进城乡文化产业发展和文化市场繁荣、巩固先进文化传播阵地、推动全民阅读、建设书香社会、提高全民族素质等方面具有重要作用。习近平总书记对党的新闻舆论工作的职责和使命提出了48字箴言，强化了新华书店作为“传播知识、传承文化、引领阅读”党的宣传文化重要阵地的地位。国务院办公厅印发的《关于推动实体零售创新转型的意见》和11个部门联合印发的《关于支持实体书店发展的指导意见》，从根本上对实体书店转型发展提供了政策思路与实质支持，尤其是“供给侧改革”的决策更给处于转型升级阶段的以新华书店为主体的实体书店发展提供了理论基础与智力支持，成为重新定义发行渠道的一剂良药，这些决策与政策都是我们作为实体书店主要组成力量的文化单位由衷发出的对国家支持实体书店发展的崇高“礼赞”。

二是对新华人80年坚守实体书店的“礼敬”。自1937年在延安成立新华书店至今近80年。新华书店不仅是弘扬中华文化的重要阵地，更是引领社会发展的一座独特风向标。面对电子书、网上书店的冲击，面对众人追捧的手机微阅读，充分发挥新华书店在引领全民阅读、营造书香社会方面的功能和作用，打造立体式、全覆盖的营销网络体系，在抓好大中书城建设的同时，大力发展校园书店、绘本馆、社区书店、超市书店等便民型图书网点，实行网点下沉、服务前移，贴近终端消费群体，成为书店中的翘楚，这些传承与创新都一一汇聚成对新华人坚守自身使命的“礼赞”。

三是对福建作为文化先行地区的“礼崇”。作为文化先行的福建，众多实体书店不仅意味着一种图书陈列形式、一种经营模式、一份城市文人的特有情怀，而且是影响着一座城、一代人的文化地标、精神圣地。以新华书店为主体的各类实体书店，当下及未来不仅应成为文化消费的综合平台，让驻足在这里的读者游客品尝墨香、咖啡香和茶香，而且通过参与各类的签售、讲座、艺术空间活动、各类艺术培训以及线上线下互动，让深度阅读成为人们的一种生活方式，成为工作和生活在福建这一文化先行地区的人们对居住地一种文化生活的“礼崇”。

四是对福州教育人崇文重教的“礼爱”。福建自古以来重视文化教育。鳌峰书院是清康熙年间福建的最高学府。福建新华书店鳌峰坊书城就坐落在历史文化重地鳌峰书院处，这不仅传承了福州人崇文重教的传统，而且让更多的生于斯、长于斯的福州人有了更惬意的阅读场所、更丰富的精神食粮，这无疑是我们作为文化人、教育人和读书人对有史以来福州人民崇文重教的一种崇高“礼爱”。

五是对创新共建实体书店感念的“礼节”。一个人如果不读书可能会面目可憎；一个城市如果没有实体书店，再繁华也缺少人文的滋养。以新华书店为主体的各类实体书店升级改造，通过扩大连锁经营范围等方式、方法以做优做强向特色化方向发展；强化“互联网 +”思维，实现实体书店由传统模式向新兴业态的转变；充分发挥实体书店传播先进文化的阵地作用，开展多种形式的读书文化活动；等等。当下及未来推出的一系列创新共建实体书店的举措，不仅是要留住城市的文化之魂，而且能让书香滋养着人们心灵的成长，这也应是我们对创新共建各类实体书店的一种感念时所表达出的美好“礼节”。

六是对所有爱书人、读书人敬奉的“礼遇”。我们驻留鳌峰坊书城内，看到有形的原木色的书架、大大的书桌、舒适的座椅、清新典雅的摆设等这些让人眼前一亮的具象书店，它无一不体现着这间鳌峰坊书城的精心设计，更是集人文、艺术、创意、生活于一体，期望通过这一崭新的平台引领广大市民去培养出阅读的习惯、阅读的态度，提升对阅读品味的自觉、对自我提升的追求。总而言之，期望通过把新华书店打造成爱书人、读书人的一个心灵港湾，一个摆脱喧嚣尘世的精神圣地，给所有的爱书人、读书人献上我们的一个美好的精神“礼遇”。

如何促进福建文化产业发展和出版发行市场繁荣、巩固宣传阵地、推动全民阅读、建设书香社会、提高全民族素质成为摆在我们出版人、发行人和读书人、爱书人面前的一个重要命题。作为以新华书店为主体的实体书店是一个国家和一个地区非常重要的文化阵地和文明载体，是读者乐于驻足的精神家园。习近平总书记曾经多次强调文化自信，实体书店的建设和发展理所当然地应是弘扬文化自信的一个重要阵地，也责无旁贷地应在社会主义文化建设中占有一席之地。为此，借国家相关部委出台支持实体书店发展措施的有利契机，也借近一个时段以来全国各地实体书店风生水起的态势，就实体书店如何转型升级发展的一些具体问题做个分析探讨。

1. 明了实体书店转型升级发展的类型情势

实体书店作为文化产品实现经济价值和文化价值的重要终端环节，伴随着图书产品的出版发行而成长、成型，当下“创新”“转型”开启了一场新的实体书店革命的浪潮。为此有必要在对现有实体书店做科学分类规整的基础上找准转型升级创新发展的切入点、规整点和推动点，真正明了当下及未来实体书店转型升级发展的类型情势。

（1）明了传统渠道书店长期存在发展的优势

传统渠道书店主要涵盖国有书店系统，以新华书店为主，作为传统渠道书店的代表，网点遍布全国，基本都是市政建设规划配套的重要项目，处在市区的中心地段，交通便利通达，地理优势巨大，书店销售门类齐全、体量宏大，是读者心中最重要的知识殿堂，具有长期存在发展的综合优势。

（2）明了混业经营书店逆势发展的趋势

专注于某一图书种类的书店越来越多，既卖图书也涉及服务的“错位”书店生态系统正在日益完善。让“书店＋百货”的复合经营模式通过文化品牌效应吸引商铺入驻，经营高盈利率的文化展演、创意商品销售、服饰及餐饮等产业，把新创设、新改造和新构建的混业经营书店打造成为集阅读书籍、品味生活为一体的综合体，科学把握好这种混业经营书店逆势发展的趋势。

（3）明了特定区域书店生存发展的时势

特定区域书店一般主要集中在校园书店和社区书店范畴。海峡出版发行集团和福州市教育局联合共建的“海峡书屋·书香校园”工程就是通过把握特定区域书店生存发展时势而做出的正确选择。海峡书屋建设的意义就是要将海峡书屋建设成为推广深度阅读的基地、品味欣赏书香的园地、领略闽派作品的天地、弘扬读书精神的高地、播种文明因子的旺地、文化传承创新的福地。对社区书店而言，这是我国城市化进程的必然产物，随着人民物质生活水平的提高，社区的精神文化需求也在同步增加。社区书店对推动全民阅读、社区文化建设以及构建基层公共文化服务体系发挥着重要作用。因此，无论是筹建校园书店，还是投建社区书店，都要全面权衡好这些特定区域书店生存发展的时势，避免失之于策、失利于势。

（4）明了品牌连锁书店贯通发展的阵势

新华书店应当说是全国网点最多的连锁书店。除此之外民营连锁书店也在一些城市风生水起，既有一个城市的连锁店，也有全国性的连锁店。品牌连锁书店一般都沿用统一的品牌店名、统一的标记和装潢、统一的配货添货、统一的定价和统一的经营管理，这样既能充分利用规模大、资金集中、信誉好和网络化的优势降低零售经营的成本，而且能有效地提高市场的覆盖率和渗透力，不断深化和保持已有信誉度的书店品牌。连锁经营在某种意义上讲是一种低成本、规模化的经营模式。当然目前我国连锁书店经营同样面临着对连锁经营的复杂性、艰巨性认识不足和资金支持力度有限等困难和问题，为此，在布局、布点这种品牌连锁书店时务必要权衡贯通好各种资源配置的阵势，不要盲目布点、茫然布局，更不可盲动布阵。

（5）明了独立特色书店异军突起发展的地势

一般是指那些在新华书店等国有书店系统之外以经营学术文化特色图书为主的民营书店，它的特色是体制外、实体性、品位高。这类独立特色书店与大型书城相比图书品种较少、营业面积较小，但因其小而精后更加注重专业化和个性化服务，具有较为浓厚的文化氛围，坚持走内涵式发展道路，具有一定的品牌影响力，对知识分子和成熟阅读群体有吸引力，体现城市定位和文化特征，因而更具有旺盛的生命力。但独立特色书店当下同样也面临“网络书店低折扣销售的冲击、电子阅读市场的冲击、昂贵的房租和人工费用的冲击”等大难题。因此，我们要充分理解和把握好中国传统理念“天时地利人和”文化的内涵，明了这种独立特色书店异军突起的“地势”，因势利导地善待和支持这些独立特色书店的发展。

（6）明了 24 小时书店客观存在发展的声势

2014 年 4 月 18 日北京三联韬奋书店开启了 24 小时“不打烊”书店。同年 4 月 22 日，即世界读书日的前一天，李克强总理致信全体员工赞赏该书店推出的“深夜书房”“很有创意”，是对全民阅读的生动践行，喻示在快速打造成为城市的精神地标，让不眠灯光陪护守夜读者潜心前行，引领手不释卷蔚然成风，让更多的人从知识中汲取力量。如何规建和构建这种满足部分深度阅读读者需求的 24 小时书店，我们应持十分审慎、谨慎的态度，可以在成功试点的基础上选择一些确有其存在条件的地方和区域发展若干家，但万万不能把发展 24 小时书店仅作为一种存在的“声势”为建而建。

2. 明白实体书店转型升级发展的功能态势

传统实体书店因为各种原因曾被认为虽是文化型但却缺少“策划力、用户力、文化力、传播力”，尤其近些年有“最美书店”概念之后，又误导人们把着眼点放在可视性的书店装修视觉感受上，简单认为最炫、最繁、最靓的书店就是“最美书店”。对需进一步推进转型升级发展的实体书店来讲，其实体书店未来转型升级发展建设功能的内涵与外延必须做充分的、全面的、系统的理解与把握，进而全面把握好实体书店转型升级发展的功能态势。

（1）在最美空间建设功能态势上体现好深度阅读仪式的存在感

古人抚琴诵经之前要沐浴焚香，这是仪式感；武夷岩茶的茶道有二十七道复杂流程，这是仪式感；到实体书店感受深度阅读是内心对获取知识的强大渴望，这更是仪式感。新华书店的门市几乎都是在当地最繁华的地段，到书店买书让人产生对文化知识的尊重。可以说现在稍微年长一些的读者获取知识最重要的渠道就是书店。仪式感可以让我们对读书这件事情怀有敬畏之心；仪式感是爱读书人获得内在动力的源泉之一；仪式感也让读者真切地感受到读书带给自己美好的一刻。因此不仅在实体书店最美空间设计上应有最高的追求，而且在实体书店内在创设上应能让读者充分体悟出深度阅读崇高仪式感的浓厚氛围和真实存在。

（2）在最美时间建设功能态势上体现好深度阅读生活的体验式

闲适时间逛书店已然成为一种闲雅的生活方式、一种让人静心的方式、一种让人思考的方式。作为书店则要崇尚和引领这种生活方式。在实体书店的经营活动中体验应是以服务为核心、以图书为媒介，围绕读者创造出具有感官和心理感受的阅读体验活动，从而引导读者产生购物行为；同时实体书店要想实现从经营图书到经营文化转变其所提供的顾客体验将至关重要。随着消费者的兴趣正在逐渐从线上回归线下，网络带来的流量和折扣优势逐步被消费升级的脚步所抵消，网络书店现在还无法彻底取代实体店的一个根本原因就是缺乏体验。纸质书和书店能给读者一个更好的深度阅读体验，实体书店的转型升级发展更应加紧向多元化经营的方向转换，抢占体验式消费的入口。之于实体书店体验的“差异性、感观性、知识性、参与性、记忆性、关系性”等特点，书店在最美时间功能建设设计上，不仅要有能让读者驻足此间“最美”时间刻度考量的标准，而且应给读者创设出驻留最佳时间体验水平的考量标准，让“最美书店”展现出充盈的书香气息之美和深度阅读的温馨体验。

（3）在最美服务建设功能态势上体现好深度阅读渠道的供给侧

实体书店和读者之间的关系因其互动性远比网络书店和读者之间的关系更紧密。实体书店不仅是作为供给侧一方的出版社和读者之间沟通的渠道，而且是作为供给侧一方的实体书店和读者之间沟通的平台。作为渠道身份之一的实体书店更应成为供给侧结构性改革的主体，通过最美服务的打造，使其转型升级发展的核心真正转到以满足深度阅读读者需求为中心、以市场需求为中心的轨道上来，围绕书店创新发展着手解决好不同类型读者需要什么、书店最终提供什么，让渠道供给侧的满足成为创新、融合、转型的关键。当下大量以打造良好消费体验为核心的个性化、特色化、主题化书店的出现就是书业供给侧改革的成果。因此之于实体书店最美服务功能建设的要求，更加重视对未来实体书店内在品质、硬件品质、软件品质、即时品质和心理品质的建设，真正摆脱原有的“教条式”服务式态和“官衙式”服务方式，真正推进好能满足广大深度阅读读者群体对图书发行和共享渠道供给侧改革的需求。

（4）在最美品质建设功能态势上体现好深度阅读场景的“符号元”

实体书店在读者心目中展现的不仅仅是文化阵地的场景，更多的是展示着独有特色的文化符号；不仅仅是出版业界的状态，更多的是社会文化进步的一个元素。书店独有特色的场景应充分展示图书的多彩面貌、吸引读者的眼球能力和成为一个地方文化地标的最美品质。书店的核心“符号元”是“书”，坐拥书城是指读书人的藏书多、读书多，用在新华人身上也很贴切，书店是名副其实的文化企业，一家书店不仅关乎这座城市的国民素质、关乎这座城市的文化品位，也关乎城市的精神文明建设水准。之于实体书店最美品质功能建设上对于深度阅读场景“符号元”之内涵与外延的要求，作为实体书店就不仅要实现书店平面设计、店员服装等各种细节品质的建设，而且要高度重视书店精神追求品质、图书和其他产品的品质、团队服务品质等构建，从而让每一个进入实体书店的读者都能感受到最美品质书店展开深度阅读的场景符号和整体气质。

（5）在最美创意建设功能态势上体现好深度阅读平台的价值链

实体书店平台的战略打造应使其成为有发展潜力、深远价值的实体书店价值链，在这个平台价值链中图书产品和实体书店的文化空间定位应使之成为吸引读者、黏合读者的媒介。面对激烈竞争，掌握转型升级发展的主动性对实体书店越来越重要。书店经营者们正在通过努力促进书店与人类多样的文化、学习、生活需求相对接，充分发挥书店文化阵地、教育平台价值链的作用。之于实体书店最美创意功能建设的要求，实体书店作为内容传播的场所，创意之美不仅会提高人的文化内涵，带动读者心灵的触动以及感观的享受，而且通过创意整合好实体书店引领深度阅读的平台价值链,进而使实体书店的平台生命力、价值增值力更加充满生机与活力。

（6）在最美价值建设功能态势上体现好深度阅读精神的城际标

实体书店是商业行为与知识传递的融合，能够向读者呈现具有人文精神维度和公共文化空间的知识氛围。从这个意义上说，越是有影响的实体书店越能成为一座城市的文化精神地标。之于实体书店所担负起的一座城市精神地标的历史使命和责任担当，在实现一个实体书店最美价值的功能建设上，作为国有性质的新华书店更要带头喊出“做有灵魂书店”的口号，自觉地用书店文化去撬动大众深度阅读的渴望，顺应好全民阅读推广的追求，担当好一个城市精神“城际标”建设的使命与要求，满足国家对实体书店扶持发展的责任要求。

3. 明确实体书店转型升级发展的使命局势

新近国家相关部门出台了《关于支持实体书店发展的指导意见》，其基本原则就是坚持改革创新，推动实体书店经营模式创新和转型升级，以改革激发市场活力，以创新增强经营能力，着力解决制约实体书店发展的关键问题。作为已有 80 年历史的新华书店以及新组（共）建的各类型实体书店理应围绕指导意见的要求，突破实体书店传统运营的思维模式，从“互联网 +”时代实体书店生存与发展的环境出发，对实体书店的转型升级发展加强顶层设计、管理创新和机制再构，识好“六局”使命，增强“六种”功能，真正把握发展局势，切实担当起自身应履行好的推动使命。

（1）认识实体书店转型升级发展的政局，增强阵地功能

以新华书店为主体的实体书店作为党的宣传文化重要阵地，肩负着传播知识、传承文化、引领阅读的重要使命，应坚定不移地增强政治意识、大局意识、核心意识、看齐意识，毫不含糊地将社会效益放在首位，不断强化以新华书店为主体的党的宣传文化阵地的意识和功能作用。

（2）认新实体书店转型升级规划的全局，增强格局功能

作为以新华书店为主体的各类实体书店应当不断增强规划意识和增强格

局功能。当下及未来实体书店的发展已是大势所趋，但在市场竞争加剧、网络书店迅猛发展的当下实体书店也面临着巨大冲击，机遇和挑战同时并存。作为实体书店不仅应认清将书店建设纳入国民经济和社会发展规划全局的意义，而且应十分清醒地站在构建全社会合理书店格局的高度做深实体书店规划布点、布局工作。

（3）认清实体书店转型升级创新的时局，增强融合功能

作为实体书店尤其应在变革创新的过程中不断增强融合功能，注重做到“三个结合”：应做到同创业创新相结合；应与构建公共文化服务体系相结合；应做到线上线下相结合，树立“互联网＋”思维。

（4）认准实体书店转型升级再造的变局，增强吸附功能

实体书店转型升级再造升华的本质是商业模式的再造转型。以新华书店为主体的各类实体书店应充分抓住历史机遇，创新经营管理理念，适时适机地从传统经营走向特色经营，不断增强自身的吸附功能，当下及未来应力求从经济建设和文化建设两方面着手强化自身吸附功能的建设。

（5）认可实体书店转型升级贯通的格局，增强平台功能

作为实体书店应充分认识和把握当下“互联网＋”的发展格局。以新华书店为主体的各类实体书店应不断强化“互联网＋”思维，充分利用互联网、物联网、云计算、大数据、数字印刷等新技术手段，实现实体书店由传统模式向新兴业态的转变。

（6）认定实体书店转型升级引领的世局，增强文化功能

如何帮助、引领读者购买好书是实体书店经营者们面临的重要问题。实体书店不应该是静止的、静态的图书卖场，实体书店更要不断增强自身的文化功能，自觉地成为学习的引领者、知识的传播者、文化的布道者，自觉地在海量的图书中甄选出精品好书，利用传统媒介和新媒体向广大读者进行推荐，发挥新华书店在引领阅读风气、推动全民深度阅读、建设书香社会中的积极作用，进而真正发挥好和承担起实体书店在转型升级发展中推进文化引领出版发行世局变革的应有作用和历史责任。

十二、书馨于“力”

出版与发行是既紧密联系又相对独立的不同方面，但搞好社店合作是共同的命题。

1. 科学总结集团社店合作的成效与特点

社店合作拓展出版与发行互动“双赢”的新格局是集团成立以来一直致力的重要工作，通过社店双方的共同努力，近年来集团的社店合作工作显现出以下成效和特点：

（1）通过提升理念增加了社店合作的“共识力”

“共识力”即各方对开展社店合作目的意义的认识，共识是前提，在共识的基础上共为，进而形成共鸣，才能全心、全意、全力地投身到艰巨的社店合作工作中去。

（2）通过搭建沟通平台增进了社店合作的“契合力”

“契合力”意为意气相投，亦有结盟、联盟之意。在社店合作的初期阶段矛盾与“磨合”是必然的，一年来，社店双方通过不断尝试搭建平台、强化沟通，有效地增进了社店合作的“契合力”。

（3）通过开展营销合作增强了社店合作的“协作力”

“协作力”即通力合作，能把各自为战的“独行侠”融合为一体，是最宝贵的软实力。一年来，社店双方在集团指导意见的指导下，积极开展营销合作，“协作力”大为增强。

（4）通过建设“校园书屋”增进了与教育部门的“沟通力”

近年来集团上下尝试不同形式、不同风格实体书店的再造和社店关系的构建，并且在这一再造和构建过程中促进集团内部形成一批初具规模、初显样式且切合福建实际、具有福建特色的闽派“校园书屋”模式。

（5）通过互助合作增益了社店合作的“共赢力”

“共赢力”即双方在合作过程中互惠互利、相得益彰继而实现双方的共同收益。出版社拥有出版资源、作家资源，新华书店熟悉读者需求、感知市场变化，有的还了解当地的出版信息，拥有当地作者和渠道资源。

2. 清醒认识社店合作存在的困难和问题

社店合作拓展出版与发行互动“共赢”的新格局同样也是一个“说易行难”的老问题，当前及未来在推进社店合作向纵深发展方面仍存在不少值得大家深思的困难与问题。

（1）合作共识不够统一

从之前调研的情况看，尽管社店双方对加强合作的呼声渐强，但目前仍处于初级阶段的“破冰期”。社店双方上下左右的共识还没有真正形成，在合作中还带有一些本位主义色彩，不同程度地存在大局观念缺失的现象。从出版社方面讲，存在单纯为营销而合作的狭隘观念，还未把与一线书店长期合作的思想共识统一到位；从发行单位来讲，部分县级分公司还存在“小富即安”的被动心理，把主要力量用于抓教材教辅，而不太重视一般图书的发行，更谈不上用改革创新的精神强化合作。

（2）合作范围不够广泛

从整体上看，当下出版社与发行单位的合作还不够平衡，有的地区合作得多些，有的地区合作得少些，有的甚至还是“空白点”。

（3）合作层次不够深入

集团面向市场适销对路的精品书、畅销书、常销书偏少，产品同质化较为突出，特别缺乏优质的拳头产品，造成活动做不大、宣传推不广、人气聚不起，效益也就难以很好地体现出来。

（4）合作形式不够丰富

目前社店联手开展的活动还停留在签名售书、讲座沙龙、降价促销等常规性活动，虽然也带动了一些销售和码洋的增加，但仍存在整体吸引力不够强、影响力不够大的问题，有些活动甚至还停留在“贴钱赚吆喝”的原始阶段。

（5）合作机制不够顺畅

从目前阶段看社店合作整体上仍处于探索期或“破冰期”，相对而言，刚出台的《海峡出版发行集团加强社店合作的指导意见》也还处于试运行阶段，出现一些不顺畅或落地性不强的情况在所难免。

3. 切实增强社店合作的创造性和落地性

社店合作拓展出版与发行互助双赢的新格局一定是集团做大做强主业的根本方向与举措。

（1）围绕坚守阵地加强社店合作

出版单位和发行单位作为党管的意识形态企业和国有企业，应深知自己企业肩负的使命与责任。为此，一方面应始终做到坚持严把政治关，坚定出版发行导向，打造好推动社店双方合作的坚实基础。另一方面应始终做到善于抓住机遇，推动全民阅读，打造好社店双方合作的工作基础。

（2）围绕做强主业加强出版发行

做强主业始终是新常态下出版发行的主攻方向和重中之重。为此，一方面应围绕内容结构这一核心，抓新“出好书”，为社店合作提供源源不断的主题资源。另一方面应围绕调整发行结构这一重点，抓实“发好书”，为社店合作拓展市场空间。

（3）围绕转型升级加强联合体构建

启动转型升级新引擎，激发企业发展新活力，是国家发展要求，更是企业发展的需要，实体书店作为社店合作中最主要的联合体，转型升级刻不容缓。为此，一方面应通过更加深入地了解读者的内在需求“走进去”，为社店合作明方向。另一方面应通过机制创新变“坐商”为“行商”“走出去”，为社店合作拓方位。再一方面应通过积极“触网”“走上去”，为社店合作谋新方。

（4）围绕书香校园加强校园书屋建设

建设校园书屋作为社店合作的延伸，是建设书香社会、推进全民阅读的职责所在，是打造集团实体书店转型升级发展的重要模式，是保障集团教材教辅生存发展的有力支撑，是拓展闽版图书出版发行的联结通道，更是促进集团融合发展的良好契机。校园书屋主要分为两大版块：一是以各地新华书店及各地龙头学校为支撑的“新华书屋”系列。二是以出版社和福州市区中小学为支撑的海峡书屋系列。作为集团推动、社店校携手共建的各类校园书屋应充分体现好五大创新平台的概念：一是国家教材的培训基地，二是特色教辅的示范基地，三是集团版图书的传播基地，四是传统文化的传导基地，五是数媒传播的创新基地。

（5）围绕资源整合加强机制创新

社店合作机制的创新是一个根本性的问题，集团上下、社店双方的资源和优势如何才能最大化地转换成最终的成效，关键取决于机制再创。为此，一方面应通过机制创新出活力，另一方面通过机制创新增动力。

十三、书馨于“创”

记得2015年9月我第一次到厦门分公司调研时，用“六个格局”和“七个好”谈了认识与建议。两年后再次来厦门分公司，我想用“七个局”再谈谈我对厦门分公司这两年新变化的看法：

一是顺应了局势。为顺应出版发行的整体发展局势，不仅很好地守住了意识形态的主阵地，而且创新性地探索了适应厦门特点的实体书店发展的路径与方法。

二是稳固了局面。新华书店所调控的两个版块的发展局面基本上守住了。一个是实体书店一般书发展的局面，从发展趋势看基本上保持了较好的发展局面。再一个是教材发行的局面，整个海峡出版发行集团拿下了新一轮教材发行业务资格，这个局面的形成是可喜的。

三是开拓了局部。局部的突破工作也做得很有创意，“六度书屋”就是通过局部一个点的突破，改变局部的小环境，解决了一个战线的开辟，进而打开了一个新市场拓展的局面。少儿主题书店被评为“最美新华书店”，这也就是通过打通局部改变了厦门百姓对儿童图书版块的印象。

四是规避了局促。当下中山门市改造影响了全局的经营，造成了公司整体经营的部分局促，通过其他局部的努力来弥补暂时的减损，期待中山店重新展开局面后会再回报其他局部的贡献，使之通过规避局促真正形成一个相互支持的局面。

五是整合了局外。整合局外就是思考和探索怎么整合社会资源、教育资源、馆配资源以及一些名人资源、加盟资源等，进而产生吸附和辐射效应。整合局外有大局外也有小局外，但只要有利于市场的拓展都要整合好，这两年做得很有创意。

六是调动了局内。在企业内部形成了共识与合力，班子协调配合得好，内力增强，效率提高，党风廉政建设加强，决策更加民主化、科学化，一层管一层，调动了局内各方面的积极性。

七是谋划了局变。怎么面对改革、面对转型升级、面对更新改造、面对外图的挑战、面对厦门地区校本作业的变革等一系列的变革变局变化，整体上稳住了前面讲的六局，也守基本盘，更稳定了发展大局。

厦门是很有福气的宝地，金砖会议的召开更为厦门分公司的发展带来新的福气，要借着金砖会议的效应，拟用“七个金”对今后工作提一些建议：

一是延续好“金砖”的效应。第一个怎样让鼓浪屿成为金砖会议效应的延伸窗口，让鼓浪屿书店在原有的那个点上发挥出更大的效应。可把鼓浪屿店的文化总体设计好，通过整合将“厦门与海上丝绸之路、厦门与金砖会议、厦门与世界文化遗产”这三个概念融入其中，让人感觉你们真的是把握住了“金砖”效应。第二个“金砖”效应是应思考怎么让“金砖”后续暴增游客变成我们的自然读客。第三个延续好“金砖”效应就是借地构建书屋的效应。

二是接续好“金牌”新华的效力。一定要把新华这个金字招牌擦亮，不断增强自己的自豪感。作为“新华人”对自己所拥有的“金牌”效力不要没有信心更不要妄自菲薄。

三是承续好“金榜”率先的效益。厦门分公司从发展水准看，已位列在福建新华“金榜”的前列，更应重视发挥好率先的效益：一是社会效益为先应发挥好；二是经济效益为重应发挥好；三是综合效益为要应发挥好。

四是继续好“金库”格局的效用。“金库”格局是能够汇聚物流、人流产生集聚、汇聚效应的地方。中盘选书、大店带小店、物流选配都要定好位、布好局，通过广聚人流、物流产生效应，进而实现“金库”格局综合叠升的效用。

五是陆续好“金屋”书香的效果。厦门分公司已形成比较明显的四大版块、15 个网点的“金屋”书香的效用。主力店、主题店、区域店、社区店格局定位很清晰，通过努力可把“书香、饼香、茶香、沉香、艺香”等都汇聚到“金屋”书香的整体效果发挥之中，“书中自有黄金屋”的概念自然也就形成了。

六是连续好“金贵”文明的效能。文明文化涵养的终期效能就是使社会、企业和读者自然而然地“金贵”起来，新华书店作为红色文明的窗口、作为书香文化的载体和集聚文雅举止的平台，更要通过继承传统而又创新作为，真正使应有的“金贵”文明效能充分发挥其“金子般”的正效应、正能量。

七是赓续好“金至”精神的效验。作为新时代的“新华人”更要弘扬好新华精神，保持至诚至善至远的目标与追求。有了“金至”精神的构建，未来厦门分公司全面发展的前景、发展的综合效益一定是越来越好的。

十四、书馨于“格”

纵观中华文明发展史，多从西部崛起，辐射东部，直至覆盖华夏。当下大梦书屋在福州城区的布局也有类似的现象，大梦书屋从西湖店起步，随后开设到东部的鼓岭店、南部的三江口店和西北部的一中店；如今大梦书屋 3 周年之际，在闽江之畔的融侨中心又迎来了新的一家大梦书屋，形成了环抱福州的闭合态势。面对“母亲河”闽江，千百年来福州人无数次地思考“闽江之问”，闽江的源头活水从哪里来？闽江能否保持源远流长？闽江能否始终如一地实现源清流洁？以“闽江之问”反躬，对于大梦书屋而言，“三岁看大”的历程应更加启示我们“不忘初心，方得始终；坚守阵地，继续前行”。

面对“闽江之问”，作为已有80年历史的“新华人”更应加深历史性的思考：我们从哪里来？我们将向哪里去？深切思考我们应当如何更好地做到“不忘初心，坚守书业”。忆往昔，1937年，新华书店在延安的窑洞中诞生，那时候靠肩扛、手提，部队打到哪里，新华书店就流动到哪里；中华人民共和国成立以后，包括新华书店在内的实体书店在各个城市站稳了脚跟。从中华人民共和国成立初期到现在，经历了几个不同的历史发展时期，作为图书发行主渠道的实体书店也经历了几个不同的阶段。因此，“不忘初心”重要的是我们自己应搞清楚当下我们的实体书店处在哪一个阶段的占位形态上。

一是传统书店业态作为实体书店的1.0阶段，其主要特征是专营图书销售，商业模式单一，面对的是卖方市场，作为实体书店1.0形态在互联网时代因为没有价格优势，普遍受到网络书店和数字阅读的强烈冲击。二是实体书店的2.0阶段，作为面对网络电商挑战转型的书店业态，因其主要特征是面对买方市场，采用复合式经营，让书店不再是单纯卖书的地方，而是涵盖了咖啡、餐饮、文创、艺术画廊等的复合型文化空间，将读书、体验、休闲融为一体。其代表性的案例是诚品书店，率先成功打造了“书店＋文创”的复合经营模式，当下我们的鳌峰坊书城也大致达到了实体书店2.0阶段的水平。三是在O2O线上线下融合时代应运而生的实体书店3.0阶段，其主要特征是成为线上到线下密切结合的平台式书店，面向以平台形态为主的市场特征能创造更高的顾客黏度和更大的市场转化率。3.0阶段的书店在多业态复合式经营基础上，通过顾客流量与互联网电商共享商业平台的利润，从“店”上升到“平台”，构建产品生态圈，顾客也通过平台会员制获得专属的文化服务。未来我们新华书店卖场全渠道转型升级，目的就是打造文化服务一条龙的综合文化交易平台。四是在线上线下全面整合的时代，因线上和线下的边界消失，实体书店发展的未来将出现更加适合“互联网＋”要求的4.0阶段形态，其主要特征是面向以定制化为主的市场。亚马逊和当当网等图书电商逆向经营实体书店，突出体现线上线下整合趋势。在承继3.0形态概念的同时，4.0阶段的书店将在体验化、生活化、场景化、智能化、互联网化形态下不断创新，转型发展为城市书房、城市会客厅、无人零售书店等形态。

面对纷繁复杂的多元实体书店形态共存的情况，如何把大梦书屋做强做大，进而把以新华书店为主体的实体书店做大做强，尤其需要我们有更深的思考与创新。中国共产党第十九次全国代表大会上首次提出了习近平新时代中国特色社会主义思想，深刻回答了新时代坚持和发展中国特色社会主义的总目标、总任务、总体布局、战略布局和发展方向、发展方式、发展动力、战略步骤、外部条件、政治保证等一系列基本问题，对经济、政治、法治、科技、文化、教育、民生、民族、宗教、社会、生态文明、国家安全、国防和军队、“一国两制”和祖国统一、统一战线、外交、党的建设等各方面工作作出理论分析和政策指导，明确了新时代各项事业发展的大政方针，而支撑上述战略思想的基础就是文化自信、文化担当和文化使命。因此我们认为，面对新时代，转型升级发展中的实体书店更要从新形态、新逻辑、新趋势、新体验、新变革这五个维度紧跟新时代的步伐，更要以宣传、贯彻、落实、培育文化自信、文化担当和文化使命的自觉行动，为十九大开启的新时代中国特色社会主义贡献实体书店和“新华人”“大梦人”的一份力量。

1. 明辨集团实体书店转型发展的“新形态”

当前世界范围内新一轮科技革命和产业变革蓄势待发，信息技术广泛渗透，重大颠覆性创新不时出现，特别是新一代信息通信技术与文化产业深度融合，催生大数据、人工智能、分享经济等新物种、新业态不断涌现。所以，当下国内包括我们集团内的实体书店转型发展呈现出以下九种“新形态”，其各有定位并呈现出特定的“新形态”内涵：

一是传统型实体书店转型中的“新形态”。针对传统实体书店发展存在的普遍性问题、现有书店“千店一面”呆板的经营模式、远远落后于时代发展和读者需求的现状，转型中的实体书店新形态有机融合了图书、咖啡、餐饮、文创等多元业态，把书店打造成文化产品体验、休闲、消费的综合平台，实现品牌叠加效应、线上线下互相拉动，让传统实体书店焕发生机、重现活力。这种类型以集团内的市县新华书店卖场改造提升为代表，现有网点升级改造和阅读环境业态梳理30余个的尝试已逐步在推进之中。福建新华发行集团为实体书店卖场改造提升已经设立了“实体书店发展专项资金”，拿出3亿元补助门店升级改造和新华书店门店的转型发展。福建教育出版社扶持大梦书屋系列门店亦可以考虑参照设立“梦计划专项资金”，这样才能让大梦书屋有更大的发展空间，开拓连锁门店，向平台式书店、城市书房的目标发展。

二是引领型实体书店再生中的“新形态”。这类形态的书店应按照引领时尚、引领潮流的要求，切实发挥书店卖场黄金地段的“黄金效益”，打造以书店为核心，集图书销售、亲子阅读、文创产品、咖啡休闲、文艺活动等多元文化融合互动的休闲体验式文化综合体，为读者创造全新的阅读和消费体验，重塑实体书店空间，把更优美的环境、更浓郁的书香气息、更周到的人文关怀呈现给读者，掌握市场的主动权和话语权，最终成为城市书店的代表。福建新华书店卖场改造升级工作致力于此目的，鳌峰坊书城是这方面的代表。鳌峰坊书城通过融入福建“福”文化、福州三坊七巷、福州漆画等福州地域文化元素，引入咖啡、餐饮、台湾旅游、AI机器人体验、文创产品、VR体验馆等多元业态，加入智慧书城系统，形成文化产品体验、休闲、消费的综合平台，给读者购物、休闲、娱乐带来“一站式”消费的完美阅读体验，给福州增加一个城市新地标，给福建增添一座“全国最美书店”。

三是专业型实体书店衍生中的“新形态”。专业书店发展专业知识体验空间，在专业细分市场求深求精。这种类型以厦门江头少儿店为代表，江头少儿店是一家集儿童体验、亲子阅读为一体的少儿主题书店，精选各类少儿图书5万多种，集中了国内知名少儿出版社的优秀出版物。专业型少儿书店根据不同年龄阶段孩子的心智成长、能力发展、阅读口味设成三大区：亲子阅读区、青少年阅读区、成人阅读区，更加方便父母最直接有效地找到最适合孩子成长的图书。书店还精心打造故事屋、精品屋、体验屋、科普屋、绘本屋等五个体验阅读区，并围绕阅读开展不定期的亲子故事会和周末主题活动，得到了厦门读者的一致好评。

四是仿生型实体书店植入中的“新形态”。仿生型实体书店是在旅游景点植入书店形态，融文化气息于风景区，变游客为读客，倡行文化旅游，致力营造舒适的阅读体验环境。纵观中国历史，游客同时也是读客，白天游晚上读，以徐霞客为代表的中国一代代文人墨客在“读万卷书，行万里路”中完成了从游客变读客、从读客变墨客的历史嬗变与进步。目前，新华发行集团的永定土楼书店就是仿生型实体书店的代表，在土楼风景形态中植入书店业态。我们还计划在武夷山等地打造仿生型书店。

五是嵌合型实体书店介入中的“新形态”。嵌合型书店是将书店文化空间嵌入高校及社区的新形态，为周边提供文化气息。这种类型以集美大学校园书店为代表，它毗邻集美大学图书馆，从图书馆到校园书店呈现不同的体验，是一个由“静”到“动”的过程，由图书馆里“孤读”到享受书房“群读”的过程。校园的沙龙活动、社团活动都在书店里举办，书店也具备承办活动的场地并提供配套服务，营造出相对图书馆僻静环境的“悦读”特色。

六是窗口型实体书店展示中的“新形态”。窗口型书店是将宣传窗口与购书、休闲融为一体的实体书店。这种类型以厦门鼓浪屿旅游书店为代表，面积约 160 平方米，在世遗场景中展示海丝、金砖、文化保护等专题图书。店面虽小，但作为窗口，流量很大、影响很大。经过长时间的经营，厦门鼓浪屿旅游书店在鼓浪屿读者和游客心目中占有重要位置。鼓浪屿旅游书店借助景区有利地理位置和独特建筑风格，通过灯光、音乐和咖啡营造温馨浪漫的读书体验，被打造成厦门鼓浪屿景区最有情调的旅游音乐书店和文化空间。

七是连锁型实体书店布局中的“新形态”。连锁型实体书店在统一标准、统一标识、统一配送和统一管理之下，在全国各地商业综合体设置门店。国内民营的西西弗书店、言又几书店正在以这种连锁形态在各地布局。以西西弗书店为例，全国各地连锁门店有 100 多家，每家门店标配 500 ～ 800 平方米，图书业态占 80%、咖啡占 20%。大梦书屋在福州已经有了 5 家店，从西湖、鼓岭、八中、一中到融侨，正在朝连锁书店形态发展，把大梦书屋舒适优雅的阅读体验复制推广。未来大梦书屋亦可考虑在城市中心点上布局，比如东百中心就比较理想。连锁门店越多，成本越低，配送就越简单；但大梦书屋连锁经营也要讲求连而不锁，一店一品，各有风格。

八是跨域型实体书店尝试中的“新形态”。跨域型书店既是书店，也跨域做文化做艺术，为读者提供人文关怀。这种类型以厦门六度书屋为代表，主营宗教图书，有佛学典籍、近现代高僧的著作，还有其他传统文化及艺术、健康方面的书籍，为社会读者提供禅意阅读空间。宗教图书和音像制品不仅民间市场大，专业的居士用书量也很大，有很好的营销和扩展前景。

九是培养型实体书店创新中的“新形态”。这类书店设在学校里，服务校园教育工作，以福州市区内的海峡书屋为代表，是为未来培养读者，为未来引领新读客，为实现文化与教育的根本性互动打好基础。海峡书屋是教育文化合作的窗口，既为师生阅读提供最精美的精神食粮，又延伸出讲座、沙龙、展览、培训等丰富多彩的活动，成为多元化快乐阅读体验的一方乐土。十多家海峡书屋深入推动全民阅读进校园，提升校园文化建设水平，构建师生读书长效机制，营造“教与书相伴，行与文相随”的浓郁读书氛围，让读书成为广大师生的自觉需求和日常行为习惯。当下各出版社积累了大量出版的图书，学校拥有图书数量却十分有限，我们建设海峡书屋就是优化整合校社之间图书资源，有效体现校社共建海峡书屋的生命力。各家海峡书屋中有不同的类型、风格，在实践中取得了良好的效果和影响。以福建少儿社的海峡书屋为例，该社依托自身的专业出版优势，与福州教育学院二附小开展共建活动，在校社共建过程中，出版社根据学校书香校园建设的需求，结合近年来国内儿童阅读与小学语文教学的发展方向，一方面为学校提供了优质的童书作品，另一方面为学校带去了优质的作家资源，举办了著名作家赵丽宏“共读《童年河》”主题读书会、“紫铃铛的约会——台湾著名儿童诗人林焕彰书香校园行”等特色活动，为学校的书香校园建设插上文化的翅膀。

2. 明了实体书店转型发展的“新逻辑”

按照国内外经济发展经验，人均 GDP 达到 8000 美元的阶段时，其经济发展处于中上等收入水平，人民群众的消费结构从满足生存需要为主的物质消费向文化、休闲、娱乐、旅游等精神消费为主转变。正如党的十九大提出我国社会主要矛盾已经转化为人民日益增长的美好生活需要和不平衡不充分的发展之间的矛盾。目前人民对美好生活的需要，已不仅对物质文化生活提出了更高要求，在精神生活层面的要求更是日益增长。我们作为图书发行工作者应紧紧把握这一变化趋势和发展逻辑，把实体书店转型为复合型文化空间，提供售书之外的新服务、新体验。新时代新形态必然要求实体书店有新的经营理念和新的经营逻辑：

一是实体书店的发展应适应群体消费逻辑，从精英化定位向针对流动性客户群转变。面对消费者，每家书店要清楚：现在来书店的群体是哪些，每一个书店生存依靠的消费群体是哪些？为什么晓风书屋在福州的屏山店能长期维护得比较好？主要是因为它的精英化定位，长期以来比较明确的精英化阅读体验，使晓风屏山店为这些精英化读者提供了阅读平台和精神场所。由此推而思之，我们的书店系统当应针对流动性客群研究他们阅读消费的逻辑，按逻辑“引群、建群、固群”；科学建立图书进销数据库、读者资料库等大数据，充分运用大数据对不同的图书类别销售情况、不同的读者群购书情况进行分析研究，构建起相关的数据模型，从而更好地开展图书进销工作以及为读者提供及时、准确、有效的服务。如，厦门新华书店图书现采中心针对不同类型的读者群制作推荐书目，开展宣传活动，吸引党政机关、企事业、学校、图书馆等客户采购，取得了很好的成效。

二是实体书店的发展应适应内容机理逻辑，从单纯图书销售向特色书店、美食餐旅、文化消费等融合转变。在书店以图书为入口、多元业态复合经营的形势下实体书店向这一逻辑的转变是必然的。消费者在书店能做的不仅仅是买书，还可以和好朋友一起逛特色家居区和文创产品区，或者手捧咖啡一起聊天谈心、聆听音乐。书业毛利较低，需要由其他非书业态去弥补书业的亏损。非书消费的比例每家书店不同：上海钟书阁其他非书消费的比例是 10%；鳌峰坊书城的比例是 50%；大梦书屋的比例是 40%；诚品书店 70% 的收入来自文化展演、创意商品销售、餐饮等；西西弗书店 100 个门店，每个门店业态比例都是图书占 80%、咖啡占 20%，在此基础上内化为其独特的盈利模式。

三是实体书店的发展应适应商业逻辑，从单向营销向复合式经营转变。复合式经营讲究不同的商业营销逻辑，一店一品、一店一策。大梦书屋的西湖店、鼓岭店、三江口店、融侨店各有各的商业逻辑：西湖大梦书屋定位于大众型文艺、时尚读物和普及型的社科、人文、轻学术类图书，开设有闽教社、中华书局、商务印书馆、三联书店等出版社专柜，在为读者们创造良好阅读环境的同时，西湖店内每周都会举办各种学术讲座、文艺沙龙和阅读推广活动。鼓岭大梦书屋选址鼓岭老街李世甲别墅，古朴典雅，其格局基本承袭西湖店，融合图书、餐饮于一体，学术精品图书比重更大，并增设“闽文化”图书专区，向游客展示福建的历史文化和风土人情，主打名人文化。三江口店以星期天下午学生和家长的亲子阅读模式为“主打”，建立家庭书屋，逐步形成亲子阅读经典名著、讲述文化故事的良好风气。融侨店处于商务办公集中区，文创产品占据重要展位，当应与入驻的企业互动，一起打造城市书房、城市会客厅等。

四是实体书店的发展应适应品牌打造逻辑，从一般图书向以品牌带动商场复合零售转变。诚品、方所、言又几这些成功的实体书店首先由品牌奠定成功基础，再带动商场、书店与零售的“复合经营”方式来补贴书店亏损，而且他们采取“经营顾客”的方式，定期推送服务，获取顾客对书店品牌的认同。所以品牌打造是实体书店的必修课，为此建议融侨文化中心的大梦书屋先尝试为八闽文库、林则徐、严复等专题设立八闽文化专区，在优化一般图书品牌打造逻辑的同时，择优配备相应文创产品的品牌，比如福州脱胎漆器、软木画、角梳，用书店带动城市文化品牌的复合零售，用文化品牌塑造书店品牌。

五是实体书店的发展应适应获利渠道逻辑，从只盯住图书销售到向文化创意营销转变。图书是一种文化，图书能带动其他文创商品、其他文化服务的营销。依靠图书销售而获得利润很难维持实体书店经营，这是共识和经验，单纯的以书卖书是不可能的，肯定要以书衬托文化商品销售。如，厦门中山路新华书店集书香、咖啡香、茶香、花香、沉香和饼香于一体，一个中山店一年卖厦门特产的馅饼营业收入就达到300万元，不仅推进实体书店获利渠道的多元化，而且从获利方式拓展上也符合渠道逻辑化的要求。

六是实体书店的发展应适应特色构建逻辑，从看书买书向个性化阅读和消费体验转变。鳌峰坊书城平时都是学生在看书学习，对这个现象我们要宽容。

但我们也要思考如何通过加大名家讲座、名家签售、文化沙龙等力度，引导学生和社会读者形成良好的阅读模式。学生群体的阅读体验有一个从强加到诱导至自觉的强化过程。第一个环节是引导，只有运用各种形式吸引读者进来，然后教会学生读书的方法、培养学生读书的路径，进而才能教会学生读书，让学生有了个性化阅读的良好体验，鳌峰坊书城才能从单一的、小众的阅读平台过渡上升为“基地式”的体验阅读平台。

七是实体书店的发展应适应空间运用逻辑，从单时间维度向贯通时空维度转变。到书店不是单纯地耗时间，到书店要享受阅读的时空维度。江苏凤凰传媒集团在苏州打造了一个“深夜书房”模式，24 小时营业的意义就在于时空维度的贯通。大梦书屋融侨店可以采取各种灵活的方式，与各类文创团队、学术团体做沙龙、做研讨会，真正做到经营书店除了经营空间，更要善于经营时间，发挥每个时间段的经济效益和综合效率。

八是实体书店的发展应适应产品组合逻辑，从单一阅读体验到复合体验转变。在实体书店转型背景下，书店能否提供多种业态，产品组合逻辑能否从单一阅读体验转变到复合式体验的形态至关重要。好的书店拥有优质的产品组合，台湾五南书店打造“精品阅读体验”+“创意生活体验”+“休闲空间体验”模式，引进小乐高，增强亲子娱乐体验，拉长消费时间。我们的书店引进什么业态要思考，如果仅仅是体现图书馆的功能，顾客看了书不买就走肯定不行。书店的餐饮布局组合要高低搭配，配套简餐、咖啡、茶等，比如有选择地引进若干家简餐，帮助读者代点餐，适合各类读者需要，这样不仅能就地解决就餐配套机制，关键是延展阅读时间。其他的业态，如影视、音乐、健身等也是遵循书店的产品组合逻辑，目的是让书店留住读者。当下一些地方影院、剧院傍书店而生，也意在共享人流量，创新营利模式。

九是实体书店的发展应适应服务深层逻辑，从只为读者提供购书服务到为读者提供精神关怀与个性化服务转变。实体书店应与到店顾客建立同构关系，建立个性服务关系。就像晓风书屋对精英读者提供个性化服务，对于精英读者想看、想买的书预先备货，如果读者求购的书在一家店买不到，通过其他分店来协调以满足需要。书店营业员不是简单的知识贩子，而应成为知识创造、新书发布和综合信息的“源头活水”。

3. 明晰实体书店转型发展的“新趋势”

党的十九大指出，中国特色社会主义进入了新时代，这是我国发展新的历史方位。科学认识实体书店迭代演化过程中新的需求、新的技术带来书店转型发展的九种“新趋势”，准确把握转型发展新起点、新使命、新征程，正确制定具有战略性、前瞻性的行动方案，具有重要意义：

一是应合实体书店面对社会“新零售”产生“新物种”的“新趋势”。零售业态已出现混搭的趋势。马云提出“新零售”的概念实际上就是以消费者体验为中心的数据驱动的泛零售。“新零售”与重点消费领域跨界、融合生成“新物种”是必然趋势，也代表着新的消费领域和消费模式的产生。实体书店创生业态迫切需要在“新零售”概念下创新、升级、迭代。例如郑州中原图书大厦音乐书区结合卖钢琴，体育书区结合卖耐克、阿迪达斯，这是书业与零售业的跨界体验。来跑吧进入购物中心，结出全民体育跨界消费的新果实。凡此种种，行业升级与“新零售”融合产生消费“新物种”代表未来发展的大机遇。我们可以尝试把计算机类、电子商务类的书与售卖平板电脑、手机等各种数码产品业态结合，把《中国自然生态图鉴》、摄影专业类图书与单反相机、数码照片、婚纱摄影业态结合，把中医中药图书与中医馆、微整形等医疗美容健康业态结合，成就消费新生态，培育零售业态的“新物种”。

二是应合实体书店面对文化基因和科技元素紧密结合发展无人零售的“新趋势”。电子支付、人工智能的应用带来的无人零售形态正在悄然崛起，这种新零售形态从需求端出发，以更新、更快、更高效的流通方式服务消费者，进而促进供给侧的健康运转。无人零售在实体书店转型升级中将会成为一大前瞻性趋势。亚马逊率先打造线上线下结合的无人零售实体书店，把网上售书的数据优势注入到实体店的选书、荐书，做到去人工化和智能化售书。国内新华文轩、浙江新华书店集团也相继推出自助售书书店，顾客不用在柜台排队，通过手机即可完成购书、查书等大多数操作。无人零售模式在中心城市更能打开增量市场，在未来会成为新零售渠道。如何抓住这一机遇推进实体书店的变革步伐，决定着实体书店能否在零售市场拥有更多的市场份额。我们集团未来的书店转型发展当应在智能技术、硬件、模式创新、流程再造等领域跟进无人零售业态发展的趋势，尽快形成书店自助购书解决方案。无人零售模式只要形成一定的运营模型，就非常容易快速推广和复制。

三是应合实体书店面对社会读书成为聚合生活方式的“新趋势”。消费领域首要的升级方向是“生活方式型”。人的诉求是动态延续的，人的生活方式是进化更新的。生活方式覆盖商业的全维度空间，不但可以对传统品牌、空间、文化赋予新的消费内涵，还可以创造新的消费生命。古时农村“晴耕雨读”，现在已经没有这样的生活场景。城市化是经济发展的必然趋势，城市书房要让读书成为新的生活方式，书店是体验读书生活方式的最佳空间，是具有设计元素的洞察人性的生活世界，是一个能够打动消费者的系统消费环境。很多人在家里看不了书就会到书店来看书。比如到大梦书屋融侨店来，读者面对着浩瀚的闽江，就会产生“闽江之问”的意境联想，进而思考人生课题后就会通过翻阅书卷加以求索解惑释疑。

四是应合实体书店面对社会需要设计感的“新趋势”。“小众、定制化和设计感”是普罗大众的一个“小特别”。满足、适应和挖潜个人化、小群体的需求，消费的品牌、内容和服务就要有其独特性。为小众标新立异、为独有个性定制是发展趋势。阅读也需要有仪式感，比如在大梦书屋融侨店搞艺术婚纱、书房婚纱摄影就可体现出一种设计感。我们搞文化更要懂得说故事，在这里拍的婚纱照就可以印证“书中自有黄金屋，书中自有千钟粟，书中自有颜如玉”的古韵意境。通过对实体书店设计、策划、装修、展示构建一个富有美感的空间，让生活被解放、被激活，为人们打开一种存在感的体验，并以富有仪式感的状态有效实现了价值的升级。

五是应合实体书店面对社会构筑平行、平等消费观的“新趋势”。未来消费信息、渠道、场所都是平行和平等的，消费者从消费观念、流行趋势、认知获取、消费价值、机会权利上趋同，人们更多地与主流消费阶层看齐。读书历来是高雅的行为，未来更应成为大众都能共享的消费。不要把读书变成少数文化人的活动。仓山万达的文华书店为什么开了一段时间就守不下去了，就是因为文华书店缺乏“平等观”的设计。西西弗书店在东二环泰禾广场就可以守下来，它的阅读体验空间可以把人留下来，大家发现去泰禾西西弗书店是最低成本的耗时，最多就是消费一杯便宜的咖啡，然后就可以在那边阅读。尊重人本身，让阅读体验人人都可以共享，这就体现平行、平等的消费观，大众消费也就支撑起了书店长期经营的成本与代价。

六是应合实体书店面对社交亚文化需求的“新趋势”。兴趣是最直接的消费动力，同时互联网加快了消费群体的地域化、社交化与去中心化，消费群体的小众化重组、亚文化聚合，代表新区块的分离和新消费的产生，社群重组、社交需求和亚文化满足产生了多元消费的动力机制。实体书店需要对人性最深的洞察，找到需求所在，构筑社交文化空间。希望实体书店通过签售活动、读书沙龙活动等引领读书、引领潮流，形成品位格调、形成文化风格。大梦书屋融侨店完全可以做到，因为地处写字楼商务区之中，今后可以和各个企业开展合作，作为企业的会客室、午餐室、会议室；企业的职工在大梦书屋也可以举办特色文化活动，成为周边企业员工和社区群体新的交流地标。

七是应合实体书店面对社会多元心智体验的“新趋势”。对于很多读者来说，书店是成本最低的心智体验场所，读一本书就像和一个心智高手交流。只有触发了消费者心智的时候，书店才能通过复合体验业态获取经济价值。实体书店面对这个新趋势不是无为，而是应通过场景的转换来应合趋势，让习惯了手机的读者一进入书店空间就找到感兴趣的阅读空间。就像我们到机场、高铁书店，一看封面就知道那是鹭江出版社的书。比如大梦书屋融侨店里习近平《摆脱贫困》要有一个单独的摆放空间，十九大读物要有一个显要的摆放空间，福建文化名人书籍要有一个特色的摆放空间。这就是心智模式的物化，有了这样的阅读空间设计，那么机关公务员和有识的读者群就都会过来看书和体验阅读了。

八是应合实体书店面对社会消费升级功能提升水准的“新趋势”。对于来实体书店体验阅读的读者顾客群，我们要思考他们除读书外，精神消费是什么？文化消费是什么？其他联动消费是什么？每一个书店都应有个性消费体验的特色。走到大梦西湖店，有印刷文化；走到大梦鼓岭店，有名人文化；走到大梦八中店，有家庭教育文化。福州分公司安泰书城主打幼儿教育，杨桥路书城主打中小学教材教辅。新华发行集团厦门分公司从五家门店到十五家门店，通过消费升级、专业细分来扩大门店，厦门教育书店大店带小店。作为连锁型的大梦书店，应用什么样的核心竞争力来链接联动几个店值得思考，福建教育出版社有独特出版文化，应做到连而不锁，每个门店连锁不复制，各有特色，各呈其美。

九是应合实体书店面对社会全方位体验叠生的“新趋势”。实体书店多元业态是组合体验功能的空间，叠加了多元化、多层次、多维度的顾客需求。我们打造的城市书房一定要成为城市精神生活引领者、推广者、创新者。书店的图书商品摆法过一个月或一段时间都要改变，这就是一种简单的体验叠生。每个月畅销书排行榜常变常新，实体书店应该跟进，尝试设立开卷、亚马逊畅销书排行榜专柜等，以便于读者检索、体验、叠生和升华阅读体验。

4. 明澈实体书店转型发展的“新体验”

要让人民群众有实实在在的参与感、幸福感、存在感，这些感觉的基础就是体验感。现在都讲体验经济，就是从生活和情境出发塑造感官体验及思维认同，以此抓住顾客的注意力，改变消费行为，并为商品找到新的生存价值与空间。对于书店来讲体验经济应充分体现出九个“体”的功效，唯此方能做到让读者身心俱入，实现与书店、图书的直接对话。

一是明澈实体书店文化空间“新体用”的体验特征。体验经济的物化形态是体用。通过复合式经营，书店增加餐饮、音乐、文创这些元素，成为一个以书为主体的文化空间。书店要把文化空间营造得高度感性化，把理性的功能隐匿其中，展示出美丽的外观、丰富的内容、对人的尊重，这是一个重要的、不可忽视的发展方向和“体用”功能。

二是明澈实体书店连锁扩升“新体式”的体验特征。在连锁中提升和扩大规模已成趋势。国内实体书店跨地域连锁迅速发展，跨地域大连锁书店越来越多，发展得越来越快，以西西弗、言又几、猫的天空之城为代表；我们国有系统的书店无房租负担、有教材业务支持、有政府扶持，没有理由不比民营书店经营得更好。扩升不是简单的面积扩升，每个书店当应结合当地的特点进行有设计感的扩升，让好的设计感直接成为刺激消费、引导阅读、提升体验的“新体式”。

三是明澈实体书店非书消费场景“新体味”的体验特征。现在不少顾客不在实体书店直接买书，但是顾客会来看书，然后上网去买，来书店喝咖啡，来看有格调的文创产品。未来实体书店客流的消费主要是非书的消费。随着非书消费场景提升，实体书店里书味、文味、咖啡味、茶味、牛排味当样样皆有。为此，未来有活力的书店也要为不买书的顾客提供非书的消费场景，如咖啡、音乐、美食等，让他们享受在书店的时光；书店也可以尝试拍婚纱照、艺术照等，让这些光顾非书消费场景的人也可以从这些“新体味”中得到难忘美丽场景的综合体验。

四是明澈实体书店流量营销“新体态”的体验特征。流量营销是互联网时代重要的商业规则，实体书店能给商圈带来人流量，图书打折是个“烧得起”的促销品，所花费的成本远远低于其他方式。通过“新体态”，实体书店重新赢回年青一代，他们未必会在书店中买多少书，但是他们可以在书店中喝咖啡、聊天、学习。鳌峰坊书城现在主要的流量就是周边中小学生，这不可能长期成为图书馆的存在形态。我们营销者要考虑流量营销，应通过不断搞签售、讲座、文化沙龙等活动，盘活流量带动用户在非书产品类型中进行消费。比如鳌峰坊书城有琴行，请音乐教授来讲座，可能卖不掉几本音乐图书，但带动一批学生报名参加钢琴培训或买乐器，这就创新了营销模式，促进了流量营销。

五是明澈实体书店成为新工作空间形态“新体场”的体验特征。目前社会上自由职业者越来越多，他们因为各种各样的原因，选择不再创办企业或者全职工作，而是从事咨询、写作、自媒体等智力型非全时工作。这些人有一个共同的爱好，就是去咖啡馆，有的是为了约人见面，有的干脆就在咖啡馆工作。如果附近有一家书店能够满足他们的需求，那么自由职业者一定会选择去更有文化氛围的书店，而不是去纯粹的咖啡馆。成为文化空间的书店，只要在社区覆盖度足够广，很可能成为智力型自由职业者工作空间的“新体场”。

六是明澈实体书店主题书店连锁化“新体例”的体验特征。网上书店品种极大丰富，大型书城的品种也非常齐全，一家普通书店无论选择多大的品种规模，都会被网店和大型书城覆盖；而且大家都紧盯畅销书，书店品种的同质化也越来越严重。主题书店是普通书店吸引顾客的“新体例”，越来越多的书店选择成为主题书店，比如科技、建筑、儿童、健身、音乐、美食、旅行等主题的书店，然后在这一主题内垂直延伸，组合进各种与主题相关的服务。比如儿童书店组合进儿童教育，健身书店组合进健身教练和健身房，美食书店组合进食材和针对主妇的烹饪培训，旅行书店组合进旅行顾问和旅行社。当这些模式磨合成功之后，主题书店出现跨地域连锁化趋势，从而衍生成为连锁书店生存与发展的一个个可复制的“新体例”。

七是明澈实体书店行业门店书店化“新体貌”的体验特征。行业门店书店化，这是互联网电商、互联网金融发展导致行业门店虚化而衍生出的概念。如今随着网上银行和手机银行的发展，去银行门店的人越来越少，但是银行又不太可能撤销这些门店，如果这些门店能成为组合进生活主题的复合型空间，则可大大提升体验的“新体貌”。同样的还有众多沉淀的商业店面，他们几乎覆盖到每一个大型小区，但基本上是门可罗雀的状态，如果在店面组合进家居主题的书店，也是一种化静为动的“新体貌”。我们的海峡书屋建了这么多，还在静态地运作，能不能活化好同样需要深入思考。比如大梦书屋跟福州四附小建立合作关系，可以打出城市书房阅读空间的品牌，学生活动可以在大梦书屋跨界开展。又如大梦融侨店在闽江边就要有广告标识，让闽江游轮可以看到大梦书屋融侨店的文化招牌，让这些“新体貌”产生积极的社会影响。

八是明澈实体书店行业重塑生活形态“新体会”的体验特征。无论书店形态如何变革，都是以书为主，其他的文化都是衬托；读者选择坐下来读书，是被书的内容打动的，而不是其他附加体验，这是书店的独特体会。重塑生活形态的新体验商业，目前在全国已成一种热潮，这也是我们需要把握好的重要“新体会”的内容。日本的茑屋书店是极高水准的生活形态书店，它为中年富裕的消费群组合了符合他们生活形态的商品和服务，让他们看到自己心目中更理想的生活。诚品书店是极高水准的大众书店，诚品书店的正式名称就叫“诚品生活”，它用高水准、精致化的商品和其他业态组合吸引各年龄层的顾客。比如盛时的台北诚品一整层店面都是卖全世界有关毛泽东的书，读者一进来就充分体会到内容的吸引力。我们要培育每一个书店的生活形态，让家庭生活场景对接书店，创造条件能让更多的家庭在周末走出去散步时，走着走着就能怡然自得地来到书店，让家庭阅读成为美好生活“新体会”的引擎。

九是明澈实体书店行业成为新零售入口“新体制”的体验特征。书店成为新零售业态的入口已现端倪。书店作为城市精神文化建设的载体之一，也是城市不可或缺的一部分，书店进入商业综合体也就相应成了一种趋势，成为商业综合体多元业态构成中的一元，成为商业零售的入口，各行各业都把书店作为文化“噱头”，这就是新时代书店经营带动其他经营特色的“新体制”之呈现。现在国内众多的商业综合体都在以低成本（店租）引进书店。就书店而言，关键是怎么选择地段和商圈，然后论证营利模式，寻求实体书店与商圈共赢的特色经营方式，不断推动实体书店创新改革、转型升级发展，并使实体书店在成为新零售入口后实现“复兴”的一种“新体制”。

5. 明察实体书店转型发展的“新变革”

坚持质量第一、效益优先，以供给侧改革为主线，推动经济发展质量变革、效率变革、动力变革。十九大中提出的这个概念充分体现了以习近平同志为核心的党中央以新发展理念为指导，推进供给侧结构性改革的坚定决心和历史担当。我们要深刻领会其精神实质，准确把握新的历史条件下深化实体书店供给侧结构性改革的方向和基本要求，切实增强推进实体书店转型发展“新变革”的自觉性和使命感。

一是因应好国家扶持实体书店转型发展的“新变革”。近3年“全民阅读”连续三次被写入政府工作报告，其中2015年首提“建设书香社会”，2016年6月中宣部、国家新闻出版广电总局等11部门联合发布《关于支持实体书店发展的指导意见》后，各地政府纷纷加大了对实体书店的扶持力度，福建省等10个省市也发布了《关于推进实体书店发展的实施意见》，大幅减免书店租金、补贴装修及运营费用等优惠措施，给实体书店的恢复发展带来契机，实体书店迎来了“政策的春天”。随着政策利好，全国实体书店显现回暖迹象，涌现出一批新开业的连锁店和特色店，新开业的书店几乎都是功能复合的空间，都有十分明确的与阅读相关的活动计划，成为推动全民阅读的重要力量和崭新空间。这就促使我们“新华人”和“大梦人”当对这种“新变革”珍惜好机遇，因应好这种变化与发展的要求。

二是因应好将实体书店建设纳入城市规划顶层设计的“新变革”。书香是城市生活的必需品，实体书店是完整的城市文化生态的重要组成部分。上海市发布的《关于上海扶持实体书店发展的实施意见》将实体书店发展纳入城市规划和发展的“顶层设计”，规定：城市建设中为实体书店预留经营场所，达到8万人的居住小区应预留不少于200平方米的书店面积；在街区、商区、社区、学区、交通枢纽和村镇文化设施规划布局中要为实体书店预留经营场所；同时以中小型书店填补城市商业中心、人口导入区域、新兴居民区的“文化空白点”。这样的城市顶层设计为各类实体书店的发展开辟了广阔的舞台。现在福州市打造东百中心商圈，这个地方布设书店是城市中心文化地标概念。新华书店长期是东街口商圈中举足轻重的一环，在城市顶层设计中，东百中心商圈要打造的文化地标书店要做出与宝龙、泰禾、万达不一样的新特色。同时，我们也要进入街区、商区、社区打造实体书店，发展校社合办的海峡书屋进入学区，在城市规划中凸显书店的应有地位与尊荣。

三是因应好相关政策支持实体书店转型发展的“新变革”。各地现在都有扶持实体书店的配套政策。实体书店是全民阅读活动的重要载体和公共文化的重要组成，是出版文化全产业链的重要环节。各省市均持续推进扶持实体书店发展工作，政府投入资金，有选择、有重点地扶持实体书店发展。政府的扶持政策撬动了更多社会力量的参与和投入。全国的实体书店不但数量上止跌企稳，更逆势开出了一批标志性实体书店。各地有许多创新，钟书阁在各地设连锁门店都是当地政府主动拿出最好的地方来，真正成为城市布局中的文化地标，这个变革已经成为全国趋势。集团也已研究确定建立实体书店转型发展基金，每年 1 个亿，连续 3 年共 3 亿元，一店一策扶持新华书店卖场转型升级，有效提升集团的出版物发行平台。

四是因应好实体书店转型发展自我创新的“新变革”。城市阅读空间的建设，无疑是提升全民阅读的重要载体，这些空间里装着标配服务功能和特色服务功能，不仅融阅读、活动、展示、休闲为一体，而且将双创空间、市民小剧场、四点半学校、便民服务点等一起装进来，形成“阅读 +”格局，让读书不再是传统意义上的阅读，而是一种全新的体验，提振读书的兴趣，拓展读书的衍生功能与价值。我们大梦书屋融侨店所处的北江滨区域，4.8 万平方米的福州市德旺图书馆建成，藏书 500 万册，与大梦书屋一起形成“图书馆 + 书店”的阅读空间模式。图书馆提供基本公共服务，书店提供非基本公共服务，形成集借书、购书、看书三位一体的城市阅读空间。

五是因应好实体书店转型发展平台创树的“新变革”。鳌峰坊书城现在有一点平台化的味道：通过平台建设，实行会员制，引入大数据分析。平台设置要连锁不复制，体现各个地方特色文化。管理机制上连而不锁，各有特性。软硬结合，在空间创设上要将创意融入，用工匠精神建设最美书店，让平台化创树引领书店实现变革性的发展。

六是因应好实体书店转型发展供给侧结构性改革“新变革”。供给侧结构性改革从减法到加法。探索“物联网 + 图书 + 大数据”的新型智能化出版物流通模式，同时积极推进项目商业化进程，逐步形成“标准制定 + 实际应用 + 产业推广”的发展模式。物流是出版业的成本环节，也是连接上游印刷和下游发行的中间带，最适合运用物联网技术。构筑新的发行阵地，形成流量入口。大梦书屋、海峡书屋要深入学校打造新的发行阵地。加快新业态的植入，拓展第二课堂、校服、教学器材等业务。要加快打造海峡教育云平台，争做在线教育市场“领头羊”，把握教材、教辅、考评测评数字化的“新变革”，最大程度地覆盖教材教辅市场需求。

七是因应好实体书店转型发展大服务平台建设的“新变革”。因应大数据时代的变革，每个实体书店当应针对主攻的读者群，建立读者消费行为的大数据，开展数据挖掘，为顾客提供量身定制服务，做好个性化阅读的推荐、推广工作。实体书店可以掌握比网络书店更多的读者消费行为数据，比如消费者进店时段、非书消费数据，这些通过信息技术建立起读者消费行为完整的肖像。营业员也可以模拟这种思路，利用数据库跟踪VIP顾客，对老顾客做好导购服务。同时实体书店应加快建设O2O新商业模式交易平台，线上线下双向延伸，形成大文化服务平台。完善移动端微信商城，以图书业态为核心，逐步接入餐饮、院线、娱乐等高频消费大文化业态。通过大数据、云计算、人工智能等技术，打通会员系统、营销系统、服务系统，打造智慧书城，实现线上线下、各业态之间、各地区之间的相互导流。

八是因应好实体书店转型发展“独有价值”发挥的“新变革”。书店唯有充分利用它所拥有的独特价值才能生存好。建立书店“独有价值”的途径：一要专业化，专业化知识服务加上专业化导购。二要创造一个美好的空间，让人们在工作、购物、吃饭或通勤中可以停下来呼吸与思考。三要提供会员制。四要建立娱乐社交媒体。五要主办不同寻常的活动。六要将图书、电影和音乐捆绑。七要与知名的创意人士建立持久的关系。八要书店与图书馆形成合作伙伴关系。九要做一些非营利活动，举办学习班，展现文艺主题的表演，销售其他高质量的图书主题产品。十要与本土品牌合作。十一要让员工成为书店的特色之一。现在这些趋势已越来越明显，越发产生出其“独有价值”的作用。

九是因应好实体书店转型发展所确定的基本原则的“新变革”。目前，在世界范围内实体书店的经营发展都有一些共同的基本原则，比如：一要保持财务可持续。这是首要原则。二要树立明确使命，用情怀、用文化打造城市书房等，比如“与福建名人来一场不约而遇的邂逅”就可成为大梦书屋五个门店共同的文化使命。三要专注于以社区为主，针对社区的特点，服务于周边社区。四要扮演创意与社区的集聚场所。五要支持终身学习和文化教育。六要通过各种形式推动图书销售。七要保持互联网存在感，将技术融入书店。八要提供图书的精心策展。这些基本原则值得我们“新华人”“大梦人”琢磨借鉴。

总而言之，希望大梦书屋，更希望集团内所有的新华书店，能够紧跟新时代的步伐，以打造“城市书房”为目标，努力成为实体书店 4.0 阶段的城市文化地标，成为福建文化的发声者和传递者，并在成长中加强对本土文化的传播，提升与消费者的市场黏性和更有效的市场转化力，为构建全省实体书店转型发展新格局提供新经验、展现新作为、做出新贡献。

第四章 书馨兹于文体

一、书馨载于“纸博”

中国是纸的国度。纸是中国古代四大发明之一，与指南针、火药、印刷术一起，给中国古代文化的繁荣提供物质技术基础；纸是汉族劳动人民长期经验的积累和智慧的结晶，是用于书写、印刷、绘画或包装等的片状纤维制品；纸的发明结束了古代简牍繁复的历史，大大促进了文化的传播与发展。因此，设计建造“纸张博物馆”，具有现代意义，也最为形象、直观，同时能够借助这一平台形成文化搭台、小馆唱大戏的良好局面。我拟用“六个五”谈谈对建设“纸张博物馆”的构想。

1.“五位”一体

自古以来，政治文明、物质文明、精神文明、艺术文明、生态文明都是紧密联系、相辅相成的。作为文化企业，始终要从意识形态高度来认识五个文明，并使之融合，形成“五位一体”的良好格局。

2.“五戏”合唱

一是唱好转型发展的戏。要顺应“互联网 +”的新趋势，抢抓新机遇，实现转型升级和创新融合发展。二是唱好产业升级的戏。要创新内容生产和服务，实现内容生产模式的升级和创新。三是唱好特色的戏。面对数字化与信息化带来的挑战与机遇，只有主动开展转型升级，才能实现跨越与发展。四是唱好“双线”的戏。双线即线上、线下的平台搭建。五是唱好文化的戏。集团经营的是文化产业，要抓住机遇发展文化产业，充分发挥文化产业在调整结构、扩大内需、增加就业、推动发展中的重要作用。

3.“五城”同建

一是建设纸张博物城。介绍纸的发展史，了解常用原料和文化特色。二是建设印刷城。要创新数字出版模式，引入“互联网+”思维建设印刷城。三是建设阅览城。建设具有特色的阅览城，可以引进台湾诚品书店模式，打造具有特色的阅读书店，营造良好阅读氛围。四是建设文化城。集团应建设具有自身特色的文化城。五是建设展销城。

4.“五纸”并塑

一是历史之纸。不仅要展示纸的不同形态，还要以年代为序作为展示线路。二是世界之纸。在展示世界之纸时，重在表现不同国家引进造纸术的影响与改变。三是印刷之纸。展示不同年代、不用时期、不同类型的印刷用纸。四是生活之纸。包括日常生活所用的和装修装饰所用的特种纸。五是衍生之纸。包括包装用纸、白卡纸、牛皮纸、瓦楞纸、箱板纸、茶板纸等，其用途各异，在生产生活中发挥着重要的作用。

5.“五色”互绽

一是原始底色。展示纸张的原始底蕴，纸张的历史底色、底蕴，将文化的底色做足。二是发展原色。随着历史的发展，纸张、纸质、纸的类型不断丰富发展。未来之纸还有更多的形态与特色，因此要保持纸的发展原色。三是地方特色。福建的纸具有地域特色，可以搜集一些具有地方特色的纸展示。四是艺术成色。福建是纸张的发源地之一，古典味道、现代手段彼此相融，具有古色、古早、古香、古语的味道。五是未来斑色。应发挥艺术的思考，展现后现代艺术的斑斓多彩，使“大纸张”的观念与概念更加斑斓多姿。

6.“五感”同品

一是感官震撼。创造有标志性的纸张博物馆场景，唤起人们对科学用纸的美好憧憬，让人一进入场馆外围就一下感受到一种感官的震撼。二是感觉冲击。通过虚实结合的手法，创造感觉的冲击力，让参观者不断有惊喜、不断有感悟。三是感知触动。通过动手体验、互动，让参观者有所收获，可增加临摹、美术义工和现场导读等，增加互动性。四是感悟互动。通过互动平台，现场手写自己的感悟等，加强参观者与读者的互动。五是感情寄望。回看、回味，达到视野放开、内部资源的互动，成为感情寄望之所，形成“纸张博物馆”综合效应。

二、书馨载于“平台”

应进一步通过以“规”导“归”促进集团公司O2O招投标采购平台建设，打造集团文化特色，唱响发展大戏，通过“规范”集团大宗物资集中采购业务，实施集团内部纸张体系建设“回归”工程，走出集团纸张体系建设廉洁、高效、集约的发展路子。下面用文化与发展相结合的理念，讲讲如何用“规范”的意识做好纸张供应体系建设“回归”。

1. 用“规则”和“规矩”的理念建立集中采购平台

市场经济条件下，采购管理一直是企业价值链管理的核心环节，控制采购成本已经成为企业重要的利润源泉。作为具体的执行部门，海峡出版物资公司要及时跟进，建立科学完善的集中采购规章制度；制定灵活多样的集中采购模式，适应不同层次出版单位的需求；优化纸张供给侧结构，及时完善供货商管理，整合各出版单位现有的供货资源，善于选择产品优、信誉佳、服务好、价格低的供应商进入平台；统筹协调系统内各单位已有资源，做好采购信息的收集、统计、分析工作；下大气力做好实行集中采购后纸张的储运、调拨、保管和服务等工作，确保各单位用纸需要；切实加强采购队伍建设，建立一支适应市场经济规则的采购管理队伍，强化采购人员的知识管理和技能培训，引导采购人员树立正确的权力观、利益观、苦乐观，廉洁自律、警钟长鸣，严格职业操守，切实勤勉敬业，保证按“规则”和“规矩”重塑起来的集中采购平台顺利推进、健康运转。

2. 用“规划”和“规格”的理念建立集中采购平台

集团公司成立以来，总部积极推进工程建设项目、土地使用权和国有产权交易转让招投标，取得了比较大的成效，对于促进和规范集团公司公共资源交易活动，加强反腐倡廉建设发挥了积极作用。要首先做好统一集中采购的顶层设计，明确集中什么、向哪里集中、如何集中，真正做到既做好集中的“规划”，又保证集中的过程中对不同的“规格”用纸要求不简单划一处理。

3. 用“规范”和“规避”的理念建立集中采购平台

通过用“规范”的理念实施好全面推行集中采购的改革，一方面构建起阳光透明的采购平台，做到采购行为全程记录，永久追溯；另一方面不断完善采购制度体系，“规避”各种廉政风险，做到管理制度化、制度流程化、流程信息化，并形成由采购计划、招标评标、合同签订、履约实施、质量检验、库存保管等关键要素构成的管理闭环，保证按“规范”和“规避”理念建立起来的集中采购平台能够有序有效正常运转。

4. 用“回归”集团“回塑”文化的理念建立集中采购平台

“国家富强在于经济，经济繁荣在于企业，企业兴旺在于管理，管理优劣在于文化”，企业文化建设的核心内涵，是建设一套对内能形成凝聚力，对外能培养市场竞争力的共同的价值观、经营理念和企业精神，在大宗物资特别是纸张采购领域，集团目前的格局是各自为政、自购自用，与先进文化企业的精神背道而驰，各单位不仅无法融入集团文化建设，无形中更增加了采购成本和廉政风险，有百害而无一利。必须下大力气改变这种格局，使各单位的发展真正融入集团整体氛围，“回归”集团和“回塑”集团文化，构建起集团“一盘棋”共同发展的文化价值观。

5. 用“归整”供给侧和“归并”需求侧的理念建立集中采购平台

集中采购能为资源整合提供便利、搭建舞台。资源整合不是采购数量的简单加总，而是从战略上或更高的层面上调整供应商结构，谋求从更广泛的市场范围内调控资源渠道，提高资源的保障度。同时，由于集中采购遵循了市场经济的规律，具有招标采购的部分特点，一方面能够在供应商之间挑起“背靠背”竞价，各供应商为了达到其竞争目标，存在竞相以优惠的价格出卖产品的客观事实；另一方面由于集中采购的规则由买方制定，买方可以更加方便地采用有利于己方的方案确定交易，进而通过优化和“归并”需求侧实现最佳资源配置的目标，确保各出版社用纸计划顺利进行，取得纸张供应数量、质量、价格等俱佳的多赢局面。

6. 用“归拢”全体和“归顺”机体的理念建立集中采购平台

集中统一的商品采购是实现规范化经营的前提和关键，在外部市场条件持续变化时，作为采购执行单位，海峡出版物资公司要因时制宜，及时变换采购方式，显示出一定的灵活性，既“归拢”好集团内部整体物资集中采购实现既定目标要求，又能通过“归顺”运行机制提高纸张供应体系建设水平，保证各用纸单位规范用纸、高效用纸、生态用纸需求。

三、书馨载于“形神”

文化软实力概念既源于约瑟夫·奈的软实力概念，又有中国特色，是中国话语中的一个全新的概念。中华民族文化博大精深、源远流长，是我国文化软实力的首要资源和重要基础。正是因为有了文化软实力，从出使西域，到丝绸之路，再到郑和下西洋，中国在历史上从未输出武力。西方学者也曾客观地指出：“如果世界上有骄傲到不肯打仗的，那么这个民族就是中华民族。”中国历史也曾出现外族入侵和分裂的时候，但中华文化从未出现断层，文化软实力始终是中华民族屹立于世界的坚强力量。

中国文化不仅是属于中国的，也是属于世界的。中国是一个多民族国家，民族文化根深蒂固，历经5000年的沧桑仍血脉不断。我国具有如此厚重的文化底蕴，更应把握优势，大力加强文化软实力建设。但是，当前文化软实力的传承、创新和建树面临着一些挑战：一是大众文化和俗文化泛滥。在日益多元化的现代社会，丰富的娱乐信息也伴随着网络媒体的普及而大行其道。有什么样的宣传，就有什么样的受众，相反有什么类型的受众，也主导宣传去迎合所谓的受众心理。娱乐化已成为一种趋势，大众文化和俗文化愈演愈烈，对文化软实力建设造成一定的不良影响。二是对传统文化的错误认识。中国传统文化有其精华，也有其糟粕，我们应该辩证地看待传统文化的利与弊，不应全盘否定而妄加批判。三是来自西方文化的冲击。资本主义发达国家将其文化作为一种软实力渗透到其他国家企图形成一种新形式的殖民主义。文化全球化的进程致使以美国为代表的发达国家的信息技术、网络资源等多元文化大量涌入中国，受这种所谓在自由世界范围传播的外来文化的波及，我国的民族文化受到巨大冲击，我国文化的主权安全也面临严重威胁。我们要在接受西方优秀文化的过程中坚守好优秀的传统文化，就必须打牢民族文化根基，促进中华文化向好的趋势发展，进而有效地抵制住西方文化对我国文化主权的渗透、侵蚀和破坏。

党的十八大提出要积极推进社会主义文化强国建设，而要加强社会主义文化强国建设就必须提高文化软实力。习近平总书记指出：提高国家文化软实力，关系我国在世界文化格局中的定位，关系我国国际地位和国际影响力，关系“两个一百年”奋斗目标和中华民族伟大复兴的中国梦的实现。要弘扬社会主义先进文化，深化文化体制改革，推动社会主义文化大发展大繁荣，增强全民族文化创造活力，推动文化事业全面繁荣、文化产业快速发展，不断丰富人民精神世界，增强人民精神力量，不断增强文化整体实力和竞争力，朝着建设社会主义文化强国的目标不断前进。提高国家文化软实力，无疑要努力展示好中华文化的独特魅力。提高国家文化软实力，无疑要努力理解和贯彻好习近平总书记提出的“提高国家文化软实力要‘形于中’而‘发于外’，切实把我们自身的文化建设搞好”的要求，切实处理好提高国家文化软实力建设必须理顺的五种辩证关系，进而统一认识、增进共识、提升见识，真正把国家的文化软实力传承好、建设好、弘扬好和传播好。

1. 提高国家文化软实力必须处理好精华与糟粕的关系

提高国家文化软实力，要真正做到既“形于中”又“发于外”，首要的是要充分发掘中华传统文化的优势，全面认识祖国的传统文化，取其精华，去其糟粕，使其与时代特征相适应、与现代文明相协调。

——国家文化软实力要保持“形于中”就要善于吸收中国传统文化的精华。“修身自省”不仅是主流意识形态的主导思想，又是社会道德生活的指导思想，还是中华民族价值观形成的理论依据。提高国家文化软实力首先是提高国民素质，可见传统文化提倡的修身自省恰恰是提高我国“文化软实力建设”的基本途径。作为出版发行集团，要充分借鉴传统文化的精华与智慧，出版具有借鉴意义的传统书籍，为切实解决当前价值观缺失、信仰根基动摇、道德滑坡提出有效的解决方略，以探寻传统文化对我国文化软实力的价值，实现弘扬和传播中华文化的目的。为此，提升国家文化软实力并使之能真正保持这些“形于中”的精华内涵，我们当应注重吸取这些精华以夯实国家文化软实力的根基。

——国家文化软实力要保持“发于外”就要善于摒弃中国传统文化的糟粕。中国传统文化具有内在矛盾的统一性，既有精华也有糟粕。中国传统文化虽然博大精深，但同时也必须看到，传统文化资源与我国国人的文化素质、文化软实力之间并不能简单地画等号。传统文化的根本出路在于对于西方文明的扬善弃恶，再结合自身的文化特色，将优秀的文化传统转化为民众的文化素质。只有这样传统文化才能成为活的、有生命力的文化传统；文化资源只有内化于民众的心胸，转变为民众的文化素质，才能成为真正的文化软实力。为此，作为出版发行集团，当应站在构建中华优秀传统文化传承体系的高度，汲取精华、摒弃糟粕，不断发展壮大我们国家的文化软实力，让这种能“发于外”的文化软实力真正发挥作用。

2. 提高国家文化软实力必须处理好自信与自卑的关系

文化自信是文化主体对自身文化价值肯定的真挚情感，对自身文化生命力的坚定信念以及扬弃外来文化的理性态度。

——国家文化软实力要保持“形于中”就要不断增强文化的自信心理。文化自信，是一个国家、一个民族、一个政党对自身文化价值的充分肯定，对自身文化生命力的坚定信念，是推进社会主义文化大发展大繁荣的前提性条件，是实现中华民族伟大复兴中国梦的必然要求。共产党人的文化自信是文化创新发展的重要推动力。中国共产党作为中华民族的先锋队，是中华优秀文化的忠实传承者和弘扬者，是先进文化的发展者、倡导者。作为出版发行集团，当应按照习近平总书记“四个讲清楚”和在文艺工作座谈会上对“实现中华优秀传统文化的创造性转化和创新性发展”的要求，努力实现马克思主义与中国优秀传统文化的允洽融合和有机契合，进一步增强对文化软实力的自信，保持中国文化这种“形于中”的特色与自信。

——国家文化软实力要保持“发于外”就要勇于克服自卑心态。鸦片战争之后，在外部帝国主义和内部封建势力的重压下，我们民族的文化逐渐衰微，长期处于弱势状态。我们的人民包括知识分子在内，由于长期落后挨打而形成了严重的弱势文化心理。不仅普通人民常常在外国人面前抬不起头来，即使是学界精英也鲜有自信。为此，作为国有出版发行集团，在推进国家文化软实力建设的过程中，当应勇于克服这些自卑心理，坚持取长补短、择善而从、兼收并蓄，切实抓好主题出版和主流发行，在汲取各种文明养分中丰富和发展这些“发于外”的文化因子，不断增强我们的文化软实力。

3. 提高国家文化软实力必须处理好交融与发扬的关系

中华文化既是一种海纳百川、博采古今中外的先进文化，也是一种广集世间百家的融合文化。不同国家、民族之间的文化交融对先进文化的发扬，其目标应当是各民族多元文化在双向、平等的基础上互相传播，实现各种文化的共同繁荣和发展，这样才能形成既“形于中”又“发于外”的文化软实力。

——国家文化软实力要保持“形于中”就要不断加强与不同文化的交融。文化交融是不同质的文化间的交融与整合，其实质是文化上的扬弃，是文化间的优化。文化交融是一种文化以及一个民族存在的根基和发展的动力。中华民族从来都是一个兼容并蓄的民族，在漫长的历史进程中不断学习他人的好东西，把他人的好东西化成自己的东西，这不仅丰富了中华文化的内涵，也成为文化软实力建设的一大特色。为此，作为出版发行集团，当应积极地“走出去”，了解不同国家、民族的文化特点、价值观念、审美情趣、思维方式，在多元文化“交融”中去开拓我们的思想、思维与思路，才能做出更好更丰富的出版物。文化因交流而多彩，文化因互鉴而丰富，文化软实力正是在这种多元文化交融中显出自信、丰润和滋养，也才使“形于中”的中华文化更显张力、活力和魅力。

——国家文化软实力要保持“发于外”就要不断增强对先进文化的发扬。文化是民族的血脉，是人民的精神家园。中国共产党是中华优秀传统文化的忠实传承者和弘扬者，又是中国先进文化的积极倡导者和发展者。中国共产党历来高度重视运用文化引领前进方向、凝聚奋斗力量，团结带领全国各族人民不断以思想文化新觉醒、理论创造新成果、文化建设新成就推动党和人民事业向前发展，文化工作在革命、建设、改革各个历史时期都发挥了不可替代的重大作用。作为出版发行集团，当应以育人、化人为已任，坚持以科学的理论武装人、以正确的舆论引导人、以高尚的精神塑造人、以优秀的作品鼓舞人，发扬先进文化，以利在全社会形成积极向上的精神追求和健康文明的生活方式。在不断增强文化自信和价值观自信的过程中，不断强化对先进文化的发扬，保持中华文化这种“发于外”的优势和定力，增强做中国人的骨气和底气。

4. 提高国家文化软实力必须处理好传承与创新的关系

习近平总书记指出：“不忘本来，才能开辟未来，善于继承，才能更好创新。”文化传承与创新是同一过程的两个方面，继承是创新的必要前提，创新是继承的必然要求。传统文化是创新思维的原动力，现代是从传统中走来的，是传统的延伸和继续，文化需要发展，依据传统文化的创新思维才是发展的必然选择，从而形成文化软实力的“形于中”“发于外”。

——国家文化软实力要保持“形于中”必须持续地做好传承。中国的传统文化是针对中国文化的传承而言的，它强调的是中国文化的渊源和传承下来的客观存在的文化遗产。传承优秀文化的根本目的是让优秀的传统文化参与我们的当下生活中，为解决现实中的中国乃至人类世界的问题提供启示。为此，作为出版发行集团，当应真正按照习近平总书记的要求那样，通过系统梳理传统文化资源，让收藏在禁宫里的文物、陈列在广阔大地上的遗产、书写在古籍里的文字都活起来，做到既不能片面地讲厚古薄今，也不能片面地讲厚今薄古，更不能采取全盘接受或全盘否定排斥的绝对主义态度，这样才能使蕴含在文化软实力内而“形于中”的各种文化价值理念得到真正的挖掘、发掘和传承、继承。

——国家文化软实力要保持“发于外”必须持续地做好创新。传承中国优秀的传统文化不能泥古不化，要推陈出新，把文化传承与文化创新结合起来，创造出一种新时代的以生态和谐和审美生存为指向的生态审美文化。创新是一个民族进步的灵魂，是国家兴旺发达的不竭动力。为此，作为出版发行集团，当应更加注重进行文化创新，从中国问题出发，依托中国传统文化，既要继承发扬本民族的优秀的文化传统，又要批判汲取世界上的优秀文化遗产；既大力推进民族文化创新工作，加大制度创新力度，加快构建文化传播体系，又要使我国悠久的历史、灿烂的文化通过各种媒体传递到世界各地，进而不断增强国家文化软实力这种“发于外”的影响力和感染力。

5. 提高国家文化软实力必须处理好“高原”与“高峰”的关系

习近平总书记曾指出：我们的文化软实力（包括文艺创作方面）存在着有“高原”缺“高峰”的现象。实现文化“高峰”，当应做到“四有”，即胸有大业、腹有诗书、肩有担当、术有专攻；还当有“四艺”，即大义、道义之“义”，坚毅、毅力之“毅”，友谊、情谊之“谊”，艺术、文艺之“艺”。

——国家文化软实力要保持“形于中”就不能只停滞在文化的“高原”。中华文化积淀着中华民族最深沉的精神追求，包含着中华民族最根本的精神基因，代表着中华民族独特的精神标识，是中华民族生生不息、发展壮大的丰厚滋养。而且中国优秀传统文化中的丰富哲学思想、人文精神、教化思想、道德理念等，始终是处于文化“高原”之上的各种精神财富，既源源不断地给人们认识当代人类面临的难题输送文化“高原”上带来的充足“氧气”，也为未来发展提供文化“高原”上生存和发展的“有氧食粮”，但这种长期偏安于一隅的文化“高原”状态也需要我们时常进行创新、创造。为此，作为出版发行集团，当应沉潜下来，用精益求精的创作精神、执着认真的文化追求，创作出更多精品力作，避免这些已积淀了几千年的“形于中”的“高原”文化现象出现缺氧、失氧和断氧状况，迷失了中国传统文化前行的方向。

——国家文化软实力要保持“发于外”就必须标新文化的“高峰”。攀登国家文化软实力的建设高峰既是展示中华文化独特魅力的基本要求，更是时代发展、人类进步、融入世界后的崭新命题。努力把中华民族最基本的文化基因，以人们喜闻乐见、具有广泛参与性的方式推广开来，把跨越时空、跨越国度、富有永恒魅力、具有当代价值的文化精神弘扬起来，把继承优秀传统文化又弘扬时代精神的当代文化创新成果传播出去。这种立志标新文化软实力“高峰”的要求与担当，应是当代共产党人的职责和使命。我们应当用现实主义精神和浪漫主义情怀观照现实生活，让人们看到梦想就在前方。文化不能放弃对家国天下、对民族命运的责任，而应呼应着人民的忧乐，深沉地表达着把中华民族从根本上凝聚在一起，使人们向上、奋进的思想和情感。作为文化型的出版发行集团，当应在标新文化软实力的“高峰”中贡献力量，做到真正按习近平总书记要求的那样，把“高峰”理念和创新精神贯穿于生产全过程，努力创作、出版和传播当代中国的价值观念，体现中华文化精神，反映中国人的审美追求，且思想性、艺术性、观赏性有机统一的优秀作品，形成“龙文百斛鼎，笔力可独扛”之势，努力攀登福建出版发行文化的新高峰。

附

福建省推进“文化强省建设、提升福建文化软实力”专题班学习小结

(2016 年 8 月 5 日)

在北京大学参加为期 5 天的专题班学习，受益匪浅，尤其对“文化强国建设与提升国家软实力”专题做了一些思考，进而生发出“对文化强省、提升福建文化软实力”的探赜。

1. 此次专题研讨班学习的主要收获

(1) 学习抓住了实施文化兴国战略的“制高点”

文化是国家软实力的重要标志，是国家战略不可或缺的组成部分。新世纪的文化建设之路，昭示着中国共产党在文化认识论上的成熟与提升。历史和现实表明：一个民族的觉醒，首先是文化上的觉醒；一个政党的力量，很大程度上取决于文化的力量。回望数千年中华文化的历史脉络，一个拥有深刻文化自觉的领导核心，是社会主义中国走向文化复兴的关键。通过学习，更进一步认识到只有加快文化发展才能抓住文化兴国的“制高点”。

(2) 学习抓准了建设文化软实力的“牛鼻子”

党的十八大提出要积极推进社会主义文化强国建设，而要加强社会主义文化强国建设就必须提高文化软实力。提高国家文化软实力，无疑要努力展示好中华文化的独特魅力。在 5000 多年文明发展进程中，中华民族创造了博大精深的灿烂文化。通过学习，更进一步认识到只有使中华民族最基本的文化基因与当代文化相适应、与现代社会相协调，以人们喜闻乐见、具有广泛参与性的方式推广开来，把跨越时空、超越国度、富有永恒魅力、具有当代价值的文化精神弘扬起来，把继承传统优秀文化又弘扬时代精神、立足本国又面向世界的当代中国文化创新成果传播出去，才能从根本上真正抓准建设文化软实力的“牛鼻子”。

（3）学习抓明了重塑文化价值观的“出发点”

提高国家文化软实力，就要努力传播好当代中国文化价值观。社会主义核心价值观是文化软实力的灵魂、文化软实力建设的重点，而且是决定文化性质和方向的最深层次要素。通过学习，更进一步认识到只有切实把社会主义核心价值观贯穿于社会生活方方面面，通过教育引导、舆论宣传、文化熏陶、实践养成、制度保障等，使社会主义核心价值观内化为人们的精神追求，外化为人们的自觉行动，并善于利用各种时机和场合形成有利于培育和弘扬社会主义核心价值观的生活情境和社会氛围，才能做到抓明重塑好文化价值观的“出发点”。

（4）学习抓实了增强文化建设的“支撑力”

中国古老而优秀的传统文化对于建立独立文化精神，以及对于在世界上取得独立性有着重要的意义，中国古代所形成的一切优秀文化，对于塑造我们人类自身品格也有重要意义。通过学习，进一步认识到只有做到认真研究好中国的现实，分析好当下现实中存在的问题，根据现实中存在的问题确立好文化建设的方向，并根据文化建设的方向来反观中国的传统文化，让优秀文化精神理念为解决当下问题提供启发思路，才能真正抓实增强文化建设的“支撑力”。

（5）学习抓牢了提升文化自觉的“自信心”

文化自信是推进社会主义文化大发展大繁荣的前提性条件，是实现中华民族伟大复兴中国梦的必然要求。通过学习，更进一步认识到只有对传统优秀文化有一种发自内心的尊敬、信任和珍惜，对当代先进文化有一种充满依赖感的尊奉、坚守和虔诚，对外来有益文化有一种兼容并蓄的交流、吸收和改造，对未来文化发展有一种放眼世界的自信、担当和追求，我们才能真正抓牢提升文化自觉的“自信心”。

2. 专题班学习思考后对需解决问题的把握

（1）建议解决好文化软实力“大而不强”问题

从国际视野来看，中国是一个传统文化积淀深厚的国家，是一个经济大国、文化大国，但客观上讲还不是文化强国。比如，与中国对外贸易的“出超”相比，中国的对外文化交流“入超”。而以其中的图书为例，2015 年我国图书期刊进口 2 亿美元，但出口只有 3700 万美元。为此，加强文化软实力建设，做强中国的大文化，进而形成有国际影响力的强文化，就必须下苦功夫解决好当下我们文化软实力建设“大而不强”的问题。

（2）建议解决好文化软实力“华而不实”问题

古人有言：“华而不实，耻也。”放眼当今文化界，华而不实的现象存在，各种名目的大帽子林林总总，“大师”的发行量越来越大，订数似乎也越来越多。如此浮躁的“大头”帽子纷飞不绝现象，令人喷饭之余，更有深深的忧虑。在文化软实力建设中，应多一些筚路蓝缕的真实开拓，少一些华而不实的“大头”帽子；多一些实事求是的真诚批评，少一些言不由衷的廉价赞美；多一些脚踏实地的勇敢实践，少一些装腔作势的高谈阔论。如此才能切实解决好文化软实力建设“华而不实”的问题。

（3）建议解决好文化软实力“建而不塑”问题

中国传统文化有其精华，也有其糟粕。但有的人盲目推崇西方文化，崇洋媚外，正如余英时所言，“浮慕西化而不深知西方文化的底蕴，憎恨传统而不解中国传统为何物”；有的人封闭保守，不敢接触外来文化，死抱传统不放，甚至想用传统的某种思想改造中国；有的人表面上很强势，批判西方文化言辞激烈，以中国文化特殊论否定世界文化共同性，实际上是不敢面对世界文化。为此，我们应该辩证地看待传统文化的利与弊，既不全盘否定又不妄加批判，真正解决好文化软实力建设中“建而不塑”的问题。

（4）建议解决好文化软实力“浅而不深”问题

当前，一些文化作品浅尝辄止，由于肤浅化、表面化的表现，丧失了文化作品对社会本质、对人的本质的揭示，也丧失了艺术应有的人文关怀。究其原因在于创作者们一方面缺乏思想的高度、思想的积累，另一方面欠缺以艺术形式、艺术形象表现社会生活本质的能力。文化工作者只有深入生活、潜心修炼、静心创作，才能解决好文化软实力建设“浅而不深”的问题。

（5）建议解决好文化软实力“高而无峰”问题

习近平总书记曾指出：我们的文化软实力（包括文艺创作方面）存在着有“高原”缺“高峰”的现象。举个例子，每年创作的歌曲、小说、电影、电视剧等堪称海量，但其中能传唱传世的有多少？国内的文艺作品创造力不够，90% 的作品属于模仿和复制。原因在于很多人耐不住寂寞、经不起诱惑，卷入功名利禄的追逐，唯独没有时间和精力沉下心来反复打磨、精于创造。作为从事文化工作的人更要坚持实事求是的精神，力戒浮躁，静下心来，埋头耕耘，谦虚大度，抱朴守素，不为浮名所累，不受虚名所惑，唯此才能真正解决好文化软实力建设“高而无峰”的现象。

3. 专题班学习研讨后的初浅建议

（1）坚持党管文化企业的根本理念

国有文化企业是党的事业在文化领域的重要体现，“从严治党”在国有文化企业发展中尤为重要。作为国有文化企业，我们当应更加注重强化党的领导核心作用，坚持党要管党、从严治党，通过不断加强学习，提高运用科学理论分析和解决实际问题的能力，在大是大非面前坚持政治立场；加强党性修养，把贯彻落实党的方针政策和上级指示精神同谋划企业的改革发展结合起来，积极发挥好国有文化企业党的思想阵地作用。

（2）坚守文化企业的意识形态属性

作为国有文化企业，唯有不断强化自身的意识形态属性的正确认识，把握正确导向，突出文化特色，才能有效形成文化企业特有的经营理念和治理结构，确保把社会效益放在首位，实现社会效益和经济效益相统一，进而科学设置企业内部组织机构，确保正确的舆论导向，坚守作为国有文化企业的意识形态属性。

（3）坚固文化企业的价值追求和精神建构

社会主义核心价值观是文化企业的价值追求。作为文化企业，我们要切实按照习近平总书记的要求，讲清楚中华优秀文化的历史渊源、发展脉络、基本走向，讲清楚中华文化的独特创造、价值理念、鲜明特色。作为出版发行集团，我们当应以育人、化人为己任，坚持以科学的理论武装人，以正确的舆论引导人，以高尚的精神塑造人，以优秀的作品鼓舞人，发扬先进文化，以利在全社会形成积极向上的精神追求和健康文明的生活方式。

（4）坚韧出版发行文化企业软实力的建设

作为出版发行集团，我们当应真正按照习近平总书记的要求，通过系统梳理传统文化资源，让收藏在禁宫里的文物、陈列在广阔大地上的遗产、书写在古籍里的文字都活起来；做到既要继承发扬本民族的优秀的文化传统，又要批判汲取世界上的优秀文化遗产；既大力推进民族文化创新工作，加大制度创新力度，加快构建文化传播体系，又要使我国悠久的历史、灿烂的文化通过各种媒体传递到世界各地，进而为不断增强国家文化软实力夯基拓疆做好服务。

（5）坚定文化人的文化自觉和文化自信

文化自信是推进社会主义文化大发展大繁荣的前提性条件，是实现中华民族伟大复兴中国梦的必然要求。作为出版发行集团和文化工作者，我们当应按照习近平总书记“四个讲清楚”和在文艺工作座谈会上对“实现中华优秀传统文化的创造性转化和创新性发展”的要求，努力实现马克思主义与中国优秀传统文化的充分融合和有机契合，坚持取长补短，择善而从，兼收并蓄，扎扎实实、认认真真讲清楚我们自己文化的来龙去脉、突出优势和特色特点，切实抓好主题出版和主流发行，当一名合格的文化人，进而不断增强对文化软实力建设的自觉和自信。

四、书馨载于“众筹”

怎么理顺和做好与福建文化“大众筹”相关联的七个方面的路径和方法问题：

1. 充分认识集团建设福建文化“大众筹”出版平台的现实性与必然性，理顺“为何做”的问题

一是因应国家出版整体布局的需要。随着文化兴国战略的推进，国家不仅对重点出版物加强了全局性、长远性、权威性和可操作性的规划部署，还设立了国家出版基金，持续加大对文化精品的扶持力度，且投资逐年增加，目前规模已达4.5亿元。此外，国家层面用于扶持出版的资金还有中央文化产业发展基金、国家古籍整理出版专项资金、国家辞书编纂出版专项资金、少数民族语言文字出版专项资金和“丝路书香工程”专项资金等。国家一些部委也设立了相关基金，如：科技部设立国家科学技术学术著作出版基金，资助自然科学和技术科学方面优秀的和重要的学术著作出版；统战部设立华夏英才基金，用于扶持民主党派专家出版学术专著；教育部设立教师出版专项基金，用于资助高校及科研院所的教授、研究人员及部分学科带头人出版科研专著。我们集团建设福建文化“大众筹”出版平台，引导所属出版单位策划重大项目申请国家相关资金，推进集团重点项目顺利实施，既是集团借力国家战略实现跨越发展的需要，也是因应国家出版整体布局的需要。

二是策应建设文化强省的需要。福建文化内涵丰富，博大精深。悠久的历史和特殊的地理位置孕育了丰富、独特的文化资源，闽越文化、闽南文化、闽台文化、客家文化、红色文化、畲族文化、朱子文化、妈祖文化、船政文化、海丝文化、华侨文化、昙石山文化、茶文化等多元文化特色鲜明，内涵深刻。丰厚的人文底蕴与文化积淀，为福建出版提供了取之不尽、用之不竭的资源，

也赋予出版积累与弘扬福建优秀文化的特殊使命。建设福建文化“大众筹”出版平台，将福建省优秀的历史文化资源转化为文化软实力，既是建设文化强省的需要，更是出版系统对贯彻习近平总书记关于传承中华优秀传统文化论述精神的具体践行。

三是对应优化选题结构的需要。福建文化名人灿若星辰，文献典籍汗牛充栋，是我国传统文化的重镇，也是出版资源大省。长期以来，福建出版人发挥文化建设主力军作用，深入挖掘福建文化资源，策划出版了一系列富有地域特色的选题，为福建文化的积累、传播与发展做出了积极贡献。但由于缺乏统一规划和引导，大部分图书一斑窥豹的居多，成系统、成规模的较少。再则，由于纸质图书出版规模逐渐缩小以及出版单位转企改制带来的经济压力等诸多原因，对于有些好项目出版单位由于缺乏经费等原因而不得不忍痛割爱。因此，建设福建文化“大众筹”出版平台，引导集团所属各出版单位优化选题结构，充分筹集各级各类各种资金，既能助力出版品牌建设，又能保障优质出版项目顺利实施。

四是接应整合各层级出版资源的需要。除国家和省级资金对出版的大力支持外，长期以来，地方政府、高等院校、科研机构、民间团体也都有部分资金扶持一些出版项目。特别是在推进社会主义文化大建设过程中，随着各地各级经济发展、精神文明建设深入，各地各部门深入挖掘、整理和出版各类承载其地域文化、特色文化的呼声与要求也越来越高，出版潜力也从中得到突显。因此，以新的视野扩展众筹出版的内涵和外延，借助“大众筹”出版平台，统一引导和规范各地各部门出版需求，拓宽融资渠道，统筹一切合法资金为我所用，是我集团整合各层级出版资源的需要，也是扩大福建特色图书出版影响力的必然要求。

五是呼应传统出版产业转型升级的需要。众筹出版作为文化产业转型和发展的新思路，不仅能广泛调动社会资源实现文化创意产业融资，有力挖掘出版产业的商业价值，而且能在大众与潜在出版物之间搭建起桥梁，让受众以多种方式主动加入到出版物的生产和流通环节中，为图书后期的营销运作奠定市场基础。同时，借助“大众筹”出版平台筹集资金，是“互联网＋传统出版”

的有益尝试，有利于促进产业的融合发展。因此，建设福建文化“大众筹”出版平台，是海峡出版发行集团推动传统出版产业转型升级的有效抓手。

2. 全面总结和把握集团“大众筹”出版的基本特点和有效经验，理顺“怎么做”的问题

据初步调查，2014年以来，集团共有340个项目从集团外筹集到资金6413万元。其中，国家和省级出版专项资金资助107项，资助金额3416万元；其他政府部门、科研机构、高等院校、行业协会、民间组织资助的具有福建特色的出版项目233项，资助金额2997万元。回顾集团“大众筹”出版实践，我们的基本特点与有效经验如下：

一是高起点做好国家资金申报项目的推选和出版工作。集团要求所属各社反复研究国家级资金的年度申报指南，掌握其资助原则、资助范围、资助重点、申报要求和申报程序，有针对性地推选高水平、高质量的项目。比如申报国家出版基金的项目，我们要求出版单位站在国家大局和学科全局的高度来推选项目，做到高举高打。引导出版单位按照国家出版基金对申报项目的主要需求，即达到体现国家意志、传承中华文明、促进科学文化繁荣、提高文化软实力、推进文化强国建设的总体目标，结合自身资源和人才实际，来组织策划具有重大性、公益性、精品性、传承性和创新性的项目；申报国家古籍整理出版专项资金，我们要求出版单位站在让国人认识历史、让世界认识中国的高度，做到推陈出新。引导从基础性整理出版、出土文献整理出版、散失海外古籍整理出版、社会档案文献出版和古籍数字化五个重点角度，推选具有较高的版本价值、史料价值、学术价值和文化传承价值的古籍整理精品力作。在各社的努力下，近两年来集团申报国家出版基金的项目相对以往项目层次较高、格局较大，获得的资助也较多。如《中国少数民族文字珍稀典籍汇编》（福建人民社，28册）共获得国家出版基金328万元资助，《闽南涉台族谱汇编》（福建人民社，100册）获得国家出版基金290万元资助，《现代中药标准图典系列》（福建科技社，7册）获得国家出版基金190万元资助，《台湾古籍丛编》（福建教育社，10卷）获得国家古籍整理专项资金50万元资助，《闽台传统建筑》等

12 个项目获总局“闽台亲缘出版物”专项资金 100 万元资助。

二是多渠道筹集地方和部门资金支持出版助推福建文化传承发展。福建地处海峡西岸，文化资源独具特色。集团所属各出版单位扎根福建文化，充分利用各级地方政府、高等院校、科研机构、行业协会、民间组织出版资源和资金，出版了一大批地域特色鲜明的品牌图书，也与相关出资机构建立了较好的合作关系，形成了滚动效应，推动了福建文化品牌建设。据统计，近两年来，集团所属各出版单位与 126 家单位达成合作关系。其中，省级单位 26 家，如与省委宣传部、福建省地方志编纂委员会合作编纂的《福建家训》通过省委宣传部资助、政府农家书屋购书等方式筹集到 133.15 万元资金，出版后双效俱佳。后续选题《福建官箴》《福建家风》《福建乡规民约》陆续推出。与省政协文史和学习委员会、省邮政公司合作出版的《邮票上的福建》，获得 88 万元资助，后续选题《邮票上的中国体育》又获得省政协办公厅、省体育局 55 万元资助，《邮票与人民军队》《邮票上的价值观》也正在策划与出版中。与省委党史研究室合作出版的《福建英烈传略》获得资助 30.4 万元。各级地方政府 10 家，如“船政与近代中国”系列丛书获得马尾区委、区政府 96 万元资助，《中国海丝文化 · 漳州篇》获得漳州市政协 49.9 万元资助，《连江历史文化丛书》共获得连江县政府 30 万元资助等。高等院校 8 家，其中与福建师范大学合作最为密切，多次联合推出大型项目，如《闽水泱泱》获得师大文学院出版资金 167.08 万元，《严复全集》获得师大 60 万元资助等。科研机构 5 家，如“福建历史文化名人”丛书获得省社科联 107.4 万元资助，《船政文化概论》获福州社科院 6.12 万元资助。行业协会 21 家，如“走进”系列共获得省作家协会、省炎黄文化研究会 370 万元资助，《福建历代名人书画选集》获得省老年书画艺术协会 110.9 万元资助，《客家简明知识读本》获得省客家研究联谊会 47.6 万元资助等。其他部门 56 家，如“闽东之光”历史文化丛书获得宁德市文化广电新闻出版局 110 万元资助，《晋江文库》获得晋江方志办 63.75 万元资助，《匠心神韵——中国寿山石雕新秀创作大赛系列活动获奖作品集》获福建省艺品文化艺术发展有限公司 36 万元资助等。

三是大力度加强与专门机构和优秀作者合作出版确保内容质量。好作者是出版物内容质量最重要的基础和首要保证。出版单位拥有多少好作者就可能产生多少好书稿。出版单位有效出版量想要足够大，就必须拥有数量庞大、忠诚度高的作者群。集团所属出版单位坚持与专门机构和优秀作者长期合作，形成良性互动互助紧密型合作关系。如人民社与中央文献研究室、中央党史研究室、中央党校，与李君如、高新民、罗平汉等高端作者有着长期高效的合作，并相继推出了一批入选国家主题出版工程的重点选题。其中，《中国共产党建设史》入选“庆祝建党90周年百种重点出版物”；《科学发展观与当代中国》入选中宣部“迎接党的十八大重点图书”；《中国特色社会主义史》《新时期以来党内民主建设的理论与实践》入选新闻出版广电总局“深入学习宣传贯彻党的十八大精神主题出版”重点选题；《抗战家书》、《中国抗日战争全景录》（闽台卷）入选总局“纪念中国人民抗日战争暨世界反法西斯战争胜利70周年”重点选题。教育社与鲁迅博物馆长期合作，《编年体鲁迅著作全集（插图本）》《鲁迅译文集》等一系列鲁迅作品的出版，为该社在全国出版界和学术界赢得了“鲁迅作品出版重镇”的美誉。科技社依靠中国中医科学院、广州中医药大学等科研团队与大学科研资源以及李军德、谢培山等知名教授，成功申报了一批富有较高学术价值的重大选题，在全国中医中药图书市场奠定了霸主地位。其中，《中国药用动物原色图典》、“民国伤寒新论”丛书、《中药色谱指纹图谱精细分析图集（中英文版）》、《现代中药标准图典系列（二期工程）》均为国家出版基金资助项目。

四是重实效努力探索众筹模式开辟出版融合发展路径。如《玩出来的产业——王志纲谈旅游》是海峡出版发行集团鹭江社2014年上半年精心制作的一部关于文化旅游类的图书。由于王志刚的书不同于传统意义上的畅销书，它有着固定的读者群，且作者有着广泛的人脉资源，在对作者和作品充分了解的基础上，该社发起了一个百万众筹的活动，定制百万众筹目标。该书通过众筹释放出了巨大的能量，已完成筹资118.3816万元。目前，该书已销售33177册，码洋192.4266万元。此外，教育社的大梦书屋主要在艺文活动领域探索众筹，在保证社会效益先行的情况下获得一定商业利润，使各项众筹活动可持续、有影响。比如“爱在歌声里”新年音乐会、南音演奏会、咖啡沙龙等活动都在较短时间内（一般是活动微信发出后的第二天或第三天）达到众筹目标和活动参与人数上限。

3. 客观正视集团“大众筹”出版存在的实际困难与现实难题，理顺“难在哪儿”的问题

在“大众筹”出版的推进上，我集团积累了一些经验，取得了一些成绩，但同时也存在不少实际困难与绕不过的现实难题：

一是在筹集国家级资金方面，重大项目选题储备不足。相比其他集团，我们集团列入国家出版规划的选题除在区域特色和对台选题上占据一定优势外，在服务国家政治文明，如实现民族伟大复兴进程中国家层面迫切需要解决的重大课题，直接为建设小康社会“五位一体”格局服务以及在国际社会体现国家意志和国家利益的、具有强烈现实意义或长远价值的项目偏少；在服务物质文明，如反映当前我国自然科学和工程技术创新成果方面具有重大性、创新性、突破性的项目也显得不足。究其原因，一方面由于重大选题投入周期长，短期内无法取得明显的经济效益，导致编辑策划重大项目的动力不足；另一方面也说明我们对国家各领域重大研究成果关注不够，项目缺乏创新性，申报成功率还不够高。

二是在筹集地方部门资金方面，特色项目规划整合不够。尤其是原创精品项目和本土特色文化项目的挖掘整理，由于缺乏中长期规划，核心优势和品牌优势尚不明显。筹集来的资金项目就稿编稿的多，融入编辑思想进行整体策划和整合开发的少；以单本书为主的多，成规模、成系列的少；出资单位包销的多，进入流通领域的少。图书的影响力和出版物的设计水准都有待提升。同时，限于各出版社整合社会资源的能力偏弱，与地方、部门的沟通联系偏少，加上信息不对称，很难在第一时间拿到好的众筹产品和系列题材，特色项目规划整合更加欠缺，整体实力跟不上众筹的需要。

三是各出版单位对推动众筹出版的认识不一、效果不一。由于传统出版形势较为严峻，部分出版单位在完成集团下达的经营指标上存在较大压力，致使在研判出版业态未来整体发展趋势上和对新业态所投入的精力较少，未能根据

形势的演变，对众筹出版等新商业模式进行必要的思考与探索，因为认识不一，效果也不一样。同时也未能充分利用自身长年积累的品牌和知名度，如依托编辑和作者团队优势策划个性化出版物，满足读者的个性化阅读需求，进而扩大一般书特别是众筹书的出版。

四是在互联网众筹出版方面，创新项目有限。各出版单位对如何做到依托官网、官微、微信公众号等新型平台，开发属于自己的专门的出版平台，依托传统出版固有的读者群，建立读者数据库，提升项目吸引力，保障众筹平台的基本关注度思考不够、办法不多、举措不力。同时，由于对如何有效利用众筹模式潜在的用户调研力度偏弱，众筹项目的产品效益不明显，致使创新的众筹项目更加难以成型，因而当出版形势发生巨大变化时应对乏力，发展后劲明显不足。

4. 进一步明确集团发展“大众筹”出版的基本思路，理顺“如何做”的问题

一是高起点谋划和打造富有特色的“大众筹”平台。充分认识谋划和打造“大众筹”平台的目的与意义，形成共识与合力；集团和所属各出版单位在依靠专业众筹网站的同时，应横向扩展众筹平台，充分利用自身常年积累的出版品牌和知名度，依托官网、官微、微信公众号、电商旗舰店等新兴平台，在相关平台上增加众筹版块，开发属于自己的出版众筹平台。进而依托相关平台，一方面在集团现有的成功运作项目的基础上，对福建特色文化出版资源进行全面摸底调查，整合福建特色出版资源，为进一步加强福建特色出版物选题建设提供基础，同时加强与省内外相关政府部门、高等院校、科研机构、行业协会、民间机构等合作方横向联系，了解他们的出版需求，充分利用他们的出版资金预算，以合作共赢的方式，把分散的资金集中起来，把他们吸引到集团构建的福建特色出版物“大众筹”平台上来，成规模、成体系地推出福建特色出版物，不断扩大集团福建特色出版物的号召力和影响力；另一方面依托福建丰富的出版资源，策划借力国家战略、反映国家意志的重大项目，申报国家级和省级出版资金资助，不断扩大资金筹集规模和集团“大众筹”平台的影响力。

二是有效提升和创树“大众筹”的出版品牌。集团和所属各出版单位要积极做好集团“大众筹”平台的建设，在众筹项目策划和出版品牌建设两个方面同时发力，众筹出版内容和筹资形式并重，打造具有福建特色的“大众筹”出版平台。同时通过与知名网站合作、争取投资商和广告商等手段不断提升集团“大众筹”出版平台的知名度，树立具有鲜明海峡特色和福建特色的“大众筹”品牌。同时要注意完善平台运行规则，开展诚信众筹，确保我集团推出的众筹项目相关工作有序进行，保障出资者利益，提高众筹出版物的产品质量和水准，提升集团“大众筹”平台的美誉度，为平台后续发展打好基础。

三是广泛挖掘和开发多元性的众筹出版项目。出版是内容为王的产业，不论众筹手段如何新颖，营销方式如何翻新，读者最关注的永远是内容。各出版单位应发挥自身优势，根据集团“大众筹”平台的建设意图，根据合作方的特点，有针对性地策划相关选题，助力集团“大众筹”平台的发展和品牌建设。如策划具有重大出版价值的项目筹集国家级出版资金，策划传承福建文化的项目筹集省级出版资金，策划具有地域特色的项目筹集地方政府和部门资金，策划针对特定读者群、作者影响力大的项目试水互联网众筹等。同时，要有针对性地做好项目的开发、维护和推广工作。一方面利用官网和官微等新媒体平台及时发布各类信息，解答出资方疑问；另一方面深入研究各类用户诉求，根据用户诉求策划选题，推出众筹项目，滚动建设众筹项目库，累积众筹项目，不断增强集团“大众筹”出版平台的吸引力和影响力。

四是强化因应“大众筹”平台建设需要的编辑和营销队伍与机制建设。众筹出版有其不同于传统出版的特点和运作模式，如需对作者及周边资源进行深入挖掘，最大限度地为参与者提供更多、更超值的有形和无形的回报，从而吸引更多的出资者参与到众筹活动中。集团将适时聘请众筹领域专家，以讲座、培训等方式，引导编辑、营销人员熟悉众筹、探索众筹，进而做好众筹，并根据需要适时引进众筹人才，带动原有编辑、营销人员的整体提升，扩大众筹规模、品种、质量和范畴，提升众筹作品规划出版、装帧设计、出版物营销和资金回笼等，形成众筹产品链的良性循环，为集团“大众筹”出版平台的建设和发展提供智力保障、机制保障和制度保障。

5. 优化集团发展“大众筹”出版项目的重点与方向，理顺“做什么”的问题

根据集团“大众筹”出版平台的建设思路，我们梳理出“十三五”期间相关重点项目，试图通过“大众筹”出版平台的运作，扩大资金筹集面，充分利用国家级、省级和地方资金，扩大集团版图书出版规模，加强出版品牌建设，弘扬福建文化，使“大众筹”出版平台成为集团跨越发展的重要推手。

一是“筹”国家资金，树立出版品牌。国家资金是我集团“大众筹”资金的重要组成部分，而且获得国家资金的项目一般都具有重大文化积累价值和传承价值，是集团出版品牌建设的重点图书。我们将积极协调申请国家出版基金、中央文化产业发展基金、“主题出版”和“走出去”等国家资金资助，以补不足，保障相关项目顺利开展。主要项目如下：在古籍整理方面，拟推出《八闽文库》全媒体出版工程、《中国少数民族文字珍稀典籍汇编》、《客家稀见宗谱汇刊》（80册）、《台湾古籍丛编》（10卷）、《秦汉篆字编》；在史学研究和思想文化积累方面，拟推出《东汉通史》《中国少数民族文字史》《新加坡华人通史》《中国兵学通史》《中国老学通史》《中国孝文化史》《中国研究生教育史》《新中国教育思想史》《教育生活史研究丛书》《新中国国有经济对外投资史》《近代西方文献中的南海》等10多个项目；在生态文明建设方面，拟推出《近三百年中国生态环境变迁史》、“中国自然生态图鉴”复合出版工程（含《中国蝴蝶图鉴》《中国蜻蜓图鉴》《中国鱼类图鉴》《中国蘑菇图鉴》《中国虾蟹图鉴》《中国昆虫图鉴》《中国苔藓图鉴》《中国蕨类图鉴》等10多种）、“生态文明与地球家园保护”系列（含《生态文明与地球家园保护图解全书》《生态文明与地球家园保护学生读本》《生态文明与地球家园保护宣传页》3册）、“乡村生态经济理论与生态农业技术研究”丛书；在反映我国医药卫生领域研究成果方面，拟推出“中国中药资源大典丛书”(3000万字)、“图考岭南本草名著”丛书（《南方草木状》《海药本草》《生草药性备要》《增注备载食物本草》《本草求原》《生草药指南》《岭南采药录》）、“中药商品质量性状评价丛书（简繁体版）”等；在“海丝”出版工程建设方面，

拟推出《海上丝绸之路通史》、“丝路考古系列丛书”、《海上丝绸之路古籍文献分类辑稿》、“图说福建与海上丝绸之路丛书”、《福建茶在海上丝绸之路中的影响》、“福建：21世纪海上丝绸之路核心区的历史和未来研究丛书”“丝路体系与文化侨易丛书”、《邮票上的海上丝绸之路》、《我的第一本丝路地图（航海卷）（大陆卷）》、《海丝之花——“海上丝绸之路”国家儿童文学文库》、《“海上丝绸之路”上的世界瓷都》（含《宋瓷远航》《白瓷西进》《青花世界》《彩出天地》《现代瓷都》5卷）；在海峡出版工程建设方面，拟推出《馆藏民国闽台关系档案汇编》、《两岸闽南话大词典》、《妈祖信仰世界传播史》、《闽台传统建筑》、《闽台历代方志集成》、“福建印刷文化研究丛书”、《台湾通史》、《战后台湾文学理论史》、“海峡两岸民间工艺口述史丛书”、《闽台药用植物图志》、《闽台名老中医临证处方集》、“闽台民间传统技艺丛书”、《台湾科学童话馆》；在出版“走出去”方面，拟推出“你好，福建！”系列、“魅力福建”系列、“福建珍稀文化遗产”系列。

二是“筹”省级资金，扩大出版规模。近年来，福建省委宣传部、省外宣办、省台办、省局等部门均给予集团专项资金，扶持省级重点项目的开发和出版，有效支撑了相关项目的顺利实施和如期完成。“十三五”期间，我们将继续推出一批省级重点项目，在福建红色文化方面，拟推出《福建中央苏区史》《福建中央苏区史料丛编》《古田，古田！》等68个品种系列；在福建思想文化建设方面，拟推出《福建思想文化大系》（含“八闽名家读本系列”“朱子后学文献丛刊”“朱子学思想家评传丛书”“考亭学术系列”“福建历史文化博览”5个子项目）、《朱熹文集编年评注》、《清宫林则徐档案汇编》、《苏颂全集》、《华嵒全集》、《高名凯译文集》、《梁遇春全集》、《林宰平文存》、《林纾译文集》、《林耀华全集》、《南帆文集》、《闽籍学者文丛（第二辑）》、“闽派学人文丛”、《民国福建》、《福建往事》、《福建对外文化交流史译丛》、“闽文化丛书”、《福建省非物质文化遗产》、《福建非物质文化遗产传承人》、《八闽古城古镇古村》、《八闽院士小传》；在福建特色文化方面，拟推出《福建船政史》《船政人物传》《万里茶道》《茶产业指数》《郑和下西洋》《福建药物志（彩图版）》《鼓浪屿近代建筑》《纵横海天——闽商》《福州商会史研究》《镇海：600 年来一个东南海防卫所的社会变迁》大型系列图文画传；在文学艺术领域，拟推出《福建文学史》、《福建文学名家作品集》、《福建戏曲重要剧目大系》、“闽派批评新秀丛书”、《林长民：一个时代的背影》、《国宝田黄》、《中国寿山石古兽图谱》、《福建籍中国工艺美术大师》、《近现代开先人物画传》、《伊秉绶书法全集》等。

三是“筹”地方资金，传承特色文化。集团成立以来，所属各图书出版单位加强与省内各地市以及县级政府的联系，了解他们的出版需求，联合开发相关选题，利用他们的出版资金，出版了一大批反映福建文化和各地特色文化的图书，为读者了解福建提供了途径，为传承福建各地特色文化做出了贡献。“十三五”期间，将继续加强与各地方机构的联系，把他们的出版需求纳入到集团的选题策划中来，把他们的资金导入集团的“大众筹”出版平台上来。为加快福建省自由贸易试验区、福州新区建设，与各地文明办、工商联等有关单位合作策划一批服务和反映“机制活、产业优、百姓富、生态美”的新福建选题，如《福建自贸区实务操作指南》《福建省国民经济和社会发展第十三个五年规划纲要》《福州商会史研究》《福建地理标志传说（五）》，展现新福建风采，传播正能量；为加快推进生态文明建设，组织策划《县域生态文明建设十大经典案例》和“生态文明教育丛书”、“闽南文化生态研究丛书”（5 卷）、“城市色彩书系”等选题；为讲好福建故事，推出“福建名人故事丛书”（30 种）及《福建籍中国工艺美术大师丛书》《福建百篇经典故事》《福建传统美德故事百篇》《“一带一路上的中国密码”系列》《璀璨星空——八闽榜样（二）》《严复——天演惊雷唤醒东方睡狮的启蒙思想家》《走进鼓岭》《鼓浪屿，故人与往事》《神姿仙态五缘湾》《厦门吃海记》；为打响闽派品牌，推出《林纾译文集》、《郭风集》、《蔡其矫集》、《朱子读本》、《黄道周》、《王审知》、《林语堂》、《李贽》、《闽派诗论》、《闽派诗歌百年百人作品选》、“闽派学人文丛”（《黄曾樾集》《包树棠集》《胡山源集》《钱履周集》《程世本集》）、“福建文艺名家丛书”等；为扶持各领域新人，推出新人新作，如与福建师大文学院联袂推出《闽水泱泱》系列，目前已出版 52 种，与各地名师工作室合作，目前已推出“福州名师工作室文丛”“泉州市中小学名师工程丛书”“莆田市名师丛书”“新锐·寿山石雕丛书”；为加强各地乡土文化建设，组织策划“漳州历史名人传略”丛书（20 种），以及《漳台婚嫁习俗》、《漳州歌仔戏（芗剧）剧本选编》、《漳台民间信仰习俗》、《龙文家训》、《美丽漳州》、《晋江文库》、“福州历史文化丛书”、《魅力福安》、《三坊七巷地名考》、《寻访福建水文化遗产》、《泉州诗歌精选集》、“海峡诗人丛书”。这些选题既是对福建特色文化的传承与发展，又是对当地文化资源、旅游资源的专项宣传，实现集团与地方机构紧密合作和双赢效果。

四是“筹”部门资金，推进全面众筹。除与各级政府加强联系外，集团还将引导所属各出版单位加强与重点部门尤其是方志办、档案馆、文艺类协会等出版需求比较多的部门的联系，充分拓展资金筹集面和特色出版物出版规模，以补国家、省级和地方政府资金的不足。通过项目的运作，我们将进一步加强与各级部门和相关机构的联系，不断拓展集团“大众筹”平台的资金筹集面，推进全面众筹，助力集团发展。

6. 清醒研判在推进众筹出版过程中必须关注的相关问题，理顺“做得对”的问题

一是众筹出版推进中的统筹协调问题。在“大众筹”出版平台的建设中必须关注统筹协调推进的问题，一方面扭住推进出版主业全面提升这个中心不放，另一方面扎实、稳妥地推动“大众筹”出版平台的建设和发展，让“大众筹”出版平台成为集团挺拔出版主业、树立出版品牌、扩大市场影响的重要推手，成为集团全面协调可持续发展的重要优势。

二是众筹出版风险防范与把控的问题。集团“大众筹”出版平台的建设必须符合相关法律法规的要求，认真履行“三审制”和重大选题备案制度，对出版物的编辑、校对、印刷、发行等各个环节负全部责任，确保出版物导向正确、质量合格。严禁任何放弃审稿权和买卖书号的行为。因此，在发展福建特色的“大众筹”上，各出版单位应高度重视法律风险，坚持做到依法众筹，规避风险，杜绝违规行为，坚持出版导向，确保社会效益优先、双效统一。

三是众筹项目品质提升问题。各出版单位要围绕提高众筹图书质量形成一

套办法和机制，把对质量的要求贯穿到图书生产的每个环节，更加高度注重以品牌信誉、内容质量、装帧设计、优质服务等赢得出资者的信任，从而形成良性循环，为集团“大众筹”出版平台的可持续发展奠定基础。

四是众筹出版双向互动机制优化的问题。对于项目发起人、公众投资者和众筹平台以及其他产业相关者所组成的产业生态系统来说，既要关注营利模式和不同角色之间的利益分配问题，又要权衡利弊，真正做到众筹出版、营销模式和利益保障等方面的机制更加优化。

五是众筹出版规避流于形式的问题。各出版单位在实施众筹项目过程中，既要注重各级各类主体出版需要，又要善于规避个体众筹出版存在的一定风险和形式错位。

六是众筹出版责任落实与利益优化分配的问题。在项目发布时如何明确利益分配模式以及后续收益的处理方式，也是需要重点关注的问题。此外，在集团“大众筹”出版的操作实践中，部门资金众筹出版的图书大多采取包销回购的方式，出版后要么用于赠送，要么就堆在仓库里。如何通过出版社的销售渠道让这些图书在市场上得以流通，最大限度提升其销量和市场影响力，激发合作方的积极性，促进可持续发展，也应成为我们努力的方向。

7. 全力提升集团“大众筹”出版平台建设的责任与水准，理顺“做得好”的问题

（1）提高共识

党的十八大报告中强调：促进文化和科技融合，发展新型文化业态，提高文化产业规模化、集约化、专业化水平。当前，新媒体环境下的传统出版行业正受到前所未有的改变和冲击，众筹出版是文化产业新型业态的一种形式，它对出版业而言意味着变革，也意味着新的发展机遇。因此，各出版单位：一要高度重视凝聚共识。商业模式是企业的立身之本，一个好的商业模式是成功的一半。它决定了你的企业能不能做大、做强、做优。在“大众筹”的商业模式中，其最大优势是可以把不同的筹集渠道结合起来助推企业发展。推动“大众筹”出版平台的建设是集团在“十三五”期间振兴出版主业、实

现跨越发展的重要举措，各出版单位必须高度重视并充分认识到集团建设具有福建特色的“大众筹”出版平台的重要意义，凝聚共识，全力以赴支持和推动集团“大众筹”出版平台的建设工作。二要加强学习增进共识。目前，传统出版面临产业转型升级的挑战，融资难度加大，市场竞争加剧，产业格局改变，已经不能顺应出版产业的发展趋势，而众筹模式可以最大限度地帮助出版单位获得各方资金支持，帮助我们运用资本杠杆撬动企业跨越式发展。集团建设具有福建特色的“大众筹”出版平台是通过对当前文化产业发展形势的分析审慎决策的，各出版单位要把思想和行动统一到集团的决策部署上来，加强学习，结合本单位发展实际，充分理解集团“大众筹”出版平台的发展思路和具体要求，真正做到在思想上认同、行动上支持，不断增进共识，齐心协力做好“大众筹”出版平台的建设工作。三要创新思路强化共识。众筹模式是互联网金融的一项重大创新，具有普惠价值，拥有强大的爆发力及良好的前景。众筹出版是“互联网＋经济变革”共同催生的结果，代表着资本市场未来的发展方向。建设具有福建特色的“大众筹”出版平台是集团在新形势下的重要发展思路，是提振出版主业、扩大闽版图书影响力的重要举措，各出版单位要以创新的理念强化共识，积极寻找发展先机，通过“大众筹”平台的构建，为本单位发展和集团发展赢得新的机遇和增长点。

（2）提炼内容

集团“大众筹”出版平台的建设要做出特色、实现可持续发展，在众筹图书的策划上不能胡子眉毛一把抓，必须在选题的系统化、内容的特色化和图书的精品化上下功夫。一要通过导向引领内容。各出版单位在策划各类众筹项目时，要认真落实中共中央办公厅、国务院办公厅印发的《关于推动国有文化企业把社会效益放在首位、实现社会效益和经济效益相统一的指导意见》，始终坚持正确的出版导向，推出更多思想性、艺术性、观赏性俱佳的出版物，提供更多有意义、有品位、有市场的文化服务，切实发挥文化引领风尚、教育人民、服务社会、推动发展的作用。二要发挥特色彰显内容。众筹项目要想成功获得资金资助，项目本身的学术价值和吸引力至关重要。福建悠久的历史和特殊的地理位置孕育了丰富独特的文化资源，朱子文化、海丝文化、闽台文化、闽南文化、闽越文化、客家文化、妈祖文化、红土地文化、船政文化、畲族文化、茶文化等地域文化内涵深刻，特色鲜明。集团“大众筹”出版平台的现状和建设必须坚持以弘扬福建文化为主要选题开发方向，各出版单位要充分利用福建丰富的出版资源，策划相关选题，为弘扬福建文化、推动“大众筹”平台发展奠定内容基础。三要构建品牌整合内容。众筹图书要形成特色、形成规模，没有品牌意识和规模效应是不可能的。众筹不是“一锤子买卖”，对集团“大众筹”平台来说尤其如此，通过前期运作积聚能量，而后创树品牌持续发展，是该平台的基本建设方向。各出版单位在策划相关众筹项目时，要加强福建文化相关选题规划和产品线构建，丰富选题储备，持续开发福建历史文化资源，打造福建文化特色出版品牌，把具有福建文化特色的项目成系列、成规模地推出来，构建品牌整合内容，不断扩大福建文化“大众筹”出版平台的影响力。

（3）提升质量

众筹模式作为一种新兴的出版模式正在逐渐改变我们的出版格局，集团“大众筹”平台要做出特色、做出品牌、做出影响力，必须以选题内容为本，以出版物质量为本，为众筹图书创树品牌、筹集资金和拓展市场提供保障。

一要加强编校管理，保障质量。众筹模式成功的关键在于发动各方投资者的力量，吸引大家的参与并将资金投入到相应的项目或平台上，因此项目质量至关重要。集团“大众筹”平台的最终产品是相应的出版物，质量是出版物的生命，编辑和校对工作者是出版物质量的把关者，各出版单位要坚持执行行之有效的编校工作制度，努力提升出版物的质量，强化编辑和校对人员的质量意识、创新编辑工作方法，为集团众筹图书的内容质量保驾护航。

二要发挥“工匠精神”，做精质量。“工匠精神”的内涵指的是一种精工制作的意识，一个产品的每个环节、每道工序、每个细节都精心打磨、精益求精，专注、精确、极致、追求卓越。我们做众筹图书更要发挥“工匠精神”，树立精品意识，从项目策划、选题论证、组稿编辑到印刷发行，每一个环节都要认真打磨，力求做一个优秀的“图书工匠”，打造更多高质量的图书，通过“大众筹”平台的运作催生出更多的精品力作，提升集团“大众筹”出版平台的美誉度。

三要提升设计品位，改善质量。优秀的图书设计可以更好地表达书籍传达的信息，激发读者的阅读欲望，装帧设计质量是图书质量的重要组成部分。在当前公众阅读量普遍减少、电子阅读风行的大趋势下，集团众筹图书设计一方面要凸显个性，吸引相应的读者群，同时要把握整体设计概念，让设计与文本信息密切结合，引导读者阅读。需要特别要求的是，对于众筹出版，在设计上各出版单位更要以创新的思维、精益求精的态度，提升品位，改善质量，做到一丝不苟、精雕细琢、多出精品，赢得更佳的美誉度。

（4）提调机制

众筹的优势为传统出版的商业模式重构带来了可能，众筹出版平台的融资有着自己的规则，要想不断扩大资金筹集规模、促进平台健康发展需要遵循一定的操作原则和技巧，各出版单位必须根据集团的统一部署，优化众筹出版工作机制，在编、印、发各环节上予以重视，使之成为发展的着力点和效益的增长点。

一要深入研判确立机制。集团“大众筹”平台要取得预期效果并可持续发展，科学的机制必不可少，各出版单位要根据本次会议精神，结合本单位实际情况，深入研究众筹的商业模式，结合本单位实际确定“大众筹”平台工作机制，确保集团建设“大众筹”平台的相关要求落到实处，坚决避免“雷声大雨点小”、流于形式的问题。

二要与时俱进优化机制。机制建设关键是要管用、可行。因此，机制也不是一成不变的，各出版单位应注意根据众筹实际情况不断优化运行机制，适应新形势新任务的要求。集团“大众筹”出版平台的运作要靠建立科学合理、具体实在、切实可行的运作机制来保证，为此必须根据平台运作的发展和变化情况对已经不能适应目前需要的机制进行及时修订，不断解决新问题、迎接新挑战，与时俱进地不断优化机制，使得相关机制始终符合“大众筹”出版平台的管理需要和发展要求。

三要拓展渠道搞活机制。众筹图书虽以筹集资金出版相应图书为主要目的，但集团“大众筹”平台要实现可持续发展，绝不能将图书交给包销回购方或出资方作为众筹出版的终点，而应以此为起点，充分利用合作方的资源和前期在读者群中形成的影响力，通过政府采购、馆配和市场发行等方式，努力扩大众筹图书的市场影响力和营利能力，既做到善于用筹集到的资金作为杠杆撬动市场，而且能通过市场营销和渠道拓展发展市场，努力实现众筹项目收益最大化。

（5）提纯责任

众筹模式极大地拓展了融资渠道，给出版的未来发展带来了无数可能，认识众筹、理解众筹已经成为一个企业负责人必备的知识。各出版单位要强化大局观念和责任意识，切实把思想和认识统一到集团建设“大众筹”平台的决策部署上来，提纯责任，充分调动相关部门和人员的积极性，为整合好集团“大众筹”平台建设共赴时艰。

一要建章立制明确责任。集团及所属各出版单位要实现“十三五”期间的发展目标面临诸多挑战和繁重的工作任务。在有限的人力物力下，各出版单位要有效推动好“大众筹”平台的建设，必须加强建章立制、明确责任、细化分工，形成一把手重视、分管领导牵头、实施部门具体操作、工作人员紧密协作的工作模式，心往一处想、劲往一处使，共同为建好集团“大众筹”出版平台贡献力量。

二要加强管理落实责任。工作能不能做好，关键看责任是否落到实处，各出版单位在集团“大众筹”出版平台的建设过程中，要加强领导、加强管理，对任务进行科学分解，把责任落实到人，让每个工作人员各司其职、各负其责，唤醒责任意识，进而拧成一股绳，群策群力，充分发挥众筹筹资模式的优点，共同推进集团“大众筹”出版平台的发展。

三要奖励先进强化责任。各出版单位要把众筹项目的策划、运作、营销等方面的业绩与绩效考核挂钩，以提纯责任为管理抓手，以激励机制作为辅助手段，奖励先进强化责任，对做出突出成绩的人员予以奖励，激发大家的热情和活力，形成奋勇争先、敢于拼搏的工作氛围，为福建文化“大众筹”出版平台的发展、为集团的整体实力增强提供强大的众筹支持、智力支撑和人才保障。

五、书馨载于“改革”

对集团印刷复制、出版物资供应和后勤服务版块（以下简称“印刷版块”），推进“供给侧改革”，谈四点意见。

1. 在呼应宏观政策走向过程中明确“供给侧改革”特定的内涵与外延要求

推进印刷版块供给侧改革，既要有微观的思考，更要有宏观的视野。从宏观层面来讲，“供给侧改革”的核心任务是去产能、去库存、去杠杆、降成本、补短板。印刷版块企业推进“供给侧改革”同样应围绕这五项重点任务展开，但前提是必须结合印刷版块企业实际明确其特定的内涵和外延要求。

（1）夯实“承台”基础，解决“去产能”问题

印刷版块的产能过剩实际上是一种产能的相对过剩。印刷版块的“去产能”必须解决“归集产能”与“合理去产能”两个问题，这是解决“去产能”问题的先决条件和基础条件。从印刷企业作为教材、教辅承印平台方面来讲，之于现存的承台系统看，其产能已经实现比较好的归集，但是从作为闽版书的承印平台、出版与印刷衔接平台来讲产能归集还远远不够。下一步要通过印刷博物馆中的“印刷 O2O”平台的建设实现这部分产能的归集，真正做到从集团和制度层面将这部分现还游离在外的产能归集到位。同时也只有在实现产能归集的基础上，才能明确去掉那些不合理的“负产能”，进而实现好“去产能”的双向整合目标。

（2）夯实“承传”文化，解决“去库存”问题

长期以来，书籍都是承传文化的载体，承传文化也是我们文化企业的责任与使命。现在人们接触信息与知识的方式发生很大变化，图书库存积压成了出版单位“绕不过”的大问题。图书“去库存”与其他商品的“去库存”截然不

同。图书“去库存”要综合考虑三个“化”：一是“化废为宝”。库存图书中有很多主题和内容都很好的书，当作一般废品化成纸浆十分可惜。我们应通过科学制定政策，按照制度建设和财务规范的处理要求，将这部分图书加以合理使用，既扩大集团的影响，又让工作对象和服务客户喜欢。二是“化虚为实”。长期积压的图书一直挂在账上，体现的是一种资产规模的“虚胖”。财务部门要研究相关的政策，在处置图书库存的过程中充分运用好税收方面的政策，把虚的资产转化成实际的收益。三是“化无为有”。把一些库存图书放到集团纸张博物馆、印刷博物馆里面去设计制作一些衍生产品供人们体验、参观，亦可参照外省做法在图书展销会上进行“堆码”折扣销售，同时亦可拿出一定比例用以赠送。同时还可以用作内部装饰、器物、艺术品等，让这些库存图书重新发挥作用。

（3）夯实“承继”精神，解决“去杠杆”问题

这里的“去杠杆”对我们文化企业来讲主要指的是降低财务成本问题。印刷版块企业面临着技改与转型升级的任务，后续的资金需求量也会比较大。“去杠杆”要求印刷版块企业在操作的过程中能秉持自主、自强的精神，尽可能多地使用低成本的资金，合理控制资金的使用规模，不因财务成本过高给企业的后续发展造成负担。

（4）夯实“承受”整合，解决“降成本”问题

印刷企业作为传统企业，人员包袱大、发展负担重、报价竞争力差，这归根到底关涉到企业的运营成本问题。现在我们希望通过推进印刷企业的整合把企业的成本降下来，企业的规模效应有了，相应地运营成本也就下来了，议价能力自然就有了提升的空间。相关企业要从“供给侧改革”的高度去认识整合这件事。整合意味着利益格局的转化，这是企业所必须承受的代价。新的印刷园区已经建成，搬迁工作不能等认识都统一了再去行动，可以按照印刷版块的不同类型分批迁搬，也给相关企业一定的空间和时间，但是搬迁整合的路线图和进度表要明确，最终印刷版块的企业都要通过优化整合融进园区协同发展。

（5）夯实“承接”转型，解决“补短板”问题

集团内现有的印刷企业基本上都是传统类型的印刷企业，按照“补短板”

的要求，就要注重从做好“绿色”“数字”“整合”三个方面的转型入手：“绿色”转型是市场的要求。教育部等三部委要求中小学教材全部绿色印刷，今后印刷企业的产品也都要实现绿色印刷。这既符合环保的高要求，也是提升产品市场竞争力的根本要求。“数字”转型是行业的要求。图书印刷的发展趋势是小批量、多批次、个性化，作为印刷企业应充分把握“互联网+”的趋势，加强数字印刷的建设，适应按需印刷对行业变化的要求。“整合”转型是企业自身发展的要求。希望各印刷企业通过整合变“手指”为“拳头”，改单打独斗为抱团竞争，不断提升企业的发展规模，有效地降低成本，综合提高企业的议价能力和发展水平。

2. 在适应“新常态”过程中实现稳中求进的发展

印刷版块是集团的三大主要业务版块之一，与出版版块、发行版块共同构成集团的支柱产业。随着我国经济发展进入新常态，印刷版块的经营形势日趋严峻，面临着巨大的转型发展压力。在压力和挑战面前，印刷版块的各个企业根据集团的战略部署和工作要求，积极谋求升级转型，在适应新常态过程中实现了稳中求进的发展。

（1）因应新常态下的规模提升发展

面对新常态，集团印刷版块的全体企业努力开拓市场，加强经营管理，市场竞争力和综合实力逐步增强，呈现了加快发展的良好态势。2015 年，印刷版块整体营业收入 30505.26 万元、利润总额 355.51 万元、总资产 21673.91 万元，比 2010 年的营业收入 17460 万元增长了 74.72%，比 2010 年的利润总额 189.92 万元增长了 187.19%，比 2010 年的总资产 18641.69 万元增长了 16.27%。教材印刷用纸供应量从 2010 年的 4516 吨增长到 2015 年的 9495 吨，还开发了“莫言”复印纸产品，介入纸浆、造纸化工原料、印刷机电设备的市场开拓，物资供应业务的营销规模逐步增大。物业企业取得了国家三级物业管理资质，管理的物业面积越来越大，开拓物业市场的能力也越来越强。

（2）适应新常态下的园区基地建设

为推动新常态下的印刷版块的升级转型，集团于 2015 年 1 月开始动工建设海峡创意印刷园。该项目占地 31 亩，投资约 1.65 个亿，总建筑面积 4.2 万平方米，其中地面建筑面积 3.2 万平方米，有数码印刷、绿色印刷和制版三大车间，地下室建筑面积 1 万平方米，目前主体工程已经完工，正在安装变配电设施，预计年底投入使用。同时集团积极推进印刷业与互联网融合，建成了全省首家综合性纸张主题博物馆——海峡纸博物馆，以及以纸张为主体的印刷物资 O2O 电商平台，加大集团内部纸张等物资集中供应的归集力度，以有效降低集团纸张采购成本和廉政风险。下阶段我们还将规划建设占地面积 1000 平方米的福建印刷博物馆——现代馆，通过展示和弘扬福建印刷文化的独特地位和魅力，推动集团印刷业在转型升级过程中打出品牌、扩大影响。同时我们还将规划建设占地 16 亩、建筑面积 5.2 万平方米的两岸数字印务合作大楼，探索与台湾印刷业者在技术、管理、人才等方面的交流合作，以开拓两岸印刷市场为重点，进一步拓展境外印刷市场。

（3）顺应新常态下绿色印刷全覆盖

绿色环保、可持续发展是新常态下的重要经营理念。“十二五”时期，集团印刷企业积极实施绿色印刷转型改造工程，先后投入 4200 多万元进行设备技改工作，大幅提升了印刷企业生产设备的现代化、自动化水平。福建新华印刷有限责任公司、福州华彩印务有限公司相继取得了绿色印刷资质，新华印刷公司还是福建省首家获得绿色印刷资质证书的印刷企业，下阶段彩印公司也有望获得绿色印刷资质，同时从 2014 年秋季开始集团租型出版的人教版教科书全部实现了绿色印刷。这些都是大家顺应新常态工作要求努力奋斗的结果，也为印刷企业适应绿色印刷全覆盖、实现转型升级发展、做大做强做旺奠定了良好的基础。

（4）对应新常态下的市场秩序构建

我们的印刷企业虽然面对的是竞争激烈的市场，面临的是生存发展的困境，但能够始终牢记国有印刷企业的社会责任，牢固树立印刷业也是意识形态领域重要阵地的意识，与出版单位密切配合，加强印刷内容的把关，至今未出现非法印刷问题，也未发现有印刷导向问题出版物的情况。我们的印刷企业能够始终坚持把社会效益放在首位，特别是在每年两季的教材印刷工作中不计成本、克服困难、全力以赴，圆满完成集团教材印刷生产任务，为福建省确保实现“课前到书、人手一册”的政治任务做出了重要贡献，也为福建省保持正常的教学秩序和教育事业的发展做出了不懈努力。我们的印刷企业能够始终严格遵守国家出版物印刷的规定和要求，加强印刷质量管理，在人教社组织的全国教材印装质量抽检中，印装质量连续两年位居全国第八，在历年的全国、全省书刊质量评比中多次获奖，其中新华印刷公司实行了 ISO9001：2008 质量管理体系，取得了安全生产标准化三级企业认证，2010 年到 2015 年有 21 种（次）出版物在全国包装印刷产品质量评比中获奖，其中获得金奖 5 次、银奖 5 次、铜奖 7 次、优质奖 4 次。印刷企业在整个“编、印、发、供”产业链中处于薄弱一环，能够取得这样的成绩实属不易。近期，福建省物价局出台文件调整了中小学教材价格，集团相关职能部门通过加强研判，在认真测算基础上调整好印刷工价，确保印刷企业发展所需的合理利润空间，从分配机制上推动出版、印刷、发行环节形成健康有序的市场秩序。

（5）策应新常态下的印刷“走出去”

我们的印刷企业“走出去”工作起步较早，新华印刷公司自 1994 年开始就以来料加工形式承印日本挂历印装业务，2007 年起又承接了菲律宾教材印装业务，从集团成立至今两项的合同总额约 2200 万元。随着市场的不断开拓，新华印刷公司“走出去”步伐也有所加快，2012 年开始又承接了南非教辅印装业务。福建省有着自贸区和“海丝核心区”的便利优势，在贯彻落实中央关于加强周边国家外交和推进“一带一路”建设的重大战略部署中具有独特地位。但我们的印刷企业“走出去”尚停留在业务贸易“走出去”阶段，主要采取同外贸企业合作，争取境外生产订单以赚取加工费为主。新常态下的印刷“走出去”内容将更丰富、形式将更多样，除了业务“走出去”，还应探索设备、技术、资本的“走出去”，与“一带一路”沿线国家开展多方位的合作，提升市场份额和影响力，助力新闻出版行业在促进与“一带一路”沿线国家文化交流、民心相通中发挥独特作用。

3. 在接应“多元创新”过程中突破发展的“旧路”

我们的印刷、物供、后勤服务等企业虽然在近几年取得了一定的发展，也有了一些积极的变化，但与福建省印刷行业整体发展相比，与省外“标兵”相比，我们的印刷业无论是发展规模、发展速度、发展质量还是经营理念、经营管理水平、体制机制、技术设备运用、市场意识等都存在着较大的差距。物资供应企业也面临着经济形势下行带来的市场风险的重大冲击，市场营销瓶颈有待进一步化解。物业管理企业的社会业务拓展则受限于资质偏低和人才结构不合理等因素，有待进一步改变与提升。因此，我们必须积极突破发展的“旧路”，寻求新的发展方式和途径，实现多元创新、多元发展。

（1）在“守好旧”的过程中寻求发展创新

“新”与“旧”是发展辩证的关系。按照辩证法的观点，新事物是在否定旧事物的基础上产生的，但不是对旧事物的简单抛弃，而是变革和继承相统一的扬弃。它克服了旧事物中消极的、过时的、腐朽的东西，吸取了旧事物中积极的、合理的因素，并增添了为旧事物所不能容纳的富有生命力的新内容。我们强调印刷、物供、后勤服务等企业要在“守好旧”的过程中寻求发展创新，并不是要求因循守旧、一成不变、不思革新，死守老一套不放，而是希望从企业现有的资源出发，正确把握行业发展的趋势和规律，认真研究市场和客户需求的变化，积极发挥主观能动性，尽可能地以企业现有的设备、人员、客户群等资源和条件为创新的起点，从中发现能够创新的条件和因素，在坚守企业适应变化需求的积极合理因素中，针对存在的问题和不足，想尽办法持续加以改进，不断创新变革，通过一件件、一项项具体措施的运用达到量变促质变的效果，实现不断发展创新的目标。

（2）在“破好旧”的过程中寻究观念更新

观念影响和决定了人们的精神和素质，不同的观念产生不同的效果。在相同的客观条件下，由于人的观念不同，主观能动性的发挥就不同，行为与效果也就不同。改革开放之初，温州人不等不靠，认为“无明文禁止者为自由”，积极开拓进取，赢得了市场。温州人为什么在发现、捕捉商机上能够独具慧眼、先知先觉，根本原因在于其思想上不保守、观念上更新快。观念超前，就能想别人之不敢想、为别人之不敢为，自然就能够发现别人视而不见的商机。一切创新都来源于人们观念的创新，观念不创新，就很难有技术上的创新、制度上的创新和管理上的创新。观念落后，抱残守缺，企业的其他创新也就无从谈起。因此，观念创新与否决定企业的存亡。随着互联网等现代技术的迅猛发展和广泛应用，以及人们对出版文化的多元、多变需求特点以及在环保理念上的增强，数字印刷、按需印刷、绿色印刷已经成为印刷行业未来发展的方向和主流，我们印刷企业的管理人员特别是领导班子成员要适时转变观念，善于除旧布新，强于在“破好旧”的过程中寻究观念更新，积极主动适应印刷业发展的新趋势新变化新需求，树立起数字出版印刷和数字内容管理的观念，增强互联网思维，以国内先进印刷企业为参照，在残酷的市场竞争中站稳脚跟，取得发展。出版物资供应、后勤服务企业同样要主动积极地解放思想，牢固树立和坚持市场竞争的意识，大力开拓社会业务，从主要依赖集团内部业务资源发展向对外寻求业务发展转变。

（3）在“突好旧”的过程中寻获整合创新

目前，我们的印刷企业还处于各自为战、单打独斗中，业务、产品同质化程度较高，内部资源竞争激烈，业务生产淡旺季分明，企业盈利水平和职工收入都相对较低。随着印刷园区的落成，印刷企业突破现有的经营管理机制、业务构成等不利因素的限制寻获整合创新势在必行。集团已成立印刷整合领导小组，正在着手组织调研印刷企业整合重组方案。不管是用何种方式实施印刷企业的整合重组，通过整合创新做大做强集团印刷产业都是我们不变的方向和坚持的目标。我们至少要在四个方面实施整合创新：一是实施业务整合创新。将现有的书刊印刷业务进行整合，立足做大做强，避免内部恶性竞争，同时应创造条件发展包装装潢印刷、票证印刷、艺术印刷等业务，形成以书刊印刷为主的多元业务格局。二是实施管理组织、生产流程的整合创新。在整合重组中要着力按照现代企业制度要求构建适应印刷发展需要的合格市场主体，改造现有生产流程，实现生产组织的网络化、智能化、科学化，破解现有的生产效率偏低、能耗大的问题。三是实施人力资源的整合创新。通过整合重组，探索企业人事、劳动、收入制度改革，优化员工队伍结构，创新用人机制，建立健全考核与激励机制，最大限度地发挥员工的工作积极性和创造性，激发员工的活力和智慧。四是实施土地资源的整合创新。将三厂搬迁后的土地资源进行盘活开发，实现土地价值的最大化。同时要不断完善集团用纸的集中采购和供应机制以及印刷物资 O2O 管理平台，逐步将集团纸张、油墨、印刷设备等出版印刷物资的大宗采购和供应业务纳入集团统一规范管理之中，通过整合创新降低总体采购成本，提升综合效益。

（4）在“规好旧”的过程中寻探规范创新

目前，我们正在实行的纸张等出版物资的集中采购业务，推行的集团内印刷业务向集团所属印刷厂的归集举措，倡行的集团内物业管理向出版后勤物业倾斜的思路，既是资源整合的创新，更是管理规范的创新，这些举措和办法理应在“规好旧”的推进过程中加以不断提升与完善。我们强调在“规好旧”的过程中寻究规范创新，基础是在夯基，核心是在规范，关键是在创新。一是在旧有的制度上规范创新，建立健全相关的规章制度和管理办法，实现全面的制度管理；二是在旧有的程序上规范创新，建立健全科学规范的经营决策机制，做到依法决策、民主决策、科学决策；三是在旧有的实施步骤上规范创新，建立健全相关的奖惩措施，做到按研究的决策部署和有关规定规范执行，不随意变通、不乱打折扣，对违反规定造成损失的严肃追究责任。目前，印刷企业要将规范创新的重点放在如何加强印装质量管理和拓展印刷业务上，出版物资供应企业要将规范创新的重点放在如何通过印刷物资 O2O 电商平台做大业务规模上，后勤物业企业要将规范创新的重点放在如何提高服务能力和服务质量以及开展社会物业服务上。希望大家通过“规好旧”与“创好新”的融合推动，促进企业不断做大做强。

（5）在“立好旧”的过程中寻觅聚集创新

聚集创新指的是将各种资源要素聚集在一个平台，通过综合反应产生裂变发挥出最大效益。聚合创新要素逐渐形成强大的溢出效应是近年来各地自主创新示范区的成长轨迹。我们应积极借鉴外省出版集团印刷中心的相对成熟经验，针对未来科技和产业变革的趋势，对海峡创意印刷中心的基础设施、配套环境、服务体系等做出系统性的规划，搭建产学研互动平台，建立相关机制，引导管理、人才、技术、生产资料等资源要素有效聚合，把产品研发、设计、制造、个性化消费以及电商等环节高效整合，同时加强行业合作、优势互补，努力使海峡创意印刷中心成为福建省印刷产业聚集创新的综合平台。

4. 在顺应“供给侧改革”过程中实现创新变革

从2015年开始，以去产能、去库存、去杠杆、降成本、补短板为重点的供给侧结构性改革，经中央经济工作会议定调后正式拉开大幕。供给侧结构性改革旨在调整经济结构，使要素实现最优配置，提升经济增长的质量和数量。从集团范围内来看，集团内三家印刷企业的设备、产品、业务结构同质化程度较高，大家都在供给类似的产品和服务，旺季吃不下、淡季吃不饱。出版物资供应企业和后勤服务企业也过分依赖于集团内部资源的供给，对外市场拓展能力和服务质量相对不足，难以适应新常态下的发展需要。按照“供给侧改革”的要求，借鉴外地行业发展先进经验，结合我们印刷版块的发展现状与特点，希望下一阶段能从以下九个方面加以创新变革，以顺应“供给侧改革”和转型升级发展的要求。

（1）在精准定位上谋“局”

谋篇布局既要顺应行业的发展趋势，满足客户的需求变化，又要围绕集团总体发展目标，充分发挥企业现有的资源条件，深挖潜力、谋求发展。新华印刷公司是福建省内书刊印刷企业的龙头，每年承担着70%以上的福建省中小学课本、辅导教材的印刷任务；彩印公司是省内首家彩色印刷企业，具有技术优势和印前色彩管理优势；华彩公司业务较全面，产品种类多。同时，集团对印刷企业的总体发展目标是在“十三五”末名列全国出版印刷企业第一方阵，进入全国印刷百强排行榜。要实现这个艰巨的目标，我们必须根据各印刷企业的特点，围绕集团的总体目标做好精准定位、谋篇布局这一细致严谨的基础工作。一是做精做透书刊印刷，既满足大批量的教材教辅和图书印刷需求，又满足多批次、小批量、个性化的书刊印刷需求；二是探索发展包装装潢印刷、票证印刷、艺术印刷等业务，完善经营结构和产品结构，寻求新的经济增长点；三是加强印前制版、印刷产品创意设计、出版印刷数字管理等，加快印刷企业从传统的单一加工型向产品研发、经营和品牌经营型转型。同时，物资供应企业应通过纸张博物馆和O2O平台的建设运营，成为省内知名的物资供应企业。

恒源光电公司应充分利用地处福建自贸区的优势，积极通过开设文化商品保税店，建立跨境电商贸易平台和版权贸易代理平台，实现转型发展。

（2）在园区平台上塑“形”

海峡创意印刷中心是集团为整合印刷资源、加快推动技术更新、实施工艺创新、引导产业转型升级的重要建设项目，将打造为集传统书刊印刷、精品印刷、包装装潢印刷、数字印刷、绿色印刷、创意设计研发中心等于一体的综合平台，是集团印刷产业发展的重要支撑。项目配套设备到位后，书刊印装产能预计达到 1500 万纸令／年，包装印刷产能将达到 400 万色令／年，数字印刷产值将达到 1800 万元／年，预计年营业总收入将达到 4.82 亿元人民币，并通过“外引内联”等模板保持稳健增长。已建成的印务园区是按照高标准建设的现代化工业厂房，作为印刷企业当务之急应借助园区平台加快塑“形”提升。一是塑好产业形态，做到产品形式多样、产业结构丰富；二是塑好组织形态，按照“产权清晰、权责明确、管理科学”标准塑造企业组织形态，做到内部科层合理、管理效率提升；三是塑好文化形态，建设具有文化企业特色的印刷园区，彰显企业文化品牌。同时要通过塑“形”提升，保持园区平台建设的前瞻性，使其能在今后相当长一段时间内适应印刷企业发展的需要。

（3）在“互联网 +”上显“绿”

2015 年 11 月，北京的出版发行单位、印刷企业联合当当、亚马逊、京东商城三大知名电商平台上线了“绿色印刷图书网上销售示范专区”。专区上线后读者关注度明显上升，其中少儿类图书的读者关注度增加了 4 倍，部分图书销量大幅提高，这些数据反映出了读者对绿色印刷图书的喜爱，也印证了电商前期对这一市场预判的准确。北京“互联网 + 绿色印刷”模式的开启极大地激发了全行业推进绿色印刷的信心，也给我们关于绿色印刷的思考带来了启发。当下我们更应借助园区即将投入使用的有利时机，积极利用互联网技术加强数字印刷、按需印刷，降低出版社库存以及相应的纸张和人工的损耗、三废的排放，从整个产业链条上体现节能减排、绿色发展。同时应通过改造生产流程环节，提升供应链管理智能化水平，平衡设备生产能力，解决好生产效率偏低、能耗大的问题。应力求从设备、原材料、三废处理、管理、上级扶持等方面入手，推动印刷企业走上绿色发展之路。具体的要求包括：在设备投入上应选择绿色环保、耗能小、排放少的设备；原材料方面应充分使用环保油墨、热熔胶等材料，保护消费者、员工的身体健康；三废处理方面应选择有资质的处理企业，确保达到环保部门的要求；管理方面应加强员工培训，完善实施绿色印刷的管理制度和管理体系，优化管理方式，堵塞管理漏洞，同时应积极争取上级对绿色印刷以及绿色印刷产品市场推广的补贴，调动各方面参“绿”、护“绿”和助“绿”的积极性。

（4）在提质增效上变“量”

质量是企业的生命线。提质增效就是要求在做强做优的基础上不断做大规模、做大产量、做大效益。作为印刷企业应在书刊印刷上进一步深挖潜力，着力在印前制版、印刷质量、印后服务等方面下功夫，不断提高印刷质量和服务水平；应着力在为用户提供按需印刷、按时印刷等个性化印刷服务上下功夫，积极发展数字印刷、绿色印刷；应着力在提升印刷产品附加值和产品竞争力上下功夫，增创印刷企业品牌和产品品牌，在此基础上做好增量，扩大书刊印刷规模。作为出版物资供应企业应在加强管理和提高服务质量上下功夫，通过集团纸张等出版印刷物资的集中供应和积极对外拓展业务，进一步做大经营规模，力求实现在规模上的集约效益。作为后勤服务企业应在服务质量上下功夫，通过创出服务品牌做大市场、做出规模。

（5）在经营管理上健“骨”

管理是企业“强筋健骨”的基础。印刷版块的各类企业基本上都属于传统企业，管理创新任务十分艰巨。为此希望：一是抓好安全管理创新，坚持“安全第一、预防为主、综合治理”的方针，切实加强安全监管，强化企业安全生产主体责任落实和责任追究机制，全面提高企业安全生产水平。二是抓好成本管理创新，提倡“勤俭办企”理念，加强成本核算，努力降低成本，严格控制费用，向管理要效益。三是抓好风险管理创新，建立行之有效的风险评估机制，规范“三重一大”决策程序，重大项目应有充分的论证，对风险不能控制的事项实行一票否决，着力防范资金风险、经营风险、投资风险，确保国有资产安全。

（6）在体制机制上强“筋”

作为国有企业，我们中的很多人的思维方式、经营理念和运作方式还比较传统，习惯于经营决策依靠经验、依赖直觉，而不是建立在科学周密的调研和根植在大数据的分析研判上；习惯于遇到困难向上级寻求帮助和支持，无枣打三杆，不管有没有；习惯于在内部竞争资源和业务，而不是同外部企业拼抢资源和业务。以上种种问题的产生归根结底在于我们的管理体制和运行机制不畅、不顺和不达。这与我们的考核激励机制有关，与我们的收入分配制度有关，与我们的用人政策有关。下一步我们将对印刷企业实施整合重组，在此基础上建立与之相适应的体制机制，重点应按照现代企业制度的要求合理设计整合后企业的法人治理结构，建立健全企业内部控制体系，推进精细化管理，有效控制企业经营风险，提升企业运营效率和经济效益。同时加大力度推进“三项制度”改革，逐步建立完善科学的激励机制、分配机制和用人机制，在推动企业发展的同时稳步提高员工收入，既理顺体制机制，又实现企业与职工通过强“筋”共享改革发展成果。

（7）在壮大格局上做“强”

从大局出发、从全局考虑，理顺体制机制、整合资源力量，推动形成“大印刷”工作格局是我们的思路和想法。为此，一是通过整合建立格局。各印刷企业应在集团的统一领导下开展好整合重组工作，通过对印刷企业的整合重组实现印刷同质化产品和业务的归并，提高现有资源、设备的利用效率，避免重复投入，同时进一步优化资源配置，开拓新的业务领域，实现印刷业的转型升级和格局的建立健全。二是通过整合优化格局。在整合重组过程中应重点解决好产权关系、资产配置、人员安置、发展战略等方面的问题，切实按照现代企业制度的要求完善法人治理结构，合理设置内部组织机构，健全各项内部控制制度，并扎实推进“三项制度”改革，调动企业员工的创造性与活力，降低整合阻力，优化好整合格局。三是通过整合强化格局。各印刷企业在整合过程中应充分考虑企业、股东、员工等相关方对整合重组的意愿、态度和利益诉求，也希望印刷企业的班子成员提高认识，服从大局，在集团的部署下做好各项相关工作，真正做到通过整合强化并真正壮大发展的格局。

同时出版物资供应企业和后勤服务企业应服务“大印刷”格局，特别是出版物资公司应通过运用好O2O电商平台，切实做好纸张的集中采购供应工作，及时有效满足集团的印刷需求，并达到总体降低采购成本的要求。下一步我们还要考虑逐步将印刷原材料和印刷设备的采购纳入O2O电商平台，通过互联网平台发展壮大印刷版块。

（8）在强基固本上旺“企”

人才是事业发展的根本和基础，我们的印刷复制、物资供应、后勤服务企业之所以难以做大做强，有的甚至面临着破产清算的局面，其中一个很重要的因素就是缺乏优秀的经营管理人员、技术人员和市场拓展人员，特别是印刷复制企业的技术人员流失严重，好的人才留不住、招不进。据调研，截至2015年12月，新华印刷公司在岗员工365人，其中50岁及以上的136人，占比37.3%；40岁到50岁的138人，占比37.8%。大学专科及以上学历42人，占比11.5%，其中大学本科3人。中高级职称5人，其中高级职称1人。彩印公司在岗员工88人，其中50岁及以上的23人，占比26.1%；40岁到50岁的36人，占比40.9%。大学专科及以上学历6人，占比6.8%，其中大学本科2人。中级职称7人，无高级职称人员。华彩公司在岗员工128人，50岁及以上的41人，占比32.0%；40岁到50岁的46人，占比35.9%。大学专科及以上学历10人，占比7.8%，其中大学本科4人。无中高级职称员工。从印刷企业员工队伍的年龄结构上看，40岁以上员工占比接近70%。从员工队伍知识结构上看，受过大专以上学历教育的不到10%。员工队伍年龄大、学历低，对掌握新技术、拓展新业务从某种意义上讲有所限制。当然出现这种局面与我们的“三项制度”改革不到位也是有关联的，我们希望下一步通过印刷整合重组工作，在人员的培养使用、招聘管理、薪酬等方面有深入切实的改革，通过抓紧同步建立健全与绩效挂钩的科学合理的薪酬体系和奖惩措施，进一步激发和调动管理人员和职工队伍的工作积极性和创造性，为“旺”企强基固本、夯实基础。

（9）在担当使命上夯“基”

使命担当体现的是一种价值追求，我们的出版工作理应始终坚持为人民服务、为社会主义服务的方向，这是我们的历史使命和社会责任。简而言之，作为印刷企业就应想尽办法为广大读者提供内容质量好的出版物和优质的服务，最大限度地满足各方面的需求；就应通过生产和传播有益于提高民族素质、有益于经济发展和社会全面进步的科学技术和文化知识，为社会主义现代化建设服务。印刷是出版产业链的重要一环，连着出版和发行两个环节，“印好书”是我们印刷从业人员的使命担当。“印好书”既要体现在印刷过程中加强与出版环节的联系，在出版付印前的最后关头把好内容质量关，特别是出版导向关，防止有出版导向问题的出版物得以印刷，又要体现在认真遵守国家出版印刷法规，加强印装质量管理，让每一本出版物都能成为印刷优质品。我们希望各印刷复制企业包括出版物资供应、后勤服务企业都能在激烈的市场竞争中不忘初心、砥砺前行，既坚守底线思维，遵纪守法，又强化高线追求，确立更高的标准和要求。

六、书馨载于“设计”

随着海峡创意印刷中心的建成、验收和即将投入使用，海峡印刷文化博物馆（以下简称“印博馆”）的规划建设显得迫在眉睫。在海峡纸博物馆建成后进一步规划和建设海峡印博馆，在未来的设计、规划、建设、使用以至后续的提升过程中应充分体现“十二个性”的要求。

1. 历史性

印博馆的历史性体现在通过收集、保存印刷历史的物质文化遗存与文献资料，全面系统地反映印刷发展的悠久历史和灿烂文化。历史性要解决三个问题。一是历史感。整个印刷文化的历史感要通过世界部分、中国部分、福建部分的展示得以充分体现，同时应全面、准确、完整地反映雕版印刷、活字印刷在中国的起源、向世界的传播以及历史上各阶段印刷工艺、印刷技术、印刷设备、印刷材料的演化。二是沉淀感。印刷品是历史沉淀最早的东西，中国是四大发明的故乡，造纸术和印刷术是中国历史文化最早的沉淀。福建的印刷在宋朝开始繁荣、明朝达到顶峰，福州的闽县和侯官、建阳的麻沙和崇化、连城四堡等在不同历史时期成为全国有影响的刻印中心之一，出现了许多传承历史文化的印刷雕版和印刷精品，留下许多重要的古籍文献。三是丰富感。印刷文化历史的丰富性应通过印博馆来充分体现。印博馆规划的平面面积 1000 多平方米，但三维空间就要乘以 3 了。已建成的纸博馆虽小，但透过三维空间体现出立体感、丰富感，所以韩天衡老师参观后题词“越办越好”。因此，印博馆内境、内景、内涵应通过妥善利用室内三维空间、有效开拓室外绿地平台等，让每一寸有效空间都体现出印刷文化的丰富感和创意感。

2. 综合性

印博馆应从“三观”体现印刷历史和文化。一是宏观层面。世界印刷术发展的宏观格局、中国印刷术的发展脉络，不能因我们印博馆定位是现代馆而少了这些宏观层面综合性的内涵展示。二是中观层面。要充分体现福建的印刷历史特色。福建古代印刷业在中国古代印刷史上占有突出地位，其中自宋代至清代长时间居于全国前列。福建古代图书刻印条件优越、规模宏大、技术娴熟、数量繁多，在全国是少有的盛况。福建所刻印书籍畅销全国大江南北，同时通过海上丝绸之路等到达许多国家和地区。因此福建版块作为承上启下、承前启后的中观层面，其特色应得以很好展示。三是微观层面。就是印博馆对印刷企业的微观展示应当富有特点，应以集团内三家印刷厂（新华厂、彩印厂、华彩厂）为主，这三家的历史沿革、印刷产品和厂史文献应有专门展区；社会上的其他印刷机构也应根据印刷 O2O 建设的概念有所体现。同时对福建全省各地印刷企业有多少家、产值多少，书刊印刷、报纸印刷、包装装潢印刷、簿籍印刷等的分类以及在全国印刷业所占的比例等，都应通过展板有所展示。对全国其他省份的印刷企业总量指标、产值、行业分类等也要有一个横切面的展示，比如通过表格化等形式来展示等。

3. 文物性

印博馆收藏的各种文物、实物是研究历史、科技、文学、艺术以及出版行业的宝贵资料。一是要处理好“新”与“旧”的关系。从古代的雕版印刷、活字印刷到近代铅印、石印、油印及胶版印刷，再到现代数码印刷，应厘清印刷技术发展的脉络和传承，做到以“旧”衬托“新”，以“新”传继“旧”。二是处理好“图”与“文”的关系。印博馆是体现中国四大发明文化的展示基地之一，亦是当时国家新闻出版广电总局批准设立的展示平台，未来印博馆不仅要对国人开放，而且要对外国友人开放。因此应把握好展板内容中“文”与“图”的比例，“文”所涵盖的内容介绍、文字表述应包括中文、英文等主要语种，以体现馆建的国际性。三是处理好“物”与“品”的关系。处理好馆藏展示中一般的展出物和精品、珍品的关系。馆藏精品、珍品中要有几件体现历史厚重感的“镇馆之宝”，对此项工作要早做筹划、征收和收藏。

4. 特色性

作为专业性印刷博物馆，印博馆要突出本省本地各历史阶段印刷技术和印刷产业发展的特色，既要有历史特色，也要有科技特色。一是特色的时代性。福建连城、建阳、宁化等地古代印刷“非遗”的特色性很鲜明，展馆应对古代建本和四堡刻本的雕版、典籍、文献实物等特色有所体现，并与“建本留香”等概念遥相呼应。二是特色的地域性。福州本地的印刷历史同样富有特色，比如福州北宋刻本崇宁藏、毗卢藏等是中国最早的大藏经刻本，体现福州印刷技术在北宋时的水平；近代福州船政学堂出版印刷的书籍，在中国近代印刷发展史中具有重要地位。三是特色的现代性。即把握好近现代印刷科技化的特性。印博馆不仅是一个印刷专业历史展馆，也是印刷专业科技展馆。胶版印刷设备、原始木构工厂厂房、光盘复制生产设备等这些现代性特色统统不能丢弃，同时还应有“互联网 + 印刷”、3D 打印、VR 体验、数码印刷等高科技特色的展现。

5. 创新性

创新性应体现在“三个构”的创新：一是解构性创新，包括印刷专业元素的解构、各种印刷机械设备的解构、铸字字体的解构、版式的解构，印博馆设计理念中应充分体现这种解构性印刷元素。二是建构性创新，建构性创新应通过点、线、面之建构使看上去单一的、单体的、单行的内容有整体感，使印博馆能作为一个整体存在与展示。三是特构性创新，展馆设计应具有特构性，让参观者一进场就能被吸引，深刻体验到印刷文化的创意。同时设计方案中色彩一定要清晰，特构不能背离了印刷规律、印刷知识。为此到最后出施工图、展示效果图的时候一定要把好内容关、特色关和逻辑关等。

6. 配套性

一是静环境的配套，包括馆内建筑布展与馆外绿化环境的幽静、雅静和素静的元素要求应综合考虑周全。二是活环境的配套，让移植过来的新华厂旧厂房和旧物等活起来。旧的厂房、设备展示应体现艺术性，旧厂房可以通过叠加、异形的创作呈现出高端的创意效果。这方面可以找一些艺术方面的人才来参与设计。三是动环境的配套，文化搭台，发展唱戏。“互联网 + 印刷”作为动态的平台，与印博馆形成线上线下 O2O 双平台，动静结合，以互联网技术带动印刷网上业务发展，通过搜索引擎、网站、移动互联网社交平台等技术手段邀约社会公众到印博馆场地参观体验。

7. 传承性

一是记忆的传承性，那些值得记忆的历史传承应通过印博馆加以载体化、体验化，促使印刷历史文化记忆能通过展示更加鲜活起来。二是再生的传承性，应通过微型复制再生、微化复活再生、微观复合再生等方式，让新华厂的木构厂房得到等比例的移植，并充分运用各种艺术化的形式微化、优化组合再生，同时对一些近代印刷机械设备和生产线实物等展馆的空间也需作微型再生。三是衍生的传承性，铸字制版作为衍生品和装饰品，可以参考上海印刷博物馆的做法，从古代雕版宋体到现代铅字宋体，从标准宋体到仿宋、标宋、新宋、中宋，以及楷体、黑体、姚体、魏体等，把字体多态衍生作为重要元素，展现印刷铸字的创意传承。福建省福州、宁化、建阳、连城等地方传统印刷“非遗”项目今后可来海峡印博馆设展，选择“读书日”等时间节点来办非物质文化遗产专题展示，这也是印博馆功能的传承衍生。

8. 体验性

体验性即参观者通过印博馆的展览实现学习、研究、娱乐、消遣的愿望。一是复制性体验，个人与印刷技术的结合可通过参观体验复制，亦可探讨以数码快印方式发展面向个体客户的个性印刷，参与制作相册、名片、个性签名、纪念册以及 3D 打印的人像、雕塑、创意工艺品，让参观者购买服务并作为纪念。二是参与性体验，包括印刷机械设备现场供参观者操作，印刷文化亲子互动体验，家长带小孩子来学习写字、铸字，体验从写字到铸字、排字乃至制作微型书的规范化操作过程。三是科技性体验，体现触摸屏、VR 和 AR 技术在展馆中的运用，让参观者感受亲临印刷制作现场的效果。建设“互联网 + 印刷”O2O 平台和数字化博物馆，让公众在网上、手机上可以同频浏览印博馆馆藏。

9. 趋势性

一是体现展示形式的趋势性。新技术的广泛运用大大改变了印刷产业的面貌，也给印博馆带来了陈列展览新的手段、方法。印博馆建设和陈列应充分利用信息科技和印刷科技的新成果，反映印刷产业的发展趋势。二是体现绿色生态的趋势性。印博馆应充分体现绿色印刷理念趋势的全覆盖。三是要体现未来空间存在的趋势性。包括数字印刷趋势全覆盖、按需印刷趋势全覆盖，同时作为展示未来科技发展空间的趋势也应在印博馆中有所体现，包括触摸屏、VR 显示屏、AR 技术运用、数字博物馆、“互联网 + 印刷”O2O 平台、3D 打印等，还要有介绍未来印刷业发展趋势的展望内容与空间等。

10. 教育性

一是体现内容的教育性。印博馆的陈列展示内容应具备向广大民众进行爱国主义教育和提高人民道德修养的功能，通过中国印刷文化保护基地、福建省印刷文化保护基地的授牌，成为民众传统文化教育及传承基地，通过历史展陈使人们能从灿烂文化中激发起对祖国的热爱，从印刷创意作品中得到艺术的熏陶，从数码印刷技术发展中体会到技术差距，坚定社会各界为印刷业重振雄风而刻苦钻研、努力工作的意识。二是体现科技的教育性。通过综合运用印博馆提供的印刷历史文物和资料，举办各类专题展览和培训，提高人民群众的科学文化水平；利用馆内的触摸屏、投影仪、VR 体验等电化教育设备，放映配合陈列内容的视频和动画，加深观众对有关内容科技进展的理解。三是体现基地的教育性。印博馆的教育功能应从馆内走向社会和学校；同时，将社会上各种信息反馈回印博馆，不断提升印博馆的教育功能。因此，今后印博馆所在地的晋安区可以先挂教育基地牌子，再联系福州市教育局，让省内更多地方的学生都来参观、学习，提高对印刷文化乃至对中国文化的认知和认同。未来要将印博馆和已建成的纸博馆一道作为省、市和晋安区各级青少年教育基地。

11. 衔接性

一是硬件衔接。包括印博馆与周边环境、工厂的耦合衔接。硬件上的衔接包括要与印刷园区的建设衔接、与整个区域的建设规划方案衔接、与未来印刷企业的融合发展衔接。二是软件衔接。包括数字博物馆、移动互联网平台与印博馆实体的衔接，管理制度上与印刷企业、纸博馆的衔接。三是平台衔接。“互联网 + 印刷”线上平台和线下平台的衔接，印博馆这些平台功能和作用在设计时就应予以充分考虑。同时在功能的衔接上应为运营后来印博馆参观的游客导进真实的印刷车间体验留足通道，使来印博馆参观的人们的动线与印刷园区无缝衔接好。

12. 盈利性

作为由企业规划建设的印博馆理应充分考虑项目投资的盈利性。一是初设时的盈利性。项目规划建设应实行预算管理，把握投入产出盈利性的平衡点。二是建设时的盈利性。把钱准确花在印博馆建设中，各个主要环节上每个展示部分都要考虑给企业带来什么样的效益。有的部分像园区绿化是属于印刷园区建设范畴的，就不要从印博馆项目预算列支；有的部分费用要分摊到搬迁费当中的，像木构厂房的移植不要花冤枉钱。三是运转时的盈利性。印博馆未来应考虑通过和餐饮、亲子互动、娱乐项目等混搭，带动展馆参观之余的体验性消费，以及“互联网＋印刷”的叠加效益，实现综合投入产出平衡乃至盈利。

对如何开展印博馆的规划建设工作，我用“五个征”来概括要求。

一是征求意见。印博馆景观方案和内部展示方案修改成型后应继续广泛征求各方意见，包括向专家、学者、业内人士征求意见，向集团管理层汇报，向福建省新闻出版广电局汇报，向财政厅、文改办报告等，形成共识、共建的合力。

二是征集资源。运用社会资源、公共资源来完善印博馆。相关部门应积极主动地向新闻出版广电局、财政厅、文改办征集建设投资资源，争取新闻出版广电局在资金、物资和展品等方面的补助，争取文化产业发展专项资金、省财政专项资金等资助。还要争取宁化、建阳、连城等地方传统印刷非物质文化遗产的展品资源，以及和北京中国印刷博物馆、上海印刷博物馆、扬州雕版印刷博物馆等兄弟单位建立良好的互动关系，以达到广泛征集资源的初衷和目的。

三是征收文物。文物征收要确立专题、突出重点，处理好“物”与“品”的关系，鉴别和筛选印博馆展出物和馆藏精品。除了立足集团自身的印刷实物，还要同步征收、征集外部资源。对民间收藏家应通过晓之以理、动之以情等方式感动他们，让他们把藏品存放在印博馆展示。必要时馆藏精品添置也可以从市场上采购一些。

四是征补完善。根据各方面意见对印博馆景观方案和内部展示方案等做到征补完善，同时同步做好征集展品、管理制度、软硬件体系建构等各项需推进完善的工作，使印博馆比纸博馆更丰富多彩，更引人注目，更完善并臻。

五是征程推进。先向省新闻出版广电局汇报，待进一步修改完善后报集团管理层审定，把设计方案、征集文物资料做好，同步完成向总局上报审批，争取尽早动工，完工后择机开馆。在此过程中相关部门要在继续做好设计、勘测、预算等具体工作的同时，抓紧做好项目招投标书等基础工作，把各方面需要准备的工作考虑周全。

七、书馨载于“和合”

站在马来西亚古晋“三合兴”华文学校，一睹马来西亚华文教育的成果，由此联想到华文教育在海外传播之不易，在马来西亚取得成果之不易，在海外传承创新之不易，也更加钦佩海外包括马来西亚在内的华人为华文教育所作的杰出贡献。我以为千道万理归结为一个深层的原因：华人对中国教育文化的理解和把握是深刻的。比如从古晋“三合兴”这所华文学校的创办到今日所取得的成就大可“窥一斑而知全豹”。而从深层的文化原因来讲，旅居海外的华人们的确是把握了中国教育文化“三合”的内涵：一是这种教育理念“合乎”中国传统文化的魂。中国人讲天、地、人三“和”即“天人合德”。“三合兴”学校用的就是三“和”、三“合”的理念做取乎上法的校名命名。二是这种教育理念“合乎”中国传统文化的境。从有形状态讲“三合兴”学校处于古晋地理上的“三河交汇”之处，从学校的有形状态讲它是相汇、相合、相济之域，由此也成就了它的教育圣地之名。这又使我想到中国文化也是因水而生、因水而长、因水而大、因水而活的文化境况，中国人正是由长江、黄河养育出来的一个伟大的民族，所以说崇尚上善若水，中国文化才得以源远流长。三是这种教育理念“合乎”中国传统文化的果。古往今来中国文化始终推崇和倡导文化兴、教育兴、精神兴、百姓兴这种历史发展逻辑的因果相连关系。古晋包括马来西亚在内的华文教育所取得的成果也充分证明这一道理。古晋包括马来西亚在内的华文教育这种“三合”效应，给我们代表团一行不仅留下深刻的印象，而且使我们这些从事文化教育工作的团员又有了一个对古往今来中国教育文化发展“三声”的启示。

一是十分有必要向海外华人和华人社会不断传扬中国传统教育文化的“声望”。中国是一个高度重视教育、文化的国度，在几千年的中国传统社会发展过程中，中国人始终重视耕读传承、诗书传家，而且我们一代一代的华人在下南洋走向世界的过程中，又进一步地把中国耕读传家、私塾传授的优良传统带到了世界。我们非常高兴中华文化在古晋包括马来西亚等海外传承发展得这么好。刚才我问“三合兴”学校的校长来这里几代了，他说已经三代，三代还保持这么好的华文功底，而且把教育作为自己的事业，包括在座的各位老师按照中国传统文化把教育作为事业来从事，这不仅是大文化而且是大福报。我正抽空写 100 篇关于中国福文化的短文，一篇大概 1500—2000 字。我为什么总结这个福文化？我以为走向幸福的道路千万条，其中摆在前头的就是不懈读书，就是深度阅读，就是其最基本的教育文化理念的传扬。我为什么选择到今天所从事的这个地方工作？我到现在单位之前长期在地方工作，其实在地方的几十年里我也很钟情教育，最后几年选择了从事图书出版发行，因为我以为“书”乃文化之母、教育之基，这也是我自己一生的追求。一路上我一直和此次一起来的团里的同志讲，像你们这么年轻就能专业地做文化教育工作这是福报。我是积累了几十年之力后近几年才开始专业做文化教育工作的，可以说我的福报不如你们，希望你们倍加珍惜。你们在海外经过几代人的坚持，至今仍坚守在文化教育上，这不仅是大福报，而且也成为中国人的名片，同样也很好地“传扬”了华人的声望。希望你们作为华人在海外能继续把这面旗帜高高举起，既成就你们个人的福报、华人社会的福报，更成为每一位客居、旅居、深居在世界各地的华人后裔们对祖国的回报和对未来的福报。

二是十分有必要向海外华人和华人社会不断传播包括《新教育》在内所倡行的现代教育理念的“声音”。此次我们一行到古晋包括马来西亚的华文学校的一个重要使命，就是向华人和华人社会传达福建作为一个现代教育率先发展的地区，包括《新教师》作为中国教育新理念的平台它所发出来的传导现代教育理念的声音，这个声音包括已经吸纳的我们华人社会发出的深度阅读的声音。

我们拟通过《新教师》的《域外来风》栏目这个平台接受海外向中国传递教育的声音。

三是十分有必要向海外华人和华人社会不断传导“一带一路”所承载的新的教育文化影响力的“声波”。中国文化讲天、地、人之“和”。此次我们文化代表团其中一个重要工作职责就是要把中国“一带一路”的声波传导到华人华侨社会。中国要向世界发出中国文化教育“软实力”的声波，就要把“一带一路”的声波传导到世界有华人的地方，这就需要我们用和谐社会共建的理念、用传递文化教育的管道加以传导。

当今世界，浩浩荡荡，期望“合乎”中国教育文化发展规律的华文教育，通过“一带一路”现代教育理念的“声波”通道的融合贯通，让“合、声”于中国教育文化传承创新的“和”弦不断奏响，继续努力把中国人共有的华文文化、汉文化在我们一代一代的海外华人和华人社会中扩大影响、发扬光大，让中国人、让所有的海外华人与全世界人一道和谐发展、和平发展、和睦发展。

八、书馨载于“整合”

从集团内三家印刷企业形成与发展的历史经验看，整合涉及的工作很复杂，上下各方面一定要有正确的认识。新华厂建厂已经60年，彩印和华彩建厂也都有30多年，从某种意义上讲，新华厂是发展大工业的产物，彩印厂是改革开放的产物，华彩厂是教育产业延伸的产物，这三个厂的历史背景、成长经历、综合条件、有机水平和文化底蕴等都不一样，形成了各自不尽相同的企业文化。为此，整合总方案既要考虑三个厂现有设备、人员等硬件要素，更应综合考虑属于各自不同的企业文化。所以推进集团内部三家印刷企业的整合工作既要有理念，还要讲求方法。下面我以六个“顺”、六个“循”为题讲一讲整合的理念和方法问题。

1. 以辩证的思维把握好整合的“六顺”理念

（1）顺“势”再发展

“势”是指物体所处的位置而使之所具有的能量。从各印刷企业来讲首要的就应很好地把握对发展的趋向之“势”。当下乃至未来顺“势”再发展当应把握好三个内涵的“势”：一是顺好“百尺竿头，更进一步”的发展“势”。现在三家印刷企业都面临着“百尺竿头，更进一步”的发展趋势。二是顺好“行百里者半九十”的发展“势”。企业的发展不进则退，不发展连改革的机会成本都难以实现。尤其对于同质化竞争的印刷企业来讲，整合就是顺“势”再发展的必然要求。三是顺好融合的发展“势”。当今世界是融合的世界，企业的发展也要通过融合形成合力。

（2）顺“境”再壮大

“境”就是把握好境况、境地。一是顺好转型升级的“境”。转型升级是必然趋势，唯有转型升级才能促进企业升级壮大。二是顺好供给侧结构性改革的“境”。改革印刷企业的生产供给，优质提供出版社需求的适路供给，是印制企业供给侧改革的基本任务。三是顺好新建平台的“境”。印刷企业当应通过集约性理念的引导，合理整合、有效发挥好规模效应、集聚效应，尤其应通过合理安排、利用、区分空间，优化已经落成的厂房布局，集约用好海峡创意印刷中心。

（3）顺“轨”再创新

“轨”常意为方法、规矩、秩序等。顺“轨”再创新，客观上要求我们顺势而为：一是顺好技术发展的“轨”。作为新建的创意印务园区，首要地当应周全考虑好如何按印刷产业技术发展轨迹的要求“谋篇布局”，抓紧对设备技术含量、技术构成轨迹的研究，预先考虑好今后业务发展所需要的技术构成布局。二是顺好竞合的“轨”。企业整合到园区发展将形成竞争合作的关系，必然有重新排列组合的分工合作轨迹，不同企业、不同岗位人员之间打乱原有组合关系之后的重新整合，当应顺着竞合的轨迹向前发展，不能因为轨迹的变化部门、员工之间离心离德。三是顺好数媒融合的“轨”。整合工作应加强顶层设计，购置什么技术设备，怎样导入数媒技术，怎样构建适合大工业生产路径、生产流程、组织架构等要求的厂区布局等，都要争取一步谋划、分布实施到位。

（4）顺“畅”再升级

“畅”意之一为无阻碍、不停滞。为此，一是应顺“畅”好规模扩大的升级。应坚持通过整合、竞合、黏合产生规模效益。二是应顺“畅”好实力增强的升级。应千方百计地通过“内培”着力提升现有员工队伍的实力，培养工匠精神，把他们的主观能动性发挥出来，尽快培养造就一批适应转型升级需要的优秀技术人才、管理人才、经营人才。三是应顺“畅”好效益叠加的升级。要通过整合产生综合效益叠升效应，不能按照原有样子做机械平移。

（5）顺“和”再融合

“和”有多种意境：和谐、和睦意；平和、和缓意；和善、和合意等。为此，顺“和”再融合当应做到：一是应顺“和”好融合的必然趋势。三家印刷企业是“和合”地整合重组，不是机械地“拉郎配”。“和合”是必然要求，分步实施是运作理念。大家对整合框架方案这个大纲通过长时间磨合已没有太大的意见，但是具体的实施细目还没有真正制定出来，纲下面各个目应尽快配套好，否则实施的时候就会有各种不同声音，既谈不拢，又相互扯皮，那结果不堪设想。二是应顺“和”好融合的必需元素。三家企业在各自发展的过程中形成了不同的发展元素，融合的时候当应照顾好彼此不同的利益，但也不能片面、绝对、两极、一味地所谓“就高不就低”或“就低不就高”，各方利益的“和合”应找到合理的区间予以体现，让全部要素、元素通过融合产生“叠加效应”。三是应顺“和”好融合的必要条件。融是融合、融入、融会贯通，应通过“和”的“配伍”将分散在不同企业内的差别较大的各种条件有机地融合好，唯此才能达到整合的良好预期。

（6）顺“理”再共识

一是顺应“理念”提升共识。理念提升了才可能产生共同的目标、共享的境界、共性的价值观，也才能形成共同的合力。作为各家企业不能仅站在各自的本位上去看待整合这件事，一味地觉得整合会导致自己利益受损，甚至认为自己块头大、奉献大就应分享更多的利益，这样必然难以达到提升共识的目的。二是顺应“理性”增进共识。整合涉及的各方不能用直观感觉去判断得失，应理性处理整合的利益，调整和磨合，更不能直观地算小账、算眼前账，应懂得算长期账、算大账、算长远账，做到能理性地看到搬迁整合之后环境向好的变化、平台向完善的变化、综合效益向上的变化这种根本趋势。三是顺应“理想”集聚共识。我们对整合的理想预期应形成共识，整合后的理想局面就是我们在制定总方案中预定的总目标，尤其期望通过上述“发展、壮大、创新、升级、融合”理念的传导，进一步形成对整合提升的路径、方向、政策、机制等方面的共识，上下齐心协力把整合工作做好。

2. 以创新的思维掌握好整合的“六循”方法

（1）循“理”，真正明了整合过程中应体现好的义理、道理、原理

一是明了整合提升的义理。整合是实现改革发展的基本目标，是实现大发展的重要手段、方法、路径。这个义理不难理解。“印好书”是集团“五个好”发展格局的重要组成部分，海峡创意印刷中心就是“印好书”的基础，在“印好书”的基础上延伸出与印刷元素有关的衍生发展业态、转型发展业态，创新引领未来，打造产权清晰、权责明确、管理科学、运转高效、双效丰收的现代印刷企业，才是我们推进整合工作的最终目标。二是明了“小道理必须要服从大道理”的道理。整合工作涉及的各方都有自己的小道理，但是不能只站在自己的角度、自己的位置用小道理排拒整合的大道理，当然对小道理应按照整合大道理的方向去磨合好，否则整合工作就会无道理地被拖延、滞后甚至抵消。三是明了企业整合规则的原理。印刷企业的搬迁，应因循技术企业、工业企业的原理有计划地稳步推进，这与机关办公室的搬迁有很大不同，不是简单地把设备搬过去，大工业的整合搬迁不能违反工业企业搬迁的基本规则原理。

（2）循“规”，真正明白整合过程中应体现好的规划、规制、规则

一要明白规划。规划是比较全面的计划，是总纲、框架，是原则。规划比较宏观，类似企业的总则。今天我们讨论的方案就是一个规划，是大的概念，

它不可能太细，但是方案配套应详细，应具可操作性。二要明白规制。整合是三家合一的规制，方案应考虑周全、清楚，在整体整合框架下分布实施，由新华厂先入园，然后是彩印厂、华彩厂，还是三家先打散，然后整合后导入，这个规制要在实施之前先弄清楚，唯此整合的路径、方法等路线图、时间表才能做到明确、无误。三要明白规则。整合的游戏规则应考虑制定成熟，包括薪酬、人员、资产、设备、上报审批等方面的规则，规则定好后不能随意更改变动。在整合方案实施前务必把大部分可能发生的问题都考虑周全，个别问题、重要问题和突发问题届时才能有效应对处理好。

（3）循“序”，真正明确整合过程中应体现好的顺序、程序、时序

一要明确顺序。经过周全设计的整合实施方案对制定的整合顺序、搬迁工作的顺序、厂房布局的顺序等工作的顺序一定要明确无误地先期设计好。二要明确程序。整合方案的报批应明确好相关程序的要求，同步考虑好需要上报省委宣传部和省财政厅审批的程序、集团内部决策审定的程序、三厂内部审议的程序、三家合一后的运作程序等。三要明确时序。所谓“纲举目张”，当整合方案具体确定后当应进一步明确各项工作的时间进度安排，既包括文档工作的时序进度，也包括在实际操作过程中的时序进度等。

（4）循“环”，真正明晰整合过程中应体现好的环境、环节、环联

一要明晰环境。三家企业从现在开始就应按照整合方案的要求向员工讲清楚整合到新园区的政策、区域、运作的环境，这些环境也是企业今后发展壮大、转型升级的平台环境。二要明晰环节。整合工作的诸多环节应通过各种“目”的制定做到一环紧扣一环，让这些环节足够支撑得起在未来搬迁、运转过程中的诸多挑战、磨合，不能因工作脱节贻误整合的时机和效果。三要明晰环联。整合工作将环联起部门、车间、人员，当应做到环环相扣、天衣无缝、无懈可击，不能一击就碎、一打就散，更不能左右摇摆、举棋不定、贻误时机。

（5）循“例”，真正明断整合过程中要体现好的惯例、定例、条例

一要明断惯例。整合原则上应照顾到各方既得利益，原有惯例一般情况下不去打破，如需打破的应在其他领域考虑相应的利益照顾，不能因打破惯例而造成不安定、不稳定因素。二要明断定例。员工薪酬提升应依照定例，对即将实施的整合改革应有模型意识，建立起动态、变化的模型，对各种情况进行模拟、分析、判断和决策，使得问题能有效解决在运筹帷幄过程之中。三家企业可以各自建立模型，然后归并共同项、整合少数项、消除特例项。三要明断条例。整合所有的工作都要符合国家大条例，我们的纲、框架应符合国家的法规条例，照顾惯例、制定定例也都不能违背根本条例的要求。创新不是违例，上下各方面都要增强自身不能随意逾矩的意识。

（6）循“责”，真正明知整合过程中要体现好的责任感、责任制、责任心

一要明知责任感。现在不存在整合还是不整合的问题，大家都应有改革的责任感、担当的责任感、整合的责任感。整合搬迁时间也不能一拖再拖，应按避开企业生产旺季倒推，建立整合工作推进倒计时的路线图和责任表。二要明知责任制。责任制包括不同层面的责任制，集团班子应建立研究实施整合方案的决策责任制，整合工作领导小组应建立好制定实施方案的领导责任制等，同时整合工作的各个细目也应明确具体的牵头人责任制、实施推动运作的责任制等。责任制应尽量体现定时、定量、定责的基本要求和问责倒逼机制。三要明知责任心。牵涉三家企业、涉及五六百号员工的整合工作当应有强烈的责任心，绝不能有损害、坑害之心，上下各方当应用良好的责任心保证这些理念、方法落到实处，最终保证印刷企业整合工作的顺利推进。

九、书馨载于“与共”

文化是一个民族的灵魂。5000年中华文化体现的中华民族的精神追求，已经成为中华民族区别于其他民族的精神标识，其中的核心观念构成了中国人的精神世界，其基本价值已积淀为中华民族的文化基因，在漫长的历史发展中成为中华民族的精神命脉。在实施“一带一路”战略布局过程中，如何让中华优秀传统文化发扬光大，这理应成为海峡两岸文化的共同命题和历史使命。当下及未来一段时期，海峡两岸之间可以围绕“七个共同”进行共融共创，尤其是通过“一带一路”和闽台合作这一平台推进中华优秀文化在海峡两岸间的传承、传播和传扬。

1. 共同梳理好中华优秀传统文化

中华民族创造的中华优秀传统文化赋予了我们生命力和创造力。一是应共同梳理好中华优秀传统文化独特的价值体系。习近平总书记指出：中华文明绵延数千年，有其独特的价值体系。中华优秀传统文化已经成为中华民族的基因，植根在中国人内心，潜移默化地影响着中国人的思想方式和行为方式。我们提倡和弘扬中华优秀传统文化，就必须从中汲取丰富营养，否则就不会有生命力和影响力。二是应共同梳理好中华优秀传统文化独特的民族色彩。中华优秀传统文化具有鲜明的民族特色、民族风格和民族气派，是维系民族生存与发展的精神纽带，是中华民族在长期的共同生活过程中创造的，也是与世界其他民族文化相区别的。正是因为传统文化是我们在共同生活中创造的，所以中华儿女对我们的传统文化有强烈的认同感和归属感，从而形成了传统文化的向心力与凝聚力。三是应共同梳理好中华优秀传统文化独特的历史积淀。中华传统文化尤其是儒家文化经历了数千年的历史积淀，为中华传统知识分子提供了一套安身立命的人生理想、价值观念和道德规范，铸造了中国文化的基本精神。

2. 共同促进好两岸间的文物保护和利用

习近平总书记指出，文物承载灿烂文明，传承历史文化，维系民族精神，是老祖宗留给我们的宝贵遗产，是加强社会主义精神文明建设的深厚滋养。保护文物功在当代、利在千秋。一是共同促进两岸文物的融会交流。两岸文物的融会与交流是为了弘扬我们共同的中华民族的优秀文化。悠久醇厚的中华文化是维系两岸人民最坚实、最牢固的纽带，它不仅能将我们的人集合在一起，更能将我们的心联结在一起。二是促进两岸文物的合理利用。两岸文物都是中华民族的瑰宝，应加以合理利用。做到既保护好历史性的文物，又保存好即将成为“文物”的现当代物件。三是促进两岸文物的管理工作。两岸文物同属于中华民族的共同文物，应共同加强管理。应推动有关部门和社会各界贯彻执行文物法规，协调解决文物保护管理中的重大问题，共同促进做好两岸文物的管理、整理和梳理等工作。

3. 共同推动好两岸非物质文化遗产传承发展

非物质文化遗产是以人为本的活态文化遗产，它强调的是以人为核心的技艺、经验、精神，其特点是活态流变。各个群体、团体随着其所处环境、与自然界的相互关系和历史条件的变化，不断使这种代代相传的非物质文化遗产得到传承，同时使他们自己具有一种认同感和历史感，从而促进文化多样性和激发人类的创造力。一是应共同推动两岸非物质文化遗产的认同感。非物质文化遗产包含了集体及个人所在区域的社会生活传统，两岸文化同源同宗，其非物质文化遗产在代代相传中有着共同的民族认同感。应通过充分引导和凝聚地方集体的认同感，借助教育手段、传习活动等促进两岸传承人和参与者的互动交流，增进两岸间对非物质文化遗产活动仪式、集体记忆、情感认同、传统技能等的强烈认同，进而使这种认同感成为一种民族强大的内生力量。二是应共同推动两岸非物质文化遗产的保护感。两岸有着共同的非物质文化遗产，能够潜移默化地影响当地的每一员，有突出的社会性和群体性，要求个人在社会中遵守、保护与传承非物质文化遗产就是保护和发展文化多样性、多元化，促进人类文化的发展，进而在一定的区域内起到增强两岸凝聚力和稳定地区和谐的作用。三是应共同推动两岸非物质文化遗产的传承感。在开展保护非物质文化遗产活动时，应努力确保创造、延续和传承这种遗产的社区、群体，有时是个人的最大限度的参与，并吸收他们积极地参与有关的管理。集体的每一员既是传承人也是保护者，能够最大限度地促使每个人参与宗族的、地方的优秀非物质文化遗产，是发挥非物质文化遗产、规范社会行为功能的有效途径，从而促进文化多样性和人类创造力的衍生、衍变和衍展。

4. 共同做好两岸古籍文献的保护和利用工作

保护好、研究好、利用好古籍文献，是功在当代、利在千秋的大事，是文化建设的一项重要战略性工作，对促进文化传承、联络民族情感、弘扬民族精神都有重要作用。一是应共同保护好两岸古籍文献。两岸文化同宗同源，其古籍文献也有着共同的历史使命，都是中国历史文化传承的重要史实，是前人为我们留下的重要文化遗产，记载了我国社会历史的变迁和科学技术的进步。保护好两岸古籍文献就是保护好国家共同的历史文化。二是应共同研究好两岸古籍文献。随着社会信息技术的高速发展，人们利用古籍文献信息的方式也相应发生了重大的变化。古籍研究走出传统观念，正朝着现代化、电子化、网络化的方向发展，深度改变了传统的古籍整理与研究模式，能为两岸古籍文献传承提供更科学的研究方法。三是应共同利用好两岸古籍文献。共同利用好海峡两岸古籍文献当应做到审时度势、推陈出新、与时俱进，只有合理利用好海峡两岸古籍文献才能保证民族精神得到真正的传承。

5. 共同探讨如何用优秀传统文化滋养文艺创作

中华优秀传统文化积淀着中华民族最深沉的精神追求，代表着中华民族独特的精神标识，是中华民族生生不息、发展壮大的丰厚滋养，是中国特色社会主义植根的文化沃土，是当代中国发展的突出优势，海峡两岸的文艺工作者完全可以从中华文化资源宝库中提炼主题、获取灵感、汲取养分，共同去创作和推出一批底蕴深厚、涵育人心的优秀文艺作品。一是应共同处理好文艺创作求同和存异的关系。海峡两岸的文艺创作既有共同的文化渊源，又有不同的生活场景，在创作中理应注重求同存异。二是应共同处理好文艺创作传统文化与当今时代的关系。一时代有一时代之文艺，一时代有一时代之追求。当今时代风云际会、英才辈出，海峡两岸的文艺工作者只有把个人的价值追求与民族国家的命运未来联系在一起，才能创作出境界高远的道德文章。三是应共同处理好文艺创作继承和创新的关系。一切不朽的文艺经典都是继承创新的结晶。应通过探索艺术创新，大力推进观念、内容、风格、流派的创新，大力推进体裁、题材、形式、手段的发展，加快高新技术在文艺创作方面的运用，不断增强作品的吸引力、感染力、影响力。

6. 共同拓展中华优秀传统文化在广大领域的宣传空间

将优秀传统文化保护传承纳入现代公共文化服务体系，就应利用好公共图书馆、文化馆、博物馆、美术馆和更广阔的领域包括国际空间等开展各类宣传展示活动，大力彰显中华文化魅力。一是应共同构建中华文化课程和教材体系。维护祖国统一和团结，不断增强海峡两岸青少年对伟大祖国、中华民族、中华文化的认同感，应把中华优秀传统文化教育系统融入课程和教材体系。二是应共同构建中华传统文化互联网工程。将中华优秀传统文化通过互联网进行广泛传播，这不仅能将中华优秀传统文化以特有的方式变成国人们的“精神大餐”，而且能不断地推动中华优秀传统文化“走出去”，在世界文化舞台上大放异彩。三是应共同构建中华传统文化宣传推介工程。让中华优秀传统文化内涵更好更多地融入生产生活各个方面，转化为不可或缺的日常组成部分，形成人人传承发展中华优秀传统文化的生动局面，在海峡两岸间、在全社会、在国际空间形成参与守护、传播和弘扬优秀传统文化的良好局面和外部环境。

7. 共同推动中华优秀文化在海峡两岸创新性发展

习近平总书记提出的中华优秀文化“创造性转化、创新性发展”，是指导传承发展中华优秀传统文化的重要方针。坚持创造性转化和创新性发展，使中华民族最基本的文化基因与当代文化相适应、与现代社会相协调，就应共同推动两岸文化的创新发展，把握处理好继承和创新的关系，处理好传统文化与当今时代的关系，并转化为民族复兴、国家富强、人民幸福的有益精神财富。一是应共同推动传承发展中华优秀传统文化和借鉴吸收外来优秀文化相结合。融化壮大本民族的传统文化，就应坚持科学的世界观、方法论，秉持客观、科学、礼敬的态度，取其精华、去其糟粕，扬弃继承、转化创新，不复古泥古、不简单否定，不断赋予新的时代内涵和现代表达形式，不断补充、拓展、完善，使之成为有利于解决现实问题的文化，这不仅有利于使之成为助推社会发展的文化，而且有利于使之成为弘扬民族精神和时代精神的文化。共同推动两岸文化发展就应弘扬中华民族共同的价值自信，坚决反对“外来教条主义”，有效扩大对外交往，更多地吸收各种人类文明成果，并通过认真地吸收和借鉴，真正做到把中华优秀传统文化和外来优秀文化结合起来。二是应共同推动传统文化资源与新技术新业态相结合。海峡两岸当应以移动互联网、物联网、云计算、大数据、人工智能等网络信息技术为核心，以互联网为依托的新技术的发展，为推动传统文化资源与新技术新业态的融合，共同打造好两岸文化融合、复合和联合传承创新的平台与载体。三是应共同推动传统文化与现代生产生活相结合。应创新方式将优秀传统文化与现代生活相融合，尤其是加强网络文化产品创作生产，推动网络文学、网络剧、微电影等新兴文化类型的繁荣发展；推进传统文艺与网络文艺创新性融合，促进优秀作品多渠道传播、多平台展示、多终端推选；推进海峡两岸间更多的网络文艺创作、生产、传播，加强人才的合作培养与造就，使更多的优秀传统文化能与现代生活相融合，为海峡两岸之间共融共创打造更加和谐的环境。

十、水调歌头·纸博赋

莽莽我华夏，仓颉启六书。绳结甲镂版牍，竹帛韦编孚。蕴藻含章天物，廉方性真体洁，造意龙亭侯。斯文承千载，纸术布寰区。

彼之淑，屈伸便，适卷舒。素笺厥美，万里授笔慰索居。简策纯俭从宜，闽产天然浑成，九域竞称誉。骏业呈锦绣，芸香丝路敷。

十一、水调歌头·印博赋

禹域文明薮，人杰出英山。肇启印刷新畴，倚仗毕升贤。穷究雕铸绝技，细镌胶泥活版，典籍指弹间。汉字显清朗，寰瀛着弘篇。

竹世界，纸园囿，书天堂。嫩笺焕彩，图册万卷荟凝。百世长滋惠泽，闽学延绵辉耀，福地树丰碑。开风扬国运，丝路再聚珍。

第五章 书馨兹于书屋

一、书馨兹传于“校园”

由海峡出版发行集团和福州市教育局共同参与建设的海峡书屋，应成为一张名片，成为传播先进文化和师生精神家园的一张名片；成为一个窗口，不仅是教育的窗口，还是教育文化的窗口，是综合文化的窗口；形成一段佳话，成为教育与文化图就美好远景的佳话；做成一件盛事，盛事靠众诚，首批校社共建示范基地应起到示范作用；变成一种资源，从试点单位开始，之后应陆续在全市、全省推广；成为一方乐土，该书屋除了为师生阅读提供最精美的精神食粮之外，还要延伸出讲座、沙龙、展览、培训等丰富多彩的活动，成为多元化快乐阅读体验的一方乐土。通过以上我们所倾力打造的“六个一”，期冀能够深入推动全民阅读进校园，提升校园文化建设水平，构建师生读书长效机制，营造“教与书相伴，行与文相随”的浓郁读书氛围，让读书成为广大师生的自觉需求和日常行为习惯，进一步推动书香社会、学习型社会的构建。

要做成一件事，一般围绕着“为什么”“怎么做”和“做成什么样”这三要素。

首先讲讲“为什么要做”。为什么要推进校社共建海峡书屋？第一是情景所施。各出版社积累了大量出版的图书，学校拥有图书数量却十分有限，校社之间图书资源亟待优化整合，这些情景要求我们加快校社之间的融合互动。第二是情理所在。如今的学生课业负担繁重，读书时间不足，缺乏阅读兴趣，阅读空间越来越小，我们亟需通过大力倡导读书风尚，让“爱读书、勤学习”成为每个人的自觉追求。第三是情思所连。文化是教育的本性，教育是人类文化的传承与创造，用文化来推进教育、催生教育的发展，有文化的教育才能长久。第四是情怀所系。有“情结”，文化才能做得长久。各出版单位要牢记使命，积极提供有益于身心健康的好书，各学校要因势利导，引导培养学生“爱读书、读好书、善读书”的情怀。第五是情景所迫。当今碎片化、快餐化、娱乐化的不良阅读习惯，使阅读减少的现状“雪上加霜”，希望这种现状在学校得到一定程度的缓解，因此各出版社、学校都要有所作为，应倡导好的出版、读书环境，为师生阅读提供最精美的精神食粮，激发自觉主动学习的热情。第六是情操所致。旨在推进集团所属出版社与福建省部分中小学校合作建设海峡书屋，并以此为载体开展丰富多彩的校园读书活动，构建起师生读书的长效机制，营造出浓郁的读书氛围。作为出版人、教育人，要重新审视书屋作为公共文化设施的角色定位，也要认识到其在建设“书香社会”中的重大责任和使命，将该活动持续不断地开展下去并且取得良好效果。

其次讲讲“怎么做好”。如何有序推进海峡书屋的建设？第一理念到位，形成行动的自觉。认知是前提，在共知的基础上共建，最终形成共鸣，才能够真心、真切、真诚地投入到推动全民阅读进校园的活动中去。第二配置到场，优化场景。学校与出版社之间要进行资源的优化配置，学校提供的阅读场所要相对独立、显明且优雅，各出版社要毫无保留、持续不断地提供本社的新书与好书。第三衔接到点，孕育生机。要提升执行力、加强沟通交流、提高认识，精心打造亮点、营造美好环境，希望每个市民都捧起书来，汲取越来越多的知识营养，获取越来越多的精神财富。第四管理到任，示范榜样。只有知识渊博、理论功底深厚，才能站得高、看得远、想得深、干得好。管理要可持续，管理者自身需爱书、懂书，还要懂得推荐好书，使首批共建试点起到典型的示范作用。第五运用到家，滋养涵养。努力用书籍滋养心灵，用书香滋养文明，发挥书屋的文化功能，以满足师生多样化的阅读需求，使书屋的功用常态化、常效化。第六责任到职，持续有效。校社两方都需勇于承担责任和义务，把责任落实到每个细节，高效推进共建工作，最终将书屋办成有意义、有影响、有品牌的活动。

最后讲讲“做成什么样的形态”。对于书屋的愿景规划、未来的海峡书屋，我们要把它建设成为推广深度阅读的基地。读书是时代所需、能力所系、修身之要，希望打造出全民阅读、深度阅读的常态化氛围，把读书当成第一需要，让阅读成为一种习惯；建设成为品味欣赏书香的园地，营造积极、和谐的阅读氛围，在读书中把握瞬息万变的时代变化，在读书中汲取历史智慧和现实经验，在读书中开阔眼界、解放思想，激发起读书的欲望；建设成为领略闽派作品的天地，文化积淀着一个地方最深层的情感和精神追求，书屋的营造要彰显闽派特色文化的生机与活力，使之更添“精气神”；建设成为弘扬读书精神的高地，只有不断学习，才能掌握新知识，吸收新营养，提升师生综合素质，引领校园文化良好风尚，让爱读书、读好书、善读书逐渐成为干部群众的工作需要、生活习惯和精神时尚，实现个人的自身完善；建设成为播种文明因子的旺地，书籍是人类进步的阶梯，文明的进步要靠言传身教、博览群书、文化涵养，今天我们要做的是推进读书进基层、进学校、进家庭，并不断开辟新的天地，让大家共享读书的快乐，品味读书的乐趣；建设成为文化传承创新的福地，福州是海滨之城、文化之乡、文化教育的高地，书屋承载着传承优秀传统文化、引领文化风尚、开展教育等方面的重要职能，应引导师生拿起书本，营造校园学习求索的浓厚氛围和良好风气，培育崇文尚学的城市品位，在传承中创新，在实践中发展。

二、书馨情传于“蒙学”

很高兴能于第 31 个教师节前夕举行福建少年儿童出版社与福州教育学院附属第二小学（以下简称“福州二附小”）校社共建海峡书屋活动，开启读书育人的新篇章。当下在图书界与教育界存在一些“不对称”现象：一方面，在各个出版社、新华书店的仓库里，依旧有着数十万的库存图书被束之高阁，累积码洋达五亿多，其中不乏有思想、有价值、有看头、有学头的精品图书，着实可惜。另一方面，薪火传人、教书育人的职业特性也决定了我们的教师必须要多读书、读好书，而实际上学校又缺乏适宜、适量的书。以上这两方面的主要因素促成了今天活动的初衷，也因此有了校社之间为什么要共同建设海峡书屋基地的动因。

一是教育情结之所在。今天中国的教育正面临前所未有的危机，信仰缺失，相当部分都是些功利主义者，我们的基础教育是为大学准备生源，读书是为了高考，加之快餐文化盛行，阅读风气低迷，深度阅读误入歧途，图书市场良莠不齐等等……我们到底要把自己的下一代教育培养成为什么样的人，在今天似乎已经失去了目标与方向。实践证明，教师的读书爱好，决定着一所学校的校风，一个学校给学生搭建什么样的平台，就能培养造就出什么样的人才。唤起教师和学生的读书情结，做一名爱读书的教师，培养爱读书的学生，当书籍成为教师的第一至爱的时候，喜爱读书便会成为学生的第一爱好。因此我们要认真抓好教师的读书和学生的阅读这两件大事，在做一名“学习型”教师的同时，还要让阅读成为学生的自觉习惯和精神需要，教会他们怎样做人，怎样拥有一个健全的人格，让学生形成端正的学习态度，养成良好的学习习惯，让学生爱学、乐学、勤学，把学校办成书籍的王国，师生们的生活必将更加美好。

二是教化现状之所忧。少年时期，对人生观、价值观的影响最重要的因素就是读书，阅读是学生进行自我教育不可忽视的重要途径，而且这种教育是内在的、长期不断的、最根本的自我教育。学生读一篇好文章就等于上了一堂生动的思想教育课，看一本好书就是在同一个优秀教师谈话。今天我们的基础教育仍然存在较大误区，互联网上有着空前强大的图书馆，可以找到五花八门的资料，但却参差不齐无法辨别；学生更喜欢碎片化、浅层次的阅读，直接用别人的观点作为自己的观点，也没有主动去思考过什么；在应试教育模式下，只要是考试不考的，学生都是可以不思考的，这些都是缺乏真正阅读的表象。面对以上诸多教化现状，我们的担忧多过欢喜。教育人就应当是读书人倡导以德开智、以美树人的教育理念，通过倡导读书，来提高学生自我意识、自我评价、自我激励、自我调控的能力，让学生通过阅读确立自己的奋斗目标，树立远大理想并形成持之以恒的坚强意志。我们坚信，只有以良好的思维、思想和观念教育学生，才能培养出真正“有知识、有文化、有思想”的人才。

三是教养变革之所思。读书有助于更新知识、转变教育理念，获得教育和管理的智慧和灵感，学校的教育管理者更应该成为读书人，重视培养学生的人文情怀，成为师生乃至整个社会读书的引领者和推动者，将学校的教育内化为学生的人格，转化为学生的信念。新时代我们的教养方式应在继承传统中国教育理念的同时，汲取当下教化问题诸多矛盾问题的解决经验，并进行教育文化的传承创新，让学生在良好的教育情境中健康成长、和谐发展，引领他们获得足够的鉴赏力，去享受整个人类千百年来所创造出来的那些最富有价值的精神财富和文化精品。在读书中把握瞬息万变的时代变化，在读书中汲取历史智慧和现实经验，在读书中开阔眼界、解放思想，是每一个学生的必修课。当下我们就是要用这样一种“润物细无声”的教育变革方式鼓励学生在生活的课堂中去寻找生活中最本真的东西，使他们有机会去创造属于自己的美好人生。

福州二附小顺其“鳌峰书院”的地缘优势，承其“东南学府”的渊源文脉，以打造“书香校园”为时代新使命，而海峡集团与福州教育系统共同建设的海峡书屋也因此选在福州二附小举行“首建”仪式。“小学”指6—12岁适龄儿童接受最初阶段正规教育的学校，是基础教育的重要组成部分。在中国古代，教授学童识字的场所称为“小学”，也叫“蒙学”，包括教育阶段及教育场所两种含义，教育内容主要是识字、写字和道德教育，教材一般为《蒙求》、《千字文》、《三字经》、《百家姓》、“四书”等，没有固定年限，采用个别教学，注重背诵、练习，在学的学生也叫“蒙生”。现代意义的“小学”最早产生于16世纪的德国，由城镇主办，教习实用知识和新教教义；17世纪初，这种学校逐渐增多成为实施义务教育的机构，欧洲各国和日本在资产阶级革命以后也相继成立，中国现代学堂和教育制度是西方传教士和中国留日学生引入中国的。19世纪末20世纪初，中国现代教育奠基人何子渊、丘逢甲等人开风气之先，排除顽固守旧势力的干扰，成功引入西学，创办新式学校，将平民教育纳入清政府的视野。民国政府于1915年改初等小学堂为国民学校，“以授以国民道德之基础及国民生活所必需之普通知识技能为本旨”。中华人民共和国成立后，小学教育成为义务教育。小学教育从来都被视为“摇篮”的教育，其目的在于把小孩培养成健康、强壮、活泼、勇敢、独立思考的人。为此古今中外对儿童教育历来都有一套约定俗成的理念与方法，因而也形成了不同的路向与路径。借此机会，我就中国教育文化史上“从小定”的六个概念与大家一起作个探讨，让我们更好地去思考，作为一个“蒙学”教育工作者以及为中国孩子打下“童子功”的小学老师，怎么抓住附小的“小”大做文章，以期获得新的思考与行动。

一是“从小定大”的观念。“定大”指的是从小可以看到长大的一些观念性判断。常言道：“三岁看大，七岁看老。”儿童时期是身心发展的重要时期，孩子的个性虽属雏形，但对以后的心理发展却具有深远的影响。一个人在幼小成长发育阶段形成的习惯及性格会影响到他未来的学习、事业、婚姻、家庭等方方面面。意大利著名教育家蒙台梭利说：“人生的头三年胜过以后发展的各个阶段，胜过3岁直到死亡的总和。”据英国《每日邮报》报道，英国爱丁堡大学的研究人员发现，孩子7岁时的数学和阅读技能会影响到他们今后是否能获得事业的成功：如果孩子在7岁时数学和阅读技能方面非常出众，那么他们在成年后拥有较高的收入、较好的住房条件和较好的工作的可能性会明显增加；如果孩子在7岁时的阅读能力提高了一个档次，那么他们在42岁时的收入就会增加5000英镑，即使将家庭环境、教育方式等因素考虑进来，这样的关联依然存在。可见，儿童从呱呱坠地以后就与广大的世界相接触，自然环境、社会状况乃至“蒙学养成”的方式就成为他整个生命发展的摇篮。那么，怎样利用环境、怎么适应环境、如何改造环境就成了儿童教育的中心问题。为此，当下我们传承与创新儿童教育理念，采取校社共建方式，从小培养少年儿童的良好阅读习惯，不仅让好书成为孩子的良师益友，而且让书陪伴孩子健康快乐知性地成长，让传统“三岁看大，七岁看老”的观念赋予时代新内涵。

二是“从小定向”的渴念。“定向”指的是确定与匡正人生的方向。古今中外都十分重视对儿童教育养成指向性的引导和指导。教人读书犹如设置灯塔，读书育人可以帮助人生找准进步的方向。赵恒《励学篇》中说道：“富家不用买良田，书中自有千钟粟；安居不用买高楼，书中自有黄金屋；娶妻莫恨无良媒，书中自有颜如玉；出门莫恨无人随，书中车马多如簇；男儿欲遂平生志，五经勤向窗前读。”古代中国科举制几乎是读书人进入仕途的唯一途径，不仅能满足个人的物质生活需要，而且是个人实现理想抱负、精忠报国的关键途径。读书教育究竟为了什么？虽然有人追求千钟粟、黄金屋，但我们听得更多的是为“修身养性”而读书，为“修身、齐家、治国、平天下”而读书，“为天地立心，为生民立命，为往圣继绝学，为万世开太平”而读书，为“中华之崛起”而读书。读书人的追求中，修身、齐家、治国、平天下是传统的道德理想，品德与担当始终是摆在第一位的。为此，当下我们通过重新明确读书育人的方向与方位，采取校社共建的方式，目的就是希望引导少年儿童多读书、读好书，成为学识渊博、视野开阔的人，既知自己也知别人，知道哪些事可以为、哪些事不可以为，进而从人生早年开始就找准自己发展进步的前行方向。

三是“从小定式”的理念。“定式”指的是找到正确的读书育人方式与方法。有句古语：“耕读传家久，诗书济世长。”“耕读传家”“诗书济世”是中国传统的生活方式，于今仍然具有旺盛的生命力。能耕能读，除了填饱肚子，还能充实自身，甚至因而改变命运。耕读传家本质是崇文重教，或半耕半读，或耕中读、读中耕，正如古人所说，“只耕田不读书猪也，只读书不耕田虫也”。农耕时代，怀有朴素的读书热忱，怀有发乎心底的敬畏，确是绵延持久的美好传统。曾国藩提倡：“奉祖宗一炷清香，必诚必敬；教子孙两条正路，宜耕宜读。”梁启超曾自述：“启超故贫，濒海乡居，世代耕且读。数亩薄田，举家躬耘以为恒。”这是出身乡村的名流所秉持的信仰，何尝不是那些有识之士的普遍做法。正是耕读文化被人信奉，改变了多少贫瘠的乡村生活，复苏了多少寒酸的乡村教育，使文化不死、灵魂充盈。今天耕读传家的深层意义在于，无论寓居城区还是郊外都当克勤克俭，始终不坠读书之志。为此，当下我们通过重新倡导耕读传家精神，采取校社共建方式，目的就是希望找到更好的读书方法，无论是弘扬古人的耕读传家、诗书传家的传统，还是手捧当下流行的纸质书、电子书，都能做到始终不忘读书，始终坚持读书，使读书、爱书成为人成长的主要方式，进而为将来成为社会有用之人打下坚实基础。

四是“从小定标”的概念。“定标”指的是从小定下读书成长的目标。明朝东林党领袖顾宪成有一句名言：“风声雨声读书声，声声入耳；家事国事天下事，事事关心。”如今社会发展，读书也不再是“两耳不闻窗外事，一心只读圣贤书”，所以读书要与实践相结合。俞平伯曾言：“读书曰卧游，山川如指掌，古今如面对，乃广义的游览。”读书的意义于扩充知识以外兼可涵咏性情、修持道德。顾炎武“读万卷书，行万里路”，正是读书与躬行结合的知行方法的体现。躬行的读书方法用实践获得见识。昔贤有言：“夫才须学也，学贵识也。”朱熹在谈躬行结合的读书方法时也强调：“读书之法，要当循序而有常，致一而不懈从容乎句读文义之间，而体验乎操存践履之实；然后心静理明，渐见意味。”“若不从文字上做工夫，又茫然不知下手处；若是字字而求，句句而论，不于身心上著切体认，则又无所益。”读书与实践相结合才能得到全面发展。为此，当下我们通过倡行躬行结合的读书育人方法，并采取校社共建的方式，旨在让大家从小开始通过读书找到成长的标杆，在躬行读书实践中体验读书成长的导向作用，做一个德智体美劳全面发展的新一代少年儿童。

五是“从小定阶”的感念。“定阶”指的是通过读书找到进步的阶梯。清代名士张心斋曾把读书的三种不同阶段比喻得别具情趣、别有洞天：“少年读书，如隙中窥月。中年读书，如庭中赏月。老年读书，如台上望月。”隙中窥月，少年充满了好奇心，是想急切领略月下世界的美好，一个“窥”字别具意味；庭中赏月，是中年滋味，历经人生春秋，胸中自有标杆，一个“赏”字道出中年的恬淡情怀是识得愁滋味后的欣悦与泰然；台上望月，台上敞亮、开阔，自然是可以望得客观之幻象、明晰之幻象，这是老年的清通与达观。中国社会科学院文学研究所研究员杨义建议：“少年多读名篇，青年读大书经典，中年多读专业书，晚年读点杂书。”西方教育理论同样认为，教育之能事是在善用人类遗传的倾向，除去其有碍的成分，逐渐加入良好的成分。有些天赋的或幼年习得的倾向，是当助长的，但有些是应加以抑制，或使其无发表的机会，或使其发表而生出苦痛的结果，或养成良好的习惯以代替之。作为倾向，虽不能任其尽量发展，但亦不能令其根本消灭，只有改变之、诱导之，使其趋向良善方面而已。为此，当下我们通过厘清读书育人的阶段要求和方式方法，并采取校社共建方式，旨在让少年儿童多读名篇名著，既能增加知识含量，又能开阔视野获得人生真意；进而希望同学们通过多读好书，于读书的细枝末节处体味文化的神韵，从而沐浴在人类文化的熠熠辉光里，耳濡目染、行以成之，使自己从小开始就能沿着健康的发展台阶渐入人生之至境。

六是“从小定路”的信念。“定路”指的是解决好从小定下发展之路的一些方法性信念。自古以来，中国读书人始终遵循着“格物致知，诚心正意”之路。所谓“格物”指在读书中求知，在实践中求知，而后明辨事物，尽事物之理。“致知”指从推致事物之理中，探明本心之知。孔子之所以被后世称为圣人，得益于他从十五岁就有志于学，并培养了三千弟子、七十二贤人，终身“学而不厌，诲人不倦”。朱熹认为读书传道就是理解“圣贤之意”“自然之理”，“读书以观圣贤之意；因圣贤之意，以观自然之理”，“学者必因先达之言以求圣人之意，因圣人之意以达天地之理，求之自浅以及深，至之自近以及远，循循有序，而不可以欲速迫切之心求也”。通过读书获悉“圣人之意”只是读书的第一阶段，还必须要上升到对“天地之理”即自然规律的了解。胡适提出读书有“四到”：眼到、口到、心到、手到。“眼到”是能够明白字面意思，“口到”是能够背诵精彩的名篇，“心到”是要懂得每一句每一字的意思，“手到”就要查阅参考资料做读书札记。代代中国人正是因为遵循着这样一种“读书路径”和“成长路径”，不仅有了出仕后“半部《论语》治天下”的知识与本领，而且也匡定了古代中国人成长过程中“三十而立，四十不惑，五十知天命，六十耳顺，七十随心所欲不逾矩”的成长路径与评判标准。为此，当下我们通过领悟先贤成长路径所给予我们的启示与启迪，采取校社共建的方式，就是希望大家能够通过多读书、读好书、读经典之书、读有用之书，将读书与能力建设有机结合，不断拓展和拓宽从小到大健康成长的路向与路径，成为“经世致用”的读书人，成为具有社会主义核心价值观和德、智、体、美、劳全面发展的一代新人，真正走上人生成长的健康之路。

三、书馨普传于“教合”

闽江学院附属中学作为福州教育的科普特色校，与福建科学技术出版社共建海峡书屋意义与众不同。由此联想到百年前的“李约瑟之问”。当时英国科学家李约瑟在著作《中国的科学与文明》中提问：“世界文明为什么到了近代西盛东衰了？”百年后“钱学森之问”又提出了类似的问题。2005 年，当时的总理温家宝在看望钱学森的时候，钱老感慨地说：“这么多年培养的学生，还没有哪一个的学术成就，能够跟民国时期培养的大师相比。”钱老又发问：“为什么我们的学校总是培养不出杰出的人才？”钱学森认为，现在中国没有完全发展起来，一个重要原因是没有一所大学能够按照培养科学技术发明创造人才的模式去办学，没有自己独特的创新的东西，老是“冒”不出杰出人才。钱学森之问包括两个层面：一是学校培养创造发明型人才的模式，二是创新创业型人才在社会上发挥作用脱颖而出的机制。中国现代教育从 1904 年癸卯学制颁布后废除科举至今，发展已逾百年。从 1977 年重新恢复全国统一高考制度至今，中国当代教育事业取得了巨大成就，为现代化建设提供了强劲的动力。但不能回避的是，今天的中国教育同样存在着深层次的问题，我们的科技教育如何？科教是否融合？为解答这一疑问，闽江学院附属中学作为福州教育科普特色学校作了多年探索，尤其是当下拟通过与福建科学技术出版社共建海峡书屋，建立一个科技教育融合的平台，更好地传播科学道理、传导科技知识、传承科教融合。福建科学技术出版社成立于 1979 年，曾获“全国良好出版社”“福建省出版系统先进集体”等荣誉称号，主要出版建筑装饰、中医中药、大众健康、农业园艺、生活综合等门类的应用技术读物、科普知识读物及学术专著，先后有 600 余种图书在国家级、省（部）级图书评奖中获奖。今天借此机会，我谈“六增六科”与大家共勉，希望我们的闽江学院附属中学与福建科学技术出版社通过共建海峡书屋这一互动平台与机制，能有效促进科教融合与科普教育得到创新性的发展。

1. 增强科教融合的理念

科教融合即科学与教育的融合发展、进步。中国教育改革的许多问题源于科教分离，尽管科教结合的形态已经形成，但是仍然没有形成科教融合的教育思想和教育理念。在科教分离的教育理念下，学校优质丰富的科学研究资源始终无法转化为人才培养优势，造成“钱学森之问”。为此，闽江学院附属中学与福建科学技术出版社共建海峡书屋，通过设立科教融合的窗口，让科学以自己特有的方式，通过科学语言和科学活动反映人的价值观，让广大同学认识科学中蕴藏的真、善、美，运用科学表述、科学理论、科学知识否定愚昧、邪恶与迷信，从而造福人类；通过运用教育方式传播科学知识，积极引导学生从客观实际中探求知识，让学生在搜集信息、处理信息中获得新的科学知识；通过科学书籍的广泛阅读，培养学生认真细致的科学态度，提升科学素养，增强科教融合的理念。

2. 增进科学知识的普及

科学知识是非常广泛的知识，包括太空探索、生物知识、科学历史、地球故事、奇人奇事、生命科学、科技生活、健康饮食、科普学术等知识。近年来，中学生科学知识教育被摆在了素质教育的重要位置，中学生科学知识教育对于推进素质教育，赋予教育创新功能，提高中学生科学素质，实施科教兴国战略、人才强国战略和可持续发展战略具有重要意义。为此，闽江学院附属中学与福建科学技术出版社通过共建海峡书屋，加强对中学生的科技教育，不仅让他们懂得科学知识，同时教会他们掌握科学思想、运用科学方法去处理学习、生活、工作中的问题，提升综合素质；通过科学知识的传播，让学生认识到浩瀚的宇宙、广阔的海洋、无尽的科学，激发广大学生的学习兴趣；通过在阅读科学知识中发现问题、提出问题，并创造性地解决问题，培养具有科学精神与创新精神的栋梁之才，达到增进科学知识普及的良好效果。

3. 增添科技创新的概念

科技创新指以科学研究为先导的知识创新、以标准化为轴心的技术创新和以信息化为载体的现代科技引领的管理创新，推动着科学研究、技术研发、管理与制度创新的新形态，即面向知识社会的科学2.0、技术2.0和管理2.0形态。当前国家提倡“大众创业、万众创新”的理念，李克强总理认为“一支竹篙耶，难渡汪洋海；众人划桨哟，开动大帆船”，在全面深化改革的征途上，推进大众创业、万众创新，是中国发展的动力之源，也是富民之道、公平之计、强国之策。作为教育工作者，我们理应响应科技创新的号召，从小学、中学乃至大学通过不同层次的倡导与推行，大力培养具有科技创新精神的学生。为此，闽江学院附属中学与福建科技教育出版社通过共建海峡书屋，旨在让学生在广泛阅读科学书籍的基础上，运用“互联网 +”的平台，形成科技创新的思维；通过运用海峡书屋的平台，在阅读中培养大胆假设、敢于质疑的科技创新精神，勇于提出新观点、新概念、新方法、新发现和新假设，以新的视角来重新认识事物；通过运用现有的知识和物质，在特定的环境中改进或创造新事物，从小开始打好科技创新的知识基础，进而不断形成多层次、多层面的科技创新概念，为未来走进社会参与更广泛的科技创新打下良好的基础。

4. 增援科普知识的理解

科普教育就是要把人们已经掌握的科学思想、科学方法、科学精神和生产技能、先进经验、科技知识，通过科学技术普及推广的多种途径和渠道得到广泛传播。闽江学院附属中学与福建科学技术出版社通过共建海峡书屋，不仅有利于通过“增援”的形式在学校内部营造良好的科普氛围、科普环境、科普条件，而且能够直接地用科学精神武装中学生的头脑、用科普活动丰富中学生的生活、用科技知识提高中学生的技能。福建科学技术出版社通过在学校内部建立一系列的科普图书室、科普宣传员、科普志愿者为主要内容的科普阵地，在学校内部营造良好的科普环境；学校内部通过举办科普日、科普周、科普月等科普教育活动，来提升广大中学生文明健康生活理念和科学环保生态意识；校社之间通过科技、卫生、健康、环境等方面的科普教育，提高中学生的科技意识、环境意识、生态意识，自觉养成保护生态环境意识和科学生活方式，校社双方通过一系列的科普活动，定能不断满足中学生对学科学、用科学的理解，也必将在学校、社会和未来之间搭建起一座科学普及的桥梁。

5. 增广科研成果的传导

科研成果指科研人员在所从事的某一科学技术研究项目或课题研究范围内，通过实验观察、调查研究、综合分析等一系列脑力、体力劳动所取得的，并经过评审或鉴定，确认具有学术意义和实用价值的创造性结果。福建科学技术出版社中有一系列科研成果的书籍获得广泛认可，如《贾祖璋全集》获国家图书奖荣誉奖，《中医急诊医学》获中国图书奖，《肿瘤病理诊断与鉴别诊断学》获中华优秀出版物奖，《分子创伤学》《温病大成》获中华优秀出版物提名奖，《福建土楼建筑》等 5 种图书入选“三个一百”原创图书出版工程，先后承担近 20 项国家重点图书出版规划项目。为此，闽江学院附属中学与福建科学技术出版社通过共建海峡书屋，不仅可以使学生广泛阅读已经形成科研成果的书籍，传导科学精神，而且可以让科学成果深入人心，让学生从小开始形成正确的科学知识观，培养学生善于发现问题的创新勇气，形成良好的科学素养，为增广科研成果的传导培养兴趣、增添感知、积淀经验。

6. 增益科班学业的建设

科班学业的建设是通过科学知识、技能的内化、升华，逐步形成科学能力的一个过程。任何科学问题的认识与掌握除了必须具备一定的科学知识、技能与能力，还要具备科学精神。闽江学院附属中学与福建科学技术出版社通过共建海峡书屋，不仅能够辅助学生在校内的科班学业，培养学生的科学精神、科学技能与科学能力，而且可以通过开展科技活动，广泛阅读科技书籍，让学生了解一些浅显易懂的科技知识，进行科学启蒙教育；通过安排小制作、小发明等课程内容，让学生在阅读科普书籍的同时做科学“小实验”；通过对一些科学家的介绍，让学生学习科学精神；通过开展科技创造发明活动，树立典型，给予表扬和奖励，有效唤起学生的创新欲望；通过营造浓厚的科研创新氛围，极大地激发学生的创新热情，给学生以充足的时间和空间，积极动脑动手，逐步提高学生的创新能力，形成其敢于质疑、思索、探究、创造的科学素养，夯实好中小学生坚实的科班学业基础，从而有效解答“钱学森之问”，为未来科技创新人才的培养造就“培基夯土”。

四、书馨推传于“格致”

福州格致中学校名取古代经典《大学》中“格物致知”之意。“格物致知”是儒家的一个十分重要的哲学概念。格，至也；物，犹事也；致，推极也；知，犹识也。朱熹认为，“致知在格物者，言欲尽吾之知，在即物而穷其理也”，穷尽万物之理后，心中所具之理方能显示出来。福州格致中学始建于1846年，是西方教会在福建创办的最早的中等学校，其前身为“格致书院”。“格物致知”是全校师生躬行的准则，也是百年老校精神和传统的体现，学校治学严谨，蜚声八闽。海峡文艺出版社是以出版文学文化艺术书刊为主的专业出版社，曾三次被评为“全国良好出版社”，是国家图书“五个一工程”奖、国家图书奖、中国图书奖得主，出版有“新时期中篇小说名作丛书”、《冰心全集》、“世界短篇小说精品文库”、《台湾文学史》、《生命之重》、《林则徐全集》等近百种获奖书。“格致”作为取义于“格物致知”的理念，与“修身、齐家、治国、平天下”的传统教育“基石”概念一脉相承，与古代教育的文化思想基调传承创新一袭如故，与“风声雨声读书声，声声入耳；家事国事天下事，事事关心”的政治抱负的基本思想一以贯之。因此在当下通过与以创造与编辑、出版与研究、传统和现代思想文化艺术为特色的海峡文艺出版社共建海峡书屋，当然别有深意。借此机会，拟通过谈谈对“七个文”的感知，唤起对文化、文明和文教相融相通的深层感悟，并期望能与大家共勉。

1. 感知“文教”的传统路径

“文教”指礼乐法度、文章教化，出自《尚书》“三百里揆文教”，孔颖达注疏“此服诸侯揆度王者政教而行之”；也指文告教令，如《文心雕龙》“文教丽而罕于理，乃治体乖也”；又指文化教育，清朝人写的《知上犹县方君传》

中记载“建社仓以备荒年，创书院以兴文教”，《请建蒋祠议》中记录“以振兴文教，乐育贤才为己任”。可见，文教相结合的路径由来已久，其意义不断衍生。中华民族历来重视“文以教化”，所谓“观乎文天，以察时变；观乎文人，以化成天下”，意即观察天道运行规律，以认知时节的变化，注重人事伦理道德，用教化推广于天下，说的就是“文教”对人的影响。教育作为一种相对独立的社会现象，在其所遗存的其他社会诸现象中，文化无疑对其影响最深。文化与教育以人为媒介，相互作用、共生共荣。海峡文艺出版社与格致中学共建海峡书屋，作为以“格致”为立命宗旨的格致中学，不仅可以通过深度阅读，让广大师生在文化书籍的熏陶中认识到“读书本意在元元”，进而学会学习、学会做人，正如荀子在《劝学》所言“君子之学也，以美其身”，而且也通过深度阅读文教书籍，达到修身养性之旨，正如扬雄所言“学者，所以修性也”，进而在感知文教传统路径过程中“诚意修身”“格物致知”。

2. 感受“文理”的深度融合

“文理”原指礼仪，出自《荀子》“文理繁，情用省，是礼之隆也”；也指文辞义理、文章条理，出自《礼记》“文理密察，足以有别也”；还指文章内容方面和词句方面的条理，如“文理皆有可观者”。当下推行的文理分科教育制度，将教学课程分为文科和理科，让学生作出选择后进行分别教育。虽然当下推行文理分科，但“文理”结合的思维与精神不能分家，更要深度融合。正如蔡元培先生所言：“文科之史学、文学，均与科学有关，而哲学则全以自然科学为基础……理科各学，均与哲学有关，自然哲学尤为自然科学之归宿”，因此当沟通文、理。从人才的成长规律看，古今中外凡有成就的社会学家和自然科学家无不具有广博的知识和多方面的才能。社会对复合型人才的需求与日俱增，现代是学科间互相融合、互相渗透的时代。从提高全民素质、培养科学和人文素养全面发展而言，文科知识的滋养有助于人文精神的形成。海峡文艺出版社与格致中学共建海峡书屋，作为以“格致”为立命宗旨的格致中学，更要懂得让广大师生通过深度阅读文理书籍，形成较好的人文和科学综合素养，培养自身的复合型知识结构；通过文理精神的濡染，形成扎实的理论基础，掌握读书的基本方法，兼具健康的身心素质、知识文化素质、思想品德素质和综合活动素质，从而在感受文理深度融合中形成复合型人才培养与养成的良好氛围以及成长探索路径。

3. 感觉“文学”的经典震撼

“文学”指以语言文字为工具，形象化地反映客观现实、表现作家心灵世界的艺术，包括诗歌、散文、小说、剧本、寓言童话等，是文化的重要表现形式，以不同的形式即体裁表现内心情感，再现一定时期和一定地域的社会生活。文学是语言文字的艺术，是社会文化的一种重要表现形式，是对美的体现；文学作品是作家用独特的语言艺术表现其独特的心灵世界的作品。海峡文艺出版社出版了一系列文学经典书籍，如被列入“国家重点工程”“别具一格图文书”“古今文化书架”“青少年阅读超市”“中外文学精品”“黄金引进版”等的200多种经典书籍，其中既有被列入国家重点图书出版规划的《林则徐全集》《当代词综》，又有一系列文化品位与市场潜力兼备的文学文化类图书；有贾平凹、南帆共同主编的《纸生态系列美文典藏》；有在同类书中独树一帜的《纸生态系列外国文学典藏》；有别具一格的图文书《冰心爱典》，“从海派到现代大师”丛书，通俗简明的“大众实用文丛”等一系列文化、文学经典类书籍。海峡文艺出版社与格致中学共建海峡书屋，作为以“格致”为立命宗旨的格致中学，不仅要让广大师生能够“近水楼台先得月”地欣赏众多文学经典，感觉到经典文学的震撼，而且在深度阅读经典过程中学会做人做事、健全身心、锤炼心智。

4. 感念“文明”的层级变化

“文明”指历史沉淀下来的有益增强人类对客观世界的适应和认知、符合人类精神追求、能被绝大多数人认可和接受的精神财富、发明创造。文明谓文采光明，出自《易经》“见龙在田，天下文明”，解释为“天下文明者，阳气在田，始生万物，故天下有文章而光明也”；谓文德辉耀，出自《书》“濬哲文明，温恭允塞”，解释为“经天纬地曰文，照临四方曰明”；谓文治教化，如“柔远俗以文明”；谓文教昌明，如“文明之世，销锋铸镝”。自从文字诞生以来，人类经历了三种文明形态：农耕文明时代与其对应的经济形态是农业经济，其教育方式是耕读；工业文明时代与其对应的经济形态是工业经济，其教育方式是现代教育；知识文明时代，我们正在逐步进入的一种全新的文明形态，与其对应的是知识经济和形式多样的教育方式。在农业经济时代，人类只要 7—14 岁接受教育就能满足日后一生工作需求；在工业经济时代，人类求学时间需延长为 5—22 岁，基本能满足一辈子工作需求；而在信息技术高度发达的知识经济时代，人类唯有把十二年制的学校教育延长为“百年制”的终身学习，才能适应社会发展的要求。我们生活在一个快速变化的知识文明时代，这个新的时代完全打破了旧式规则，传统的思想、习惯和陈旧的知识、技能快速折旧，信息爆炸，知识倍增，只有不断学习才能适应快速变化的时代需求。海峡文艺出版社与格致中学共建海峡书屋，作为以“格致”为立命宗旨的格致中学，当应在当今知识文明时代，引导广大师生用终身学习的理念指导学生不断学习、不断进步，适应“互联网 +”时代对知识的要求，适应快速变化的时代需求，适应知识文明时代的层级变化，真正把我们一代代的学子培养成为德智体美劳全面发展的社会主义接班人和创新者。

5. 感怀“文化”的涵养培育

“文化”是中国语言系统中古已有之的词语，“文”的本义指各色交错的纹理。《易》载：“物相杂，故曰文。”《礼记》称：“五色成文而不乱。”“化”本义为改易、生成、造化。西汉以后“文”与“化”方合成一个整词。《说苑》曰：“圣人之治天下也，先文德而后武力。凡武之兴，为不服也。文化不改，然后加诛。”所谓“敷文化以柔远”“文以载道”，文化由学习而得之。古人读书获得文化，就是很好的例子，如孔子被后世奉为“生而知之”的圣人，但孔子自己坦承他并非生而知之，而是学而知之者。他还表示：“加我数年，五十以学《易》，可以无大过矣。”在先哲们看来，学习好处多多，“学而成贤”“学而致道”“学而成美”，若离开学习，则“不知理义”“不成其德”，一事无成，故“天资虽聪，不学不贤”。荀子认为：“纵性情，而不足问学，则为小人矣。”汉代的扬雄甚至指出：“人而不学，虽无忧，如禽何？”可见学习对于文化的重要性。海峡文艺出版社与格致中学共建海峡书屋，作为以“格致”为立命宗旨的格致中学，当应让广大师生通过深度阅读各种文化知识，不断感悟中国文化艺术精神和人文精神，在读书实践中“聚精会神”“养气升格”，养育读书精神，提升科学精神和人文精神，进而真正使自己在成长、成熟过程中堪当一名有知识、有文化的栋梁之才，永远受惠于人类文明进步的文化理念涵养，培育我们一代代学子新人。

6. 感悟“文野”的差异变革

“文野”有两种含义。一种指文明与野蛮。梁启超说：“是故文明人最自由，野蛮人亦最自由，自由等也，而文野之别，全在其有制裁力与否。”鲁迅也说：“然而文野不同，中国人是古文明国人，大约只是心折而不至于实做的了。”另一种指文雅与俚俗。毛泽东在《在延安文艺座谈会上的讲话》中指出：“这里有文野之分，粗细之分，高低之分，快慢之分。”无论是文明与野蛮的区别，还是文雅与俚俗的分辨，都离不开个人精神修养的提升。儒家倡导个人修养提升要通过修身、齐家、治国、平天下，必须通过现世的每一件世俗生活来体现，学习不仅提高自身修养的境界，而且通过“治学”实现“治世”，进而实现自己的社会理想，这种社会理想也就是实现“平天下”的目标，因此儒家的“入世”精神、济世情怀就显得尤为重要。海峡文艺出版社与格致中学共建海峡书屋，作为以“格致”为立命宗旨的格致中学，就要让广大师生在文艺书籍的濡染中，感受“以天下为念”的博大心胸，感悟“乐以天下，忧以天下”“思天下之民，匹夫匹妇有不被尧舜之泽者，若己推而内之沟中，其自任以天下之重如此”的精神，从而达到“格物致知，诚意正心，修身齐家，治国平天下”的境界，真正在践行“读万卷书，行万里路”的理念过程中感悟“文野”的差异变革，以获得助力自己健康成长的知识与智慧。

7. 感化“文雅”的养成造就

“文雅”指温和有礼貌，如温文尔雅，讲礼仪而不粗鄙，出自《东观汉记》

“久在台阁，文雅通达，明故事”。也指文教，如贾谊《新语》曰：“乃调之以管弦丝竹之音，设钟鼓歌舞之乐，以节奢侈，正风俗，通文雅。”又指文才、文士，出自《周书》：“伟少好学，有文雅，弱冠，授员外散骑侍郎。”无论是气质的温文尔雅，还是经过文昌教化后形成的文才，都离不开读书。清代诗人法式善在《读书四首》中运用四个比喻论述了读书能给予人“文雅”的气质。第一首言：“读书如蓄货，一室靡不有。瑰奇产岩阿，幽怪发渊薮。当其求莫致，岂惜跋涉走。”他认为读书要像蓄积宝物一样，当应有尽有，多多益善，甚至不惜长途跋涉以求得。有了珍宝也不要炫耀于人，同时又不能闲置不用。第二首云：“读书如树木，不可求骤长。植诸空山中，日来而月往。露叶既畅茂，烟打渐苍莽。”读书要像植树一样，要循序渐进，不要急于求成。日月来往，不知不觉就会长大，揠苗助长则导致欲速不达。第三首曰：“读书如行跑，历险毋惶惑。安保万里程，中间无欲仄。自古志士心，往往伤壅塞。”读书如行远路，难免遇到困难和挫折，在这种时候，要勇敢地挺住，坚强地走下去，“半途勿休息”，“要从实地行，直造光明域”，一定能够达到很高的境界。第四首说：“读书如将兵，当先讲纪律。将军扫群寇，势若风雨疾。”有了严明的纪律，军队打起仗来才能势如疾风暴雨扫灭敌寇。海峡文艺出版社与格致中学共建海峡书屋，作为以“格致”为立命宗旨的格致中学，应当让广大师生通过深度阅读，不仅在书香氛围中学会读书、懂得学习，而且通过深度阅读让自身形成“文雅”的气质、“儒雅”的精神、“博雅”的行止，感受、感知和感悟“文雅”在自身成长过程中对自身养成和造就的重要性、必要性和紧要性。

五、书馨历传于“美术”

福州四中作为福州教育美术特色校与福建美术出版社共建海峡书屋，其美术意义与教育意义是多元的。蔡元培先生在《普通教育与职业教育》中说道：“所谓健全的人格，内分四育，即体育、智育、德育、美育。”美育以陶冶我们的情操为目的，从而使我们具有美的理想、美的情操、美的品格、美的素养，具有欣赏美和创造美的能力。国务院办公厅印发的《关于全面加强和改进学校美育工作的意见》指出，要以审美和人文素养培养为核心，以创新能力培育为重点，科学定位各级各类学校美育课程目标；并要求各级各类学校要开设丰富优质的美育课程。福建美术出版社立足福建省、面向全国，出版各种优秀美术读物，有美术史论、名家墨迹、收藏鉴赏、画册、美术工具书等近 5000 种。大型美术史论《中国少数民族美术史》填补了我国美术史研究的一项空白，获得“中国图书奖”；《中国美术分类全集》是国家重点图书，获“国家图书奖”。这些美术书籍为弘扬中华民族优秀文化、繁荣出版事业、促进对外文化交流做出了贡献。近年来更是推出了“当代工笔画唯美新势力”“中国书画鉴赏系列”“中国山水画技法”“大师经典”“中国名校优秀设计大系”“中国高等院校艺术设计专业系列”“新潮创意”等系列丛书。福州四中美术特长班创办于 1997 年，作为福建省唯一的省一级达标校的美术特色班，成为福州四中的一张集体名片而享誉八闽。中央美术学院、清华美术学院、中国美术学院等全国知名美术院校均有福州四中校友，福州四中也因此被授予“福州市首批特色学校”称号，被列为福州市首个美术校本培训基地校。2014 年学校被确认为福建省首批基础教育学科教学研究基地学校（高中美术学科），同期被确认为中国美术学院生源基地实验学校，与加拿大温哥华兰里艺术学校缔结姐妹校。作为美术特色校的福州四中与福建美术出版社通过共建海峡书屋，会为未来的美术教育和美术特色校的建设乃至美术人才的培养产生“六美”的意义与效应。

1. 增多美的“历游”

“美”从字面上看，金文字形，从羊、从大，后引申为味、色、声、态的好，如“良辰美景”；又指才德或品质的好，如“人与天调，然后天地之美生”；还指善事、好事，如“君子成人之美”；还指美好，如“天下之美”；还指形貌好看、漂亮，如“梅以曲为美”；等等。可见，美的基本形态是艺术美和现实美。“美”的历史早在渺渺的远古就已出现，在绵绵的岁月长河中又不断变化，美是历史的产物，是人们追寻的永恒主题。审美的对象不仅是自然现象，而且是社会现象。人们对美的感受能力不完全是天生的，更多是后天获得的。正如马克思所说："如果具有艺术的享受，那你就必须是一个有艺术修养的人。"同样人们如果要欣赏瑰丽的大自然的美，欣赏、追求社会生活的美，探求人们心灵美的奥秘，就需要有相应的感受能力。中学生正处在少年期向青年期的过渡时期，由于青年人所固有的生理特征，其对美的追求也更为迫切，美的事物和美的形象总是较早地吸引着他们,这个年龄段正是培养美的情操的最佳时期。福建美术出版社与福州四中共建海峡书屋，就是要用美的书籍引导学生到美的世界中"历游"，在审美实践中培养和提高学生对自然美、社会美和艺术美的兴趣和爱好，让学生认识美、感知美、寻获美的真谛，满足学生对美的渴求，培养和提高学生对美的事物的感受力，树立正确的审美观和健康的审美情趣，进而不断增多广大学生对美的"历游"。

2. 增加美的"历览"

爱美之心，人皆有之。自从人类诞生，就一直对美有所关注和诉求。阿多诺说："美是基于一种魅力的魅力。"美的"历览"，无论是来自外在的自然界，还是出自我们人类的创造，都具有很深的感染力，能够让我们赏心悦目，得到静观欣赏之乐。美存在于自然、社会、艺术和科学等客观事物和客观的活动过程之中。浩瀚的大海、高峻的山脉、无垠的草原，凌寒而开的红梅、粉妆玉砌的雪景、一泻千里的江水，都蕴含着美意，是大自然的美；站如松、坐如钟、行如风的举止美，待人接物彬彬有礼的行为美，干净、整洁、有序的环境美，诚实热情、遵纪守法、开拓进取的社会美等都是一个人在成长、成熟过程中所要增加的美的"历览"范畴；达·芬奇的绘画、贝多芬的交响曲、曹雪芹的《红楼梦》等，是被世界公认的艺术之美；科学的一切发明创造都是美的。福建美术出版社与福州四中共建海峡书屋，就是让学生在美的"历览"中感受美、体验美、实践美，让学生在众多美术讲座和涉美书籍中掌握有关线条、形体、色彩、表现方法的知识，提高感受美的能力；让学生在接触更多更好的美术名著、名篇、名作、名品、名艺中感受美的自然天成，激发对美的向往，从而欣赏美、创造美，增加广大学生对美的“历览”积淀。

3. 增添美的“历程”

认识美需要一个长久的历程，正如李泽厚在《美的历程》一书中所言，“艺术趣味和审美理想的转变，并非艺术本身所能决定，决定它们的归根到底仍然是现实生活”。徜徉在中华民族悠久绵长的“美”的历史画卷中，那人面含鱼的彩陶盆，那古色斑斓的青铜器，那琳琅满目的汉代工艺品，那秀骨清像的北朝雕塑，那笔走龙蛇的晋唐书法，那道不尽说不完的宋元山水画，还有那些著名的诗人作家屈原、陶潜、李白、杜甫、曹雪芹等的想象画像，展示的正是可以直接感触到的这个美的文明古国的心灵历史。从龙飞凤舞的新石器时代到青铜饕餮的书法线条，从先秦百家争鸣的理性精神到楚汉想象丰富的浪漫主义，从文学自觉的魏晋风度到理想折射的佛陀世容，从热情文艺的盛唐之音到宋元山水的韵外之致，美的“历程”的时代精神之火花在这里凝冻、积淀，传留和感染着人们的思想、情感、观念、意绪，经常使人一唱三叹、流连不已。正是各种各样的美汇聚成了今天的文明与繁荣。福建美术出版社与福州四中共建海峡书屋，可以让学生徜徉在广阔的美的海洋中增添对“美的历程”的认识与了解。福建美术出版社每年都出版 300 余种与美术有关的书籍，内容涵盖美术史论、美术基础技法、书画篆刻、美术参考、各种名人字画、古今建筑、连环画、年画等，有近 200 种图书分别在全国、华东地区和省级的各类评比中获奖，广大学生通过对这些有关美的书籍的阅读，定会不断增添对美的“历程”的感知和感悟。

4. 增强美的“历练”

昙花的美源自转瞬即逝的哀怨，秋天的美源自落叶凋零的悲伤，维纳斯的美源自那断臂后无尽的遐想，美是经过“历练”的过程。苏霍姆林斯基曾说：“美是一种心灵体操，它使我们的精神正直，心地纯洁，情感和信念端正。”美是一种魅力，吸引人们为之动情，通过美的事物的熏陶，使高尚情感得到发扬，使人的心灵趋于高尚，美育所激发的审美情感和道德情操往往是互相渗透和重叠的，因而审美教育对于高尚情操的陶冶、完善的道德人格的确立具有重要的意义。福建美术出版社与福州四中共建海峡书屋，旨在让学生在阅读中增强美的“历练”，在美育中教会学生做人、做事。美育最忌讳的是空洞的说教，空洞的说教并不能收到预期的效果，反而会使师生之间产生隔膜。通过让学生阅读有关美的书籍，能够抓住学生最为敏感、困惑的问题，让学生在轻松愉快的阅读氛围中感悟与人相处的交际美、人情美、品德美，点点滴滴慢慢渗透，让学生积累更多的审美体验，使其发挥丰富的想象力，想他人之所想、急他人之所急，诚实善良、公道正义，从而培养学生良好的道德修养，使学生时刻拥有健康向上的精神状态，在不断增强他们对美的“历练”过程中更好地成长、成熟。

5. 增进美的“历访”

历访美的书籍可以增强对美的感悟。譬如阅读散文，可以徜徉在优美的语言艺术之中，仔细体味作者那栩栩如生的描绘，飞翔到作者勾画的美轮美奂的艺术世界里，感情也会随着情节一起一落；阅读杂文，可以沉浸在作者嬉笑怒骂的冷嘲热讽里，感悟百味人生，体尝作者那一种如鲠在喉不得不吐的刺世疾邪的抨击力量；阅读小说，可以在一种单调的生活色调里见证色彩斑斓的丰富多彩的世界画面，观察历史、洞察人性。阅读之美在于充实与奋进，阅读能催人向上、激人奋进，增加勇气与信念，形成自强不息、厚德载物之精神，提供人之精神自由追求的可能与现实途径；阅读之美在于博学与明辨，在书中领略自然美、人文美、哲理美和创新美；阅读之美在于超脱与超越，冲破狭隘经验之篱笆，让心灵拥有广阔的大地，让“人成为会思考的芦苇”；阅读之美在于开阔与豁达，阅读给予“千江有水千江月，万里无云万里天”交相参证、融会贯通的大美。福建美术出版社与福州四中共建海峡书屋，旨在让学生在美的阅读与美的反复砥砺过程中感悟，提高学生认识美、欣赏美、追求美的积极性，学习并掌握专业知识的能力和社会能力，进而使广大学生在对美的“历访”过程中不断丰富自己。

6. 增大美的“历履”

美的“历履”表现在美是一种自然的心理过程，凸显美的综合性、先天性、非阶级性、超越性；美是一种自然的社会过程，是一种美的感受、美的发展、美学欣赏与转移、变迁；美是一种自然的心理过程，美的价值就在于自然与心理间达成的默契使人愉悦。“美能激智，美能发辞，美能怡情，美能美德。”美无处不显示出一种积极的驱动。在美的历久弥新积淀的教育过程中产生的情感力量以及所培养的审美能力，有助于德智体三育在时间与空间有机交融中得到较好实现。福建美术出版社与福州四中共建海峡书屋，让学生在增加对美的体验和熏陶的“历履”过程中，获得美丑善恶的辨别能力，养成良好的行为习惯；通过提升欣赏力、想象力、创造力，感受到美无处不在、无时不有，让学生在“历履”增大审美愉悦，使美的感受与学生的情感相互交融渗透，引导学生向真美靠拢，让广大学生在增加对美的“历履”感知与对美的“时空”交融感悟过程中，获取美育“历履”熏陶和涵养的绝佳效果。

六、书馨导传于“科思”

当今世界，科学技术日益发达，极大地更新了人们的生活方式，提高了人们的生活质量，随之也改变了人们的思想观念。培养适应现代社会发展的具有相当科学素养的合格人才，已成为时代发展的必然要求。福州教育学院附属第一小学是一所百年老校，从 1870 年的清文书院到 1906 年的八旗小学堂，从 1982 年的省会第四小学到如今的福州教育学院附属第一小学，跨越了三个世纪，培养了数以万计的杰出人才。学校坚持探索“德育首位的特色优势、科研兴校的质量意识、以人为本的管理模式”办学思路，在内涵上下功夫，在特色上做文章，向管理上要效益，扎实推进素质教育，获得“福建省示范小学”“福建省文明学校”等诸多荣誉称号，如今还被列为“福建省现代教育技术试验学校”。福建科学技术出版社成立于1979年，曾获“全国良好出版社”“福建省出版系统先进集体”等荣誉称号，主要出版建筑装饰、中医中药、大众健康、农业园艺、生活综合等门类的应用技术读物、科普知识读物及学术专著，先后有600余种图书在国家级、省（部）级图书评奖中获奖。作为“福建省现代教育技术试验学校”的福州教育学院附属第一小学和以出版科学读物为主的福建科学技术出版社共建海峡书屋，在传承科学精神、传导科教融合、传扬科普知识等方面有着共通之处。在科学技术繁荣的今天赋予“科”极其丰富的含义。借此机会，我拟从传导“六科”理念的视角，谈谈对共建海峡书屋的认识，与大家共勉，以期形成“科教融合”的共识与效应。

1. 传承百年老校的“科第”精神

“科第”原指根据条规考核确定次第等级，最早是汉代选拔、考核官吏的一种制度，后成为科举考试制度。“科第”制度对于知识的普及和民间的读书风气起到很大的推动作用，由于科第入仕成为风尚，中国的文风普遍得到了提高，对知识的普及起了一定作用；由于读书人都是相同制度下的产物，学习的亦是相同的“圣贤书”，维持了中国各地文化及思想的向心力。福州教育学院第一附属小学的前身清文书院、八旗小学堂，在“科第”精神的指引下就注重“童子科”，培养了许多科举人才。如今，学校多渠道、多层次、多形式打造“师德坚、师业精、师心慈”的教师队伍，全面实施素质教育，培养了众多“童子科”功夫过硬的少年儿童。福建科学技术出版社与福州教育学院附属第一小学共建海峡书屋，旨在传承百年老校的“科第”精神，让新一代少年儿童从小开始掌握科技创新知识，进而不断形成多层次、多层面的科技创新概念，为未来走进社会参与更广泛的科技创新打下良好的基础，让百年老校的“科第”精神在新的时代背景下熠熠发光。

2. 传导传统教育的“科班”文化

“科班”本意指中国旧时培养戏曲演员的场所，是旧时学、演结合的戏剧班子，“科班”后来就引申为正规教育的统称。无论是培养人才还是教育弟子，“童子功”都是极其重要的。小学阶段正是练好人生“童子功”的重要阶段，正如前人所言：“少年之记，如石上之刻，青年之记，如木上之刻，老年之记，如沙上之刻。”人是自然之子，其成长也如四季的转换。童年如自然之春天，“一年之计在于春”，春天是播种的季节，人在少年时期正是记忆力最好的时候，当应多学习多积累。“熟读唐诗三百首，不会作诗也会吟”，强调了积累之于表达的重要；“腹有诗书气自华”，强调了积累之于气质的影响；“读书使人灵秀”，强调了积累之于智慧的作用。厚积才能薄发，博观才能约取。作为哲学家与作家的周国平先生在《假如我是老师》一文中表述，学习“童子功”要养成两种习惯：一是课外大量地阅读，一是养成写日记的习惯。福建科学技术出版社与福州教育学院附属第一小学共建海峡书屋，就是希望学生从小养成爱读书的好习惯，从小打好读好书、好读书的基础，从实练就“读书破万卷，下笔如有神”的阅读迁移的“童子功”，在传导传统教育的“科班”文化中，起到“全省示范小学”的引领作用。

3. 传递现代思维的“科教”融合

“科教”是一种以传授基本科学知识为载体，体验科学思维方法和科学探究方法，培养科学精神与科学态度，建立完整的科学知识观与价值观，进行科研基础能力训练和科学技术应用的教育。科教融合以学校教育为主阵地，教育自然科学，涉及自然认识、科学精神、人文品格、科学社会学等学科的整体教育，让少年儿童掌握自然科学的基本知识和基本技能，认识科学方法，感受科学探究，了解科学技术与社会关系，养成科学精神，全面培养和提高科学素养；通过培养具有科学素养的少年儿童，让科学精神和人文精神在现代文明中交融贯通。福建科学技术出版社与福州教育学院附属第一小学共建海峡书屋，旨在通过设立科教融合的窗口，让孩子们更便捷地阅读科学书籍，更直观地认识自然、认识科学常识、认识身边的科学道理，更科学地远离愚昧、迷信与邪恶，做一名知科学、明事理、讲文明的新一代少年儿童；希望通过科学与教育融合的方式，让孩子们认识到科学中所蕴藏的真、善、美，在科学实践活动中探求真知，在搜集科学信息中收获新知，从而达到更广泛传递具有现代思维的“科教”融合理念的初衷与效果。

4. 传播承载文明的“科普”知识

“科普”即科学普及，又称大众科学或者普及科学，是指利用各种传媒，公众易于理解、接受和参与的方式，向普通大众介绍自然科学和社会科学知识、推广科学技术的应用、倡导科学方法、传播科学思想、弘扬科学精神的活动。儿童天生就是一个小科学家，在他们充满好奇与童话的小脑袋里，普遍具有一种刨根问底的探究意识。蚂蚁搬家、虫蛹化蝶、春种秋收、瓜熟蒂落等无不深深吸引着他们好奇的目光。爱因斯坦四五岁时看到罗盘，对指针的神奇指向感到困惑，认为“一定有什么东西深深地隐藏在事物后面”；达尔文连续七八个小时蹲在甲虫旁边观察，成年后还常常向人津津乐道他的那只“达尔文甲虫”。正是这种惊奇与困惑导致了科学家们日后对自然现象的无穷探索。我们应尊重儿童这种自我发展的规律，蹲下身来，想方设法地激发儿童的探究欲望和学习兴趣，引导他们进入科学的殿堂。福建科学技术出版社与福州教育学院附属第一小学共建海峡书屋，希望广大少年儿童能在阅读科普读物中获得太空探索、生物知识、科学历史、地球故事、奇人奇事、生命科学、科技生活、健康饮食、科普学术等知识；期望通过科学知识的传播，让广大少年儿童认识到浩瀚的宇宙、广阔的海洋、无尽的科学，在阅读科学知识中发现问题、提出问题，从而激发他们学习科学知识的兴趣，达到更直观、更有效传播承载文明的“科普”知识的目的与要求。

5. 传扬飞往未来的“科幻”因子

“科幻”指用幻想艺术的形式，表现科学技术远景或者社会发展对人类的影响。“科幻”的产生离不开想象力的培养。少年儿童的想象力又是极其丰富的，因此我们要培养少年儿童的想象力，让他们保持童真的探索精神。正因为有了童真的想象力，爱因斯坦才能发现相对论的科学定律；正因为有了想象力，牛顿才能从苹果落地而想象到万有引力这一科学重大发现。少年儿童的想象力是其探索活动和创新活动的基础，一切创新的活动都是从创新性的想象开始的。有了大胆的创想，科学才不断发展，有了丰富的想象，时代才不断前进，正如爱因斯坦所说："想象力比知识更重要，因为知识是有限的，而想象力概括着世界上的一切，推动着进步，并且是知识进化的源泉。严格地说，想象力是科学研究的实在因素。"福建科学技术出版社与福州教育学院附属第一小学共建海峡书屋，期望广大少年儿童广泛阅读科学技术出版社多年来累积出版的各类科学探索类、自然认知类书籍，广泛涉猎众多出版单位联袂推出的如"亲亲自然"系列丛书、"小牛顿科学馆"丛书以及《哈利波特》《纳尼亚传奇》《小王子》《神奇的宇宙》等一系列具有科幻探索精神的儿童读物，让孩子们在阅读中增加科幻知识的"厚度"，展开科幻想象的翅膀，为未来探索科幻世界增添智慧的因子。

6. 传授探索真知的"科学"素养

科学素养主要是指科学主体在长期的科学活动中所陶冶和积淀的价值观念、思维方式和行为准则等的总和。作为现代人应当具备科学素养，而科学素养的形成是长期的，早期的科学素养的形成具有决定性的作用。小学科学课就是以培养科学素养为宗旨的科学启蒙课程。正如《义务教育小学科学新课程标准》中提到的那样，承担科学启蒙任务的小学科学课程"将细心呵护儿童与生俱来的好奇心，培养他们对科学的兴趣和求知欲，引领他们学习与周围世界有关的科学知识，帮助他们体验科学活动的过程和方法，使他们了解科学技术与社会的关系，乐于与人合作，与环境和谐相处，为后继的科学学习，为其他学科的学习、为终身学习和全面发展打下基础"。换言之，小学的科学教育不仅仅是一种科学知识的传授，更重要的是对学生勤于探究、细致观察、团队合作、实事求是、无私奉献等科学精神的培养，就是以一种科学发展的眼光来保护儿童与生俱来的好奇心，在引导儿童观察、提问、分类、假设、交流等活动中植入一种看得见、用得着的道德规范，使之成为一个不断发展的人。福建科学技术出版社与福州教育学院附属第一小学共建海峡书屋，希望广大少年儿童从小开始就能保持与发展想要了解世界、喜欢尝试新的经验、乐于探究与发现周围事物奥秘的愿望；希望广大少年儿童在科学认知中，梳理正确的世界观、人生观、价值观，养成求真务实的科学态度、高尚的思想品德和良好的道德情操，通过更多地向广大少年儿童传授更扎实的探索真知的科学素养，进而能影响其一生的成长、成熟和成才。

七、书馨化传于“文山”

福州八中是拥有百年历史积淀的名校，创建于 1853 年，是美国基督教公理会在中国创办的最早学校之一。学校是福建省首批重点中学之一、福建省普通中学一级达标学校、福建省首批示范性普通高中，被教育部授牌确认为全国现代教育技术实验学校。学校遵循“志存高远、笃行勤学”的校训，弘扬“团结、苦干、向上”的校风精神，秉承“开发潜能，发展个性”的办学理念，构建“重情、重导、重实践”的“一体三重”教育模式和“学做人、会建设、善学习、求创新”的德育加血模式，培养具有国际视野、天下情怀的国家栋梁之才。学校多次获得“福建省文明学校”“德育工作先进学校”等荣誉称号，培养了数以万计各行各业成就卓著的优秀校友。如今学校建设三江口新校区，倾力打造高起点、高标准的多元化优质品牌高中，与澳大利亚塔斯马尼亚州的霍巴特学院联合创办“中澳课程实验班”，与美国佛蒙特州林顿学术高中创办“中美实验班”，朝着更加开放、走向世界的教育现代化目标迈进。福建教育出版社以“立足教育、服务社会、开智启蒙、惠泽生命”为宗旨，荣获“全国良好出版社”称号。出版的图书以各级各类教育教材、教辅读物和学生课外读物为主，同时推出一批有较高品位和文化积累价值的学术著作、工具书和其他书籍。历年来多次获得国家图书奖、中国图书奖、中宣部“五个一工程”奖等图书大奖。如今确立了“一主两翼”的图书出版主业发展思路，即以基础教育、教材、教辅为重点，各类教师用书、学生读物和适合市场需要的文化学术图书为两翼。经过多年努力打磨，地方课程教材覆盖福建省绝大多数地市，中学《名校学案》成为福建省知名品牌；高中复习指导用书成为福建省最权威版本，教育理论和教师用书跻身全国同类出版物前列，同时发掘整理在清末至民国时期人文学术、鲁迅研究、世界文明、环境文学、闽台文化等出版领域形成优势门类。无论是福州八中还是福建教育出版社都围绕着“教”而开展活动。“教”古意为“孝”，今意为“老师全职授业”，强调全日制和专职性质，这是从“孝”的本义引申和转义而来的。“孝”本指子女为了全天照顾病危老人而彻底放弃田产和耕作，转义为全脱产受课业，并进一步发展出“像侍奉父母那样尊崇老师”的含义。可见中国历史上非常注重“教化”对人的影响，而且这种教化贯穿古今。福建教育出版社与福州八中共建海峡书屋，具有教育、教本、教义等六个“教”的优势，借此机会与大家共勉，以期共同努力、共同进步。

1. 传承优秀的“教育”理念

“教育”指教化培育。蔡元培提出：“教育是帮助被教育的人给他能发展自己的能力，完成他的人格，于人类文化上能尽一分子的责任。”陶行知认为：教育是依据生活、为了生活，培养有行动能力、思考能力和创造力的人。在西方，“教育”一词源于拉丁文 educate，前缀“e”有“出”的意思，意为“引出”或“导出”，意思就是通过一定的手段，把某种本来潜在于身体和心灵内部的东西引发出来。福州八中正是西学东渐的产物，在美国基督教公理会推动下创办的“保福山女书院”正是福州八中的前身，在创办之初就倡导“教育要立人”的理念；如今福州八中又与美国佛蒙特州林顿学术高中创办“中美实验班”，可谓从“开眼看世界”潮流中诞生，而今又在对外开放的格局中走向繁荣。福建教育出版社与福州八中共建海峡书屋，旨在用优秀教育书籍传导先进的教育理念，用更加开阔的视野、更加开放的格局、更加开明的态度，迎接福州八中更加优秀的“教育”未来。

2. 传播优质的“教本”体系

“教本”指以学校为本位、由学校自己确定的书本与课程，与国家课程、地方课程相对应。福州八中的校本课程是在学校本土生成的，既能体现各校的办学宗旨、学生的特别需要和该校的资源优势，又与国家课程、地方课程紧密结合的一种具有多样性和可选择性的课程。福建教育出版社具有丰富的开发教材的经验，出版图书以各级各类教育教材、教辅读物和学生课外读物为主，各个层级的教材出版日益做大做强，“教育学理论丛书”“明日教育文库”等则不断夯实教育理论图书的出版方阵。福建教育出版社与福州八中共建海峡书屋，通过福建教育出版社的平台，开发种类更多、内容更丰富、内涵更多元的校本教材，不仅能够让地方课程显示出独有的特色，更能锻炼师生在开发课程中的主动性与积极性；通过开发“教本”体系，使国家课程和地方课程校本化、个性化，学校和教师通过选择、改编、整合、补充、拓展等方式，对国家课程和地方课程进行再加工、再创造，使之更符合学生、学校的特点和需要；通过学校设计开发“教本”体系，让学校在对学生的需求进行科学的评估，并在充分考虑当地社区和学校课程资源的基础上，以学校和教师为主体，开发旨在发展学生个性特长的、多样的、可供学生选择的课程，从而传播优质的“教本”理念与方法。

3. 传扬优选的“教义”借鉴

“教义”指礼教的意旨，“教义所及，忠信弥笃”。“义”是中国古代一种含义极广的道德范畴，“义”谓天下合宜之理，“道”谓天下通行之路，本指公正、合理而应当做的。孔子最早提出了“义”，认为“何谓四维？一曰礼，二曰义，三曰廉，四曰耻”；孟子进一步阐述了“义”，认为“信”和“果”都必须以“义”为基础，“大人者，言不必信，行不必果，惟义所在”，“君子喻于义，小人喻于利”。儒家把“义”与“仁”“礼”“智”“信”合在一起，称为“五常”。福州八中是讲求“教”与“义”的学校，在抗日战争最困难的时候，福州八中秘密成立了党小组后发展为党支部，用爱国主义支持抗日战争；如今学校重视德育，荣获“福建省基层先进党组织”“福建省德育工作先进学校”“全国信息技术道德教育实验学校”等荣誉称号。福建教育出版社与福州八中共建海峡书屋，旨在用优选的书籍传导正确的“义利观”，让广大师生做一名具有“仁义礼智信”的有“义”之人；通过文化操守的培育、文化内涵的积淀、文化智慧的修养，不断加强“书香校园”的建设，充分发挥“书香文化”的陶冶作用，建立富有文化“教义”的精神家园。

4. 传递优化的“教养”读物

“教养”指在行为方式中的道德修养状况，是社会影响、家庭教育、学校教育、个人修养的结果。《三字经》所讲的“养不教，父之过；教不专，师之惰”，指的是人从小就应该习得的一种规矩，待人接物处事时的一种敬重态度。教养在西方文化中，指的是礼貌、规矩、态度、风度、生活方式、习惯等。无论是中国传统的教养，还是西方认同的教养，都要求做到言语动作谦虚恭敬、文化品德修养高。教养从何而来？从阅读中来，有一本书《阅读是最浪漫的教养》，谈的就是读书带给人潜移默化的影响，让人变得知有教养。所谓“知书达理”，指的正是读书能让人懂礼仪、懂道理，进而有教养。福建教育出版社紧跟教育成长步伐，出版了一大批高质量的教材教辅、学生课内外读物及教育图书，新的国家课程标准发布实施以来，闽教社全力进击，迅速成长为“新课程”师生用书领域的重要出版力量。《朱子大传》《周恩来教育思想研究》《教育基本理论之研究》《20世纪中国杂文史》《中国萌芽木刻集》《邓小平理论学生读本（初中版）》等一批图书荣获中国图书奖、国家图书奖提名奖、“五个一工程”一本好书奖。福建教育出版社与福州八中共建海峡书屋，让广大师生感悟中国自古以来“立身以立学为先，立学以读书为本。日月两轮天地眼，读书万卷圣贤心”的读书精神，在读书实践中“聚精会神”“养气升格”，养育读书精神，提升科学精神和人文精神，从而做一名有“教养”的栋梁之才。

5. 传导优良的“教授”方法

“教授”指教育传授。《说文》解释“授，予也”，所谓“授之书而习其句读者”。韩愈《师说》认为教授的作用在于“传道授业解惑”。“传道”要求言传身教，传授知识的同时培养学生的人格品质；“授业”要求传授基础知识与基本技能；“解惑”要求采用恰当的方法调动学生的主动学习能力，进而发掘培养学生勇于质疑的精神。孔子之所以被后世称为圣人，得益于他从十五岁就有志于学，并培养了三千弟子、七十二贤人，终身“学而不厌，诲人不倦”。“授人以鱼，不如授之以渔，授人以鱼只救一时之急，授人以渔则可解一生之需。”读书正是“授之以渔”的一种重要教授方法。福建教育出版社与福州八中共建海峡书屋，让广大师生感悟书籍在教授中具有重要作用，不仅能够引领师生徜徉于多姿多彩生活世界的“灌木林”，而且能够唤醒教师的职业激情与学生的学习热情，同时还架设起了灵魂交流的场域，使阅读本身和人精神的会通变得可能，从而充盈了个体生命的精神生活世界，赋予了个体生命更多的意义，让人不断实践高尚的人生价值。

6. 传诵优美的“教化”经典

“教化”指通过上行而化成以下。“教”即上所施，下所教也；“化”即教行于上，化成于下也。《诗经》曰：“美教化，移风俗。”儒家提倡政以体化、教以效化、民以风化。中国传统教化为“文化”和“武化”相融合：文化以虚，武化以实；虚由实生，实仗虚行。以文载道，以武入道；教行于上，化成于下也。自古以来凡有见识的政治家都十分重视教化的作用，把教化当作正风俗、治国家的重要国策。《礼记》中说：“故礼之教化也微，其止邪也于未形。”福建教育出版社打造了一系列的“教化”经典书籍，如《福建家训》中记载了古代与近现代的家训，其中或孝顺父母、尊敬长辈，或崇尚仁义、诚实守信，或尊师重教、重礼谦逊，或和睦宗族、团结乡邻，或勤奋读书、勤俭节约，或自强不息、艰苦创业等。这些关于立身、治家、处世、为学的经验总结，传承着中华民族的文化传统、道德风尚和伦理观念，寄托着福建人民的生命信仰、情感依托和家国情怀。阅读这一系列丛书不仅能够获得知识，还能够让广大师生学会如何立身处世。福建教育出版社与福州八中共建海峡书屋，让广大师生为“修身养性”而读书，为“修身、齐家、治国、平天下”而读书，“为天地立心，为生民立命，为往圣继绝学，为万世开太平”而读书，为“中华之崛起”而读书，在经典的“教化”书籍中安身立命。

八、书馨频传于“黉门”

自2015年陆续建成首批海峡书屋基地半年多来，大家都始终关注海峡书屋的运行情况，也十分期待这方面工作的提档加速。现就海峡书屋建立以来社校共建的情况谈几点切身体会。

一是共建海峡书屋源自对“建设书香社会”的充分认识。自古以来，福州文化兴盛、书香浓郁、人文荟萃，乃文化之邦和文化教育的高地。由于书香的浸润，福州人更平添了几分儒雅、豁达与温婉的气质。“腹有诗书气自华”，城市文明的创建和发展，城市品位的养成与提升，“软实力”的增强与辐射等，都需要这座城市借助书籍启迪美感和智慧，多一些“书卷气”。党的十八大首次把“开展全民阅读活动”写入工作报告。在2015年全国“两会”上“建设书香社会”首次写入政府工作报告，习近平总书记更是多次就加强读书学习发表重要讲话。作为一家出版物生产、制作、发行的国有出版企业，理应承担一份引导与推广全民阅读的责任。同时，在构建社会主义核心价值体系中，校园书屋因其承载着传承优秀传统文化、引领校园文化建设以及开展教育等方面的重要职能，决定了校园书屋在全民阅读活动中扮演着重要角色，为此共建好海峡书屋就是社校双方共同发挥好自身在“建设书香社会”中扮演的不同角色作用。

二是共建海峡书屋是社校双方开展文化教育互动合作的良好平台。在海峡出版发行集团和福州市教育局的发起与倡导下，集团所属相关出版社与福建省部分中小学校共同参与建设了七所海峡书屋。通过资源共享、结对共建以及活动共谋的方式，海峡书屋既充分发挥了集团所属出版单位的社会职能，又满足了在校中小学生的文化需求，为他们提供了更多的阅读便利和选择，这是集团与市教育局推进全民阅读、促进校园文化建设的具体措施，是双方合作打造“书香校园”的新探索。筹建海峡书屋的过程，始终得到各级同仁的关心支持，福州市教育局郑勇局长、陈红副局长等都多次莅临书屋指导工作，为海峡书屋的运营和发展提出宝贵的意见和建议。海峡书屋自开办以来，为广大中小学生提供了大量精品书籍，及时拓宽学生的知识面，为培养青少年读好书、好读书的良好习惯提供了强大的阅读平台。同时，海峡书屋作为提高学生素质的有效载体，以针对性强和特色化的服务开拓书屋的衍生渠道，邀请知名作家、艺术家走进学校，开展讲座、沙龙、展览、培训等丰富多彩的活动，丰富阅读的内容和形式，为校园文化特色建设新的发展点，更为开展好文化与教育的长期有效互动搭建了良好平台。

三是共建海峡书屋取得了阶段性成果并积累了一定的推广经验。目前已建成的七家海峡书屋得到了广大在校师生与学生家长的充分认可，各方反响良好。作为最早成立的海峡书屋，福州二附小与福建少儿出版社通过搭建书屋平台，共同建立起“海峡儿童阅读研究中心阅读实践基地”，以优质的儿童文学资源活跃书香校园氛围。此外，福建少儿出版社还特邀赵丽宏等著名作家走进福州二附小，进行主题阅读推广活动，引导学校将作家作品作为优质课程资源渗透进语文课程，既促进了学校教育教学改革，同时也促进了福建少儿出版社相关图书的推广。作为福州教育科普特色校的闽江学院附属中学，与以出版科学读物为主的福建科学技术出版社共建海峡书屋，旨在通过建立科技教育融合的平台，增强学校科教融合的理念，增进科学知识的普及，增添科技创新的概念，增援科学知识的理解，增广科研成果的先导，增益科班学业的建设，有效促进科教融合与科普教育得到创新性发展。海峡文艺出版社与格致中学在共建海峡书屋的基础上，陆续开展“知识丰富人生”有奖问答、“康震评说唐宋八大家”讲座、“购书献爱心”等系列主题活动，让广大学生通过深度阅读，不断感悟中国文化艺术精神和人文精神，形成较好的人文和科学综合素养。福州一附小作为“福建省现代教育技术试验学校”和福州市首批阅读示范校之一，通过与福建科学技术出版社的共建，将原来校内的“阅读吧”全新升级为海峡书屋，并开展“做诚信小公民”读书活动，与浦城县九牧镇渭潭小学结对子、捐赠图书，开展系列阅读主题活动等，独具特色。福建美术出版社是福建省唯一一个美术专业出版社，福州四中是福建省美术特色学校，双方通过共建海峡书屋平台，特邀福建师范大学美术学院院长李豫闽等为在校师生带来精彩讲座，此外还开展公益助学、举办画展等活动，校社双方充分发挥各自优势，携手推广美术教学成果，致力于将书屋打造成为福建省中小学美术教师教研基地和出版资源集结的平台。拥有百年历史积淀的福州八中与有着资深教育出版经验的福建教育出版社共建的海峡书屋内环境幽雅舒适，力求为在校师生打造一个心灵放松的休闲吧，成了校园一道靓丽的风景线；此外，福建教育出版社还与福州八中签订中小学专属数字图书馆合作意向，进一步推动了学校图书馆的信息化建设。

海峡书屋的开设涵盖了福州不同类型、层级的中小学校，并且做到因地制宜、特色鲜明，让学校的教育与校园文化、学生成长能够有效互动，并使书屋真正发挥“推广深度阅读的基地，品味欣赏书香的园地，领略闽派作品的天地，弘扬读书精神的高地，播种文明因子的旺地，文化传承创新的福地”的“六地”作用。借这一机会，我在总结“六地”的基础上，再提升为“七造”的概念，谈谈下一阶段如何进一步找准共建海峡书屋的结合点，并继续推动福州群众路小学与福建少儿出版社、福州乌山小学与福建美术出版社、福州四附小与福建教育出版社、屏东中学与海峡文艺出版社等四所海峡书屋的共建，以更高标准推进海峡书屋的建设工作，推动社校之间的共赢发展，供大家参考。

1. 把海峡书屋构造成校园文化的独特风景

“最是书香能致远”，书籍是人类文化思想精华的积淀、智慧的结晶，是启迪心智、打开无限想象空间的钥匙，是照亮生活道路的明灯。青少年时期是富有理想的时期，也是开始树立人生志愿的时期，而实现理想的重要基础就是阅读。与中小学校共建海峡书屋，不仅能够培养良好的阅读习惯，构造独特的校园文化，而且通过阶段性共建已形成良好的共识。校园文化是学校所具有的特定的精神环境和文化气氛，在良好的阅读氛围中形成的健康校园文化可以陶冶情操、启迪心智，促进学生的全面发展。我们在各重点中小学共建海峡书屋，共同打造“书香校园文化”，成效颇丰：通过构建“海峡儿童阅读研究中心”，激发了儿童阅读的兴趣；通过升级“阅读吧”，倡导做“诚信公民”的阅读理念；通过建设“校园书屋”，开展一系列丰富多彩的活动，拓宽了知识面。为此，我们一起携手以“书香校园文化”建设为契机，通过创设良好的校园文化环境，矫正功利读书观，营造人人爱读书的校园氛围，让学生养成读书的习惯；通过激活图书市场竞争，实现图书资源共享；通过建设海峡书屋，对外开放阅读资源，形成文化合力，进而将更多的海峡书屋构造成散落在福州大地乃至八闽大地独特的校园文化风景。

2. 使海峡书屋酿造出优雅温馨的读书氛围

古往今来，读书作为一种高雅的享受被人们赞叹不已，所谓箪食瓢饮，所谓陋室生春，所谓红袖添香，给枯燥的读书生活带来了生动丰富的趣味和诗意。读书可以使人优雅，黄庭坚说三日不读书，便觉语言无味、面目可憎，读书能改变人的气质；而林语堂的解释是读书能使人得到一种优雅和风味。善读书，如入芝兰之室，久而不闻其香，而香却在骨里。久而久之，热爱读书、尊崇读书、倡导读书成了我们一代一代继承发扬的文化传统。我们建设海峡书屋的初衷正是为了倡导爱读书、读好书的氛围，濡染优雅的品格。为更好地酿造读书氛围，海峡书屋应通过借鉴国外“鸟巢书屋”的方法，用别出心裁的设计装点书屋，让书屋像鸟巢一样精致，可以吸引更多潜在的读者在书屋前驻足阅读；通过在海峡书屋中分享喜爱的图书，同时遵守“取走一本书，放入一本书”的原则，让图书源源不断地满足学子需求；通过借鉴“诚品书吧”的模式，倡导“让书攻占人心，阅读永不打烊”的理念，营造优雅舒适的读书氛围，让学子在阅读中寻找精神的力量；通过举办“阅读沙龙”等活动，组织师生共读一本书、共同探讨阅读体验等丰富多彩的活动。

3. 把海峡书屋营造成舒适实效的阅读之地

古人把读书视为虔诚之事，读书之前要沐浴焚香，清心敛欲，泡上一杯清茶，在茶香袅袅中，把情绪酝酿得极其饱满，然后端坐书室读书，讲究的就是这种舒适的阅读体验。蒋捷把读书比作听雨："少年听雨歌楼上，红烛昏罗帐。壮年听雨客舟中，江阔云低，断雁叫西风。而今听雨僧庐下，鬓已星星也，悲欢离合总无情，一任阶前点滴到天明。"在蒋捷看来，舒适的阅读体验就如同听街前的点滴细雨，是一种韵味，是一种情致，更是一种乐趣。舒适的阅读环境能够营造实效的阅读体验。我们使海峡书屋成为舒适实效的阅读之地，应通过"藏、借、阅"一体化布局，实行全天候、全开架开放，为师生读者创造优美阅读环境，进行书屋环境装饰设计，增添植物树、花草等绿色装饰，增添图书索引牌、招贴画、温馨提示等标识标语，开辟信息栏、公告栏等宣传橱窗，根据学校特色以及师生的阅读需求，打造多元化的书屋；应设立"书屋助理"，培养读书骨干，学校选拔一批热心图书事业、爱好读书的同学担任书屋助理，及时向同学推荐适读书目，反馈学生的阅读要求和愿望；还可以通过引导学生家长入屋充当"阅读义工"等，连接起书屋与学生、家长以及家庭，从而把海峡书屋营造成舒适实效的阅读之地。

4. 把海峡书屋塑造成作者读者的沟通桥梁

美国学者艾布拉姆斯的《镜与灯》中描述了读者与作者的关系，认为读者通过作品与作者对话。有人把读者和作者之间的关系比喻成鱼和水的关系，认为读者是水，作者是鱼，水无鱼则无味，鱼无水则难活。作者用清晰的绘笔描述人间的纪实与趣味，从落笔的轨迹中抒发出自己对人生事物的真实情感与价值观点，希望从读者的认可声中获得共鸣与赞扬；读者通过阅读，感受作者的见解，从而吸取作品精华。可见，读者与作者关系密切。但我们在生活中经常阅读一些名家的作品，却鲜有与作者沟通的机会。海峡书屋创造了读者与作者的沟通机会，成为作者读者的沟通桥梁，通过不定期在各个学校举办作者见面会，让广大学生读者能与作者近距离接触，和作家"面对面"，了解作家写作初衷，增进对作品的深层理解，从而激发阅读兴趣与热情；通过邀请作家担任学生读书指导顾问，与教师一起把对学生的读书指导贯穿到各科教学之中，由科任教师为学生开列本学科的课外适读书目，具体讲解本学科图书的阅读要领和方法；开展读书研讨和读书经验交流活动，为学生提供互相切磋交流的机会，学习借鉴其中具有典型意义的经验，从而搭建起作者读者沟通的桥梁，激发阅读热情与兴趣。

5. 把海峡书屋锻造成教育文化的互动平台

著名人文学者钱理群说：“读书乃教育之本。”教育是人类文化的传承与创造，文化是教育的本性，教育与文化都离不开读书。春秋战国时期的稷下学官自由讲学，开展学术争鸣，通过著书立说为我国文化的繁荣做出了巨大贡献；宋、明时期有名的书院就是学者追求心舒气静，免受世俗干扰，遁居山林，自由研究、传播学问的产物，以私人讲学、学术自由的特点著称；北京大学能成为五四新文化运动的中心，归功于蔡元培先生以学术自由、兼容并蓄为原则进行的改革。这些都是教育文化互动的产物。教育家朱永新也说：“阅读对人成长的影响是巨大的，一本好书往往能改变人的一生。人的精神发育史，应该是他本人的阅读史；而一个民族的精神境界，在很大程度上取决于全民族的阅读水平。一个没有阅读的学校，永远不可能有真正的教育。”我们在学校内共建海峡书屋，旨在锻造教育与文化互动的平台，不仅倡导学子读古今中外的名著、经典，还要引导学生读“本土”书籍，让学生认识自己脚下的土地，以及这片土地上的文化与父老乡亲，让广大学子意识到自己成长的“根”在何处；更要在阅读中汲取智慧，在教育中做有文化内涵与底蕴的人。为此在“六一”儿童节期间，拟在二附小召开“福建儿童文学史”创作研讨会，并表彰一批新成长的儿童作家和小作家。

6. 把海峡书屋修造成出版发行的连接通道

出版指通过可大量进行内容复制的媒体实现信息传播的一种社会活动，是自有文字以后发展起来的一项文化事业。古代金文、石刻以及人工抄写、刻绘书籍，是一定意义上的出版。正式的出版是随着印刷术的发明至唐代中叶盛行。现代出版主要指对以图书、报刊、音像、电子、网络等媒体承载的内容进行编辑、复制、发行等。海峡出版发行集团以出版、发行、印刷及相关物资供应为主业，同时向对外贸易、文化建设等领域多元发展。建设海峡书屋，通过介绍新书、新刊、热门书、畅销书，充分运用书屋的板报、橱窗及时进行宣传，将内容提要公布于众；通过邀请相关学科教师，对图书馆推荐和宣传的书刊进行专题评价，从而吸引更多的同学关注图书动态，选择适读书目；通过开展读书知识竞赛，推荐一批相关书目，印发竞赛题，组织答卷竞赛或现场竞答，以此激发学生的读书兴趣，在学校乃至社会掀起读书的高潮；通过评选优秀读者，评选出读书数量多、读书范围广、读书收效大的学生介绍读书的经验和收获，调动学生读书的积极性，培养学生良好的读书习惯，不断扩大图书的影响力，从而把海峡书屋修造成图书出版发行的连接通道。

7. 把海峡书屋植造成线上线下的特色活体

伴随着社会的发展和技术的进步，日常生活中在线阅读、手机阅读、手持式阅读器阅读等方式的数字出版物阅读所占的比重迅速扩大。中国出版研究所连续多年进行的“公民阅读与购买倾向调查”显示，数字阅读快速上升，年均增值率超过 40%，特别是有网上阅读习惯的人数在迅速增加，网络阅读成为读者的第二大阅读方式。国务院发文力挺线上线下互动 O2O 创新，认为新一代信息技术加速发展，技术驱动下的商业模式创新层出不穷，线上线下互动成为最具活力的经济形态之一。我们应大力发展线上线下互动，促进出版发行模式创新，增强发展新动力，服务大众创业、万众创新。为此，我们应把海峡书屋植造成线上线下互动的特色活体，通过建设“数字书屋”“伙伴书屋”“网络书屋”，以更丰富的阅读形态走进校园；通过打造“微书屋”，用微信、微博等媒介，推广介绍书屋进展、新书速递，在微博、微信中分享阅读体验，沟通阅读知识。

打造“书香校园”，共建好海峡书屋，是海峡出版发行集团与教育部门及学校的共同愿望。我们要让读书、思考成为校园的一种风景；让莘莘学子在海峡书屋和大师一同去阅读经典、阅读思想、阅读文化、阅读精神，收获更美好的明天。衷心期望由社校共建的海峡书屋能更多地屹立在福州至八闽大地，为福建的文化与教育发展添砖加瓦，贡献智力支持。

九、书馨流传于“三山”

福州屏东中学地处镇海楼下、屏山东麓，文化底蕴深厚，是福州市规模最大的公立完全中学之一，被福建省教育厅确认为一级达标学校。学校以“崇德、尚美、乐学、笃行”为校训，形成“开启智慧，润泽生命”的办学理念，良好的人文环境熏陶出教师儒雅的学者气、学生勃发的书卷气。学校连续十一届被福建省政府评为“省级文明学校”，获得“全国艺术教育先进单位”“福建省教育系统先进集体”“福建省实施素质教育先进校”等，被确定为福建师范大学音乐学院“生源基地校”、福州市“校本培训示范校”等，以丰厚的办学底蕴、鲜明的办学特色、骄人的办学业绩，赢得了社会的广泛赞誉。作为文化特色校，屏东中学与海峡文艺出版社共建是“天时地利人和”的选择。海峡文艺出版社是以出版文学、文化、艺术书刊为主的专业出版社，以繁荣文艺、推进海峡两岸文化交流为己任，曾三次被评为“全国良好出版社”。屏东中学与海峡文艺出版社共建，让教育与文化互相交融、互相促进，借此机会用“六文”“六流”就如何借助海峡书屋的平台促进彼此深度阅读习惯的养成和文化的生成与大家商榷。

1. 通过深度阅读全面把握文明的“流觞”

“流觞”为古人每逢农历三月上巳日于弯曲的水渠旁集会时，在上游放置酒杯，杯随水流，流到谁面前谁就取杯把酒喝下的习俗，后也引申为流传。文明是历史以来沉淀下来的，有益于增强人类对客观世界的适应和认知、符合人类精神追求、能被绝大多数人认可和接受的人文精神、发明创造以及公序良俗的总和。文明的流觞离不开以深度阅读为基础的教育。从农业文明到工业文明，从城市文明到信息文明，都植根于每个文明初始的积淀，而积淀的基础都来自教育的涵养。一种文明能否长青，取决于人文教育的深度和广度，取决于这个民族的子孙后代读什么经典，拥有怎样的人文经典阅读经历。为此，屏东中学与福建文艺出版社通过共建海峡书屋，不仅有助于在广大学子中营造深度阅读人文经典的氛围，让承载着人文经典的文明土壤、文心血脉、文化精髓和民族气质，从小就深深地根植于成长过程之中，而且让一代代学子在成长旅程里夯实他们安身立命的价值观与道德观的基础，让文明的因子在深度阅读经典的过程中得以不断传播与“流觞”。

2. 通过深度阅读充分理解文化的“流传”

“流传”指传下来、传播开，出自《墨子·非命中》“声闻不废，流传至今”。文化是凝结在物质之中又游离于物质之外的，能够被传承的国家或民族的生活方式、文学艺术、思维方式、价值观念、风土人情等，是人们之间进行交流的能够传承的意识形态。所谓“文”即美、善、德行之义，正如《礼记》所谓“礼减而进，以进为文”，“文犹美也，善也”；所谓“化”即事物形态或性质的改变，引申为教行迁善之义。“文化”的本义就是“以文教化”，表示对人的性情的陶冶、品德的教养。文化的流传离不开以深度阅读为基础的教育。福州屏东中学地处福州屏山东麓，相传汉闽越王无诸建冶城，就在屏山的东南一带。屏山山巅旧有环峰亭、绝学寮，为宋丞相张骏读书处。屏东中学承载的历史底蕴十分深厚。为此，屏东中学与海峡文艺出版社通过共建海峡书屋，不仅让青年一代更好地认识本土文化，了解从土著文化到闽越文化再到闽都文化的生成与衍变，有助于提升同学们的文化水准，而且在与群书的友善相望之中读书、做学问，在深度阅读中积累有形与无形的“文化底气”，可以让诗书传家的传统在新的历史中不断发扬光大，“支撑”起文化的底蕴，有效增强深度的文化导向，主动把握深度的文化含量，从而通过深度阅读的引领将文化精粹不断“流传”。

3. 通过深度阅读深刻感知文教的“流衍”

“流衍”指随时间流动、环境变化而衍生出的事件或某种结构，也指广泛流布、充溢之意。“文教”指文化教育。文教流衍离不开深度阅读。古人云“文教可以美风俗”，文教从教育中来、从阅读中来、从文化中来。为此，屏东中学与海峡文艺出版社通过共建海峡书屋，不仅可以让广大青年学生阅读更多的文教书籍，如海峡文艺出版社出版的一系列文教经典书籍包括《新时期中篇小说名作丛书》《冰心全集》《世界短篇小说精品文库》《林则徐全集》等多次获得国家图书奖，《中国古代文论类编》获得全国优秀图书奖，《台湾文学史》《东方现代文学史》《中国古代文论类编》《三弦艺术论》《新中国文学史》等获得中国图书奖，奠定了海峡文艺出版社在文教读物界的权威出版地位。而且通过广泛、深度阅读文教书籍，将知识的小溪汇成智慧的海洋，把广大青年学生带向学科的广博与深邃，从而将文教硕果不断“流衍”发扬。

4. 通过深度阅读切实体悟文墨的“流畅”

“流畅”指流利通畅、顺畅。“文墨”指文书辞章，亦指写文章，文墨是否能够流畅，取决于深度阅读的积累。古人云：“读书破万卷，下笔如有神。”阅读是搜集信息、认识世界、发展思维并获得审美体验的重要途径。“运用文墨”是运用语言文字进行表达和交流的重要方式，是认识世界、认识自我并进行创造性表述的过程。可见，若要达到文墨流畅的程度就需要大量的深度阅读积累。若没有一定的阅读积累，则被人诟议为胸无点墨、胸无厚重、心无文墨。为此，屏东中学与海峡文艺出版社共建海峡书屋，不仅有助于广大青年学生在长期深度阅读中获得文墨的积累，让“千尺之台，起于垒土；合抱之木，生于毫末”，而且通过深度阅读积累知识、开阔视野、丰富思想，下笔时左右逢源、信手拈来，充分客观地表达自己的思想和观点，达到“熟读唐诗三百首，不会作诗也会吟”的境界，从而达到文墨“流畅”之功效。

5. 通过深度阅读精微探赜文献的“流播”

“流播”指传播、流传。“文献”是通过一定的方法和手段，运用一定的意义表达和记录体系记录在一定载体的有历史价值和研究价值的知识，有关典章制度的文字资料和掌故。最早见于《论语》。朱熹《四书章句集注》认为“文，典籍也；献，贤也”。“文”指典籍文章，“献”指的是古代先贤的见闻、言论以及他们所熟悉的各种礼仪和自己的经历。今人要让古人的文献广泛“流播”同样也离不开深度阅读。为此，屏东中学与海峡文艺出版社通过共建海峡书屋，可以有效运用海峡文艺出版社已拥有的“国家重点工程”“别具一格图文书”“古今文化书架”“青少年阅读超市”“中外文学精品”“黄金引进版”等六大版块的文献资料——其中既有列入国家重点图书出版规划的《林则徐全集》《当代词综》，又有一系列文化品位与市场潜力兼备的文学文化类图书，别具一格的图文书《冰心爱典》、“从海派到现代大师”丛书，通俗简明的“大众实用文丛”，贾平凹、南帆共同主编的《纸生态系列美文典藏》、独树一帜的《纸生态系列外国文学典藏》等，为中学生的阅读提供大量的文献资料，而且希望广大学生能够通过深度阅读古今中外名著、文史哲著作，探赜书中的精微，解析书中的奥妙，运用书中的道义，在这些文献“流播”的引导中书写好人生大文献。

6. 通过深度阅读追寻涵养文雅的“流芳”

“流芳”指散发香气、流传美名。“文雅”谓温和有礼貌，温文尔雅，讲礼仪而不粗鄙。文雅流芳离不开深度阅读。正如古人云“腹有诗书气自华”，阅读使人文雅，阅读不仅可以丰富知识、开阔眼界，还可以陶冶情操、提升对美的欣赏。为此，屏东中学与海峡文艺出版社通过共建海峡书屋，不仅能通过深度阅读经典书籍陶冶同学们的气质，引领广大同学“静心素读”，读取人间天上、草木虫鱼、风景静物，乃至一花一叶、一段历史、一丝感触、一撮悲欢、一星冥想，做到放下心中欲望静心素读，真正聆听到文中的心声、得到大师思想的启迪、享受美的感受、陶冶高尚的情操，而且能做到“披情精读”，从一粒沙里见世界、半瓣花里说人情，从“情”字这个角度去阅读，从情入手、披情精读、情意贯穿，达到《文心雕龙·知音》的境界，“夫缀文者情动而辞发，观文者披文以入情”，进而通过深度阅读追寻文雅，达到陶冶人的情操、启迪人的智慧、扩宽人的视野、增强人的能力、丰富人的情感、磨炼人的意志、丰富人的阅历的效果，并使自己从小养成的文雅并举、文明行止能通过深度阅读得到提升，进而促使自己的精神境界也如千古经典一样“流芳”于世。

十、书馨悦传于“学堂”

到安泰书城的海峡悦读学堂调研，主要是了解在中央提出供给侧改革、经济转入新常态和互联网经济多重冲击背景下，我们的出版与发行企业应如何深入贯彻好国家11个部委新近联合出台的《关于支持实体书店发展的指导意见》，通过社店合作扎实推进好实体书店的转型发展和出版企业与市场的有效接轨。应该说，近些年来集团上下尝试不同形式、不同风格实体书店的再造和社店关系的构建，在这一再造和构建过程中促进集团内部形成一批初具规模、初显样式且具有九个方向性发展前景的“书屋”模式，且显现出具有福建特色的“闽派”阅读风格。实践证明，这些业已形成的九个不同类型的“书屋”模式，也是我们现在和今后一段时期正要有效实施和正在不断提升的推广方式和平台。

一是以转型升级为支撑的新华文化城连锁经营模式。借鉴国内一些成熟书店转型升级的经验，按照新华文化城连锁经营项目建设的统筹布局，分头试点、有序推进。在条件成熟、人口聚集量大的社区市建设新华文化城；同时对原有新华书店卖场进行数字化升级改造；通过股权投资或加盟方式建设一批有层次感、有个性经营特点的书店，并将它们全部导入新华文化城连锁经营体系中。集团重点实施的以五一路教育书店为代表的新华文化城改造提升范式，改造后的教育书店将为读者创造一个舒适的文化阅读环境、增加读者在卖场的停留时间、实现品牌叠加效应、推进线上线下互相拉动（互联网＋）、带动卖场相关文化产品的销售，进而逐步将福建省新华书店门市打造成集文化产品体验、休闲阅读、生活消费的综合平台，向读者提供新的阅读体验和感性认知，满足消费者对阅读、图书衍生品和文化的需求。

二是以福建省各市（县）一中图书馆为支撑的“新华书屋”模式。实行政府引导扶持、市场运作、科学规划、合理布局，推动新华书店进学校和社区等，现已选择具备基本条件的学校、地区与社区开展建立一批具有连锁经营和图书借阅、文化辅导、商业便利店等公共文化、商业服务功能的“新华书屋”，形成教育、书业与文化的紧密结合。尤其是在福建省各地以一中为依托筹建的“新华书屋”将起到较好的导向、导引作用。从阅读规律和阅读示范效应分析，一般来说，各地一中兴，一个县的教育就兴。各地一中一般来说多是各个市（县）的教育中心，一中的学生愿意学，这个地方就会形成一个良好的阅读示范效应。晋江一中提供的“十个一”阅读推广经验已证明。为此，近期以来在各市（县）依托一中筹建“新华书屋”的工作得到广泛认可和积极响应。

三是以服务农村文明发展为支撑的“农家书屋”模式。现在农村阅读市场具有非常大的潜力，但许多农村书屋是个体经营，被不少烂书、伪书、冒牌书、盗印书占领，借阅率较低。实践证明，农村阅读阵地如果丢了，农村“耕读”文化的传统就丢了，农村的断层文化就愈加固化，占全国近一半人口的广大农村将如何建成社会主义新农村的问题将更加突出。所以我们要站在一个更高的视野去建设“农家书屋”，进而在做好实体农家书屋经营、管理的同时推广覆盖数字农家书屋。

四是以学习型组织为支撑的“机关书屋”阅读模式。机关党政干部业务负担繁重，读书时间相对不足、阅读空间越来越小，我们亟需通过大力倡导读书风尚，让“爱读书、勤学习”成为每个干部的自觉追求，进一步推动书香社会、学习型组织的构建。我们拟以武夷集团为试点在机关推动下建立阅读书屋，利用现有办公资源打造载体，充分发动全体职工积极参与，干部职工在下班后将走进书屋享受读书带来的快乐。福清市新华书店前些年也尝试过与机关事业单位通过补贴职工购书共建书屋的形式，但此经验尚有提升空间。下一阶段，我们要进一步将机关学习型组织建设和书店的合理供书通道有效打通，及时满足广大干部职工日益增长的读书阅报需求。

五是以丰富军营文化生活为支撑的“军营书屋”模式。韬略终须献军营，奋飞还得读良书，部队阅读同样也有大量需求。部队军营充实了“书柜子”，提高读书的含金量，才能武装“脑瓜子”、用好“枪杆子”。以前各地各县各单位“荣兵”是送猪肉，现在食品不短缺，已逐步地呈现并转向给部队送书。

部队里很多军人将来进入社会需要学习一些职业技能，读书是官兵日常生活不可或缺的一部分。龙岩新华书店跟龙岩消防大队共建书屋，充实官兵的阅读资源，既丰富了军营生活，又提升了共建模式。各地分公司要主动靠前、主动对接，以不同形式搞好军营书屋构建，与部队一道共同做好系列化的双拥共建。

六是以在读中小学生为支撑的“家庭书屋”模式。这个经验就是晋江一中的经验。晋江一中的经验非常实用，晋江一中以5000个在校学生为支撑创新建设家庭书屋。所有学生在各自家中建设起家庭书屋，晋江一中向学生灌输“五个一”概念：一间书房、一个书架、一张书桌、一批藏书、一盏台灯。在书中与作者对话，从有形的“小”中见无形的“大”。随着学生、家庭和社会的认可，活动又增加到“十个一”的内涵，后“五个一”为一句格言、一次命名、一篇故事、一场主题读书交流会、一次读书分享，逐步形成阅读经典名著、讲述文化故事的良好风气。这不仅使“书香社会”“书香校园”落到实处，带动了社会相关群体、家庭阅读量的增长，而且还能够与当地书店等有效联动，激发图书发行潜力的进一步提升。包括晋江分公司在内的各地分公司要把握好这一经验做法，让其成为各地推广和扩大一般图书发行的又一亮点，做到社会效益、经济效益双丰收。我们拟从不同角度总结晋江一中的经验，并将其提升作为全国政协提案，以期把晋江一中作为典型在全国推广经验，更加唤醒国人的家庭读书意识，从家庭做起、从娃娃抓起，同时也把这个理念和经验作为福建的一个品牌、模式来打造和提升。

七是以大爱情怀为支撑的大梦书屋模式。大梦书屋是出版社、书店和旅游相结合，致力于营造舒适的阅读体验环境，并紧密结合读书推广、文艺沙龙、美学生活与概念餐饮等元素，打造充满书香、咖啡香的复合型人文书店。西湖大梦书屋定位于大众型文艺、时尚读物和普及型的社科、人文、轻学术类图书，开设有闽教社、中华书局、商务印书馆等出版社专柜。在为读者们创造良好阅读环境的同时，店内每周都会举办各种学术讲座、文艺沙龙和阅读推广活动。鼓岭大梦书屋选址鼓岭老街李世甲别墅，古朴典雅，其格局基本承袭西湖店，融图书、餐饮、旅游、文创产品和文化活动于一体，学术精品图书比重更大，并增设“闽文化”图书专区，向游客展示福建的历史文化和风土人情。与福州一中以及大学城互动而即将建立的大学城大梦书屋也在逐渐打造之中，大梦书屋作为一个品牌也同样引起各大学的重视，作为大梦书屋经营者的福建教育出版社，在加大加强复制与推广的同时，也要把它所承载的青少年阅读和梦想的希望更好地实现，进而将大梦书屋所承载的大梦情怀在全社会不断发扬光大。

八是以出版社为支撑的校社合作海峡书屋模式。海峡书屋是教育文化合作的窗口，首批校社共建示范基地起到示范作用，从试点单位开始至今已落户11 所学校，之后还将陆续在福建省推广。海峡书屋既为师生阅读提供最精美的精神食粮，又延伸出讲座、沙龙、展览、培训等丰富多彩的活动，成为多元化快乐阅读体验的一方乐土。11 家海峡书屋是排头兵，谋创新、出成效，深入推动全民阅读进校园，提升校园文化建设水平，构建师生读书长效机制，营造“教与书相伴，行与文相随”的浓郁读书氛围，让读书成为广大师生的自觉需求和日常行为习惯。当下各出版社积累了大量图书，学校拥有图书数量却十分有限，我们建设海峡书屋就是优化整合校社之间图书资源，有效体现校社共建海峡书屋的生命力。11 家海峡书屋中有不同的类型、风格，在实践中取得了良好的效果。以福建少儿出版社的海峡书屋为例，该社依托自身的专业出版优势，与福州教育学院二附小开展共建活动，在校社共建过程中，出版社根据学校书香校园建设的需求，结合近年来国内儿童阅读与小学语文教学的发展方向，一方面为学校提供了优质的童书作品，另一方面为学校带去了优质的作家资源，举办了著名作家赵丽宏“共读《童年河》”主题读书会、“紫铃铛的约会——台湾著名儿童诗人林焕彰书香校园行”等特色活动，为学校的书香校园建设插上文化的翅膀。

九是以体验阅读为支撑的“海峡悦读学堂”模式。海峡悦读学堂是依托福州安泰书城和福建少儿出版社优秀的作者（家）资源，打造融阅读体验、教育培训、阅读指导服务、图书销售推广、活动交流等内容于一体的儿童阅读体验中心，借助传统出版发行企业的文化品牌优势，实现从内容提供商到内容服务商的转型升级。海峡悦读学堂将成为优质绘本、儿歌、儿童诗、儿童小说、科普等童书的体验空间；与福州市新华书店开展“安泰悦读大讲坛”活动；整合两岸青少年文化创意界的优质资源，加强两岸青少年的文化交流。培训团队以知名作家领衔，以核心师资为主体，保证整体的教学水平。福建本来是一个语文大省、高考大省、作文大省，高考成绩不尽理想恐怕与阅读不深、不广、不够专注有关，而且我们今天的闽派阅读、少儿阅读、成人阅读都令人悲哀，出现了断崖式的问题。所以，像海峡悦读学堂这样的阅读体验店越多越好。

关于海峡悦读学堂，我感到福建少儿出版社这两三年在出版主业之外的多元拓展方面很有想法、很有思路，从海峡悦读学堂的功能定位上看，实际上是对福建少儿出版社的主营业务的一个拓展。作为一种创新的平台建设、一个书屋形态的建设，就要按照这个既定的规划、理念、方式去推动它。所谓不忘初心，方得始终。作为阅读人、出版人，我们当前不忘的初心就是要“出好书、发好书、印好书、理好财、投好资”，我们的初心也是我们的宗旨、我们的发展目标。而现在建设海峡悦读学堂的不忘初心更体现在以下五个“验”上，期望经过我们的深化细化实践和总结推广，不仅可以造福广大福州学子，而且辐射全省并逐步形成闽派少儿体验阅读的创新模式。

一是“体验”教读。海峡悦读学堂首先应是体验型的。从某种意义上讲，阅读体验首先是需要强加的。从强加到诱导至自觉有一个过程。所以，体验教读的第一个环节是引导，只有运用各种形式吸引你进来，然后教你读书的方法，培养你读书的习惯，进而才能教会你读书，让你有了阅读的良好体验，才能从单一的、小众的平台过渡上升为“基地式”的体验阅读平台。有了这个阅读基地，才能教孩子怎么读；有了这个阅读平台，才能让孩子在这里体验此一综合平台；而没有先建立好这些基地平台，这个“教”的过程就不可能复制，也不可能向其他地方辐射，更不可能成为一个文化地标、教育地标。因此通过建立阅读平台、形成特色基地集群，以喜闻乐见的形式激发孩子们的阅读兴趣，形成良好的阅读氛围需要有强大的吸引力，而且一定要结合当前先进的技术（如 VR 等）丰富虚拟与现实的不同体验，进而使这种“体验”教读从传统方式提升到现代方式。

二是“实验”教辅。海峡悦读学堂其次应是辅助型的。它是我们着力打造的教室之外的第二辅导课堂。比如如何打造成为“光明式”的课堂。其中如福建少儿出版社的光明作文班，一定要打造成非常有特色的实验教辅平台，而不是千篇一律。这个有牵引作用的教辅实验所形成的文化吸引力、吸附力强了，才能够“辅”得起来、“助”得起来。实践证明，只有得当的辅佐、辅导、辅助作用的支撑才能让孩子和家长感受到强大的吸引力，因为少儿们来这里学习的目的就是希望有名师辅导。所以福建少儿出版社要妥善地调配好“名作家”资源，并能够更好地创新实践，吸引更多“名作家”指导作文培训和点评，并使之成为特色，使这个“实验型”教辅活动不仅更加富有吸附力，而且更加富有成效。

三是“检验”教改。海峡悦读学堂再次应是多元型的。之于教改的多元性，我觉得学堂可以把语文、中文阅读、儿童文学阅读作为我们检验教改的平台和特色来率先打造，使之成为从第二课堂推进课程改革的尝试。同时，海峡悦读学堂为检验教改课程设计的优势，一定要结合解决福建需重点突破的教改问题，通过课程支撑整个学堂的运转，形成比较特色与比较优势，唯此海峡悦读学堂的发展才能更有吸附力、更有生命力和更有持续力。

四是“证验”教法。海峡悦读学堂还应是融合式的。从教法角度思考，证验我们的教育方法是否得当，应有融合的方法与标准。比如只学作文不学写字是不行的，读书的同时也带动写好字也是必要的。古时候写字是文人的基础。阅读也要加入书法等才能产生综合效应，更何况现在已基本确定书法将纳入中考、高考范畴。所以“证验”教法成功与否在于融合式的创新到位如何。就像作家签名售书同样也要考虑综合效益、融合效益，比如商晓娜来授课签书，签书签了多少是一个概念，你辅导学生写了多少篇被大家认可的好文章更是个概念，包括后续效益等都应用融合的眼光和标准来验证教法、提炼经验。总而言之，海峡悦读学堂和“名作家”互动形成的“证验”教法成功不成功，一定要从是否做到有效融合来检验、来考量，而不是单看作家签名书卖了多少，这不是我们的目的与意义。

五是“考验”教园。海峡悦读学堂更应是“混搭式”的教育园地。这种融合了教与学的“混搭”学堂建议要相应解决好以下几个问题：一个是服务配套。

服务配套可以动静结合、内外结合。比如，同附近的军门社区合办四点钟学校，成立海峡悦读学堂军门社区分堂，把四点钟学校做起来并得到有效推广，“混搭”的综合效益就能体现出来了。相应的社会效益和影响力也就出来了。可以依托类似的军门社区等等的“混搭”运营，把它们作为一个体系来规划建设，并且让这种“混搭”服务模式产生更加广泛的影响。二是机制创新。福州新华书店要通过与海峡悦读学堂共建，打造下一个紧密型的社店合作模式并成为示范。这里介绍并推荐大家参考借鉴河南省新华书店“混搭”建设新华幼儿园的经验。三是盈利模式。海峡悦读学堂处于这么好的城区中心地点，中午孩子们要跑回去吃饭后再来吗？可以搞登记制、入台账，上午十点来，中午在这里吃饭，下午回去；下午四五点来的，晚餐在这里一样也能得到解决。这样不仅能就地解决就简配套机制，关键是延长阅读时间。因此，作为学堂可以做配套简餐、咖啡、茶等，比如有选择地入驻若干家简餐，做出模拟的菜品，帮助孩子代点餐，这样就可以留住孩子和学生家长，盈利模式也就出来了。总而言之，希望海峡悦读学堂经营运行一段时间后，能不断创新和丰富这些不同形式“混搭”的内涵，把海峡悦读学堂的经验总结推广开来、持续下去，真正收到良好的预期效果并获取值得推广的经验。

十一、书馨化传于“三江口”

2015 年 12 月 1 日在参加福州八中海峡书屋挂牌仪式时，我们商议在福州八中三江口校区再开设一个大梦书屋的设想，经过 9 个多月的筹备，大梦书屋（八中店）顺利开业了。目前这种由出版社、书店、学校三方合作，由一个品牌书店入驻中学校园的模式在全国应是一个首创，这也是国家印发《关于支持实体书店发展的指导意见》后，海峡集团和出版社迅速响应、教育部门与学校积极配合的成果。我们希望借助这个模式的创新，把中国人早已经有的阅读习惯、读书情怀更好地在我们新一代青少年身上根植，使这个建构在校园内的大梦书屋成为学校深度阅读的示范点，成为广大学子实现个人发展愿景的实践点，成为“为中华崛起而读书”的领先点。

古人言“最是书香能致远”。中华文明、中华文化之所以5000年连绵不断、长盛不衰、一脉相承、一以贯之，在于我们是一个重视读书学习的民族。古今中外读书是随着文字记载开始的一项活动，中国记录和创立了世界上最丰富、最多产的文字传统，从此出现了真正的阅读形态，同时国人在不同历史时期也创新性地发展了阅读的不同方式。我曾在本人主撰的《中国知识分子发展探赜》一书中将这些阅读方式归纳为九种类型。

一是“故事式”阅读。故事即典故，在子女幼小的时候长辈就会以讲故事的形式开始向他们灌输中国传统美德和人生智慧，诸如“孔融让梨”“凿壁偷光”“孟母三迁”等故事以及儿歌民谣。幼年时期的“故事式”阅读会让人身临其境、感同身受，为儿童提供了一种了解生活的视角，用这种方式启发孩子可以因势利导，使孩子在感悟和趣味中明白事理，从而达到“润物细无声”的教育效果。

二是“蒙学式”阅读。“蒙学”即启蒙学塾。古人曰“蒙以养正，圣功也”。古代“蒙学式”阅读所用的教材是系统地进行传统伦理道德的教育读本，一系列的蒙学教材提供了诸多的学习楷模与典范，诸如《弟子规》《三字经》《幼学琼林》等，从学习知识到如何做人都加以谆谆教诲。这些“蒙学式”的阅读范本教育用形象的表达启发孩子的思维能力，不仅可以起到明理导行的作用，而且可以从小培养良好的阅读习惯。

三是“耕读式”阅读。“耕读”是指在求生存之余读圣贤书，在日常生活里接受潜移默化的熏陶和教化。古代中国以农业立国，儒家思想与小农经济互为作用，形成了具有鲜明特色的“耕读式”阅读。“耕读式”阅读是中国文化人内心中一种对恬淡人生的向往与践行，在数字时代的今天“耕读式”阅读已经发展成为一种生活态度，在工作闲暇之余阅读经典、体会思想、品味意蕴，从而获得精神的滋养、心灵的慰藉。

四是“躬行式”阅读。“躬行”即身体力行、亲身实践。孔子一贯重“行”，在言与行的关系上他明确主张要“听其言而观其行”，他认为读书的目的在于

"行道"，只有通过"躬行式"地"行"才能使"道"变为现实。在孔子的严格教诲下，孔门终于形成"躬行式"阅读中崇尚力行的风气。孟子继承和发扬了这一思想，强调对于道德的修养不仅要身体力行，还要自觉地接受各种严酷环境的磨炼和艰难挫折的考验，才能获得卓越的才能、形成完善的人格、达到崇高的道德境界。孔孟所提倡的坚持力行的"躬行式"阅读方式对今天仍有重要的实际意义。

五是"内省式"阅读。"内省"即在内心省察自己的思想、言行，检查有无过失，通过自我反省随时了解、认识自己的思想、意识、情绪与态度。"内省式"阅读指通过读书对照自己的行为，从而达到自我反省、自我坚持的目的并使读书成为向善的途径。孔门的大弟子曾参关于自省有一段著名的论述："吾日三省吾身：为人谋而不忠乎？与朋友交而不信乎？传不习乎？"即每日反省自己是否忠于职守；同时反省自己与朋友的交往是否知行一致，也即是否把学到的内容身体力行。"内省式"阅读可以帮助人们从思想意识、情感态度、言论行动等各个方面去深刻认识自己、剖析自己、提升自己。

六是"科举式"阅读。"科举"是中国古代封建统治者让读书人参加的人才选拔考试制度，"科举式"阅读是"学而优则仕"的一种制度。中国古代科举制度最早起源于隋朝，采用分科考试的方式选拔官员，到清朝"科举取士"制度日臻完善，考试主要是以八股文和试帖为主。"科举式"阅读的主要书目为"四书""五经"，考取功名以及建功立业成为"科举式"阅读的目的。当然对"科举式"阅读的进步性与局限性我们要作历史的、辩证的、客观的分析和评价。

七是"清寄式"阅读。读书是首选的"清寄"方式，也是安顿心灵的重要途径，书给人的快乐是无法言喻的。"读书之乐乐如何，绿满窗前草不除。"这两句诗形象地勾画了读书的快乐与幸福。"清寄式"阅读被称为"闲读"，"惟有福人才肯读书""坐卧一床书"是一种"尚清"的读书方式。正是这种"清寄式"阅读和"尚清"的生活方式，才能将心理调整到如明镜的空明与虚静状态，才能真正享受读书的清雅、清高、清照、清幽、清虚的境界。

八是"教化式"阅读。"教化"即儒家所倡导的政教风化、教育感化。中国历史上非常注重“教化”对人的影响，而且这种教化贯穿古今。在长期的人格培养实践中，国人认识到人格与风气、个体与群体之间的相互依存关系，唐代名臣魏徵上疏唐太宗时说“立身成败，在于所染”，意思是个人立身成败与否关键是看群体风气如何。王安石也认为“教化可以美风俗”。教化从何而来？从教育中来、从阅读中来、从文化中来。“教化式”阅读正是通过对经典的阅读与阐释达到教育感化的目的。

九是“生活式”阅读。读书是生活的有机组成部分，必须和自己的生活经验熔为一炉。古人言：“人可一日不食肉，不可一日不读书。”在现代生活节奏急速加快、生存压力逐渐加大、电子媒介扩张崛起的网络时代，读书能让浮躁的心静下来享受宁静的欢愉，无疑是定心、清心的一个很好选择。“生活式”阅读之益在于增知、获取、致雅，古贤今哲所论述的广泛空间纵横万里、上下千年，读之陶冶性情、益人心智、发人深省。打开一部史书仿佛展开一幅历史长卷，谛听历史脉搏，咀嚼人生甘苦；翻开一册文学经典就如同走进一处风景胜地，诗情画意呼之欲出，犹如置身其中。“生活式”阅读之喜在于结良师益友，读旧书如见故人，看新书如遇新知。“生活式”阅读之境在于以书为师似与先贤对话，以心为灵如与先贤低语。“生活式”阅读之效在于以书为友淡泊明志，在困惑时得以解疑、在迷茫时得以指路、在消沉时得以振作。

应该说中国人的读书方式不仅此九种，但其读书形态倒可大致归纳分为三大类型。

一是个体形态的读书式态。读书的个体形态主要体现在传统留存的“耕读传家”“诗书传家”等式态。从古至今广大农村“耕读传家”流传久广、深入民心。耕读可以事稼穑、丰五谷，养家糊口、以立性命；读书可以知诗书、达礼义，修身养性、以立高德。当人们开始进入城镇、转入乡绅生活形态以后同样重视“诗书传家”，所谓“诗书传家、续世绵长”。这些早期以来自然形成的读书形态基本是以独立个体阅读的形态呈现，并主要是以自发、自愿、发散、未组织的式态存在和传承。

二是分众形态的读书式态。读书的分众形态主要体现在古代逐渐发展起来以后的“私塾教育”“书院文化”等式态之中。随着社会不断进步，越来越需要个体具有道德修养和文化涵养，所谓“学有余力，则以学文”。古往今来不同年代在民众自发、社会启迪和政府引导的多重作用下，读书行为渐渐发展成为一种自发自愿和社会行为相结合的样式，于是就有了“私塾教育”“书院文化”，读书开始形成一种分众学习形态，但因脱产参加“分众式”读书成本很高，譬如孔子做教育就有“自行束脩”一说。读书在那个年代和阶段还不是社会化、普及化的行为，对于少数全脱产做学问的读书人，绝大多数是带着仰慕之情、膜拜之心加以崇敬的，对比起来我们现在接受着社会提供的免费教育福利，但是对读书的认知理念和珍惜程度达不到古人的自觉自爱程度，说起来的确令人感到汗颜。

三是群读形态的读书式态。当今阅读的群读形态主要体现为大众阅读、学校教育等式态之中。现代社会能够低成本、广范围地体现和呈现这种群读的形态主要得益于现代化的社会组织形态让大多数人迅速拥有了读书的权利，使读书成为大多数人一生中必须经历的阶段、成为一种生活的方式，并通过制度设计和社会引导形成一种约定俗成的规范。这种群读形态在当下的基础教育阶段主要是通过各种学校教育的式态来体现，比如通过在学校开展的各种教育课程和文化活动，以及通过学校所体现出来的各种规范、行为、风尚、风气、氛围等式态来呈现。

随着文明发展进程，阅读呈现群读形态是文化传播的巨大进步，但时至今日同样是随着社会发展和科技变革，阅读形态却开始出现一些“退化”现象。这里我权且将这些“退化”现象归纳为六种式态作个简评。

一是从“深度”阅读退化为“浅度”阅读。关于深度阅读我觉得一种比较通俗的理解就是你想通过阅读了解其中的意义、掌握未知的世界，但在阅读过程中你发现书在抗拒着你的欲望，整个阅读过程像是在与书较量，读得艰难却不停思索，最后不能说都读懂了但是思考的深度被拓展了，在与书角力和对话过程中不知不觉地到达这个作品的高度，而后自己慢慢地被熏陶、被改变。这虽是一个艰难、痛苦的过程，却是一个实现成长的过程。深度阅读能带来相对准确的、有机的知识和不可量化的增进。我到集团工作后就是希望通过从事文化工作向社会传导和推广深度阅读。我每天都读书，看的书不少，有些书读得深有些书看得浅，但案头必须有两三本值得深度阅读的书轮番阅看，比如最近我正在看张岱年先生近期新作《中国国学传统》，这是一本值得深度阅读的书，还有一本金克木先生的书《中国文化老了吗？》同样也值得深读。现在能静下心来看一本书的人的确是越来越少了，大家都以各种方式进行浅阅读，或看些零零碎碎的文章或者报刊或网络文字，或看些比较轻易能看懂的东西，很少有硬着头皮啃书的深度体验和精神韧度。

二是从“个性化”阅读退化为“虚化”阅读。个性化阅读是重实践、重人文精神的培养、重主题地位、重个体差异的一种阅读方式，旨在通过个体情感体验达到多元化、多角度理解文本的作用，人们常说“一千个读者，就有一千个哈姆雷特”，这是个性化阅读的一个标签。读书是高度个体化的行为，但一旦多个个体化读书主题形成共同的主观愿望和群体需求的时候，阅读的“虚化”组织形态就形成了，个性化阅读与组织化阅读这两种阅读方式本来是一种良性互动、水到渠成的关系，但是现在出现了一种退化的“组织化”虚读形态，这种“组织化”阅读往往是被迫的、强制的、无特色的，并且同时失去读者海量阅读、挑选、沉淀的过程。比如现在社会上很多的阅读组织、阅读活动并没有根据不同的阅读者推荐不同的阅读方法，反而经常都是大灌水、大道理，大家过去翻一翻、坐一坐、听一听，看似热闹，实则不达，更缺乏个性化阅读的深度互动，因而这种“虚化”的组织化阅读形式未达到预期的初衷和效果。

三是由“入神”阅读退化为“形式”阅读。我们常说读书只有做到聚精会神、凝神聚气，才能不停地思考而进入入神、入定、入思的状态。入神的阅读会为我们开启一扇通往精神生活的门，引导我们进入精神的世界，帮助我们理解作品、感悟真知、升华境界。有深度阅读习惯的人认为，在高铁和飞机上特别容易入神而快速地阅读生涩的著作、进入一种入神阅读的“狭小空间”，它让我们暂时抛开了庞杂的信息纷扰、离开那些摆在四周的阅读零食。我们都知道零食吃起来不错，但是吃多了会难受，只吃零食更是不舒服。但回看当下相当一部分人都沉浸于形式化、碎片化的阅读式态，看似在看书，可都是浅尝辄止，没有思考、归纳、提高，借用现在的网络流行语来描述就是：一睁眼，一闭眼，时间过了好几年，好似都在看书，可脑袋里还是空空如也。从“入神”阅读退化到“形式”阅读，实际上是一种阅读的“自我欺骗”。

四是从“精致”阅读退化为“碎片化”阅读。就读书而言，要取得理想的效果就必须选一部分最重要的著作加以精读、背诵和抄写，达到“背诵如流、烂熟于心”的程度，才能得心应手地利用其中观点解决工作和生活中的实际问题。大家肯定都有这样的体验：想用某本书中某一观点来说明某一问题时却发觉那个观点若隐若现，在记忆中并不清晰，又没做笔记，那感受就像好不容易到了门口却找不到钥匙一样。阅读需要动眼、动脑、动手，我在前面讲到中国人的九种阅读方式，这个为什么能归纳出来，就是通过精细阅读，专心致志边看边记、边想边写慢慢积累下来的。俗话说“烂笔头强过好记性”，精读的意义于今于人都同样重要。“碎片化”的阅读于今成了不少人浅阅读的借口也不无原因。如果“碎片化”阅读能逻辑地贯穿为“通读”，其作用也能感知图书、了解脉络进而成为“精读”的前期步骤，但如果“碎片化”阅读不达“通读”再致“精读”，你就永远找不到开启智慧之门的钥匙。

五是从“修养”阅读退化为“功利”阅读。有人说，阅读决定着一个民族的素养以及思维的高度和深度，从根本上说修养性阅读才是阅读的根本。所谓“腹有诗书气自华”，修养读书的过程就是陶冶精神境界、涵养高尚品格、提升卓越识见、培养自律能力、洞察自然社会、增强智慧勇气的过程。但是随着社会不断进步，人们的财力和闲暇提高本应使更多人有了从事精神性、超越性和修养性阅读的可能，可这种可能性于今并没有变成现实，却见到更多人带着功利性的概念去阅读，为健康而读、为作业而读、为考试而读、为升职而读的现象更加普遍，实用、物质、身体的色彩迅速增加的同时，审美、人文、精神的纬度日益萎缩，尤其是在我们的基础教育阶段看到越来越多的学生为应试而阅读，这种功利性阅读因思考的深度不够，更多地是面向现实生活而不是精神生活，不仅非常容易忘记且产生思维的钝化，而且对个人修养的提升亦是十分有限。太过急功近利的阅读仅仅只能停留于身体表面而不能深入灵魂，在阅读已经大众化、通俗化甚至娱乐化的今天，我们更应该从功利性的阅读误区走出来，真正转向为全民的、大众的、普遍的、更加深度的修养性阅读。

六是从“纸质”阅读退化为“媒介”阅读。传统纸质书的阅读不仅能使人了解信息、获取知识，还能修身养性、提升境界。纸质书可以一页一页随机翻阅、来回阅读、慢慢体会，阅读到动情处就会让读者产生一种心灵的震撼。而快节奏的多媒体阅读让大家更多地感受到的是色彩斑斓的画面、动感逼真的形象以及变化多端的阅读界面，却很难有思考回味的余地，更少了心灵感受的体验和精神境界的提升。通过鼠标、触屏进行阅读，就像有些学者一针见血地指出的，它只是作用于感官而非心灵，缺少了纸质阅读那种身临其境的精神享受；更有医学研究者表示，当我们使用手机、电脑等新媒体阅读时主要是运用左脑，倘若长期偏用左脑就会令右脑功能退化而导致集中力、记忆性的广度削弱，最终连认知能力及创造能力也会退化。通过多媒体读一些消遣娱乐的读物尚可，但是那些能够给我们重要启迪、具有丰富思想价值的作品就会在这种阅读中被无形地消解。

现代人阅读退化的现象可能还有更多的式态表现，但是这六个比较明显的退化现象应引起大家的足够重视。回到我们承载阅读功能的书屋上说，前段时间我去晋江调研更有了一番不同的感知。晋江一中有一个与众不同的地方，就是学校与学生家庭同步建设了5000多个“家庭书屋”，因此大家都在说晋江经济崛起的背后伴随着晋江人的文化觉醒和读书自觉。2016年我们提议的两个全国政协提案，一个是对实体书店的扶持政策，一个是文明城市评选对馆藏图书的要求，国家相关部门采纳了这些议案内容。我们将晋江一中的经验加以总结后再拟成提案上报。而福州八中能把大梦书屋建在远离福州市中心的三江口的校园里，这在全国也是走在前头的，希望你们能借助这个平台，进一步、固一步、升一步，把它真正建设成为具有“六有”高度的书屋。

第一，建好“有形”的书屋。福州八中地处三江口交汇之处，是福州的风水宝地，所谓“上善若水”就是希望读书人都能成为向善之人、有福之人。大象无形，书屋有形。当下我们在这样的一个自然环境之中建成这么一个有形的大梦书屋，就是期望通过这个有形书屋合理优雅、风格品位富有专业特色的卖场布置，温馨的服务以及丰富的活动，让广大学子想要走进来、愿意坐下来、愉悦读起来，从“有形”中直观感受到阅读的乐趣，获取无形的知识和力量。刚才就听见第一次来参观的学生聚在一起窃窃私语，表示“已经一下子爱上这里了”，这就是个很好的现象。韩天衡大师也非常喜欢大梦书屋，并为大梦书屋题写了匾牌大字。这段时间《人民日报》一个杂志准备就大梦书屋进行采访，我建议他们采访韩老师，希望能通过韩大师的眼光看、评对建设大梦书屋这一“有形”书屋意义的认识与认同。

第二，建好“有矢”的书屋。读书要有的放矢，从宏观层面来讲，我们是为“实现中华之崛起”而读书；从微观范畴来说，大家是为了实现自身未来的发展愿景而读书。因此建成的书屋可以结合所在学校的需求，在文化设计和配套中除植入原有的“大梦文化”外，应更多地将福州八中的理念、中国教育的理念有的放矢地融入进来，营造属于这个书屋的独特标记，使之成为一个有目标的“有矢”书屋。今后我们还可以通过经常性地请作家、书画家来开办各类沙龙、讲座等活动，围绕三江口校区大梦书屋的主题进行再创作，使我们这个建在校园内的书屋平台不仅是读书的中心、文化的中心，同时还是吸纳各种资源的中心，让在这里读过书的学生都能爱上阅读，进而使书屋成为影响他们一生的永久记忆，这也是我们作为文化人和教育工作者的职责与骄傲。

第三，建好“有神”的书屋。我希望聚精会神的读书状态在这里能够动静结合地得以展现，动之中找书、静之中默思静想，让读者感受到在这里读书、选书、购书是有温度的。大家到书店里来不仅仅是要买一本书，更是寻找与感受一种文化。作为学子能在自己成长的校园里近距离地穿行于书架之中仔细研究比选书籍，体验手指翻开书页的触感，碰到一本心仪的图书时感受心跳加快的惊喜，这些是“冷冰冰”的网络书店无法给予的“有神”体会。书屋同时还要做到让读者愿意带一本好书静坐在咖啡香飘四溢的环境里，摒除一切外界干扰，聚精会神地静静地看、默默地思、聚神地想。一个好的阅读氛围有助于养成一个好的阅读习惯，这对广大学子来说的确是一辈子受益的好事。

第四，建好“有趣”的书屋。书是文化之母，书屋更应是乐趣的天地、兴趣的基地、智趣的源地。到一定时间教育社可以和八中配合，把学生写成的前来读书的感悟、体悟、心悟短文汇编成册。包括现在已经设立在其他学校内的各个海峡书屋都可以这么做，可以分年龄、分体裁、分形式地做。有趣之书屋就是要有这种种兴趣、雅趣、智趣的充分体现，那么这样形态的书屋不就是一个文化的地标、教育的地标了吗？现在很多人讲读书无趣。网游有趣吗？刷剧有趣吗？那些说透了实际上只是一场热闹，真正能让人受益的、植入脑髓的、沁入心怀的应是深度阅读。我们作为出版发行人，责任之一就是要让深度阅读变得更加有趣、更加吸引人，在这一根本点上希望出版社进一步开阔思路、创新形式，善于聚集作者资源、媒体资源，深入学校开展文化讲座、签售、沙龙等活动，积极推广深度阅读，提供更多“有趣”的阅读内容和多元产品，同时作为学校也希望积极将各项活动与校园文化、校园书屋建设更好地衔接起来，使深度阅读更加有趣地、更加有效地深入学生们的心中、脑中、悟中、手中和行中。

第五，建好“有范”的书屋。古人说“大学之道，在明明德，在亲民，在止于至善”。这理念实际上应是学校教育通用的文化理念和目标追求。“止于至善”包括行止、端止，是通德、通道、通诚，是学生美好的理想设定、人格的完美追求，是让人不断完善自我、不断提升境界的正面价值引导。我们的文化教育很早就懂得了用正能量激发人性向好的本能，我们书屋建设的初衷和目的始终都很明确，就是要将书屋建成一个“有范”的文化阵地、教育阵地。希望建在三江口校园内的大梦书屋对当代文化、教育理念的理解与把握更加有规有范，进而通过校社之间的共同努力使书屋成为能够承载校园文化和人文精神的载体，并成为引领福建省教育、引导学生阅读的示范基地。

第六，建好“有恒”的书屋。读书当要有毅力。唯有“恒久永”的理念，才能建设好“恒久永”的书屋。这种“有恒”既是有形的也是无形的。有形在于一个特色的阅读场所的生存与运营的长期性，无形在于这个场所加之于读者心灵的慰藉与回忆的永久性。希望大梦书屋（八中店）从开业初起就按照“恒久永”的概念去设计、运营，努力将大梦书屋和福州八中的理念、情怀渗入到每一届学子的心中，进而将这个理念、情怀带到未来他们成长的各个地方去，使这个建在福州三江口八中校园内的大梦书屋蕴含的“恒久永”理念与平台成为他们永久的乡愁、永恒的大梦。

十二、书馨雅传于“乌山”

“山水乌小，尚雅致和”，福州市乌山小学地处乌山西麓、白马河畔，毗邻三坊七巷，福州市委市政府边的名校。学校前身是全闽师范学堂附小，初创于光绪癸卯年的“全闽师范学堂附小”，专收名门望族子女入学，特聘社会名流执教。教育名气大，文人气、书香气浓郁，也因此成为书法教育基地，是学术、美术、艺术氛围浓郁之地。学校办学业绩显著，“环境幽雅·学生文雅·教师儒雅”的“三雅”办学特色逐步形成，日益成为福建省、福州市基础教育的窗口学校之一，1995年曾被福建省教委确认为首批省级“示范小学”，并多次被省、市党委和政府授予“文明学校”“文明标兵单位”等光荣称号。《中国教育报》《文汇报》《光明日报》以及省市各大报刊、电视新闻媒体都曾作过专题报道。乌山小学作为书法特色校，与福建美术出版社共建海峡书屋，相得益彰。福建美术出版社弘扬中华民族优秀文化，推动造型艺术创作，繁荣出版事业，突显“小而专、专而特”的美术专业出版定位，为社会提供了一大批积极向上、健康有益的图书。近年来更是出版了各种画册、美术史论、名家墨迹、年画、收藏鉴赏和实用性的美术工具书、参考书等图书4100多种，年出书品种达到280余种，其中有许多图书分别在全国、华东地区和省部级的各类评比中获奖。福建美术出版社与乌山小学共建海峡书屋，旨在用艺术、美术来涵养学术、教术，达到相得益彰的效果。借此机会一起探讨社校共建海峡书屋的“六书”愿景，与大家共勉。

1. 建好书坊

五代时书肆，北宋时书林、书堂，南宋时书棚以及明清时书铺，皆泛称书坊。坊巷是文人起居地，书坊更是成为文化的灵魂。作为毗邻三坊七巷的乌山小学，得风气之先、富人文之蕴，更应通过建好书屋传扬好福州的历史文化。为此，乌山小学与福建美术出版社共建海峡书屋，通过阅读《林则徐》《中国寿山石雕刻艺术家集》《中国漆画集》等富有地方人文特色的书籍，了解福州历史，认识被誉为“近代名人聚居地”的三坊七巷走出的林则徐、沈葆桢、严复、陈宝琛、林觉民、林旭、冰心、林纾等众多对当时社会乃至中国近现代进程有着重要影响的“开先”人物，体悟充满特殊的人文价值和不散的灵性及才情的热土带给后人的影响；通过建好书坊，涵养师生独立思考、善于创新的能力，从而更好地传颂我们的历史文化、书香文化。

2. 读好书本

“书本”指那些以传播知识、介绍经验、阐述思想、宣传主张为目的，经过编制或创作，用文字写、刻、印在一定材料上的著作物。正规书籍大致出现于春秋末期。自古以来，书本作为一种知识载体，在人类发展史中起着不可磨灭的作用。为此，乌山小学与福建美术出版社共建海峡书屋，希望大家读好历史读本。“读史使人明智”，乌山小学地处福州特殊的历史地理位置，富有特殊的人文故事。相传汉代何氏九仙于重阳节登乌山览胜，引弓射乌，故又称“射乌山”；唐天宝8年（749）唐玄宗敕名为“闽山”；宋代熙宁年间，郡守程师孟又以此山可与道家蓬莱、方丈、瀛洲相比，便改其名为“道山”，“唐宋八大家”之一的曾巩作《道山亭记》，一时洛阳纸贵。同学们处在人杰地灵的乌山之畔，更要深度阅读好福州的历史，从我做起，做一名具有“乡土情怀”的福州人。同时“共建书屋”还殷切希望大家读好人生读本，将读书与做人结合起来。国人读书做学问无不以“修身、齐家、治国、平天下”为最高理想，“修身”即为做人，是读书的首要“宗旨”。孔子说：“一日三省吾身”。希望广大同学凭借海峡书屋平台，深度阅读好各种人生书本，用书本典章充实自己，用知识学问熏陶自己、涵养自身。

3. 练好书写

“书写”指用文字抒发。书让我们从野蛮到文明、从庸俗到崇高，书唤醒了我们沉睡的大脑，复苏了干涸的心灵，生活里没有书，就好像鸟儿没有翅膀。书之于我们，如同阳光之于树木，作为人类文明史上最珍贵的智慧精华，书不仅丰富了人们的生活，而且让人生得到成长。为此，乌山小学与福建美术出版社共建海峡书屋，有助于广大同学通过深度阅读丰富书写的体验，在阵阵书香中完成一次次生命的感悟、一次次美的享受、一次次人格的提升；通过练好书写，懂得在得意时学会谦虚，在失意时唤醒希望，在迷茫时懂得睿智，在困难时理解宽容；通过练好书写，让人生也拥有丰富多姿的阅历，抒写好适合自己成长的人生之书。

4. 构好书系

“书系”指书的体系。阅读要作为体系来建立。自古以来，人类文明典籍这一硬件媒体，留下了智慧的火种，使得我们的文明得以传承。人类通过书本获取知识量的速度大约是每秒钟 12 比特，使人类的文明等级在 300 万年的进化史上获得了空前的繁荣与辉煌。学会对书分门别类的阅读，对涉猎知识有着事半功倍的效果。唐代文学大师韩愈，将读书分类法总结为“提要钩玄”，将书分门别类，然后按其性质类型的不同而采用不同的读书法。对于那些记事性质的历史书籍，阅读时必须提出纲要，也就是提纲挈领地将书中的主要内容抽出来；对于那些理论方面的书籍，阅读时则要注意探取其深奥的观点，也就是抓住书的精髓部分。福建美术出版社为学生提供了大量不同门类的书，有书法精品、名人画册、艺术史等，具有系列化、丛书化、精品化的特色。乌山小学与福建美术出版社共建海峡书屋，有助于同学们通过分门别类阅读，在浩瀚的书籍海洋中找到适合自己成长的方向，做到“提其要”，使自己对书中事件的发生发展过程一目了然，对事件发生发展的原因清清楚楚，从而可以进一步了解事件之间的相互联系，透过现象看到本质；同时“钩其玄”，便于把握重点，吃透精神实质，对某些重要观点进行深入的研究，从而开拓视野、活跃思维、增长知识、提高水平，将书中的营养化为自身的涵养，从而在构建良好阅读书系中找到人生成长的方向。

5. 推好书法

“书法”是世界上文字表现的艺术形式，也指用毛笔书写汉字的方法和规律，包括执笔、运笔、点画、结构、布局等内容。写好书法就要做到执笔时指实掌虚、五指齐力，运笔中锋铺毫，点画意到笔随、润峭相同，结构以字立形、相安呼应，分布错综复杂、疏密得宜，得以产生虚实相生、全章贯气之书法意境。乌山小学作为书法特色校，致力于推广书法教育，弘扬传统文化，是福州市首批“书法篆刻示范学校”，学校成立了方晓敏校长领衔的“书法篆刻名师工作室”。2016 年中国书法家协会主席一行到乌山小学调研，从学校书法氛围的营造、书法课堂实践、书法活动和师资培训等方面进行了深入交流。福建美术出版社以艺术为特色，近年来出版有“学画宝典丛书”“当代工笔画唯美新势力丛书”“中国书画鉴识系列丛书”“楷书技法宝典”“中国山水画技法丛书”“大师经典素描图典丛书”等书画系列图书，满足了人们的书画艺术需求。为此，乌山小学与福建美术出版社共建海峡书屋，不仅能帮助大家写好艺术性的书法，而且能够帮助广大师生书写好人生的大法。

6. 传好书香

“书香”指读书风气、读书习尚。古人为防止蠹虫咬食书籍，便在书中放置一种芸香草，这种草有一种清香之气，夹有这种草的书籍打开之后清香袭人，故而称之为“书香”。古人读书有“焚香煎茶”之乐。陆游有诗云：“欲知白日飞升法，尽在焚香听雨中。”近代文人闻一多认为，书香可以宁神静气，让思绪飞扬，是东方人特有的妙趣。“最是书香能致远”，乌山小学与福建美术出版社共建海峡书屋，通过传好书香，引导师生养成良好的阅读习惯，从前人处汲取德之高远，让学生学会思考、善于分析、正确抉择，做到稳重自持、从容自信、坚定自励，养成独立思考、善于创新的能力；通过传好书香，引导和鼓励广大师生与书为友，养成多读书、读好书的良好习惯，勤于学习、敏于求知，促进学校的学风和师风建设；通过传好书香，让同学们认识到人生中所蕴藏的真、善、美，在阅读中收获新知、探求真知；通过传好书香，营造积极向上、清新高雅的校园文化氛围，使浓郁的书香弥漫在乌山之畔、苍穹之上。

十三、书馨拥传于“正谊”

引领时代教育潮流的福州一中，其前身是位于福州三牧坊两侧的“凤池书院”和“正谊书院”，始建于清末的“全闽大学堂”，开八闽新学之先河，是福建省最早的公立学校。福州一中以建校历史悠久、办学效益卓著、学生素质全面、校友英才辈出而蜚声中外，在福建省近现代教育史上占有重要地位，长期以来一直是福建基础教育的一面旗帜。从某种意义上讲，福州一中的文化底蕴深厚：在有福之州的“一中人”都有一颗中国人共有的读书之心、一条中国人共走的读书之路、一个中国人共追的读书之梦。而今坐落在福州新大学城中心的福州一中新校区，将传统一中学校的“三牧文化”与现代书屋的深度阅读理念融合性地植入新锐老校，此情此景更催生起我们共同思考中国人成长路径的必要。众所周知，中国人的成长路径可简要概括为：从书开始，以爱为结。对于读书的妙处，自古以来论述颇多，汉朝刘向在《说苑》中讲：“书犹药也，善读可医愚。”北魏道武帝曾问博士李先：“天下何物最善，可以益人神智？”李先回答说：“莫若书籍。”皮日休认为书籍胜过美女，说：“惟书有色，艳于西子”“案头见蠹鱼，犹胜凡俦侣”。宋朝诗人黄庭坚曾说：“士大夫三日不读书，则义理不交于胸中；对镜觉面目可憎，对人则语言无味。”尤袤则说：“饥读之以当肉，寒读之以当裘，孤寂读之以当友朋，幽忧而读之以当金石琴瑟也。”可见，读书不仅能使人拥有智慧，更能使人拥有广博的人生境界。作为引领教育先河的福州一中，从古至今书声琅琅、书香盈盈，在这里我们不仅能够感受到“风声、雨声、读书声，声声入耳”的场景，更能够体悟到学子们“家事、国事、天下事，事事关心”的境界。为此，在这样一所“最是书香能致远”、英才辈出的教育名校建设大梦书屋就有了让我们有诸多启发和启示的契机，也有了与大家一起探赜“九拥境界”这一中国人成长必经路径的思考与探索。

1. 从“拥书入梦”中感悟一中学子的读书启蒙

“拥书入梦”即拥抱书本入梦为怀。讲起“拥书入梦”就立刻让人们联想起古时孩儿“抓周”的场景。一个小孩在“抓周”时如果抓起笔与书，祖父辈会畅怀高兴，自此认为其子孙具备了“拥书入梦”的情怀和天赋。自古以来，书就伴随着中国人的一生。当代福州一中学子更是有从小就在书声中进入香甜梦境的诸多体会。中国人古时读的儿童蒙学读物有《弟子规》《幼学琼林》《三字经》等，它不仅能启发儿童心智的成长，而且引导众多学子成长为各自领域的佼佼者。读书犹如进食，当我们还是个孩童的时候，吃过很多食物却记不起来，但可以肯定的是它们中的一部分已经成为我们的骨头和血肉。读书更是如此，一个人从小认真读过的书其实早已融进灵魂，沉淀成智慧和情感，只要一个触动点就会喷薄而出。曾国藩说：“人之气质，由于天生，很难改变，唯读书则可以变其气质。古之精于相法者，并言读书可以变换骨相。”我们还知道，锻炼与不锻炼的人，隔一天看没有任何区别，隔一个月看差异甚微，但是隔五年、十年看身体和精神状态上就有了巨大差别。读书更是一样的道理，读书与不读书的人，日积月累终成天渊之别。从小读书是为了避免被琐屑生活打磨得麻木不仁，深度读书是为了成为一个有温度、懂情趣、会思考的人。为此，在福州一中成立大梦书屋，让中国人从古至今所形成的“拥书入梦”的理念在新生代的一中人身上发扬光大，让书本带给我们丰富的精神生活、带来追求、带来奋斗、带来梦想，让我们去寻找生命的另一种可能、另一种生活方式。

2. 从“拥庭入训”中感悟一中学子的读书明礼

“拥庭入训”即庭训教育让人读书明礼。中国古人晨起接受庭训教育已成为人生初始成长的“必修课”和“成长路”。孔子言：“不学诗，无以言；不学礼，无以立。”一日孔子站在庭院中，他的儿子孔鲤低着头很快地走过去。孔子拦住他问：“学诗了吗？”孔鲤答：“没有。”孔子说：“没学诗你怎么说话？”孔鲤便回去学习诗文。第二日孔鲤又碰见了站在庭院内的孔子。孔子问：“学礼了吗？”孔鲤答：“没有。”孔子说：“不学礼你怎么做人？”于是孔鲤回去习礼了。这个故事叫作“过庭训”。古人承传大教育家孔子“庭训”文化的理念，以“拥庭入训”教育后人应读书以明礼。常读书的人锦心绣口、谨言慎行，一言一行、一颦一笑都受书的熏陶浸染，处处充盈着礼貌、礼数、礼遇。一个人在自我精神世界里能够始终恬淡愉悦，一定是一本本书为其心灵打开了明灯，从而保持时时清醒、步步睿智，最终走出明礼人生。读书是明礼的行为，而这种行为本身可以引领一个人走向更大的智慧。“拥庭入训”的理念让一代代中国人成就了家庭文化的教育与传承。读书使人明礼，有了书我们才能学会正确的待人接物的方法；读书使人明理，有了书我们才能健康成长，拥有卓尔不凡的气质；读书使人明智，有了书我们才能得以发展，创造出一个又一个奇迹。书是一面镜子，经常照照这面镜子，你将会开创出一个“腹有诗书气自华”的人生。为此，在福州一中成立大梦书屋，让中国人从古至今形成的“拥庭入训”的理念在新生代的一中人身上传承弘扬，让晨起读书反思的好习惯更加陶冶人的情操、历练人的性情、厚实人的底蕴、纯粹人的精神，从而培养出一中学子明礼而儒雅的气度。

3. 从“拥学入志”中感悟一中学子的读书志向

“拥学入志”即在读书学习中成就志气、志向。大教育家孔子在《论语》中从整体上布局了中国人成长路径的“向度”。孔子言“吾十有五而志于学”，至此“拥学入志”的理念成为中国人读书立志成长的出发点和标志点。历史上古人推崇的“寒窗苦读”“青灯黄卷”“皓首穷经”等演绎的都是“拥学入志”

的践履故事。一个人全身心地投入到读书的状态，实际上也是一种修炼，是个人品性修养、意志磨砺与心理能量积累的过程。坚持做到读书学习，天长日久自然而然身上的宁静之气就会越来越多，浮躁之气就会越来越少，就能练成排除干扰、闹中取静的功夫，增强临危不惧、处变不惊的定力，达到“泰山崩于前而色不变，麋鹿兴于左而目不瞬”的境界。由此，古人留下了“书山有路勤为径，学海无涯苦作舟”等一系列警句佳言，这既是古人“拥学入志”的坚韧追求，更是当下及未来一代代学子不断奋进的精神榜样。为此，在福州一中成立大梦书屋，让中国人从古至今形成的“拥学入志”的理念在新生代的一中人身上重振雄风，希望大家能“志于学”，自觉地徜徉于书海，不断丰富自己的内心世界，从而成就大家的志气、志向、志愿。

4. 从“拥立入标”中感悟一中学子的读书目标

“拥立入标”即拥有三十而立的定位目标。从孔子开始中国古人就把“三十而立”定义为人生成长和成熟的基本年轮标志。无论是依靠自己的本领独立承担起自己应承受的责任还是确定自己的人生目标与发展方向，无论是立身、立业、立家还是思想的修养、道德的涵养、能力的培养，都离不开从现在开始读书立志目标的确立、确定。人生苦短、目标可期，古往今来大凡有成就的人都拥有明确的读书目标和成长矢杆。有人是“为中华之崛起”，有人是“学而优则仕”，有人是“修身、齐家、治国、平天下”，有人是“穷者，独善其身；达者，兼济天下”。不管出于何种目标读书，天下为公也好，修身养性也好，多读书于人生、于社会、于民族是大有裨益的，正所谓“学而时习之，不亦说乎？有朋自远方来，不亦乐乎”。毛泽东同志经常讲：“饭可以少吃，觉可以少睡，书可不能少读。”他的一生可谓嗜书成癖、手不释卷，“活到老，学到老”。长征路上他即便是躺在担架上或骑在马背上，也坚持读马列的书，自嘲是“马背上的马列主义”。1952 年买的一部清乾隆武英殿版二十四史伴随了他 24 年，直至去世。他在通读的同时，还研读重点篇章二遍、三遍、四遍，作了大量批注。大抵聪明人在读书上总是要下苦功夫、笨功夫的，从而拥有了明确的目标，很多人也因此奠定了深厚的学养基础和立命标杆。为此，在福州一中成立大梦书屋，让中国人从古至今形成的“拥立入标”的理念在新生代的一中人身上不断创新出彩，希望大家能在大梦书屋和学校教育的深度阅读过程中找到适合自己人生成长的读书目标、立志方向，逐渐走向成熟、成功。

5. 从“拥思入境”中感悟一中学子的读书真谛

“拥思入境”即指拥有明了的读书态度而走向深思熟虑的“不惑”境界。中国古人常把“四十不惑”作为人生成熟的标杆要求，尤其推崇通过读书使人明白人生真谛后进而达到深思熟虑的“不惑”境界。读书可使人少些冲动，多些冷静；少些烦恼，多些理智；少些放任，多些责任；少些盲从，多些思考。读书可以使人对外明白了解社会，对内明白了解自己，对己明白了解责任。古人读书名副其实，自信读书百遍其义自见，因而不但要朗读，而且要抄、背、默。读书解惑就要求多思考，正如孔子所言“学而不思则罔，思而不学则殆”。古人常倡“读万卷书，行万里路”，目的也是希望通过深度读书和社会践履融通后助力人们在成长过程中达到深思熟虑的“不惑”境界。当代学子更应懂得从日常学习读书中学会思考、学会思想、学会解释，这是思想成长的轨迹、是解惑析疑的通途，更是让自身登高望远的路径。为此，在福州一中成立大梦书屋，让中国人从古至今形成的“拥思入境”的理念在新生代的一中人身上践行践悟，希望大家能够在阅读中多思考、多感悟，做到释疑解惑、深思熟虑，进而不断迈向人生“不惑”的境界。

6. 从“拥知入命”中感悟一中学子的读书使命

“拥知入命”即拥有知识，懂得自身使命。所谓“五十而知天命”，从孔子以来的古人都认为唯有读书才能使人明白自身的使命所在。读书使人知道自己的命运轨迹，做到不怨天；知道自己的人生定位，做到不尤人；知道自己的职责所在，做到不懈怠。“大学之道在明明德，在新民，在止于至善”，阐述的就是这番“拥知入命”的大道理。孔子早就说过：“发愤忘食，乐以忘忧，不知老之将至。”人生的厚度在于学识、涵养、儒雅，君子气质只有适时注入了读书人的使命，才见其人生不菲薄、不妄语、不薄幸，才可在恣肆生活的汪洋大海中从容淡定，在过往的岁月中月朗风清。读书使人眼界变得开阔、思想变得深刻、精神变得崇高、品德变得高尚、举止变得高雅，就会提升做人与处事的层次和魅力，使知识产生出无穷的力量，从而领悟人生的崇高使命。为此，在福州一中成立大梦书屋，让中国人从古至今形成的“拥知入命”的理念在新生代的一中人身上重塑清风，希望大家在广泛阅读中、在深度阅读中明白自身的使命所在。

7. 在“拥顺入里”中感悟一中学子的读书智慧

“拥顺入里”即读书能使人达到内悟而“耳顺”的智慧。古人认为孔子所言的“六十而耳顺”的境界在农耕时代里是可以做到的。古人强调的读书让人“耳顺”在于他能通过广鉴周知而集中古今中外的智慧，让自身听取各方建议后达到从容睿智的境界。读书使人达到“耳顺”的境界，就在于不管听到什么言论、遇到什么坎坷曲折，都能做到不激动，并冷静地进行思考，使自己的情绪顺应客观环境、顺应事物规律，学会不暴躁、不气馁、不悲伤、不退缩，达到宠辱不惊、始终如一的境地。常言道：腹有诗书气自华。书博采百家之灵气、荟萃文化之精髓，古今中外、万千气象云集其中。所谓“是真名士自风流”，其实就是指书的灵透、书的雅致、书的睿智，穿透岁月的尘烟浸润到读书人的心底里，由内及外附着于举手投足做人处世之中，从而形成一种翩然风度、一种迷离气质、一种超凡脱俗、一种卓尔不群。为此，在福州一中成立大梦书屋，让中国人古往今来形成的“拥顺入里”的理念在新生代的一中人身上重鼓号角，希望大家能在博览群书中集中古今智慧、感悟人生真理、涵养自身的气度风骨，进而顺风顺水地顺利成长。

8. 在“拥矩入行”中感悟一中学子的读书境界

“拥矩入行”即读书能使人达到“随心所欲不逾矩”的境界。大教育家孔子认为在人生七十古来稀的豪迈年轮，人生通过丰富的阅读、阅历定能达到“随心所欲不逾矩”的境界。从古以来不同年代的读书人也努力践履着这一理念。

王国维在《人间词话》中援引三首宋词名句后提出了著名的“读书三境界”说，认为成就大学问、大事业者都须经历三种境界：第一重境界是“昨夜西风凋碧树，独上高楼，望尽天涯路”，意思是说初学阶段的人就像刚从平地登上高楼，极目远望眼界顿开；第二重境界是“衣带渐宽终不悔，为伊消得人憔悴”，意思是说在求知欲驱使之下人们发奋读书、废寝忘食致使身瘦衣宽、容颜憔悴，为了求知治学却毫无悔意；第三重境界是“众里寻她千百度，蓦然回首，那人却在灯火阑珊处”，意思是说真知实学来自“千百度”的钻研和探索，一旦有收获便会体会到幸福和欢乐，正所谓“成功就在一瞬间”。王国维正是在经历了三种境界之后成了一代大师，达到了最高的读书治学境界。读书可以静心，心平才能气和，心静才能心平，自然就会生养和气，从而达到“随心所欲不逾矩”的境界。人在读书的过程中眼界高了、胸怀大了，自然就能更加包容，胸中和气也会与日俱增，通过读书获得正气和善念的养成，也能使人看待世界更加慈悲、更加和气，从而达到“拥矩入行”的境界。为此，在福州一中成立大梦书屋，让中国人自古以来形成的“拥矩入行”的理念在新生代的一中人身上渐晰渐明，希望大家通过对“读书三境界”的熏陶，涵养自身的品格、品质、品位，成就一番人生的学问，从而能在未来发展征途上收获到“随心所欲不逾矩”的人生境界。

9. 在“拥爱入怀”中感悟一中学子的读书大爱

“拥爱入怀”即读书能使人达到“大爱暖千秋”的境界。我们知道古人并未对七十古来稀之后的人生路径做出期许和框定，但几千年的中国文明史告诫人们和警悟世人，人生当拥有一颗坚韧的“爱祖国、爱人民”的大爱之心后才能真正成就人生。当代百岁文坛巨匠冰心先生也曾形象地讲道：“爱祖国是从爱家乡开始的。”中国人的这一古老家乡从来就是一个爱读书的国度，读书使人乐在其中、爱在其中，成为中国人自古以来的一种愉悦、一种享受、一种难得的生活状态，因而从某种意义上讲，“拥爱入怀”的读书梦才是中国人从古至今挥之不去的乡愁。常言道“赠人玫瑰，手有余香”，正是书本能给予这样的大爱。如果手头、桌头、床头总有悦心的书陪伴，便爱在其中；如果书在左右或信手闲翻，或倾心细读，或一笑看过，或反复品赏，则芬芳盈口、满心余香。岁月忽其不淹兮，春与秋其代序，时光流逝，岁月不言，生命一天天在书香的濡染中会变得愈加醇厚耐品，一种灵魂的香味生发出来飘逸四散。为此，在福州一中成立大梦书屋，让中国人从古以来形成的“拥爱入怀”的理念在新生代的一中人身上历久弥新，让如兰的书本给同学们带来一缕缕爱的芳馨，让留存在这个世界上的爱的痕迹氤氲校园的每个人，让“大爱暖千秋”的美好境界成为中国人挥之不去的新“乡愁”。

十四、书馨衍传于“新地”

福州教育学院第四附属小学作为新办、新创、位处新区的新校，富有“新”的精神。学校以“有了爱就有了一切”为宗旨，以“传统经典、现代时尚、童真童趣”为文化背景，以“具有国学灵魂、国际视野，适应未来发展的现代人”为培养目标，创造多元化、课程化、整合化、实践化的校园环境。作为新的学校心的力量的汇聚，四附小立足于新的起点，立足于时代前沿，不断开拓创新，实施精细化管理，稳步提高教育教学质量，全方位提升办学品位，在最短的时间内把学校建成品牌名校，全力开创桃李芬芳的美好前景。我们看到学校的每一个角落都充满着教育的智慧和欢快的笑声；学生的每一个时刻都能享受到学习的收获和成长的乐趣；教师的每一天工作都能体会到全职场的幸福与专业的尊严。福建教育出版社以“立足教育、服务社会、开智启蒙、惠泽生命”为社训，确立了“一主两翼”的图书出版主业发展思路，即以基础教育教材教辅为重点，各类教师用书、学生读物和适合市场需要的文化学术图书为两翼。经过多年努力打磨，国标教材《小学英语》和义务教育《信息技术》教材成为福建省学科主流教材，其他地方课程教材覆盖全省绝大多数地市，《新教师》《小学生学习指导》等成为福建省知名品牌。福州教院四附小与福建教育出版社用新的教育思维、思路、理念共建海峡书屋，并借此平台共同研究与熔炼教育特色校的建设不失为一种新的尝试。借此机会，用六个“地”的概念谈谈两个教育特征明显的社校如何合作共同建好阅读“天地”的一些想法与大家共勉。

1. 共同创办好引导深度阅读的“阵地”

“阵地”一般特指所要占领的重要位置。阅读的阵地对于一所新学校、新基地有着重要的意义。党的十八大把“开展全民阅读活动，让人民享有健康丰富的精神文化生活”列入了全面建成小康社会的重要内容。学校作为学习的主阵地，能否充分发挥教育引导作用，让学生在阅读中逐步成为智慧、热情、有信心的人是一个永恒的课题。一位名家说过，一个人的精神发展史就是他的阅读史，而理想的教育“应该重视让学生与书本为友，与大师对话”。福州教院四附小从成立起就重视阅读阵地的打造，从读书吧的手绘动漫营造温馨的阅读阵地，到琴棋书画区的戏曲脸谱装饰创造阅读氛围；从文化走廊的立体多元呈现阅读环境，到图书馆未来阅读空间的设想；从古朴书画室对传统经典文化的阅读呈现，到 U 型课堂“学习共同体”的营造，无不体现着这所新兴学校对阅读的重视。为此，福州教院四附小与福建教育出版社共建海峡书屋，通过多种形式的读书活动，推进书香校园的形成，让“快乐阅读”深入人心，让读书渗透学生的整体生活，让好书滋润所有学生成长的心灵；通过深度阅读概念的传导，让同学们学会用经典文化来说话，让经典文化在幼小的心灵生根发芽，从而共同创办好引导深度阅读的“阵地”。

2. 共同创设好升华深度阅读的“心地”

“心地”一般专指人的心性存养、思想意念，心能生万法，如地能长万物，儒家用以指心性存养，自古以来就有“愿问第一义，回向心地初”“自古圣贤，皆以心地为本”“欲广福田，须凭心地”等说法。英国科学家曾进行过一项相关研究，结果表明，阅读不仅能提高人的智力水平，还可以使人变得更善良。古人云“立品定须成白璧，读书何止到青云”。可见，古往今来、古今中外许多世家、名家的名声都是由读书行善而成就的，人世间最高洁的品质只有通过阅读才可获取。为此，福州教院四附小与福建教育出版社共建海峡书屋，旨在通过深度阅读的传导，让心灵得到耕耘与播种，从而向善向上；通过深度阅读，让自我得到宁静与宽容，从小养成真、善、美；通过深度阅读，从好书中汲取善良的种子，得到真诚的濡染，从而使广大学子通过深度阅读让“心地”创设得以不断升华。

3. 共同创新好丰富深度阅读的“天地”

“天地”一般泛指我们的活动空间、范围和领域，庄子外篇以《天地》命名，指的是万物之所祖，一高远在上，一浊重在下，“天”和“地”乃元气之所生。“读书是打开一片新天地的唯一捷径。”福建教育出版社以各级各类教育教材、教辅读物和学生课外读物为主，同时推出一批有较高品位和文化积累价值的学术著作、工具书和其他书籍。近年来教育理论和教师用书跻身全国同类出版物前列，《朱子大传》《周恩来教育思想研究》《教育基本理论之研究》《邓小平理论学生读本》等蜚声校园，同时在清末民国人文学术发掘整理、鲁迅研究、世界文明、环境文学、闽台文化等出版领域形成优势门类，多次获得国家图书奖、中国图书奖、中宣部“五个一工程”奖等图书大奖。为此，福州教院四附小与福建教育出版社共建海峡书屋，能够有效扩大同学们活动和思维的天地，让同学们拥有更多可以思考的空间、可以创作的范畴，让阅读引领同学们感悟“登昆仑兮食玉英，与重华游兮瑶之圃”的瑰丽风景和高尚的人生境界；能够点亮心灵的天地，照亮心灵、照亮黑夜、照亮前程，让心灵得到洗涤，让智慧得到远行，从而获得更加丰富的人生宽广“天地”境界的涵养和塑就。

4. 共同创立好融汇深度阅读的“高地”

“高地”一般特指比地平面高的地区，也指地势较高能够俯视、控制四周的地方，更用于解读占领精神前沿和思想领先的位置。阅读能给人带来更高的境界。书籍是人类智慧的结晶、进步的阶梯。读书不仅是休闲的雅趣，更是一种灵魂的净化、心智的感悟、境界的升华。深度阅读不求一口气读尽天下好书，不期一夜之间学富五车、满腹经纶，不能囫囵吞枣、一曝十寒，而应“放出眼光，自己来拿”“涵养功夫兴味常”，在日常不断的阅读积累中将涓涓溪流汇成知识的海洋。一位爱读书的人对于书的感情犹如“桃花潭水深千尺”，置身阅读的海洋，如同在春风明月里徜徉在竹林间池塘边，如同在金秋十月喜摘金橘，如同在隆冬季节与久别重逢的朋友围坐在篝火旁掏心窝地叙谈。为此，福州教院四附小与福建教育出版社共建海峡书屋，能够带来更高的境界，比如在“登昆仑兮食玉英”中感受屈原的坚持，在“安能低眉折腰事权贵，使我不得开心颜”中感受李白的豪放，在“安得广厦千万间，大庇天下寒士俱欢颜”中体会杜甫对民生的关心；通过深度阅读，引导广大学子穿过喧嚣浮躁的尘世，通向灿烂、明媚、睿智和富有情感的世界，在深度阅读中获得思想“高地”的俯仰，让深邃透析的思想灵光照彻古今，引领心灵的成长。

5. 共同创造好标新深度阅读的“要地”

“要地”一般特指重要的地方、显要的地位。阅读只有抓住重点、抓住关键，才能占据“要地”。韩愈提出“提要钩玄”阅读法，他在《进学解》中概括这种方法：“记事者为提其要，纂言者必钩其玄。”旨在抓要点、明主旨，以便直探本源和提取精粹的内容。做到“提要”“钩玄”之后，对书中的浓郁之处和英华部分必须反复涵咏、不断温习，才能把文章的妙义要道化为己有。苏轼推出“一意求之”阅读法，并认为：“人的精力不能兼收尽取，但得其所欲求者尔，故学者每次作一意求之。”阅读经典的著作旨在抓住重点，围绕一个中心、侧重一项内容、抓住一条线索、解决一个问题，在阅读中收获智慧。陶渊明提倡“不求甚解”阅读法，即不要被书中的某些琐碎的、枝节的、不一定可靠的材料所左右，而应该有目的、有辨别、有分析地阅读。读书不可囫囵吞枣，不可一知半解，不可只知其大意，要求读书时抓住重点、去繁就简和独立思考。这些古人的阅读方法都要求抓住深度阅读的“要领”与“要地”，才能使从小开始的阅读真正做到读有所得、读有所获。为此，福州教院四附小与福建教育出版社共建海峡书屋，希望同学们能结合读书方法进行深度阅读，在阅读中抓住重点、抓住关键；希望同学们能够热爱阅读，在阅读中收获幸福和美满；希望同学们能够知行合一、勤学笃思，真正获得成长的“要领”，占据促使自己成熟进步的“要地”。

6. 共同创树好成就深度阅读的“见地”

“见地”一般特指对事物有深刻、全面的认识，高出人们一般的理解，使之建立在丰富的经历和体会的基础上，并能以简约的形式表达出来。“见地”语出洪迈《夷坚丁志·薛士隆》：“士隆学无所不通，见地尤高明渊粹，刚正而有识。”阅读可以使人成为有远见、有洞见的人。阅读可以有助建立自己的人生观、世界观、价值观，进入“淡然独与神明居”的境地。唐代颜真卿《劝学》有诗云：“三更灯火五更鸡，正是男儿读书时。黑发不知勤学早，白首方悔读书迟。”年轻时不知道要好好地勤奋学习，到年老白头的时候那就太迟了，后悔也来不及了，趁年轻要早起勤读，这也是我们的读书之道。宋人朱熹读书有“三到法”：“要口到、眼到、心到。”朱熹说：“读书之法，在循序而渐进，熟读而精思。”他还说：“读书之法无他，惟是笃志虚心，反复详玩，为有功耳。”宋朝陆九渊读书有诗曰：“读书切戒在慌忙，涵泳工夫兴味长。未晓不妨权放过，切身须要急思量。”读书切忌匆忙、慌张，当应细心体会、精密琢磨和反复品读，读书的同时更要做到认真地思索才会有所得、有所获。为此，福州教院四附小与福建教育出版社共建海峡书屋，希望同学们能够在阅读中养成独立思考的能力，做到“学思结合”，养成“博学之，审问之，慎思之，明辨之，笃行之”的良好习惯；做到多读、多思、多练，在深度阅读中领会书中的学问，提高自身的思考力和领悟力，在深度阅读中树立自我的“见地”，从而成就更丰富的人生，为未来的人生道路夯实深厚的阅读基础和知识积淀。

十五、书馨文传于“烟山”

2017年金秋九月，在第33个教师节来临之际，我们共同迎来了福州高级中学（以下简称福高）与福建人民出版社共建海峡书屋的吉日良时。记得我在2010年2月24日到福州高级中学调研时曾用“提高福高软实力”对福高的发展提出期许，如今学校的“硬实力、软实力、巧实力”不断提升并呈现出许多新变化。作为矗立在福州“案脉”之中的福州高级中学得此文化灵气之精华的濡染和滋养，其发展的路径必然与众不同。我曾在《脉动乡土福州》“案脉”中讲到福高校区所处的“天宁山”或“烟台山”也或“梅坞”区域是展示福州“雅气”的，是古往今来福州向外展示的“玉家大作”和“大雅之气”。为此，建校以来福高的发展在历史长河中形成的特色也是明晰的。

一是福高的发展立于有“琼花玉岛”之称的“苍穹”之下。福州高级中学坐落在“烟台山”（又称“天宁山”）之中，天宁山因地处南台岛水道“梅坞”区域，古时梅坞至程埔头盛植梅花，又有“琼花玉岛”之称。明代徐通《藤山观梅》留下“十里花为市，千家玉作林”之诗作佳句，每年冬春之交满山香透，城里城外来此赏梅的人络绎不绝，新近兴建的“观梅亭”和补植的百余株梅树更使此地引人流连忘返。“梅岭冬晴、千家玉作”，古往今来天宁山展示给福州人的“玉家大作”和“大雅之气”，使坐落在此的福州高级中学得到灵气的熏陶与滋养，进而使得福高的发展真正立在了“琼花玉岛”这片富有特色的“苍穹”之下。

二是福高的发展寓于“琼楼玉宇”特色的福州对外开放区域之内。南台岛地处福州市南大门，水、陆、空交通发达；闽江、乌龙江四周环绕，南台岛在福州历史上素有对外开放区域之称，尤其是近代五口通商口岸开放后，烟台山区域更是成为驻外机构和海关等口岸服务的集中区，这就使得寓于此的福州高级中学从建校以来就能从“文化基因”的承继上，先天性地拥有了开放包容的特点和海纳百川的性格。

三是福高的发展成于“跫然足音”鼓舞下造就出的莘莘学子的积淀之中。福高在几十年的办学历程中，不仅学校的硬实力得到了很大的提高，而且学校的软实力也有长足的进步，更令人欣喜的是福高还先后培养出了侯德榜、陈景润等 13 位院士，林森、陈岱孙等数十位知名人士，福高的这种人文积淀、人才培养和人杰铸就的影响必将是极其深远的。

四是福高的发展合于“穷源溯流”等硬、软、巧实力集聚整合的努力之上。福高利用几十年来的办学理念、办学经验及烟台山浓厚的文化底蕴，努力实现着自身的特色发展，被福建省教育厅确定为福建省首批重点中学，被福建省教委确认为“福建省普通中学一级达标学校”“福建省普通高中新课程实验样本校”。在悠悠岁月里，学校历届领导、教职员工殚精竭虑、穷源溯流，集聚整合、不懈追求，用勤劳与智慧浇铸出满园春色、桃李芬香，使“硬软巧实力”的集聚整合日见成效。

同样身居文化名城大地的福建人民出版社作为福建出版界的“领头社”，其出版的政治、经济、文化、教育、历史、古籍、外语、辞书、旅游等类图书，影响了几代人的成长。据不完全统计，有 600 多种图书荣获省部级以上奖项，其中 19 种出版物分别获“五个一工程”奖、国家图书奖、中国图书奖、中国出版政府奖、中华优秀出版物奖、国家电子出版物奖，连续被评为“全国良好出版社”，被评为“全国新闻出版系统先进集体”“首届全国新闻出版行业文明单位”。福州高级中学与福建人民出版社共建海峡书屋必将更加有效地促进文化教育的互联、互通、互动、互建。借此机会我用六个“文”与大家共勉。

一是再现好“文案”，维护好福州的格局。坐落在烟台山之巅的福州高级中学得福州“文案”之灵气。如今随着烟台山改造计划的实施，福高新校门将移至展示福州“文案”的仓前路。仓前山古称藤山，位于南台岛北端，闽江北港南岸，江阔水深，可停泊千吨轮船。自宋架浮桥、元建万寿桥后成为福州城南水陆交通要道，在天宁山北麓、闽江南岸开设盐仓码头，使这一带自此后数百年间一直是福州的“文案”要埠。福州高级中学设于此既得此“文案”之灵气，又维护了福州烟台山、仓前山的历史格局。福州高级中学与福建人民出版社共建海峡书屋，有利于大家进一步承借“文案”的新平台，接受广泛的“书香教育”，让广大学子在阅读中达到“上所施，下所效”的教育效果，懂得教育的作用在于“在明明德，在亲民，在止于至善”，从而获得增长知识、提升能力的渠道；有助于进一步受到福州“文案”的影响，让广大学子在阅读中领悟“教行于上，化成于下”的教化过程，在共建中获得更高的教化平台、更优的教化资源，从而培养综合发展的优秀人才；有助于进一步得到“文案”灵气的滋养，让广大学子在全面阅读中对人与人、人与自然、人与社会具有更深刻的感悟，拥有宏观思维、战略眼光，形成开阔的胸襟和以天下为己任的胸怀，进而共同维护好福州的“文案”格局。

二是重现好“文脉”，传承好福州的文化。坐落在烟台山之巅的福州高级中学深得福州“文脉”的濡染。福高办学以来学校先后培养出了侯德榜、陈景润、沈元等十多名中国科学院和工程院院士，林森、陈岱孙等政界和教育界知名人士。在福高 60 多年的办学岁月里，一位位名师在这里成长成名，一批批学子在这里求学成长。福建人民出版社致力于传承福州文化，始终肩负着崇高的历史使命，秉承社会责任意识和文化担当精神，形成了“传扬文化，涵煦人生”的文化追求，在激烈的市场竞争中逐步形成了特色品牌和优势版块，出版物的内容质量和编校质量一直保持上乘水准，在业界和读者中享有盛誉。福州高级中学与福建人民出版社共建海峡书屋，有利于进一步推进福州“文脉”的传承，让尊师重教、崇文尚德的优良传统在新一代“福高人”身上发扬光大；有利于通过共建教育、教学、教研、教改载体与平台，让广大师生去实践、去检验，进而更好地实现自我价值；有利于提升学校的文化、内涵和教学精神等软实力，用文化的力量和教育的成效影响莘莘学子。

三是展现好“文物”，保护好福州的特色。坐落在烟台山之巅的福州高级中学校内的建筑深载着福州众多“文物”的特点。福高学校内有建于 1881 年的罗马式建筑风格的施教室，现在成了福高的图书馆；建于 1905 年的哥特式建筑风格的力教堂，不仅成为鹤龄英华书院的钟楼和礼堂，还成为福高的体操馆。福州高级中学位于峰顶，视野开阔，北眺三山双塔兀立，西望乌龙江如环如带，东瞰闽江风帆片片。其所处的烟台山有“万国建筑博物馆”之称的建筑风貌和独特的环境特色。历史风貌区作为福州历史文化名城重要组成部分，区内保存有163处近现代优秀历史建筑，都是文物保护单位，集中了福州的文物古迹、历史建筑、街巷肌理、历史水系等物质形态所携带的真实的历史信息。这里俯扼闽江，地势冲要，元朝便在这里筑垒架炮；这里保存着明代抗倭名将戚继光驻兵饮马的营房里、马房里、马厂街等历史遗迹；这里有着林徽因寻亲的足迹和胡蝶婚后蜜月的浪漫路程，其独特的建筑文化与建筑背后的人物故事，都留在时光的印记里。福州高级中学与福建人民出版社共建海峡书屋，有利于通过传导知识，更加智慧性地共同保护好福州的特色文物；有利于通过文化教育的“联姻”，一起丰富福州的文化内涵，将福州的历史文化发扬光大；有利于通过共同打造适合“福高人”的校本读物，既传承好“文物”所承载的文化内涵，又创新地弘扬好其所承载的精神遗产，为传承中华优秀传统文化添薪助力。

四是呈现好“文雅”，重塑好福州的自信。坐落在烟台山之巅的福州高级中学深具“文雅”的品质。福高坚持“以人为本，重在可持续发展”的办学理念，并在长期的办学实践中总结出了“志当存高远”的校训。“为教师发展创设空间，让教育贴近学生”的课程框架已经架构，以现代信息技术支撑新课程体系的课堂教育理念已逐步形成；以建设“尊重”为特征的学校文化铸就着一条和谐文雅的办学之路。福建人民出版社一直致力于“出好书、出人才”的发展目标，不断优化图书结构，锐意进取，改革创新，增强企业核心竞争力，有600多种图书荣获省部级以上奖项。福州高级中学与福建人民出版社共建海峡书屋，有利于尊重学生个性发展的需要，为学校提供优质的教育资源和多元选择教育的机会，使每一个学生得到充分发展，使学生能朝着自己最感兴趣和最具潜力的方向奋进；有利于鼓励多读书、读好书，身体力行，让阅读成为人生前进路上的铺路石，从中汲取更多的知识、更好的书籍，助力成长成才之路，从而进一步塑造好“福高人”的文化自信和教育自觉。

五是涌现好“文华”，积淀好福州的底蕴。坐落在烟台山之巅的福州高级中学深蕴着“文华”之底蕴。福高师资力量雄厚，名师云集，有正高级教师1名，特级教师 5 名，高级教师占教师总人数的 52.3%，独占省市基础教育鳌头的福建省中小学教学名师 2 名、福建省学科带头人 15 名、福州市名学科带头人 3 名，教育部“国培计划”专家库人选 1 名，教育部全国中小学教师信息技术应用能力提升工程专家库成员 1 名，福建教育学院兼职教授 4 名，福建师范大学兼职教授 1 名、兼职副教授 10 名，福州市中学政治和中学历史 2 个“名师工作室”落户福高；这里还云集了福州中小学人数最多学科中心组成员。近年来福高教师在中高考、会考和省市质检等统一考试的命题和评价等方面发挥了重要作用，多位名师还承担了教科书编写、教参编写和课标解读等任务，为福建省的基础教育课程改革发挥了积极的作用。福建人民出版社的文化、教育、历史、古籍、外语、辞书为教育“范式”和校本教材提供了培育的沃土。福州高级中学与福建人民出版社共建海峡书屋，有利于通过福建人民出版社的平台，开发种类更多、内容更丰富、内涵更多元的校本教材，不仅能够让地方课程显示出独有的特色，更能挖掘师生在开发课程中的主动性与积极性；有利于在共建中开发“教本”体系，使国家课程和地方课程校本化、个性化，学校和教师通过选择、改编、整合、补充、拓展等方式，对国家课程和地方课程进行再加工、再创造，使之更符合学生、学校的特点和需要，进而能更好地承担起积淀好福州教育底蕴的责任与使命。

六是体现好“文明”，弘扬好福州的精神。坐落在烟台山之巅的福州高级中学深享“文明”之声誉。福高先后被评为福建省第八届文明学校、福建省第十届文明学校、福建省教育系统先进集体、福建省模范职工之家、福建省绿色学校、福州市第十一届文明学校等，保持了福建省模范教育工会、福建省校务公开先进单位、福建省模范离退休教工之家等荣誉称号，以高分通过了福建省现代教育技术实验校验收。福州高级中学与福建人民出版社共建海峡书屋，有利于充实“培养方针”，让读书成为培养德智体美劳全面发展人才的重要途径，让读书成为精神层面的怡情追求，从而陶冶情操、愉悦身心、提升精神境界；有利于充实“修养方法”，让书香成为“福高人”最熟悉的味道，阅读成为福高学子最美好的画面，同学们把读书变成伴随人生旅途的习惯，让这份美好更加炫目，让内心情感更加丰富，让生命更加完整，让气质更加优雅；有利于充实“涵养方式”，使读书成为一种大雅兴、一种真性情、一种硬修炼、一种高境界，让好读书、读好书真正达到对事功的追求与圆满、达致对人性的洞察与同情、达成人格的多彩与从容，使阅读真正成为文明、文化、文雅的涵养方式，进而共同弘扬好福州的文明精神，践履好广大师生的文雅行止。

十六、书馨思传于“众小”

群众路小学因位于群众路而得名，是一所布局合理、环境优美的年轻学校。创办于1985年，虽办学历史不长，但在历任校长的精心经营下，不仅在教育教学方面具有独到之处、独树一帜，而且在文明工作中成为标杆。学校以“全面贯彻党的教育方针，构建具有优质教育体系的学习型学校；在超越自我中促进教师专业成长，提升教育教学的生命价值；在体验成功中激励学生全面发展，奠定后续学习与生活的良好基础”为办学目标，取得了显著办学成就，是福建省示范小学、福建省文明学校、全国现代教育技术实验学校、全国小学德育实验学校、全国少先队红旗大队。尤其难能可贵的是，福州群众路小学通过广泛开展向群小原校长吕榕麟同志学习的活动，又进一步营造出了更切合学校实际的发展路径与优学环境，并呈现出以下特点：一是增辉了“榕麟”的精神；二是增大了“荣华”的传承；三是增添了“浓厚”的氛围；四是增强了“融会”的方法；五是增高了“熔铸”的境界；六是增厚了“戎笔”的积淀，进而使得榕麟精神在群小更加发扬光大、濡染师生。福建少年儿童出版社成立于1984年，主要出版面向青少年阅读的文艺、教育、科普、低幼、美术画册等各类图书，并办有《咪咪画报》和供小学生阅读的福建省少先队队刊《小火炬》，荣获“首届全国优秀社会科学期刊奖”提名奖、“中国优秀少儿报刊奖”和中国六一编辑奖一等奖等奖项。福建少年儿童出版社作为富有少儿教育经验的优秀出版社，与福州市群众路小学共建，能发挥各自优势进行资源整合。众所周知，深度阅读是一种基于知识图谱，集成与书籍相关的知识源，具备内容理解、关联分析、基于上下文感知的知识推荐，向读者主动提供全面、关联、智能的深度知识服务的全新阅读模式，并以提升学识修养和理论思维、工作能力为目的的深层次阅读形式，深度阅读将会促进书籍从知识的载体提升为贴心的学习助手。为此借社校共建海峡书屋的机会，我用“六个思”的概念与大家共同思考在幼年和少儿成长阶段展开深度阅读的意义。

1. 增强深度阅读的思想

“思想”在于客观反映存在于人的意识中经过思维活动而产生的结果，是人类一切行为的基础。深度阅读的思想在于让人们从小就懂得读书不仅仅是轻松的事情，很多时候优秀的精神与文明的成果，需要花更多的时间和心力去阅读，轻松快乐的阅读固然有助于身心，然而认真深入的阅读却能够让人更加睿智和理性，让一个民族有更多前进的动力，让一个社会显得更加厚重。为此，群众路小学与福建少年儿童出版社共建海峡书屋，一方面希望广大儿童认识到增强深度阅读思想的“客观性”。随着新课标的颁布和贯彻，课外阅读已在各个小学轰轰烈烈地开展起来，新修订的语文教学大纲第一次明确规定课外阅读数量，并增加了阅读推荐书目，要求培养学生广泛的阅读兴趣，扩大阅读面，养成良好的读书习惯，掌握较好的读书方法，成为人生发展的源泉。通过共建书屋，我们可以进一步引导学生正确面对丰富多彩的阅读世界，从思想的“客观性”上让少年儿童在深度阅读中感受读书的快乐，从小热爱阅读，养成阅读的良好习惯。另一方面期望广大儿童认识到增强深度阅读思想的必要性。读书之所以成为我们的一种必要，是因为它能增长我们的知识，涵养我们的性情，有益于思想的生发。台湾大学教授傅佩荣出版过百种著作，建议每个人每天坚持读 20 分钟书，对经典要一读再读。他认为第一次读只是接收信息，第二次、第三次就可以让心灵成长。孔子“十有五”志于学，心灵在不断地成长，三十而立，四十而不惑，五十而知天命。因为阅读，生命个体有了不同，生活世界多了色彩，阅读实实在在成为一种必要，一种让人生异彩纷呈的好习惯。群众路小学与福建少年儿童出版社通过共建，希望借助这一平台让广大同学认识到读书助推成长的客观性和必要性，从小养成深度阅读的好思想、好品质。

2. 端正深度阅读的思路

“思路”指思想的门径、思维的条理脉络。明朝俞琬纶《答友人书》曰：“凡不得意文，皆思路不开时所作。”古话曰：“书山有路勤为径。”读书是一件好事，但也是一件苦差事，这是每一个人都感同身受的。读书求学就像是倒吃甘蔗，越到后面便越觉得甘甜。阅读需要讲究一个“坚”字，既要坚守阅读的长期性、连贯性，又要具有坚韧的精神扩宽阅读的思路。《三字经》中有“子不学，断机杼”的故事，讲的是孟子贪玩不学习，母亲看到后就把织的布剪断了，并告诉他，读书学习贵在坚持，如不坚持就像织的布中断一样将前功尽弃。此后孟子听从母亲劝告，发奋读书，终成一代贤人。为此，群众路小学与福建少年儿童出版社共建海峡书屋，一方面应让广大小学生端正深度阅读思路的“坚持性”。读书贵在坚持，正如人是一天天长大的，书要一页一页地读。知识好比池中水，日旬月年常积累，知识的积累就像滚雪球一样，越滚越大，不滚则化。苏东坡把每天坚持读书称作“日课”，就像小学生按时上课一样，一日也不闲过。希望同学们多到书屋读书，坚持每天一读，日积月累，就能涵养与丰富自身。另一方面应让广大小学生端正深度阅读思路的“坚韧性”。阅读应有科学家观察沥青滴落的精神，沥青 9 年才能滴落一次，没有坚韧的毅力是很难做到的。茅盾文学奖获得者刘震说：“世界上本来没有才华二字，重复的事情不停地做，你就是专家；简单的事情专注地做，你就是大家。”群众路小学与福建少年儿童出版社通过共建，希望大家借助这一平台能够在生动、丰富、有趣的深度阅读中开拓思路、保持韧度、不断前行。

3. 增添深度阅读的思量

“思量”即考虑、忖度。唐代杜荀鹤《秋日寄吟友》诗：“闲坐细思量，惟吟不可忘。”深度阅读需要思量、忖度，这就需要与文章、与作者互动，不断探索文本的内涵要义。真正的阅读不是一件只关乎感官的事，不能只追求阅读的快感，阅读应伴随着理性思量，只有经过了大脑思量的阅读，才是有效而有益的阅读，通过深度阅读形成较完备的知识结构。群众路小学与福建少年儿童出版社共建海峡书屋，一方面应引领校社增强深度阅读“思量”的“互动性”。少年儿童出版社近年来有许多新作问世，这些作品都与少年儿童息息相关，如出版的“科幻新概念理论丛书”、《中国童话大师系列·张天翼全集》、“中国科幻小说新作丛书”、“新世纪生存教育书系”、《中国少年儿童奥林匹克百科全书》等在少年儿童读者中评价都很高，成为“九五”“十五”“十一五”等多项国家重点图书项目，其中《动物“辛德勒”名单》荣获“首届中国出版政府奖（图书）提名奖”。群众路小学与福建少年儿童出版社通过共建，应进一步“思量”如何通过这一平台，增强深度阅读的“互动性”，让这些优秀的作品滋养学生心灵、涵养成长之路，达到“近水楼台先得月”的良好效果。另一方面应引领校社增强深度阅读“思量”的“探索性”。读书需要探索精神，既要勤学，又要探索，才能实现读书学习的意义。南宋哲学家、教育家朱熹说“读书之法，在于循序渐进，熟读而精思”，强调阅读需要探索精神。读书离不开探索精神，探索有助于我们对所读之书理解得更深刻、更透彻；读书也能够促进我们探索，使我们的思辨能力、思想水平不断提升。希望福建少年儿童出版社与群众路小学通过共建，能让广大同学在浩瀚的知识海洋中遨游，探索新知，在增强深度阅读的“思量”中获得源源不断的知识力量。

4. 强化深度阅读的思考

“思考”是思维的一种探索活动，爱默生认为“思考是行为的种子”。深度阅读需要思考，正如孔子所说：“学而不思则罔，思而不学则殆。”意思是只读书学习而不思考问题，就会罔然无知而没有收获；只空想而不读书学习，就会疑惑而不能肯定。《孟子》中说“尽信书，则不如无书”，讲述了不迷信书本、学思结合的思想。子思在《中庸》里提出要“博学之，审问之，慎思之，明辨之，笃行之”。广博地学习、详尽地询问、细心地思考、明细地分辨、切实地实施，才能让所学知识得到实践，从而成就自身。为此，群众路小学与福建少年儿童出版社共建海峡书屋，一方面应促进广大师生不断增强深度阅读思考的“独立性”。独立思考才能掌握读书的要领，我们学习知识，要通过思考来消化吸收，使之变成自己的东西，并能从中创生出自己的新见解。读书人有三格：初格读故事，再格读情感，高格读思想。“书读百遍，其意自见。”世上最动人的皱眉应该是在读书苦思的刹那间。我们透过一本书不仅要学习到先人的想法，更要针对内容做一番自我的省思，很多意想不到的收获往往就是思考的成果。在读书的过程中，希望广大师生能在深度阅读过程中给独立思考留下余地，真正做到将书中的知识加以活用。另一方面应促进广大师生不断增强深度阅读思考的“深刻性”。深度阅读是带着思考的系统化阅读，让我们从经典名著中吸取前人留下的思想与智慧养分，日积月累培养起独立思考能力，成就思想的深刻性。正如法国作家伏尔泰认为：“书读得越多而不加思考，就会觉得你知道得很多。而你读书思考得越多的时候，就会清楚地看到你知道得还很少。”希望福建少年儿童出版社与群众路小学通过共建，让广大师生养成独立思考的能力，一步一步地走向深度阅读进而在深度思考中不断提高自己、深刻思想。

5. 丰富深度阅读的思索

“思索”即思考探求。荀子《劝学》曰：“故诵数以贯之，思索以通之。”杨琼注：“思求其意也。”读书犹如采金，有人沙里淘金，有人点石成金，区别就在于“会读书”。只有通过思索才能将书中的知识转化为自身的内涵。正确的读书态度是在读书时有自己的思考。深度阅读的目的是在学习知识基础上的创新，是为了培养创造力，而创造力的生长需要个体主动参与思维创造，需要不断思索，保护直觉和避免思维的定型化。为此，群众路小学与福建少年儿童出版社共建海峡书屋，一方面应引导师生不断丰富深度阅读思索的针对性。中国自古以来就倡导“有教无类”“因材施教”，指的就是教育要有针对性，同样阅读也应具有思索的针对性。福建少年儿童出版社一系列富有童话、科幻色彩的书，如《黑猫警长》、“童话列车”丛书、“世界科幻小说精品丛书”、《科幻之路》、《新时期儿童文学名家作品选》、“花衣裳丛书”、“世界文学经典丛书”、《诺贝尔奖获得者的青少年时代》、《世界历史百科全书》

等，都是针对广大儿童而出版的能引发大家通过深度阅读加以深度思索的好书。希望群众路小学能根据不同学生的爱好，有针对性地指导学生深度阅读，加大思索的广度与深度，达到良好的深度阅读效果。另一方面应引导师生不断丰富深度阅读思索的适应性。阅读要找适合自己的书目，为小学生制订出适合其个性特征发展的阅读计划，实施具有较强适应性的个性化阅读。庄子的《秋水》意味深长：井底之蛙缺乏的不是深度而是广度；北海缺乏的不是广度而是高度；秋水，没有深度没有广度也没有高度，只是拥有流动的生命。生命因为有广度才姿态万千，因为有深度才波澜不惊，因为有高度才卓尔不群。读书能让我们追求生命的广度、深度和高度，让我们的生命更加有意味。希望福建少年儿童出版社与群众路小学通过共建，不断引导广大学生展开“适应性”深度阅读，让莘莘学子在探索、求索、思索中不断成长，真正领悟到深度阅读对自己成长所产生的基础作用。

6. 积淀深度阅读的思品

“思品”指思考的趣味、情操、修养等品质。书也是有味道的，读书亦如品读百味人生，读书也有滋味。宋代诗人黄山谷的话说：三日不读书，便觉语言无味，面目可憎。读书能使人在语言谈吐和面容表情中表现出一种优雅和风味来。古人说：“腹有诗书气自华。”作家赵淑侠说：“净化心灵最好的办法是吸取智慧，吸取智慧最好的办法是阅读。”一个追求智慧的人，便择好书而读，择良友而交，人伴贤良，智者同行。为此，群众路小学与福建少年儿童出版社共建海峡书屋，一方面应引导广大学生有效积淀深度阅读思品的“涵养性”。在海峡书屋中，同学们可以安安静静地读一本书，用手指感触纸张的温度，用心灵度量精神的价值，用读书增强思想的厚度和灵魂的深度。狄金森有一首小诗这样写道：“没有一艘船能像一本书，也没有一匹骏马能像一页跳跃的诗行那样——把人带往远方。这条路最穷的人也能走，不必为通行税伤神，这是何等节俭的车——承载着人的灵魂。”在这个灵魂对身体说“请慢点走”的时代，我们应拿起书本，真正体会一下读书的乐趣，用深度阅读涵养我们的“精气神”，养成从小爱读书、读好书的良好品行。另一方面应引导广大学生有效积淀深度阅读思品的“境界性”。清代文学家张潮在《幽梦影》一书中谈到读书的境界：“少年读书，如隙中窥月；中年读书，如庭中望月；老年读书，如台上玩月。”王国维在《人间词话》中也谈到读书的境界：“古今之成大事业、大学问者，必经过三种之境界：‘昨夜西风凋碧树，独上高楼，望尽天涯路。’此第一境也。‘衣带渐宽终不悔，为伊消得人憔悴。’此第二境也。‘众里寻他千百度，蓦然回首，那人却在灯火阑珊处。’此第三境也。”古人读书讲究“厚积薄发”，首先要博览群书；其次要思考，才会有所得；最终的成就要返璞归真，达到“在明明德，在亲民，在止于至善”的境界。希望福建少年儿童出版社与群众路小学通过共建，能够让莘莘学子在深度阅读中体悟自然的规律，达到读书的“三境界”，进而臻善思品、涵养心灵、启发智慧。

十七、书馨儒传于“深阅”

2017年金秋时节，迎来了福州延安中学与福建人民出版社共建海峡书屋的吉日。福州延安中学坐落于市中心地标白塔、乌塔之间，与杏坛孔庙比邻。创办于1927年，前身是教育家、翻译家、曾获美国哥伦比亚大学博士学位的钟道赞在鼓楼三民里创办的一所特色学校，如今已成为一所省级文明学校、素质教育先进学校，已然成为福州教育的先锋。大家知道，教育是“天时地利人和”三者合一的成果，无论是从地理位置还是从文化地位而言，福州延安中学都处人杰地灵之所。为此，希望福州延安中学在重点培植和弘扬红色文化的同时，也高度重视中国优秀传统文化的学习与传承。尤其是作为比邻福州孔庙的一所名校，更应把以孔子为代表的优秀传统儒学文化加以传习，为此建议通过以下七个“比”加强对以孔子为代表的优秀传统儒学文化的认识，进而作为校园特色文化之一加以锻造。

从地理位置而言，比邻孔庙。孔庙是综合体现中国传统思想文化的载体，自北朝开始在全国有关郡县设立文庙学官，文庙学官从此有了“学校”的功能。

这一重要功能对隋唐以降的科举制度起到了承前启后的作用，尤其从唐代至清末，庙学不分，规制有前庙后学、左庙右学、左学右庙，还有中庙左右学、中庙周学等。庙学合一的体制使历代学士文人在这里接受了儒学的熏陶，尊经读经即成为学校教育的重要内容，为各个时期培养了不同层次的学人。福州延安中学是全国为数甚少与孔庙比邻的一所名校。

从传统地位而言，比照周公。中国传统文化“克己复礼”，强调礼制。周公开始制礼作乐，开创了有周一代的制度与文化精神传统。夏商以至西周，文化已积累了近千年，周公制礼作乐，是对夏商以来文化传统的继承，而周公以礼乐规范人心，并不局限于贵族阶层，而是全社会共同的行为准则。周公制礼作乐，促进了周人的文化进步，也从根本上推动了华夏文明的进程。孔子一生推崇周公，也比照周公，制《春秋》、编《诗经》，以效周公治理天下。

从政治地位而言，比肩帝王。历史上汉武帝“罢黜百家，独尊儒术”，强调以儒家思想为国家的政治根本，从此儒学成为正统思想，研究“四书”“五经”的经学也成了显学。儒家因其思想内核即哲学上的天人观念、伦理上以“仁”为核心的“三纲五常”、政治上的大一统主张，在根本上适应了时代需要。儒家具有强烈的社会责任感，能够随时代需要的变化而不断改变，儒学的内容体系充满着浓重的、温柔淳朴的伦理亲情色彩，显得“迂远而阔于事情”。孔子也因儒学为“国学”而长久以来一直被推崇为“素王”乃至比肩帝王。

从文化地位而言，比翼圣哲。孔子曰：所谓圣人者，知通乎大道，应变而不穷，能测万物之情性者也。大道者，所以变化而凝成万物者也。情性也者，所以理然不然取舍者也。古之所谓圣贤有两个基本维度：一个就是“言足法于天下”，从而具有奠基和引领思想文化的基本路径、基础原则和方向之意义的人；一个就是“德配天”“若天之司”而健顺天地万物的秩序“礼”，给天下和黎民百姓带来爱和福祉“仁”的人。圣人的思想和所作所为不仅本身是法于也达于天地之大道，而且因其“博施于民而能济众”而被人们以天之于天下的广博之益来比喻其德。孔子与亚里士多德、释迦牟尼等同时代圣哲比翼齐飞，从不同国度影响了四大文明古国的精神成长。

从教化地位而言，比值庙堂。“庙以崇先圣，学以明人伦。”中国知识分子素有庙堂情怀，范仲淹说：“处江湖之远，则忧其君；居庙堂之高，则忧其民。”忧其君者众而忧其民者寡，忧其君者先而忧其民者后。唯有忧君方可入庙堂，入庙堂方可忧民，所以中国知识分子一生最大的愿望就是跻身庙堂，也就是“学而优则仕”。教育与政治得以无缝对接，受教化的士人才能被充分纳于政治，使政治之构造得以优化提升；同时士人学习的主要内容转向于儒家所倡导的“兼济天下”“为生民立命”等终极价值，重建了社会的道德人心。孔子一生重要的成就就是被尊称为“大教育家”，也使中国文化中“天地君亲师”的概念有了教师的地位与尊享。

从历史地位而言，比照治世。治世为儒家的政治概念，意为太平清明之世。历史上尧舜禹汤文武周公，不仅是奠基和引领思想文化基本路径、基础原则和方向“言足法于天下”乃至“为万世立法”的人，也是能够“博施于民而能济众”、带给天下健顺的秩序和人民福祉的人。他们用不断积累、探索、完善、继承和开创的思想、文化、制度和经验去治理天下，从而对天下和人民产生了感觉如天降恩惠的巨大影响，并受到人们的赞美。如今治世已衍生出“治世”的新概念，即人民生活富庶；上下风清气正，人民知书达理，百姓保持心中的仁善；政治清明，不腐化，道德修养高；国力强盛，长治久安，军队素质高等。孔子因一生孜孜以求于参与国事、政事，其《论语》备受推崇，乃至有“半部《论语》治天下”一说。

从教育地位而言，比拟杏坛。相传孔子杏坛设教，收弟子三千，授六艺之学，自古传为美谈，为士林所称颂。《庄子·渔父》曰：“孔子游乎缁帷之林，休坐乎杏坛之上。弟子读书，孔子弦歌鼓琴。”庄子在寓言里说孔子到处聚徒授业，每到一处就在杏林里讲学。休息的时候就坐在杏坛之上。人们把“杏坛”称作孔子讲学的地方，也泛指聚众讲学的场所。后来人们在山东曲阜孔庙大成殿前为之筑坛、建亭、树碑、植杏。北宋时孔子后代又在曲阜祖庙筑坛，遍植杏树，遂以“杏坛”命名。无论是孔子的育人理念，还是历代圣贤君王的治世，都离不开学校教育，离不开读书对人的影响。为此，作为当今比邻福州文庙的福州延安中学更应以传承优秀传统文化为己任，努力把包括儒学在内的中国优秀传统文化进一步发扬光大。

我们知道，福州延安中学近年来以高分、高录取率取胜，我想这离不开学校、社会、家庭的共同教育，更离不开对学生深度阅读习惯的培养。众所周知，中学阶段正是人生中打基础的阶段，也正是深度阅读的好年华。要真正地读好书，更离不开深度阅读。那么什么是深度阅读呢？这是相对“浅阅读”而言的。现代社会普遍认同，深度阅读是以提升学识修养和理论思维、工作能力为目的的深层次阅读的有机形式，是增进读者与作者心与心的交流、促进读者与书籍之间相互理解的有效形态，同时也是提高文学素养、陶冶情操、潜移默化和影响人们成长的有为形制。普遍的共识认为，深度阅读的关键在于“深”。“深”的含义有程度深、与“浅”相对、时间长等义项。可见，深度阅读的“深”于空间维度而言在于用心，我国古代有“多而不求于心，则为俗学”“读书不向自家身心做功夫，虽读尽天下书无益也”之说，因此提倡深度阅读重在用心；深度阅读的“深”于时间维度而言在于用功，“凿壁偷光”“悬梁刺股”等刻苦读书的优良传统，不仅警示人们珍惜时光，同时也警策人们努力抵御各种诱惑，用顽强的意志养成深度阅读的习惯；深度阅读的“深”于人间维度而言在于用智，“读书当读全书，节抄者不可读”“读书无源委，有如断港流。濡润涔蹄间，不能溉田畴”，这些警语告诫人们人世间的深度阅读不能断章取义、掐头去尾，唯有用心用智深度阅读一途。同时，深度阅读的重点在于“阅”。“阅”的解释有：察看、视察、考察之意，看、观赏之意，经历、阅历之意，读书之意，检阅之意等。可见，深度阅读的“阅”告诉人们阅读不仅可以丰富头脑、增强智慧，而且还能安静地和自己相处，与灵魂对话，增进终身学习，为个人的精神成长和人生境界升华提供充分的养料。福建人民出版社始终肩负着崇高的历史使命，秉承社会责任意识和文化担当精神，有着“传扬文化，涵煦人生”的文化追求，出版物的内容质量和编校质量一直保持上乘水准，在业界和读者中享有盛誉，而且在推进深度阅读过程中，福建人民出版社作为深度阅读“阅”的重要创造者、提供者，更应通过共同建设海峡书屋，真正传导好深度阅读的理念，尤其是通过深化解读好深度阅读之“阅”的意义和深度阅读之“阅”的内涵，把与福州延安中学共建的海峡书屋打造得更加富有特色。我用“九个阅”谈谈对深度阅读之“阅”意义和内涵的理解，以此和大家共勉。

1. 推进深度阅读当树立“阅世”的情操

“阅世”即经历世事，表明对现实社会的了解、对世界的认识需阅历许多事情后方能达到悟世的要求。刘禹锡诗曰：“视身如传舍，阅世甚东流。”高尔基也曾说过类似“阅世”的经典话题，“几乎每本书都似乎在我的面前打开新的、不知道的世界窗户”。的确，在缤纷的世间，没有哪个人能直接或间接地全面、全程、全新地了解和接触尽世间的万事万物，面对无穷无尽的世界唯有读书才能看到和了解到世界的五彩纷呈。伴随着社会文明的发展，记载人类生活的方式越来越多，但历史悠久的书仍然是最重要的工具。书也是人类情感交融、知识积累、经验传承最重要的工具。书记载着过去，描述着今天，展望着未来，书里有我有你有他，读书就像打开新的、未知的窗户，擦亮我们的眼睛，看到多姿多彩的缤纷世界，体会人类前行的步伐。为此，福州延安中学和福建人民出版社共建海峡书屋，让大家可以坐在明净宽大的书屋中感受到深度阅读的快乐；可以在深度阅读中步入历史的起伏延绵、辉煌灿烂，沿着古人斑斓的足迹一路走来，领略风云更替的朝代沿革，接受醍醐灌顶的文化洗礼；可以在深度阅读中观赏眼前日新月异的人间变迁，品味盛大壮观的世博会，感受强劲的时代脉搏；可以在深度阅读中感知缩影而完整的世界，透过书逐渐看清、看明、看透人间的世界，进而达到自身树立起“阅世”情操的初衷。

2. 推进深度阅读当增立“阅历”的情志

“阅历”即经历，出自方回诗：“苦辛厌奔驰，忧患饱阅历。”明代思想家吕坤说：“进德修业在少年，道明德立在中年，义精仁熟在晚年。”这道出了读书学习可以增立“阅历”情志的道理。有深度阅读习惯的人都有这样的体会：同一本书，在不同的人生阶段阅读，往往会有不同的理解和感受。正如清代文学家张潮在《幽梦影》一书中写道：“少年读书，如隙中窥月；中年读书，如庭中望月；老年读书，如台上玩月。皆以阅历之深浅为所得之深浅耳。”可见阅历对读书至关重要。少年时阅历不够丰富，洞察力、理解力有所欠缺，所以在看事物时往往容易只看其中一点或几点，难以全面把握。随着年龄的增长，眼界学识、经验阅历以及分析问题、理解问题的能力都有大幅度的提升，往往能够从更高的层次、更宽的视角观察问题，能够看得更加全面透彻。阅历是在表象的基础上对经历进行思考、领悟、概括、提炼，是感性与理性的有机统一，所谓“人情练达”。为此，福州延安中学和福建人民出版社共建海峡书屋，希望大家能够在推进深度阅读过程中勤于思考，从经历中领悟到人生的真谛，让经历升华成为阅历；希望大家能在推进深度阅读过程中做到善于与智者对话、向圣人讨教，从他人的经历中吸取经验教训，从前人的论述中获得启迪，赢得智慧，增长阅历；希望大家能在推进深度阅读过程中做到“读万卷书，行万里路”，在不断经历与不断读书的过程中拓宽生命的宽度，进而达到自身增立起“阅历”情志的初心。

3. 推进深度阅读当自立“阅览”的情趣

“阅览”即阅读，出自《宋史·卢多逊传》：“太祖好读书，每取书史馆，多逊预戒吏令白己，知所取书，必通夕阅览，及太祖问书中事，多逊应答无滞。”当今青少年的阅读往往容易单一，尤其是网络文学盛行后更容易让人痴迷沉溺，入而不能出。其实网络写手本人也必须依靠大量广泛的读书，才能构建起笔下光怪陆离、神奇诡谲的世界，作为读者自然不能将目光只放在这一处，更该放远放广放旷放深，超出所读的作品之外。郭敬明可读，托尔斯泰自然更可读；唐家三少可读，唐诗宋词元曲自然更可读；刘慈欣可读，霍金自然也更可读……读书“阅览”之用在于“增识见”，也就是增强对“智”的培养。人生一世总不能做井底之蛙，满足于眼前一个小小的井口沾沾自喜，以为看过了所有风景。但世间风景，无论是人、物、事都不可能靠一己之力去观览、去经历完全，而应借助他人的传递，去了解与认识，去体验与感悟，最终组成自己对世界的认知，这其中增加“阅览”便是一个必需的途径与有效的方法。为此，福州延安中学和福建人民出版社共建海峡书屋，希望能做到让大家在多向度“阅览”过程中多见、多闻、多感，不被眼前一些看似光鲜实则浅薄的事物简单地蒙蔽了双眼，让自己在选择中不知所措，在决断前迷惘茫然；能做到让大家在多角度“阅览”过程中拓展眼界、拓宽思维，从而开启智慧，进而达到自身自立起“阅览”情趣的初念。

4. 推进深度阅读当确立“阅读”的情怀

“阅读”是一种理解、领悟、吸收、鉴赏、评价和探究文章的思维过程。读书可以“广情怀”。任何一本真正有价值的书，必然寄托着作者最真实与最深刻的情感，而阅读便是体会的时刻，将这情感融入自我生命、丰富自我人生。喜悦与悲伤、愤怒与平和、痛苦与欢乐、担忧与恐惧，种种情怀都可以通过阅读感受。人存在于世界，正因感受他人情怀才能生共鸣之心，才能具同情之怀，也才能己所不欲勿施于人，做到摒弃恶、传扬善。正是源于正直而悲悯的情怀，雨果于《悲惨世界》扉页题下文字：“贫穷使男子潦倒，饥饿使妇女堕落，黑暗使儿童羸弱——还得不到解决；只要在某些地区还可能发生社会的毒害，只要这世界上还有愚昧和困苦，那么，和本书同一性质的作品都不会是无益的。”同样正是源于一种温暖的情怀，诗人海子写下“面朝大海，春暖花开”的诗句；也正是源于保有童心与浪漫的情怀，罗琳写出了《哈利波特》这样风靡世界的作品……为此，福州延安中学和福建人民出版社共建海峡书屋，希望能通过广泛而深入、周密而系统的阅读活动，让同学们感受阅读情怀的复杂与广袤，在个人的阅读中去真切体验与品味“阅读”情怀确立的不易与难得，进而达到自身确立起“阅读”情怀的初萌。

5. 推进深度阅读当建立“阅卷”的情愿

“阅卷”亦可以理解为阅读与考试。有一位高考状元说：“我觉得努力学会读作品比研究复习大全上的条条框框要靠谱得多。”我们每天努力读懂一首诗歌，读懂一篇散文，读不懂就对照着试题答案读，或者搜索赏析来读都是可以的。“阅卷”从广义上讲也是一种有效的阅读方式，而从狭义上讲“阅卷”是要讲究门道的，看立意、看选例、看语言、看结构、看开头、看结尾，也许还是一种“立竿见影”的阅读方法。“阅卷”多了，反复看、反复研究，蕴含在“阅卷”中的门道给了我们最好的模仿样板，从不会到会，从不熟到熟，效仿“阅卷”的阅读也成了一种便捷地推进深度阅读的方法。这位高考状元说：

“所有学生都是读书的，而语文素养表现为：你在读什么？怎么读？能不能坚持读？”这就是语文分数高低的差别之所在了。母语我们都会，但是该怎么更好地进行书面语的运用，这就需要我们花功夫去深入思考和研究，我们考试都是书面语，和口语的差距真的很大，尤其是作文，是书面语中难度最大但也最能出彩的部分。如果没有事先的阅读和模仿来做支撑，怎么能在那么短的时间内写出高考的高分作文？还真是要有阅读水平和“阅卷”经验的。为此，福州延安中学和福建人民出版社共建海峡书屋，也期望通过对自身“阅卷”情愿的培植，让同学们在推进深度阅读过程中找到学习语文以至众多文学作品阅读的窍门，既悟到考试的方法，又找到“阅卷”的捷径，更找寻到深度阅读的方法，从而在“阅读—模仿—创作”中建立起适应自己成长的“阅卷”情愿，进而达到自身建立起“阅卷”情愿的初试。

6. 推进深度阅读当创立“阅批”的情理

“阅批”指阅读时在文中空白处对文章进行批评和注解，帮助自己掌握书中的内容。批注是我国文学鉴赏和批评的重要形式和传统的读书方法，直入文本、少有迂回，多是些切中肯綮的短词断句，是阅读者自身感受的笔录，体现着阅读者别样的眼光和情怀。“不动笔墨不读书”，这是前人读书的经验。“学者先要会疑”，不疑不能激思，不疑不能增趣。有了疑问，带着问题读书才会读进去，才能真正地走入文本，与文本、与作者进行对话。这种批注式阅读方法，有利于培养学生的怀疑与探究精神。质疑本身就是一种思考、一种挑战、一种探索。例如读到《五柳先生传》之后在末段作了如此批注：不戚戚于贫贱，不汲汲于富贵，他曾不为五斗米折腰，这是多么旷达的胸怀，只有做到不追名逐利，不随波逐流，才有可能写出那么多闲适清新的田园诗，正如《饮酒》中所说“心远地自偏”。如果一个人心中有市俗的尘埃，就一定不会有“悠然见南山”的惬意。为此，福州延安中学和福建人民出版社共建海峡书屋，希望大家在推进深度阅读过程中，能汲古融今地体会古人为我们留下的极其丰富的批注文化，善于在当下及未来的学习过程中，通过对内容、写法、结构、语言等方面的学习和体会，给文章加上评语，做到圈圈点点、笔墨追录、三言两语、心有所感，进而达到自身创立起“阅批”情理的初探。

7. 推进深度阅读当树立“阅思”的情志

“阅思”即阅读与思考，孔子曾说过：“学而不思则罔，思而不学则殆。”可见深度阅读当贵在善于思考。一味读书而不思考，就会因为不能深刻理解书本的意义而不能合理有效利用书本的知识，甚至会陷入迷茫；如果一味空想而不去进行实实在在的学习和钻研，则终究是沙上建塔一无所得。我们只有把学习和思考结合起来才能学到切实有用的知识，否则就会收效甚微、事倍功半。巴尔扎克说：“一个能思考的人，才是一个力量无边的人。”读书要善于思考，善思慎行是一种智慧的无敌力量。在安静的书斋中静静地思索，言之有理，书之有物，力求价值永久，这是思考的伟大与不朽。韩愈说：“业精于勤，而荒于嬉；行成于思，而毁于随。”思考关系事业的成败，在经济全球化和竞争越来越激烈的今天，要读书更要思考再思考。思考是人的高级生活形式，思考是智者的生存功力。但丁说过：“我在悲痛时，想在书中寻找安慰，结果不仅是慰藉，而且是深深的教诲，就像有人为寻找银子竟然发现了金子一样。”但丁讲的就是知识的力量，也是思考的力量。为此，福州延安中学和福建人民出版社共建海峡书屋，希望大家在推进深度阅读过程中善于独立思考，培养自己善读善思的良好习惯；在推进深度阅读过程中收获智慧，把书读深、读透、读活；在推进阅读思考过程中做一个具有自由精神的人，在苦思中追寻真理的亮点，在静心时得到生命的升华，进而达到自身树立起“阅思”情志的初意。

8. 推进深度阅读当鼎立“阅校”的情境

“阅校”指阅读与校对。阅读之于塑造精神与人格的意义不言自明。“阅校”用当下一句话来说就是通过深度阅读校正“三观”。“三观”即常说的人生观、世界观、价值观，放在传统文化语境中一个字——“志”就可以涵盖之。“志”是一个人对待万事万物的基础、向前迈进的方向与目标。中国古人曰“志当存高远”，也即取法其上的意思。“读史使人明志”，此言不虚。历史是人类文明行进的轨迹，前人所有的经验教训均已含纳，且已经过时间检验。中华文明乃是世界文明古国中最长久的文明之一，而史籍的保存也最完善，尤其历代以来史书著作者们秉承着启迪后世的道义与责任，已将所欲表现与所欲表达的“志”贯注其中。左丘明的《春秋左传》、太史公的《史记》、司马光的《资治通鉴》，都是以“志”著史的典范，即使是后代许多官修史书也未尝不在皇权严威下悄悄曲折地表达着某些不可压制的思想。为此，福州延安中学和福建人民出版社共建海峡书屋，希望能培植起“阅校”的精神，通过让同学们多读书、多读史，从史书描述中去想象与感受那些古往今来仁人志士的鲜活，继而体会其精神道德，渐渐作为自己的榜样，在“阅校”历史与未来的情境中实现“立志”的过程，进而达到自身鼎立起“阅校”情境的初怀。

9. 推进深度阅读当肃立“阅审”的情致

“阅审”即阅读与审视。“审视”是一个认知自我、寻找自我、定位自我的过程，阅读正是为人们指出了这样一条通向自我审视的路径。“世间数百年旧家无非积德，天下第一件好事还是读书。”据说这是清代嘉庆年间礼部尚书姚文田自题书房的对联。有人问拉美文豪博尔赫斯，你想象中的天堂是什么样？博尔赫斯说，就是图书馆的样子。2012 年奥斯卡最佳动画短片的得奖作品是一部叫《神奇飞书》的小动画电影，算是圆了博尔赫斯的理想。电影的主人公用尽一生阅读，最后在书籍的簇拥下返老还童飞向了天堂。对于热爱书籍、热爱阅读之人想必这就是最好的归宿了。真正有价值的书籍应当是人类文明的结晶，如同粮食强壮人的肉体，而书籍必应塑造人的精神。当下的社会已是人的物化越来越强烈的时代，而对抗物化的有效途径，恰恰是保有独一无二的精神与人格。孟子言，“吾善养我浩然之气”，志、智、情就是构成“气”的关键。气者，气格也，换句话说，也就是内心的强大与否，精神的充实与否，灵魂的纯净与否。为此，福州延安中学和福建人民出版社共建海峡书屋，就是希望大家在推进深度阅读过程中，能以审视的眼光、审读的情怀、审慎的坚守把自身的“阅审”情致肃立起来，通过深度阅读进一步认知自我、寻找自我、定位自我，进而达到自身肃立起“阅审”历史、“阅审”人生、“阅审”世界情致的初创。

十八、书馨远传于“教路”

记得在 2009 年 11 月 26 日到福州三中调研时，曾希望福州三中做到“五名”（名校、名师、名望、名牌、名胜）、“五地”（成为海西教育先行先试的创新地，成为均衡教育扎实推进的领先地，成为名城校长培育的摇篮地，成为学科名师成长的造就地，成为学生德智体美劳全面发展的培养地）。再次回望福州三中这些年的持续发展状态，从各方面都由衷地感到福州三中不愧为福州市的综合名校，其展现出来的福州精英教育、素质教育的特色催人振奋：一流名校，打造一流教育；卓越师资，展现超凡魅力；润育桃李，彰显素质教育；国际交流，拓宽教育视野。而同样身居文化名城大地的福建人民出版社作为福建出版界的“领头社”，其出版的政治、经济、文化、教育、历史、外语、辞书、旅游等类图书，影响了几代人的成长。据不完全统计，有 600 多种图书荣获省部级以上奖项，其中 19 种出版物分别获“五个一工程”奖、国家图书奖、中国图书奖、中国出版政府奖、中华优秀出版物奖、国家电子出版物奖，连续被评为“全国良好出版社”，被评为“全国新闻出版系统先进集体”“首届全国新闻出版行业文明单位”。福州三中与福建人民出版社共建海峡书屋，在校社之间倡导“读万卷书，行万里路”的教育成长之“路”具有积极作用。

回望“来时路”，作为现代学校和当代学子当对“路”增强自己“不忘初心”的几个基本概念。“路”的解释为“道”，即往来通行的地方；也指思想或行动的方向、途径；此外还有地区、种类和大、正以及车等含义。早在远古尧舜时，“路”被称作“康衢”；西周时期，人们把可通行三辆马车的地方称作“路”，可通行两辆马车的地方称作“道”，可通行一辆马车的地方称作“畛”或“径”，也指乡间小道；秦朝时车同轨，兴路政，最宽敞的道路，称为“驰道”，即天子驰车之道；唐朝时筑路五万里，称为“驿道”；元朝将“路”称作“大道”；

清朝称作大路、小路等；清朝末年，我国建成第一条可通行汽车的路，被称作“汽车路”，又称“公路”，由此一直沿用至今。可见，路的形成与拓展不仅是人走出来的，而且是不断探索前行的“初心”与“始终”。

一是增强“路”的意识。“路”在《说文》中解释为“从足从各，道也”“通达谓之道路”。《周礼》有言：“浍上有道，川上有路。”古代的“路”有农田系统和沟洫系统。农田以“夫”为基本单位，一夫受田百亩，夫田与夫田之间有称为“遂”的水渠，遂上有称为“径”的道路；每十夫之田之间，有称为“沟”的水渠，沟上有称为“畛”的道路；每百夫之田之间，有称为“洫”的水渠，洫上有称为“涂”的道路；每千夫之田之间，有称为“浍”的水渠，浍上有称为“道”的道路；每万夫之田之间，有称为“川”的水渠，川上有称为“路”的道路。漫漫人生路是摆在每一个人面前无法回避而必定应走好的路。对福州三中而言，从 1942 年建校以来，始终秉承着走好教育发展之路的强烈意识，百余年来，学校先后被确立为福州市重点中学、首批省级重点校之一、省一级达标校和省级示范性高中，被推举为中国知名中学科研联合体的常务副理事长单位。福州三中的发展之路以无可辩驳的史实证明，福州三中百年走来的路其每一步都走得踏实、稳健、向上。

二是增强“路”的理念。自古以来，人们对“路”的认识就颇为深刻，对“路”的理念就更为超前，如屈原的“路曼曼其修远兮，吾将上下而求索”，鲁迅的“世上本没有路，走的人多了，也就成了路”等理念，就影响了中国人探索前行几千年。在党的十九大报告中习近平总书记更是高度强调要以“一带一路”建设为重点，坚持引进来和走出去并重，通过深化“一带一路”建设，推动形成全面开放的新格局，推动构建人类命运共同体的伟大实践，开辟我国参与和引领全球开放合作的新境界。对福州三中而言，从创办开始就秉承着走好开放办学之路的理念，始终在“开放”的发展之路上砥砺前行。近些年来更是在德国奥格斯堡展览中心举行的第 67 届“创意—发明—新科技”iENA国际专业发明展中，多人斩获发明“金奖”“银奖”和“铜奖”，走出了富有福州三中特色的开放发展之“路”。

三是增强“路”的践履。古往今来，历代学子都孜孜以求于学习、学问和学业之道，留下了无数诸如“书山有路勤为径，学海无涯苦做舟”等践履各种成长路径的体验与体会，这些至今仍在鞭策着人们前行。对福州三中而言，近年来一直致力于开拓新的发展路径，践履着适合自己发展的教育教学教研之路，镌刻于校门口的“励志、笃学、力行”的纯朴校训，时刻警示着三中人不忘理想和奋斗目标；“数学花园”里鲜花碧草相衬其中，小桥流水贯穿于内，在这充满优雅情趣的理性氛围中，三中人崇尚的学者气、书卷气正潜滋暗长；“国学长廊”与“文化走廊”以及定期出版的宣传栏，与校园里的一花一草相互映衬，学生们在优美、健康、向上的环境中践履着适合自己健康成长的发展之“路”。

四是增强“路”的探索。大到一个社会，中到一个学校单位，小至一个人，对人生漫漫道路的探索方向是多向多元多方的。中国古代以“入仕”政策引导人们走上“学而优则仕”的“独木桥”和“求学路”，古人又常常以“风声雨声读书声，声声入耳；家事国事天下事，事事关心”勉励自己增强对走好人生路的探索与期许。古时古人对“路”的探索与期许从某种意义上讲是相对偏狭的，为此，至近代为止，比西方文官制度早了近千百年的科举制度也走上了“寿终正寝”之路。对已有百余年发展历史的福州三中而言，回想前些年所寄望的建“五名”“五地”学校，并要求在总结提升“五观”（教育观、教学观、教改观、教研观、教导观）基础上，更加明确地落实“五位”（在福州教育发展中的大站位、在福州教育创一流中的大定位、在福州三中当示范中的大方位、在学校班子团队做先锋中的大立位、在党员教师队伍走前头中的大岗位）要求，福州三中不仅对这些符合三中发展路径的探索做得很好，而且也形成了富有三中特色的路径选择与路向把握。

五是增强“路”的创新。纵观中国历史，春秋战国时代是一个对“路”向、“路”径多元标新、创新的时代。儒家、法家、道家、兵家、阴阳家、名家、墨家、杂家、纵横家，不仅思想激荡、百家争鸣，而且献策“路”方、道杂陈推，可谓百家争鸣、百“路”争锋。中国 2000 多年的封建之路在起起伏伏的改朝换代“轮回”中最终消亡。封建之路的严重落后性和历史局限性可见一斑。十九大对新时代中国特色社会主义道路作出更加科学的判断，增强道路自信是共同的命题与信守。对此，我们应深刻认识到当前我们走的中国特色社会主义道路不是延续传统社会主义模式的“衍生品”，也不是修补苏联等外国社会主义模式的“舶来品”，更不是模仿西方现代化模式的“复制品”。因此，无论处在哪一个层面，只有深刻理解了自身道路的独特性和创新性，认识才不会偏颇，思想和行动才能更有定力。对福州三中而言，正是秉持着走创新之“路”的理念，不断涌现科研成果，在第十三届全国多媒体教育软件大赛、全国中小学信息技术与教育创新论文大赛、全国电视公开课比赛、全国思想政治优质课评选、全国中小学教师教学技能大赛等比赛中屡获佳绩，学生在全国、全省创新大赛中也屡屡获奖。大到一个国家，小至一个单位，都必须思考和解决好自身特色道路坚持与坚守的问题。为此想借今天这个机会，与大家进一步探讨福州三中今后如何继续走好“教育、成才、范式、涵养、幸福”之路，并能够在“书香”相伴的前行路上越走越顺、越走越好，让人们对美好教育的期盼在福建大教育格局中得到较充分的、较平衡的实现。

一是走好“教育”之路。教育，指教化培育，以现有的经验、学识推敲于人，为其解释各种现象、问题或行为。在西方“教育”一词源于拉丁文，前缀有“出”的意思，意为“引出”或“导出”，意思就是通过一定的手段把某种本来潜在于身体和心灵内部的东西引发出来。在这样一所具有浓厚历史底蕴、深厚教育积淀的福州三中就学，是同学们走好人生“教育之路”的优异起点。福州三中与福建人民出版社共建海峡书屋，有助于进一步接受广泛的“书香教育”，让广大学子在阅读中达到“上所施，下所效”的教育效果，懂得教育的作用在于“在明明德，在亲民，在止于至善”，从而获得增长知识、提升能力的渠道；有助于进一步“受到教化”，让广大学子在阅读中领悟“教行于上，化成于下”的教化过程，在共建中获得更高的教化平台、更优的教化资源，从而培养综合发展的优秀人才；有助于进一步“收获教养”，让广大学子在全面阅读中对人与人、人与自然、人与社会具有更深刻的感悟，拥有宏观思维、战略眼光，形成开阔的胸襟和以天下为己任的胸怀，在“教育”成长之路上不断汲取进步的养分。

二是走好“成才”之路。成才，指实现自身价值并广泛受到大众认可。俗话说："苦劳者成富，苦学者成才，苦志者成名，苦善者成佛。"可见，成才的过程需要付出艰辛的代价与努力。福州三中依托长年的文化积淀，集聚优厚的课程资源，着重培养学生的创新精神和探究实践能力，重视发展学生的个性特长，为广大学子的成才之路做了很好的铺垫，并涌现出许多人才，每年都有几十名学生保送北大、清华、浙大等国内一流名牌大学，每年都有 50% 以上高中毕业生进入全国重点大学学习深造。福建人民出版社以"传扬文化，涵煦人生"为文化追求，在激烈的市场竞争中逐步形成了特色品牌和优势版块，出版物的内容质量和编校质量一直保持上乘水准，在业界和读者中享有盛誉，为广大学子的成才之路提供了精神营养。福州三中与福建人民出版社共建海峡书屋，有利于广大学子的逐步成长，让书籍成为大家成长路上的引路灯，让读书成为实现梦想的阶梯，正如美学家朱光潜先生所说，"学问不只是读书，而读书究竟是学问的一个重要途径"。在这个追求学问的途径中不断成长，有利于广大学子的逐渐成熟，一本书就是一个世界，畅游其间，与大师对话，在阅读中获得人生的真知，懂得为人处世的方法、态度，历练自身、锻炼才干，从而学会学习、学会生活、学会处事；有利于广大学子的逐渐成才，每个人的生命有限，所能达到的时空范围有限，书籍为我们提供了在有限的生命和时空里尽情延展才能的可能。希望同学们在阅读中开阔视野、放大格局，做到与思想同行、开阔眼界、滋润灵魂、放大人生格局，不断成长、成熟、成才。

三是走好"范式"之路。范式，指的是一个共同体成员所共享的信仰、价值、技术等的集合，运作的理论基础和实践规范，是人们共同遵从的世界观和行为方式。福州三中的教育"范式"在于不断探索与新课改相配套的以校为本的师资培训机制，发挥基础性培训功能。通过"校本"培训，建立了学校教研室、学科教研组、年段集备组三级"校本"教研模式和管理机制，使校本教研走上制度化、规范化的道路，以教育科研促进教师教育观念的转变和教学能力的提高，承担了多项国家级、省级科研课题，源源不断地输送教育教学的新思想、新观念、新范式，有力地推动了本土本校教育教学深入发展。福建人民出版社的文化、教育、历史、古籍、外语、辞书为教育范式和校本教材提供了培育的沃土。通过福建人民出版社的平台，福州三中可以开发种类更多、内容更丰富、内涵更多元的校本教材，不仅能够让地方课程显示出独有的特色，更能激发师生在开发课程中的主动性与积极性；通过开发教本体系，使国家课程和地方课程校本化、个性化，学校和教师通过选择、改编、整合、补充、拓展等方式，对国家课程和地方课程进行再加工、再创造，使之更符合学生、学校的特点和需要。福州三中与福建人民出版社共建海峡书屋，让深度阅读成为一种学习样式，在不断的阅读中体会“见山是山，见水是水；见山非山，见水非水；见山还是山，见水还是水”的读书三重境界，真正做到从看到表象到洞见本质，从综合表象到窥之本源，进而把握好追求智慧的不同趋向；让深度阅读成为一种生活方式，在阅读中找到解决现实生活中各种各样问题的方法与渠道，悟出处理事情的方法和窍门，提高解决问题的能力；让深度阅读成为一种成才模式，古往今来能成大事者都是热爱读书之人，希望大家能够开启读书成才之路，在实现自己人生价值的范式上开辟一条光明大道。

四是走好“涵养”之路。涵养，指滋润养育、培养，还指道德、学问、修身等方面的修养，语出朱熹《答徐子融书》之四：“就平易明白切实处玩索涵养，使心地虚明。”曾国藩曾对儿子曾纪泽说：“读书提升涵养，古之精相法者，并言读书可以变换骨相。”可见，读书的作用不只是能获取知识，还在于提升人的精神境界，常读书日积月累就会使人脱离低级趣味，养成高雅、脱俗的气质。清代学者梁章钜说：“人无书气，即为粗俗气、市井气，而不可列于士大夫之林。”腹有诗书气自华。清末经学大师俞樾晚年曾自撰一联：“读书养气十年足，扫地焚香一事无。”一个喜爱读书的人会变得精神丰富、意志坚强、心胸宽广、气质优雅。福州三中与福建人民出版社共建海峡书屋，可以进一步充实“培养方针”，让读书成为培养德、智、体、美、劳全面发展人才的重要途径，让读书成为精神层面的怡情追求，从而陶冶情操、愉悦身心、提升精神境界；可以进一步充实修养方法，让书香成为三中最熟悉的味道，阅读成为三中最美好的画面，同学们把读书当成伴随人生旅途的习惯，让这份美好更加炫目，让内心情感更加丰富，让生命更加完整，让气质更加优雅；可以进一步充实涵养方式，读书是一种大雅兴、一种真性情、一种硬修炼、一种高境界，好读书、读好书可以促使对事功的追求与圆满，达致对人性的洞察与同情，达成个人人格的多彩与从容，让阅读成为文明、文化、文雅的涵养方式。

五是走好“幸福”之路。幸福，指一种持续时间较长的对生活的满足和感到生活有巨大乐趣并自然而然地希望持续久远的愉快心情。《说文》解释：“幸，吉而免凶也；福，佑也。”《启蒙文》认为，幸福是人的精神对自我进行觉知时的满意状态。幸福既是一种主观感受，又与客观因素密切相关，发展变化表现为个体的特殊性，但又在社会成长中遵循着普遍的客观规律；既受内部因素影响，又受外部因素制约，涉及自然、社会、心理等方方面面。同学们来到福州三中学习是幸福的，因为大家在中考中能够战胜几万名学子，跻身福州一流教育的平台，获得更优质的教育资源、更丰富的教育成果，是求学路上的一大幸事。如今，海峡出版发行集团又提供福建人民出版社这一平台，让大家能够从中汲取更多的知识，助力大家的成长成才之路，让幸福之路越走越宽。福州三中与福建人民出版社共建海峡书屋，希望大家能够珍惜这样的幸运机会，多读书、读好书，身体力行，让阅读成为人生前进路上的铺路石；珍惜这样的“幸福指数”，在“读史使人明智，读诗使人灵秀，数学使人周密，科学使人深刻，伦理学使人庄重，逻辑修辞之学使人善辩”中领悟读书提升幸福指数的重要性；珍惜这样的“幸福境况”，幸福不仅仅是物质平台，更是精神舞台，希望同学们运用好福建人民出版社这个平台，站在浩瀚的典籍平台上看待世界、对待人生、期待明天。书籍如同脚下的台阶，所读的书越多，所能看到的世界就越远，希望福建人民出版社与福州三中共建海峡书屋，所带来的浓厚读书氛围为同学们提供一个更加广阔的成长平台，在这个平台上祝愿所有的同学能够发奋读书、增长本领、砥砺品格，尽情放飞理想人生、尽情享受幸福之路。

十九、书馨精传于“开先”

党的十九大主题可以简单归纳为：不忘初心，牢记使命；举好旗帜，走好道路。因此对教育而言，“不忘初心”当应不忘践履教育使命的初心，不忘当好教师使者的初心，不忘做好教人使节的初心。“牢记使命”应当牢记育树理念的使命，牢记育人情怀的使命，牢记育才责任的使命。“举好旗帜”应当举好“学为先”的旗帜，举好“校为基”的旗帜，举好“育为本”的旗帜。“走好道路”应当走好蕴含中国优秀传统教育文化的内涵之路，走好汲取世界先进教育理念的内涵之路，走好开拓中国特色社会主义教育的内涵之路。面对新时代，做好教育与文化融合发展这一命题，当应对中国优秀传统文化中的一个重要理念，也就是人们耳熟能详的一句典故“精诚所至，金石为开”有一个新的理解。“精诚所至，金石为开”意指人诚心所到，能感动天地，使金石为之开裂。语出《庄子》：“真者，精诚之至也，不精不诚，不能动人。”典故喻示人们只要专心诚意去做，什么疑难问题都能解决。因而，对于教育而言，以“不忘初心”的情怀牢记好教育的使命，当下就需对“金石般”的教育做到以下“七个探”，以使当下的教育能更加因应好中国特色社会主义教育发展的时代节拍。

一是金石般的教育应精于“探源”，也就是做到精于探索好教育的本源、本质。教育家认为，教育的本质是一棵树摇动另一棵树，一朵云推动另一朵云，一个灵魂唤醒另一个灵魂。马克思则进一步认为，教育绝非单纯的文化传递，教育之为教育，正是在于它是一种对人格心灵的唤醒。

二是金石般的教育应诚于“探求”，也就是做到诚于去探求教育这一既古老又崭新的命题。教育的初心正在于探求人的成长规律，正所谓“路曼曼其修远兮，吾将上下而求索”，因而教育的最终目的不是传授已有的东西，而是把人的创造力诱导出来，将生命感、价值感唤醒。

三是金石般的教育应善于“探究”，也就是做到善于去探索研究好教育的内涵。孔子说：“三人行，必有我师焉，择其善者而从之。”教育上的择善从之，也许就是承认每个人的遗传基因不同，由此带来每个人的潜能不同，因此谓“因材施教”也；教育者的作用就在于找到适合孩子发展的环境和时机，施予适宜的教育，促进他们潜能的实现，让每个人成为他自己，所以言“有教无类”也。

四是金石般的教育应致力于“探询”，也就是做到致力于去探求与询问教育的意义。好的教育应当是建立在科学研究之上而非简单经验积累之上的教育，应当是适应人的发展并能有效促进人的发展的教育，应当是使人获得更多快乐和幸福的教育，应当是让人感到生命很有意义、很丰富、很有品位的教育。得到了这样的教育之后人们便会做到：是龙，可上九天揽月；是鱼，便乐于小川遨游；能研究，便进入世界一流国家实验室，摘取科学桂冠；会工作，便学会一门技术或从事一种活动，安安分分、平平静静。

五是金石般的教育应颖于“探明”，也就是做到颖于在探析中明白教育的作用。蔡元培曾讲道：“教育是帮助被教育的人给他能发展自己的能力，完成他的人格，于人类文化上能尽一分子的责任。”教育的作用就在于给国家提供具有崇高信仰、道德高尚、诚实守法、技艺精湛、博学多才、多专多能的人才，培养经济与社会发展需要的劳动力，培养合格公民，为国、为家、为社会创造科学知识、物质财富和精神财富，推动经济增长，推动民族兴旺，促进人的全面发展。

六是金石般的教育应勇于“探路”，也就是做到勇于在探析路径中得到教育的方法。叶圣陶先生曾说过：“教学有法，但无定法，贵在得法。”在教学实践中教学方法和手段的确多种多样，有传统的，有舶来的，有实践中产生的，比如，合作学习、探究学习、自主学习等；教学是一种复杂的创造性的活动，是采取“小李飞刀，一刀制胜”，还是来一套组合拳，就需要好好研究学生、研究教材、选择合适的教学方法，只有这样才能叫“有法”，若有“神来之笔”就可叫作“得法”。

七是金石般的教育应谦于“探赜”，也就是做到谦于审慎地不断去探赜教育的新路。教育是一个常教常新、常育常明的过程。面对当下及未来人民群众对美好教育的追求与不平衡不充分发展矛盾的变化，作为教育机构、教育工作者和受教育者同样都应从不同的角度、立场和层面，去共同思考当下及未来的教育之路应如何走好走对走正，让德智体美劳全面发展的中国特色社会主义建设人才能够脱颖而出、健康成长。

自有教育以来，无数的教育实践表明，教育无一不是“精诚所至，金石为开”的成果，对此古今中外概莫能外。福州教育学院附中的发展与壮大也正是“精诚所至，金石为开”的最好例证。大家都知道，福州教育学院附中作为特色校，不仅因应了教育的发展规律，而且成为中美友好的象征。如果讲 1972 年的中美结交实现了“小球带大球”的效应，那么 2015 年福州教育学院附中学生随习近平总书记访问美国更产生了“小手拉大手”的效应，开启了中美教育“精诚所至，金石为开”新范例。如今，福州教育学院附中身处富有灵气的乌山之畔，花木葱茏的菁英园、清幽宜人的冰心园、优雅轩敞的博雅园、别具风格的中美园、多姿多彩的地理园、风儒雅致的教学楼、多媒体设备先进的教室、高标准的理化生综合实践实验室，无一不是其文化与教育灵性的体现。同样身居文化名城大地的福建人民出版社作为福建出版界的“领头社”，其出版的政治、经济、文化、教育、历史、古籍、外语、辞书、旅游等类图书，影响了几代人的成长。据不完全统计，有 600 多种图书荣获省部级以上奖项，其中 19 种出版物分别获“五个一工程”奖、国家图书奖、中国图书奖、中国出版政府奖、中华优秀出版物奖、国家电子出版物奖。福建人民出版社连续被评为“全国良好出版社”，被评为“全国新闻出版系统先进集体”“首届全国新闻出版行业文明单位”。为此当教育与文化“比翼齐飞”的机缘巧合时，人们追求美好读书生活的梦想将会以更美好的形态展现在世人面前。同样地，“金石般”教育的“初心”与“始终”也将与幸福的教育之花共同绽放。借此机会用“金石为开”的“七个开”谈些对教育理念与践履的体会，与大家共勉。

一是把“开基性”的教育夯实好。“开基”指开创基业，开辟基础。典出江淹《知己赋》：“谈天理之开基，辩人道之始终。”教育是奠基人生基础的重要因素，尤其是基础教育更是在孩子们的成长中具有举足轻重的作用。中学教育在整个学校教育体系中处于小学教育与大学教育的中间阶段，是承上又启下的一段基础教育，对于学龄少年来说是一段分化和发展的阶段。中学教育的对象是青少年，他们正处在生理、心理迅速发展和突变的转折时期，正经历着急剧获取知识和增长才干，以及世界观、人生观、价值观初步形成的关键年龄段。中学教育是全面性的，涉及一个人德、智、体等多方面的发展，并施以与之相应的全方位教育。福州教育学院附属中学是直属公立完全中学，在福州的基础教育中占有重要席位。学校重视“内涵式发展”，以“创幸福校园，当幸福教师，做幸福学生”为教育理念，依托福州教育研究院、福建教育学院等单位的优势资源，加强学校教师队伍建设，以课题研究和技能竞赛的形式提升教师专业素养，从而保障优质教学质量。福建人民出版社是全国良好出版社、全国新闻出版系统先进集体、首届全国新闻出版行业文明单位。为此，福州教育学院附中与福建人民出版社共建海峡书屋，让中学生打下坚实的阅读基础，不仅有利于语文学科的学习，更有利于多学科的综合发展，尤其是通过“开基性”的深度阅读和教育引领，促进广大学生不断提高学习的积极性，形成主动认知、主动吸收知识的良好习惯，并积极运用这些知识开动脑筋去思考问题、分析问题、解决问题，从而有效地培养和确立主体意识，从依赖型的学习向主体型的学习转变；通过“开基性”的深度阅读和教育引导，更加助力同学们的文化积累和文化建构，促进大家全面发展，从而把“开基性”的基础教育夯实好。

二是把“开源性”的教育充实好。“开源”指开辟新的来源。教育是一个不断开辟新来源的过程。教育的对象是具有思想感情、个性和主动性、独立性、发展性的学生。作为拥有雄厚师资力量的福州教育学院附中，拥有福建省正高级教师 1 名、省特级教师 1 名、省市级骨干教师和学科带头人及优秀教师 30 余名、硕士研究生 19 名。这些优秀教师善于运用“开源性”的教育资源对课堂教学重新反思和认定，从动态生存的观点看课堂教学，打通学生书本世界和生活世界之间的界限。为此，福州教育学院附中与福建人民出版社共建海峡书屋，通过深度阅读引领形成“开源性”的教育理念，给学生以主动探索、自主支配的时间和空间，把学生从课堂学习中的“我教你学”的学习模式中解放出来，由被动接受学习到主动探索学习；通过“开源性”的深度阅读和教育引领，引导学生成为学习的主体，师生在平等的基础上进行对话与交流，实现知识共享，共同品味学习的乐趣、成长进步的快乐；通过“开源性”的深度阅读和教育引领，促进各方面更加关注学生的心理世界和精神生活，创设对学生有挑战性的问题或问题情境，增加师生之间以及学生之间多维有效的互动；通过“开源性”的深度阅读和教育引领，让学生能够自主选择，并主动构建知识结构和实践能力，从而把“开源性”的教育充实好。

三是把“开化性”的教育严实好。“开化”指开展教化，开导感化，推动人类文化发展由原始状态进入有文化的状态。教育能够启迪蒙昧，起到开化人的作用。自古以来，教育的开化作用体现在注重培养以人为本的健全人性，养成理想人格。如修身、齐家、治国、平天下，是先儒们创立的教育与自修的方向，格物致知诚意正心，强调探究对开化启蒙的重要性，提出了因材施教、知之为知之等教育思想。作为教育者，我们必须研究学生的天性，把我们的正确想法变成学生的迫切需要，尊重学生的好奇心和表现欲的天性，发挥其主观能动性，点燃其学习的激情，达到开化的作用。福州教育学院附中注重“开化性”教育，依托福州教育研究院的教学科研力量，指导各学科教学研究，对集备、教研、听课、评课等环节进行指导；邀请华东师范大学、福建教育学院等高校教授莅校开设专题讲座；组织教师前往郑州、厦门等地学习、取经；学校通过多种方式从不同层次推动学校课程改革，促进学生身心成长。福建人民出版社作为出版社会科学读物为主的综合性出版社，出版的政治、经济、文化、教育、历史、古籍、外语、辞书等类图书都有助于启发人的思维。为此，福州教育学院附中与福建人民出版社共建海峡书屋，通过深度阅读和教育引导，促进形成“开化性”的潜能发展，让学生在感知、思考、推理、想象的阅读中，改善心智模式，实现自我超越；通过深度阅读和教育引导，促进形成“开化性”的能力发展，在培养学生阅读能力、阅读动力和阅读毅力中，增强对所学知识的理解能力、对各种信息的融合能力和对各种资源的整合能力，既增长了知识，又提高了能力，还培养了美德，从而把“开化性”的教育功能严实好。

四是把“开先性”的教育厚实好。“开先”指开端、起头，开风气之先。

儒家对教育的重视开了风气之先，认为教育可以使人变得更好。孔子非常重视教育，他把教育和人口、财富作为立国的三大要素，认为知识和道德都是要靠学习培养出来的，教育是形成人的个性差异的重要原因，因而他说“性相近也，习相远也”，这也正是孔子“有教无类”主张的精髓之所在。何子渊、丘逢甲等有识之士开风气之先，排除顽固守旧势力的干扰，成功创办和推广新式学堂。福州教育学院附中率先提出以课题研究和技能竞赛的形式提升学生的素质，成功申报了国家及省市课题，如有中央电教馆课题“基于智慧课堂的高中物理微课设计与应用的研究”、省教科所“十三五”规划课题“互联网＋促进教与学行为转变的研究”、福建省电教馆课题“利用信息技术培养学生核心素养的研究”等，不断提高办学水平和办学内涵，中、高考成绩也稳步上升，高中会考成绩达到一级达标校标准。为此，福州教育学院附中与福建人民出版社共建海峡书屋，不仅开了校社合作的风气之先，而且通过深度阅读形成“开先性”教育与文化交融互通的氛围，让同学们更加多元地了解世界和思考世界，进行心灵的自我观照；通过深度阅读营造更具内涵的“开先性”教育环境，让广大学生通过阅读来反思自我、提升自我，从而养成内省和深思的习惯；通过深度阅读构建更加丰富的“开先性”教育生态，让广大师生通过深度阅读进一步认识自然和社会，不断完善和发展自我，形成正确的世界观、价值观和人生观，从而把“开先性”的教育厚实好。

五是把“开拓性”的教育坚实好。教育具有开拓人的思路思维、增长人的见识见地的作用。教育学家斯普朗格说：教育绝非单纯的文化传递，教育之为教育，正在于它是一个人格心灵的唤醒，是开拓思维，这是教育的核心所在。课堂是教学的主阵地，思维是智力的核心，教育当应通过不断拓宽视野，让其渗透在学生的各类活动中，渗透在社会、家庭、学校等学生成长的各个领域中；当下及未来的教育应更加注重学生的可持续发展，让学生学会探索未知、激发潜能、迎接挑战。福州教育学院附中是具有“开拓性”的学校，作为福州市“中美交流”的一张“教育名片”，为了探索基础教育国际化之路，给学生多元化的发展创造机会，早在2008年就与林肯中学缔结成为友好学校。为了更好拓宽学生视野，一年暑假福州教院附中的23名品学兼优的学生前往林肯中学进行为期两周的友好交流和学习。为此，福州教育学院附中与福建人民出版社共建海峡书屋，不仅有利于在“开拓性”的深度阅读与教育中进一步扩大学生的知识视野，通过创建“开拓性”的阅读和教育平台，更能促进共建好教育、教学、教研、教改的载体与平台，让广大师生去实践、去检验，进而更好地实现自我价值；同时通过“开拓性”阅读和教育载体的构建，更加有效地增强学校的文化、内涵和教学精神等软实力，用文化的力量和教育的成效影响莘莘学子，从而把“开拓性”的教育坚实好。

六是把“开创性”的教育硬实好。“开创”指开辟、开拓，也泛指创业。典出南朝谢灵运的《山居赋》：“南山为开创卜居之处也。”教育当立足于培养具有“开创性”的新个体。陶行知先生说过：“处处是创造之地，天天是创造之时，人人是创造之人。”教育应启发学生多角度地思维，鼓励他们表达不同的见解，让他们在比较中发现新问题、新情况，产生新观点，使他们的创造欲在执着的追求中受到激发，再通过师生之间、生生之间的思维互动、集思广益，培养他们的开创思维能力。福州教育学院附中坚持以科技创新为突破口，开展了提升学生核心素养的“六个一”活动，即“养成一种良好习惯、擅长一项体育技能、拥有一种艺术爱好、参加一个社团组织、掌握一门外语口语、参与一项科技创新活动”，激发学生兴趣及特长的发展，促进学生综合素质的提升。近年来，学校有 200 多名学生、100 多项创新作品和学科竞赛作品，先后在全国和省、市级比赛中获得佳绩。福建人民出版社形成了“崇尚敬业精神，专业创新团队”的企业核心理念，出版物的内容质量和编校质量一直保持上乘水准，在业界和读者中享有盛誉。为此，福州教育学院附中与福建人民出版社共建海峡书屋，通过“开创性”的阅读和教育平台的塑造，不断开创学校和学生读书的新局面、新境界；通过“开创性”阅读和教育载体的塑就，让学校教育更加适应“互联网 +”时代对知识的要求，用终身学习的理念指导学生不断学习、不断进步，适应快速变化的时代需求，适应知识文明时代的晋级变化，从而把“开创性”的教育硬实好。

七是把“开放性”的教育落实好。“开放”指张开、释放、解除限制等含义。开放式教育以学生和学习为中心，采用各种教和学的方法，取消和突破种种对学习的限制和障碍。福州教育学院附中倡导“开放性”教育，入选中美“千校携手”中方项目学校，与美国林肯学校合作。2015 年学校五位学生在美国与林肯中学学生同台，为来访的习近平主席和夫人演唱了《在希望的田野上》《世界如此美好》等歌曲，圆满完成了交流任务。2016 年出色完成了应习近平主席邀请访华的林肯中学 121 名师生代表的接待工作，得到了教育部、福建省教育厅的高度肯定。其间，还开设了编中国结、剪纸、中华礼仪与汉服、欣赏设计青花瓷、同唱一首歌、英语情景对话等充满浓浓“中国味”的课程，以及茶艺表演、民乐演奏、苏绣制作、话剧演绎、乒乓球竞技等社团展示活动。中美两校学生还一起参观了鼓岭风景区，倾听了动人的“鼓岭故事”，共同追寻中美民间源远流长的交流历史；游览三坊七巷，了解闽都文化特色。在不同文化的相互碰撞中，拓宽了视野，拉近了距离，加深了友谊。学校还在教师互派交流、学生交换学习等方面，持续探索与林肯中学更深层次的交流与合作，将学校打造成中美校际交流的标杆。为此，福州教育学院附中与福建人民出版社共建海峡书屋，通过共同打造“开放性”的阅读与教育平台，让深度阅读与教书育人更加有利于广大学生形成较好的人文和科学综合素养，培养学生们形成较好的复合型知识结构；通过共同创设“开放性”的阅读与教育平台，让深度阅读与教书育人能更加有利于提升广大师生的科学精神和人文精神，开拓国际视野，形成开放的品格，从而把“开放性”的教育落实好。

参考书目

[1] 李叔同 . 华枝春满——李叔同精选集 [M]. 武汉：崇文书局，2013.

[2] 李友谊 . 夏丏尊散文 [C]. 上海：上海科学技术文献出版社，2013.

[3] 谢柏梁 . 我辈岂是蓬蒿人：12 位艺术巨匠的痴狂人生 [M]. 北京：中央编译出版社，2011.

[4] 郭齐勇 . 儒学与现代化的新探讨 [M]. 北京：商务印书馆，2015.

[5] 谭长流 . 君子哲学 [M]. 北京：九州出版社，2011.

[6] 韩复智编著 . 钱穆先生学术年谱 [M]. 北京 ：中央编译出版社，2012.

[7] 黄俊伟 . 书斋里的言论 [M]. 兰州：甘肃文化出版社，2004.

[8] 俞平伯 . 陶然亭的雪：俞平伯散文 [M]. 杭州：浙江文艺出版社，2015.

[9] 梁启超 . 梁启超全集 [M]. 北京：北京出版社，1999.

[10] 郭齐，尹波点校 . 朱熹集 [M]. 成都：四川教育出版社，1996.

[11] 游经纬编著 . 教育文化漫谈 [M]. 北京：国家行政学院出版社，2012.

[12] 黄俊棚，薛会新编著 . 中体西用：张之洞说儒 [M]. 贵阳：孔学堂书局有限公司，2015.

[13] 雨兰 . 乘着语言的翅膀 [M]. 郑州：文心出版社，2012.